Assmann

Ägyptische Geheimnisse

Jan Assmann

Ägyptische Geheimnisse

Wilhelm Fink Verlag

Umschlagabbildung:
M. Du Camp, Giza, Sphinx

Bibliografische Information Der Deutschen Bibliothek

Die Deutsche Bibliothek verzeichnet diese Publikation in der Deutschen Nationalbibliografie; detaillierte bibliografische Daten sind im Internet über http://dnb.ddb.de abrufbar.

ISBN 3-7705-3687-8

Einbandgestaltung: Evelyn Ziegler, München
Herstellung: Ferdinand Schöningh GmbH, Paderborn

Inhaltsverzeichnis

Viertes Kapitel

Fünftes Kapitel

Sechstes Kapitel

Für Reinhold Merkelbach

Vorwort

Der Begriff des Geheimnisses ist in der altägyptischen Religion zentral. Das „Geheimnis" und das „Heilige" sind in vieler Hinsicht geradezu synonym. Die verschiedenen hier zu einem Buch zusammengestellten Aufsätze verbinden den Aspekt des Geheimnisses mit zwei anderen Brennpunkten der ägyptischen Religion: dem Mythos und der Magie, wobei unter Magie hier vornehmlich die kultische Funktion der Bildkunst untersucht wird. Alle Beiträge sind gründlich überarbeitet und zu Kapiteln eines zusammenhängenden Buches umgeschrieben worden. Alle entstanden aus dem Impuls, nicht etwas Bekanntes in neuen Zusammenhängen zu interpretieren, sondern neue Einsichten, Thesen und Befunde zu präsentieren. Daß es dabei nicht ohne ein gewisses Maß an „Gelehrsamkeit", das heißt einige hundert Fußnoten abgeht, möge den Leser, die Leserin nicht verdrießen. Gerade das Neue ist darauf angewiesen, sich durch reichlichen Bezug auf Belege und Befunde zu legitimieren. Die ursprünglichen Aufsätze sind im Kontext professioneller Debatten entstanden, auch wenn sie um Themen von allgemeinerer Tragweite kreisen, und die vorliegenden Kapitel haben den anmerkungsreichen Stil der wissenschaftlichen Debatte beibehalten. Die ersten drei Kapitel kreisen um das Thema „Mythos". Das erste Kapitel untersucht das mythische Verfahren im Sinne nicht nur der mythischen Erzählung, sondern vor allem der sich darin ausdrückenden Denkform: Mythos als eine Methode der Welterschließung. Die These ist, daß es in ägyptischen Mythen um eine Form des analogischen Denkens geht, die drei Ebenen oder Sinndimensionen der Welt miteinander in Beziehung setzen und aufeinander hin durchsichtig machen will: die Ebenen des Kosmos, des Staats und des menschlichen Lebensschicksals. Das wird an jenen drei mythischen Komplexen gezeigt, die die „Große Tradition" der ägyptischen Kultur bilden: dem Osirismythos, dem Sonnenmythos und der heliopolitanischen Kosmogonie. Demgegenüber geht es im zweiten Kapitel um Mythos, nicht als Denkform, sondern als sprachliche Form im Sinne von Textsorte und Sprechakt. Ausgangspunkt ist die Beobachtung, daß Mythen im ägyptischen Schrifttum normalerweise nicht in zusammenhängender Form, sondern nur als ausschnitthaftes Zitat zur Sprache kommen. Der landläufigen Erklärung, daß die Mythen ihren eigentlichen Ort in der mündlichen Überlieferung haben und als allgemein bekannt vorausgesetzt werden, wird als alternative Erklärungsmöglichkeit die These gegenübergestellt, daß sich der Mythos in den frühen Beispielen noch in statu nascendi befindet und nur Szenen oder Konstellationen kennt, die sich noch nicht zu einer narrativen Kette verbunden haben. Das dritte Kapitel widmet sich einem spezifischen Mythos, dem Mythos von der göttlichen

Zeugung des Thronfolgers, vor allem im Hinblick auf das Zusammenspiel von bildlicher, sprachlicher und ritueller Ausdrucksform. Auch hier geht es um die Frage, in welchem Umfang der Mythos an die Form der Erzählung gebunden ist und ob nicht andere Formen wie das bildliche „Ikon" und die rituelle „Konstellation" eine mindestens gleichrangige Rolle spielen. Die nächsten beiden Kapitel behandeln „die Macht der Bilder" im alten Ägypten. Das vierte Kapitel gibt einen allgemeinen Überblick über die Funktion der Bilder, in Ergänzung zum gesprochenen oder geschriebenen Wort eine verborgene oder abwesende Wirklichkeit sichtbar zu vergegenwärtigen und ergänzt den Begriff des „Sprechakts" um den des „Bildakts". Gefragt wird in Analogie zu den Traditionen des Sprechens in Gattungen und Textsorten nach Traditionen visueller Kommunikation in „Bildsorten" und Bildsituationen. Das fünfte Kapitel widmet sich der wichtigsten solcher Bildsituationen: der „Einwohnung" der Gottheit im Kultbild. Aus der in Kult- und Totentexten häufigen Aufforderung, sich „seines Leibes zu bemächtigen", läßt sich der ägyptische Begriff für diese „Einwohnung" erschließen. Die letzten vier Kapitel beleuchten die Funktion des Geheimnisses in der ägyptischen Religion. Im sechsten Kapitel geht es um den Zusammenhang von Tod und Initiation. Die auffallende Ähnlichkeit der ägyptischen Totenriten mit Initiationsriten wird hier als Übertragung aus dem Götterkult in den Totenkult gedeutet. Die priesterliche Initiation liefert das Vorbild für die Vorstellungen eines Übergangs vom Diesseits ins Jenseits. Das siebente Kapitel widmet sich der Frage nach „esoterischen" Überlieferungen im alten Ägypten. Hier zeigt sich, daß vor allem solche Texte mit der Aura des Geheimnisses umgeben waren, die sich auf eine götterweltliche Liturgie beziehen, das heißt sich als Wiedergabe von Rezitationen göttlicher „Adorantengemeinden" verstehen. Die Kenntnis solcher Rezitationen, das ist die zugrundeliegende Idee, soll den Wissenden zu einem Mitglied dieser Gemeinden machen. Das achte Kapitel versucht einen Überblick zu geben über die verschiedenen Formen des Geheimnisses in der ägyptischen Religion. Dabei werden drei Quellen von Geheimheit unterschieden: das Geheimnis des (Osiris-)Leichnams, der unter allen Umständen vor den weiteren Attakken des Todes geschützt werden muß, das Geheimnis des Urgottes, dessen Spontanentstehung aus vorweltlicher Präexistenz keine Zeugen hat, und das Geheimnis des „verborgenen Gottes", der sich im farbigen Abglanz der sichtbaren Welt nur andeutungsweise manifestiert. Das neunte und letzte Kapitel schließlich widmet sich dem Klischee der „ägyptischen Mysterien", das auf griechische und lateinische Quellen zurückgeht. Handelt es sich hier, wie meist angenommen, um eine griechische Projektion oder um genuin ägyptische Überlieferung? Die Frage läßt sich klären, wenn man auch hier eine Unterscheidung vornimmt. Eine Tradition, die sich vor allem mit dem Namen des Pythagoras verbindet, beruht auf der ägyptischen Schrift, deren hochkomplexes System mit seinen zwei oder drei verschiedenen Schriften als ein Einweihungsweg in die höchsten Geheimnisse der Kultur gedeutet wird. Eine andere Tradition, für die der Held des „Goldenen Esels" von Apuleius von Madauros, aber auch der Name des Orpheus stehen mag, bezieht sich auf die Initiation ins Totenreich sowie deren Vorwegnahme durch Einweihung in die Mysterien der „heiligen Orte“. Beide Traditionen lassen sich weit in die ägyptische Kultur zurückverfolgen, basieren also auf genuin ägyptischer Überlieferung.

Mein Dank gilt Raimar Zons, ohne dessen unnachgiebiges freundschaftliches Interesse diese Sammlung nicht zustande gekommen wäre, sowie den hilfreichen Geistern des Heidelberger ägyptologischen Instituts, allen voran Andrea Kucharek, Christina Lahn, Susanne Michels und Jens Fettel. Ich widme das Buch Reinhold Merkelbach, dem Autor und dem Leser, in Dankbarkeit nicht nur für alles das, was ich aus seinen Büchern lernen konnte, sondern auch umgekehrt für das, was er aus der Lektüre meiner Schriften gemacht hat und was mich rückwirkend nicht minder gefördert und bereichert hat.

Erstes Kapitel

Tod, Staat, Kosmos: Dimensionen des Mythos im Alten Ägypten

Vorbemerkung

Das Thema Mythos und Mythologie sind wir gewohnt von den alten Griechen her zu denken. Wie immer wir Mythos definieren wollen[1], auf welche auch noch so exotischen Befunde wir immer unseren Mythosbegriff anwenden wollen, immer bilden die griechischen Mythen den Ausgangs- und Referenzpunkt. Bei „Mythos" denken wir als erstes an griechische Mythen, an Ödipus und Prometheus, Medea und Elektra, Achill und Odysseus, Antigone und Iphigenie, was ja auch nur natürlich ist, denn schließlich ist „Mythos" ein griechisches Wort und wurde auf diese Geschichten gemünzt. Allerdings tritt uns bei den Griechen, die das Wort und den Begriff geprägt haben, der Mythos bereits in Formen entgegen, die ihre rituellen Funktionskontexte weit hinter sich gelassen haben und bereits in etwas anderes, in Kunst, übergegangen sind: ein Epos, ein Drama, ein Vasenbild, ein Lehrgedicht, ein Siegeslied usw. Unter einem Mythos verstehen wir aber etwas, das diesen Formen vorausliegt und mehr mit Kult als mit Kunst zu tun hat. Außerdem ist er hier bereits von der Gegenposition des Logos aus kritisierbar und relativierbar geworden. Anders wäre es vermutlich auch gar nicht zur Bildung eines prägnanten Begriffs gekommen. Wir sind also mit dem Paradox konfrontiert, daß die Griechen uns einen Begriff liefern, der ihre eigenen Befunde gar nicht mehr voll erfaßt. Die griechischen Mythen sind bereits gar keine „richtigen" Mythen mehr, sie sind bereits in Kunst übergegangen, das heißt in ästhetische Diskurse, die eher „Arbeit am Mythos" im Sinne Hans Blumenbergs[2] sind als Mythos selbst.

Alles das ist in Ägypten anders. Hier gibt es weder einen eigensprachlichen Ausdruck für „Mythos" noch eine Gegenposition. Hier gibt es keine Spät- und Außenhorizonte des Mythischen und daher auch keine „Arbeit am Mythos". Vielmehr bildet der Mythos oder das mythische Denken[3] hier das einzige Medium einer umfassenden Weltmodellierung und Wirklichkeitserschließung. Da-

[1] Ich lege im Folgenden den Begriff von Mythos als „heilige" bzw. „fundierende Geschichte" zugrunde, den Aleida Assmann und ich in unserem Überblick über die geläufigsten Mythosbegriffe als „M³" bezeichnet haben, s. A. und J. Assmann, *Mythos.*

[2] H. Blumenberg, Arbeit am Mythos.

[3] Im Sinne von E. Cassirer, Philosophie.

mit habe ich auch schon angedeutet, was von Ägypten her unter Mythos zu verstehen ist: Eine Denkform *und* ein Diskurs, ein Weltbild *und* seine sprachliche, bildliche und rituelle Artikulation in Form fundierender Konstellationen, Szenen und Erzählungen.

Anders als in Griechenland gibt es in Ägypten keine in einer Fülle verschiedener Mythen reich entfaltete Mythologie, sondern eigentlich nur drei absolut, das heißt überlokal und überzeitlich dominierende und verbindliche mythische Komplexe: die Kosmogonie von Heliopolis[4], den Osiris-Mythos[5] und den Mythos vom Sonnenlauf[6], die dazu auch noch untrennbar miteinander zusammenhängen und sich zu einem einzigen Makro-Mythos vereinigen. Daneben oder darunter gibt es dann eine unüberschaubare Fülle kleinerer, lokaler „Mikro-Mythen" oder wie immer man diese narrativen, szenischen oder ikonischen Komplexe von rein lokaler oder episodischer Bedeutung bezeichnen will. Wiederum anders als in Griechenland aber auch in Mesopotamien kommen diese mythischen Komplexe nie zusammenhängend und schon gar nicht in literarischer Form, als Tragödie oder Epos, zur Sprache, sondern immer nur ausschnitt- und anspielungsweise.[7] Diese Mythen „leben" im kulturellen Gedächtnis der alten Ägypter nicht in der Form zusammenhängender Erzählungen[8], sondern einzelner Bilder oder Szenen von welterschließender Strahlkraft. Wenn ich also im folgenden Kapitel zwei dieser mythischen Komplexe in der Form einer nacherzählenden Rekonstruktion vorstellen werde, tue ich ihnen in gewisser Weise Gewalt an. Einem alten Ägypter, der in diesen Bildern dachte und lebte, wäre eine solche zusammenhängende Rekonstruktion vermutlich nicht in den Sinn gekommen, ja nicht einmal möglich gewesen.

Wenn nicht in zusammenhängender Erzählung, wie kommt der Mythos im Alten Ägypten dann zur Sprache? Dieser Frage wird sich das zweite Kapitel widmen.[9] Daher mögen hier ein paar Andeutungen genügen. Mythen kommen in Ägypten eigentlich immer nur in einem rituellen, auf jeden Fall handlungsbezogenen Kontext zur Sprache. Es gibt ein paar Ausnahmen, aber sie bestätigen die Regel.[10] Die Funktion der mythischen Bilder oder „Ikone" ist, Handeln

---

[4] S. hierzu S. Bickel, La cosmogonie égyptienne.

[5] S. hierzu Verf., Tod und Jenseits.

[6] S. hierzu Verf., Re und Amun.

[7] S. hierzu einschränkend J. Zeidler, *Spätentstehung*.

[8] Jedenfalls was die schriftliche Überlieferung betrifft. Natürlich könnte der eigentliche Ort des Mythos in Ägypten die mündliche Überlieferung gewesen sein.

[9] Für die Frage, wie in einer gegebenen Kultur Mythos zur Sprache kommt, ist die Unterscheidung zwischen Geno- und Phänotext entscheidend, s. hierzu Kap. 2, S. 52–54. Mythen sind Genotexte, die sich auf verschiedenste Weise oberflächenstrukturell realisieren können: als epische Erzählungen, Dramen, Riten, aber auch Bilder, s. zu letzteren insbes. E. Hornung, *Bildaussagen*.

[10] Ausnahmen sind die offenbar rein literarischen „mythologischen Erzählungen" des Neuen Reichs, s. dazu F. Junge, *Mythos und Literarizität*; J. Baines, *Myth and Literature*; ders., *Prehistories of Literature*.

zu ermöglichen, zu fundieren und zu legitimieren, nicht nur das kultische Handeln der Priester, sondern auch das heilende der Ärzte, das politische des Königs und viele sonstige Formen krisenüberwindender Interventionen, wobei vor allem die ganz besonders elaborierten Totenriten hervorzuheben sind.[11] Die alten Ägypter haben keine Philosophen wie Platon und Plutarch hervorgebracht und keine Dichter wie Homer und Hesiod, und ihre spekulative Imagination war immer praxisbezogen. Die mythischen Bilder und Szenen wurden zur Sprache gebracht, um damit etwas zu erreichen, Wirkungen zu erzielen, Krisen zu überwinden, Unheil abzuwenden, die Dinge zu ordnen und in Gang zu halten[12], aber nicht um sie als „Stoff" einer künstlerischen oder philosophischen Behandlung zugrunde zu legen. Die mythischen Bilder fungierten im wahrsten Sinne des Wortes als imagines agentes, „wirkkräftige Bilder"[13], und ihre vielfältige Wirksamkeit läßt sich wohl am besten auf eine einfache Formel bringen, wenn man sagt, daß ihre Funktion darin bestand, Beziehungen zu knüpfen und Zusammenhang herzustellen. Mythische Bilder setzen verschiedene Ebenen oder Dimensionen der Wirklichkeit zueinander in Beziehung, lassen sie sich ineinander spiegeln und sich gegenseitig beleuchten. In letzter Konsequenz, das ist jedenfalls die These, die diesem Kapitel zugrunde liegt, handelt es sich dabei um genau drei Dimensionen, die ich ‚Mensch', ‚Gesellschaft' und ‚Kosmos' nennen möchte. Die Leistung der großen, beherrschenden Mythen in Ägypten besteht darin, diese drei Größen miteinander zu verknüpfen und zueinander in die Beziehung einer wechselseitigen Modellierung zu setzen. Das Göttliche steht dieser Welt aus Kosmos, Gesellschaft und Mensch nicht als eine vierte Größe gegenüber, sondern durchdringt und strukturiert sie von innen, so daß jede dieser Größen nur Sinn und Bestand hat, insofern sie mit den anderen beiden in engster, gewissermaßen symbiotischer Beziehung steht. Mythos als Denkform ist das Prinzip dieser konnektiven Weltmodellierung. Das möchte ich im folgenden an zwei Beispielen demonstrieren: dem Osiris-Mythos und dem Sonnen-Mythos. Die heliopolitanische Kosmogonie spielt in beiden Komplexen eine Rolle; damit wird auch dieser dritte Mythenkomplex mitbehandelt.

---

[11] Hierzu Verf., Tod und Jenseits.

[12] Die Formen, in denen Mythos zur Sprache kommt („mythische Aussagen"), sind immer „performativ". Das gilt auch für bildliche Darstellungen, weshalb man parallel zu „Sprechakten" auch von „Bildakten" sprechen kann, s. dazu Kap. 4.

[13] F. A. Yates, The Art of Memory, 24–28.

Der Osiris-Mythos

Das Königtum des Osiris

Der Osiris-Mythos wird in ägyptischen Quellen nie zusammenhängend erzählt. Das haben erst die Griechen versucht, vor allem Diodor und Plutarch.[14] Ein einziger ägyptischer Text, ein Osirishymnus aus der 18. Dynastie, stellt einmal eine zusammenhängende Folge der Szenen zusammen, die sonst immer nur einzeln zur Sprache kommen.[15] Daraus geht hervor, daß Osiris als König herrschte, von seinem Bruder Seth erschlagen wurde, von seiner Schwester und Gattin Isis gefunden, mit Hilfe ihrer Schwester Nephthys beweint und vorübergehend wiederbelebt wurde; daß Isis von Osiris noch einen Sohn empfing, diesen Sohn im verborgenen aufzog, so daß er, groß geworden, Seth vor Gericht stellen, Osiris Recht verschaffen und den Thron für sich zurückerobern konnte. Der Hymnus schließt mit einem Triumphlied auf die Thronbesteigung des Horus. An dieser Szenenfolge wollen wir uns orientieren, wenn wir im folgenden die Szenen im einzelnen betrachten.

Zunächst also das Königtum des Osiris.[16] In der Tat: Osiris ist *der* paradigmatische König innerhalb der ägyptischen Götterwelt. Immer wird er mit den Herrschaftsinsignien, Kronen, Krummstab und Wedel dargestellt, und die Hymnen erschöpfen sich meist in einer Aufzählung von Herrschaftsprädikaten. Osiris ist aber nicht König der *Götter*, als Chef des Pantheons. Diese Rolle kommt nur dem Schöpfer zu, der in den Quellen als Atum, Re oder Amun-Re erscheint. Osiris ist kein Schöpfer, und daher kein kosmischer, sondern ein politischer Herrscher, der vor seinem Tod über Ägypten geherrscht hat und nach seinem Tod als Herrscher der Toten in der Unterwelt residiert. In der Ikonographie des Osiris tritt uns also zunächst und vor allem die staatliche Sinndimension entgegen. Osiris ist das Urbild eines Königs, jeder Zoll ein Herrscher. Zugleich ist er der menschlichste Gott in der Götterwelt, der Gott, mit dem sich am intensivsten die Vorstellung eines menschlichen Schicksals verbindet. Er ist der Gott, der gestorben und durch das Todesschicksal hindurch zu einer neuen, unvergänglichen Existenzform vorgedrungen ist. Auf diesem Weg möchte ihm jeder Mensch nach dem Tode nachfolgen. Es geht also, was die Sinndimension „Menschenschicksal“ angeht, um den Tod als den Kern des menschlichen Problems, und was die Sinndimension „Gesellschaft“ betrifft, geht es um den Staat bzw. das Königtum. Osiris ist der Tote und zugleich der König unter den Göttern.

Osiris ist aber kein irdischer König, der nach seinem Tod vergöttlicht wurde, sondern umgekehrt ein Gott, der das irdische Königtum ausgeübt hat.

---

[14] Diodorus Siculus, Bibliotheca hist. I, 11–27. Plutarch, De Iside et Osiride.

[15] Paris, Stele Louvre C 286. s. A. Moret, *La légende d'Osiris*; G. Roeder, Urkunden, 2226; A. Erman, Literatur, 187–192; ÄHG Nr. 213.

[16] Zu Osiris s. J. Gw. Griffiths, Origin of Osiris.

Nach ägyptischer Vorstellung herrschten vor den menschlichen Königen die Götter auf Erden.[17] Von ihnen ging die Herrschaft auf die „verklärten Ahnengeister" und von diesen auf die Menschen über.[18] Herodot, Diodor und andere berichten über diese Mytho-Chronologie, die auf das Abendland einen ungeheuren Einfluß ausgeübt hat. Sie tritt uns z. B. noch bei Vico entgegen, der drei Zeitalter unterschied, das göttliche, das heroische und das menschliche, und diesen drei Medien und drei Gattungen zuordnete: dem göttlichen die Bilder und die Poesie, dem heroischen die Embleme und die epische Dichtung und dem menschlichen die Buchstabenschrift und die Prosa.[19]

Mit dem Königtum des Osiris befinden wir uns also noch im Zeitalter der Götter. Osiris hat das Königtum von seinem Vater Geb, dem Erdgott, geerbt; an diesen war es von dessen Vater, dem Luftgott Schu gekommen, und diesem hatte es wiederum sein Vater Re, der Sonnengott, überantwortet, der als Schöpfer die Herrschaft zuerst ausgeübt hat. Damit tritt uns nun vollkommen eindeutig die kosmische Sinndimension entgegen, innerhalb deren die Herrschaft eine Abwärtsbewegung vollzieht: vom Himmel, wo sie der Sonnengott ausübt, sinkt sie in den Luftraum, den Schu verkörpert, und steigt von da zum Erdgott Geb herab, von wo sie Osiris in die Unterwelt bringt, während sein Sohn Horus sie auf Erden ausübt. Zugleich entfaltet sich in dieser Sukzession eine Elementenlehre: Re steht für das Licht, Schu für die Luft, Geb für die Erde und Osiris für das Wasser.

Mit diesen vier Göttergenerationen bewegen wir uns im Rahmen der heliopolitanischen Kosmogonie, die ich auf diese Weise auch kurz einbeziehen möchte.[20] Am Anfang war der Gott Atum, der Gott der Präexistenz, des Noch-nicht-Seins, der bewußtlos im Urwasser trieb wie in der Bibel der Geist Gottes über den Wassern schwebte. Der Übergang von der Präexistenz zur Existenz ereignete sich, als dieser Gott in dem sich bildenden Urhügel einen Standort fand, zu sich kam und sich aus seiner präexistenten Einheit zur Dreiheit entfaltete, indem er das erste Götterpaar, den Luftgott Schu und die Flammengöttin Tefnut[21] aus sich heraussetzte, während er selbst als Sonne aufging.

---

[17] Vgl. zu dieser Überlieferung U. LUFT, Historisierung der Götterwelt.

[18] Die ägyptischen Vorstellungen einer Genealogie der Herrschaft waren in Form der Königsliste kodifiziert, s. hierzu D. B. REDFORD, King-Lists.

[19] Vgl. Verf., Moses, 145 f.; P. ROSSI, *La religione dei geroglifi*; P. BURKE, Vico, 36, 39, 50–54, 67–70, 88; U. ECO, Die Suche, 100 f.

[20] Siehe hierzu, neben S. BICKEL, La cosmogonie égyptienne, auch W. BARTA, Neunheit.

[21] Tefnut wurde bisher immer als „Feuchte" interpretiert, vgl. BARTA, Neunheit, 89–94, der in 89 Anm. 9 die ältere Literatur zu diesem Punkt aufführt. U. VERHOEVEN, *Tefnut*, meldet zu Recht vorsichtige Zweifel an der konventionellen Deutung der Tefnut als Göttin der Feuchtigkeit an, ohne allerdings eine alternative Deutung vorzutragen. Dafür gibt es überhaupt keinen Anhaltspunkt (vgl. auch BICKEL, 72–86). Ganz im Gegenteil: alles, was wir von Tefnut aus den Texten erfahren, weist auf eine Göttin des Feuers hin.

Schu und Tefnut, also der lichterfüllte Luftraum, zeugten das Götterpaar Geb und Nut, Erde und Himmel, das sie nach oben und unten räumlich begrenzte. Diese wiederum brachten fünf Kinder zur Welt: Osiris, Isis, Seth, Nephthys und Horus, wobei Horus eigentlich das Kind von Isis und Osiris ist. Mit dem Übergang von Geb zu Osiris tritt die kosmische Sinndimension in den Hintergrund und die staatliche in den Vordergrund. Die beiden Dimensionen gehören aber von Anfang an zusammen. Die Kosmogonie von Heliopolis ist zugleich eine „Kratogonie". Mit der Entfaltung der Welt entfaltet sich die Herrschaft. Re herrscht als Schöpfer noch über Götter und Menschen und, wie es scheint, ohne staatliche Institutionen. Der Staat wird eigentlich erst eingerichtet, als sich Re in den Himmel zurückzieht und seinen Sohn Schu mit der Herrschaft beauftragt. Jetzt erst werden Himmel und Erde getrennt und damit auch Götter und Menschen.[22] Der Staat ist dazu bestimmt, diese Trennung zu kompensieren, indem er unter den Bedingungen der Trennung die Formen der Verbindung und die Medien der Kommunikation bereitstellt. Dazu ist niemand befähigter als der Luftgott Schu, der den Abstand zwischen Himmel und Erde überbrückt und auf diese Weise die nun getrennten Sphären zusammenhalten kann.[23] Von diesem Gott heißt es in einem Text aus dem Anfang des 2. Jahrtausends:

> Ich bin es, der den Schrecken vor ihm (dem Sonnengott) denen einflößt, die nach seinem Namen forschen.
> Ich bin es, der inmitten der Millionen ist und die Reden hört der Millionen.
> Ich bin es, der die Worte des Selbstentstandenen (Sonnengottes) gelangen läßt zu seiner Menge (= Geschöpfen).[24]

Schu ist der Gott, der die Unerforschlichkeit des fernen Sonnengottes garantiert und zugleich die Kommunikation zwischen ihm und den Geschöpfen institutionalisiert.[25]

Mit dem Erdgott Geb nimmt die Herrschaft dann die Form der „Territorialherrschaft" an, schließlich geht es bei der Herrschaft ja um die Erde und ihre politische Gliederung. Bis hierin entfaltet sich die heliopolitanische Kosmogo-

---

[22] Von der Trennung von Himmel und Erde erzählt der Mythos von der Himmelskuh, s. E. Hornung, Himmelskuh. S. auch te Velde, H., *Separation of Heaven and Earth.*

[23] S. Verf., Herrschaft und Heil, 42 f.

[24] A. de Buck, Coffin Texts I, 322–324.

[25] Es handelt sich, genaugenommen, um indirekte oder Fern-Kommunikation, im Unterschied zu unmittelbarer oder face-to-face-Kommunikation. Schu personifiziert das Medium dieser Fern-Kommunikation, vermittelst dessen sie auch über große Entfernungen gelingen und den Zusammenhang der Millionen untereinander sowie mit ihrem Schöpfer und Herrn sicherstellen kann. Dahinter steht die Erfahrung der Schrifterfindung als notwendiger Vorbedingung zur Bildung des ägyptischen Staates. Der durch Zentralisierung der Macht hergestellte und aufrechterhaltene Staat bedarf der symbolischen Integration in der Form politischer Kommunikation und bürokratischer Verwaltung.

nie in engster Verflechtung der kosmischen und der politischen oder staatlichen Dimension. Vom Tod ist bis hierher nicht die Rede.

Osiris und Seth: wie der Tod in die Welt kam

Auch der Tod ist einmal entstanden, und wer sich auf einen Ursprung vor der Entstehung des Todes zurückführen kann, der ist ihm enthoben:

> Die Mutter des Königs ist schwanger geworden mit ihm als einem Nutbewohner
> gebildet worden ist der König von seinem Vater Atum
> als der Himmel noch nicht entstanden war,
> als die Erde noch nicht entstanden war
> als die Menschen noch nicht entstanden und die Götter noch nicht gebildet waren,
> als der Tod noch nicht entstanden war
> N entgeht dem Todes-Tage wie Seth seinem Todestag entging[26]

Der Tod kommt erst mit der vierten Generation in die Welt, dadurch, daß Osiris von seinem Bruder Seth umgebracht wird, der die Herrschaft an sich reißen will. Der Mord des Seth an Osiris spielt in der ägyptischen Mythologie eine ähnlich fundierende Rolle wie der Mord des Kain an Abel in der Bibel. Osiris ist der erste der Götter-Könige, der einen Bruder und damit einen Feind hat. Das macht ihn zum ersten König im vollen politischen Sinne. Mit Geb wurde die Herrschaft „territorial“, mit Osiris wird sie politisch. Politische Herrschaft impliziert immer ihre eigene Infragestellung in Form von Rebellion. Politische Herrschaft heißt legitime Herrschaft und setzt daher ihr Gegenteil voraus. Dieses Gegenteil verkörpert Seth. Was immer man von C. Schmitts Begriffsbestimmung des Politischen anhand der Leitdifferenz von Freund und Feind halten mag[27] – hier trifft sie den Nagel auf den Kopf. Die Herrschaft, wie Osiris sie ausübt und verkörpert, wird erst durch den Feind politisch. Seth ist in der Tat, man kann es nicht treffender ausdrücken, des Osiris „eigne Frage in Gestalt“, im Sinne jener sibyllinischen Verse Theodor Däublers, die Carl Schmitt seiner Begriffsbestimmung des Politischen zugrunde gelegt hat:

> Der Feind ist unsre eigne Frage als Gestalt,
> und er wird uns, wir ihn zum selben Ende hetzen.[28]

---

[26] K. SETHE, Pyramidentexte, §§ 1466 a–67 a.

[27] C. SCHMITT, Der Begriff des Politischen, 2. Aufl. Berlin 1932; vgl. dagegen D. CONRAD, *Der Begriff des Politischen, die Gewalt und Gandhis gewaltlose politische Aktion*, in: J. Assmann, D. Harth (Hrsg.), *Kultur und Konflikt*, Frankfurt 1990, 72–112.

[28] T. DÄUBLER, Hymne an Italien, Leipzig 1919, „Sang an Palermo“, 65; vgl. H. MEIER, Carl Schmitt, Leo Strauss und der „Begriff des Politischen“. Zu einem Dialog unter Abwesenden, Stuttgart 1998, 91 Anm. 103, sowie ders., Die Lehre Carl Schmitts. Vier Kapitel zur Unterscheidung politischer Theologie und politischer Philosophie, Stuttgart 1994, 76 ff.

Gegen diese Begriffsbestimmung des Politischen läßt sich viel einwenden.[29] Aber was die Gestalt des Osiris angeht, so kommt man im Licht dieser Theorie zu einem tieferen und volleren Verständnis des Zusammenhangs von Staat und Tod. Indem er den Tod überwindet, wird der Staat zu einer Institution der Unsterblichkeit. Aber damit greife ich vor. Wie der Tod überwunden wird, das zeigen die nächsten beiden Szenen.

Isis und Nephthys: wie der Tod überwunden wird 1: das Körper-Selbst und die weibliche Trauer

Was ich bisher erwähnt habe, das Königtum des Osiris und seine Ermordung durch Seth, wird in ägyptischen Texten so gut wie nie erzählt.[30] Es bildet vielmehr die Vorgeschichte dessen, wovon diese Texte handeln. Sie läßt sich aber aus diesen Texten mühelos rekonstruieren. Mit den nächsten beiden eng zusammengehörenden Szenen steigen wir nun in die Fülle der Texte ein, die im Rahmen der ägyptischen Totenriten zur Behandlung des Toten rezitiert werden. Hier zeigt sich nun die handlungsermöglichende Funktion des Mythos in aller Deutlichkeit. Der Komplex des Todes verliert in der mythischen Ausformung seine paralysierende Endgültigkeit und wird zum Ausgangspunkt von Handlungen, die nichts Geringeres als seine Behandlung, ja Heilung zum Ziel haben. Dabei wird der Todeskomplex in ein Geflecht sozialer Beziehungen zerlegt und in fünf Rollen aufgespalten: die Rollen von Seth, Osiris, Horus, Isis und Nephthys, die wiederum drei Basis-Konstellationen oder Urszenen der Todesüberwindung bilden: Seth und Osiris, die Konstellation der Feindschaft, Osiris und Horus, die Konstellation von Vater und Sohn, sowie schließlich Osiris und Isis, die Konstellation der Ehe. In solcher Aufspaltung einer komplexen Erfahrung möchte ich eine spezifische Leistung dieses Mythos und vielleicht des mythischen Denkens überhaupt erblicken. Wir verstehen auch, daß eine solche Auffächerung und Differenzierung komplexer Phänomene im Rahmen einer polytheistischen Religion viel leichter ist. Die Götter verkörpern zusammenwirkende und gegenstrebige, in jedem Falle aber differenzierte Aspekte der Wirklichkeit.[31]

Was nun die Szenenfolge der mythischen und rituellen Todesbehandlung angeht, fällt sofort eine Zweiteilung ins Auge: Sie ist um zwei zentrale Bilder

---

[29] Vgl. dazu Verf., Herrschaft und Heil, 25 ff.

[30] Mit der einen Ausnahme des oben zitierten Osiris-Hymnus ÄHG Nr. 213.

[31] Das soll nicht heißen, daß es in monotheistischen Religionen keine Mythen gibt, eine Auffassung, die ja schon I. GOLDZIHER, Der Mythos bei den Hebräern, mit Vehemenz bestritten hat. Die Bibel ist überreich an Mythen im Sinne „fundierender Erzählungen". Hier hat der Mythos aber nicht mehr die Funktion einer „konnektiven" Weltmodellierung, weil das Göttliche die Welt hier nicht mehr strukturierend von innen durchdringt, sondern ihr in Gestalt des Einen Gottes von außen gegenübersteht. Der Mythos „fundiert" die Menschenwelt, aber nicht ein symbiotisches, Mensch, Kosmos und Gesellschaft integrierendes Weltverhältnis.

herum organisiert.[32] Das eine betrifft die Zerstörung des Körpers. Hier geht es um das Sammeln und Zusammenfügen der einzelnen Glieder und ihre Beweinung und Beseelung bis hin zu einer neuen Form leiblicher Ganzheit und Unversehrtheit.[33] Das andere Bild betrifft die Zerstörung der Sozialbeziehungen des Toten, seine totale Isolation, sein Herausgefallensein aus allen sozialen Lebensbindungen, das als ein totaler Verlust von Status, Würde, Ehre, Prestige dramatisiert wird.[34] Beide Aspekte beziehen sich auf die Ausgangssituation des Toten, bei der die Todesbehandlung ansetzt. Beide werden sie ins Extreme übersteigert oder „dramatisiert“: der leblose Körper wird als zerrissen und zergliedert dargestellt, und die Trennung von den Lebenden als eine Art von Schande und Ehrverlust. Je tiefer der Ausgangspunkt, desto höher der Zielpunkt der rituellen Umwandlung.

Diese Bilder spalten den Komplex Tod auf in einen *körperlichen* und einen – nicht etwa „seelischen“, wie wir vielleicht erwarten würden, sondern vielmehr – *sozialen* Aspekt, um beiden Aspekten eine jeweils andere Behandlung angedeihen zu lassen. Die Behandlung des körperlichen Todesaspekts war eine vornehmlich weibliche, die Behandlung des sozialen Aspekts eine vornehmlich männliche Aufgabe. Um die Wiederherstellung des Leibes, das Einsammeln und Zusammenfügen der Glieder, ihre Beweinung und Beseelung, sehen wir Isis und Nephthys bemüht, denen der Gott Anubis assistiert, und die Wiederherstellung der Ehre des Toten und seine Resozialisation in der Götterwelt liegt in den Händen des Horus, dem der Schreibergott Thot, die vier „Horussöhne“ und wiederum Anubis beistehen. Der Zweiteilung des Todeskomplexes entspricht also eine eindeutige Geschlechterdifferenzierung in der Rollenverteilung der Todesbehandlung.

In den Klageliedern der Isis und Nephthys geht es einerseits um Gefühle der Liebe, Sehnsucht und Trauer und andererseits um den Körper des Geliebten, den sie von Kopf bis Fuß beschreiben, um ihn im Medium des Textes wieder zusammenzusetzen. Die geschlechtliche Liebe wird hier ganz bewußt als ein Medium eingesetzt, um den Toten in seinem körperlichen Selbst zu restituieren. Die hochemotionale Sprache soll sein Herz rühren und beleben, die Beschreibung seiner Glieder soll den Körper im Medium der Sprache wieder zusammensetzen. Ähnlich wie im Mythos von Orpheus und Euridike erscheint die Gattenliebe als eine todüberwindende Kraft. Sie vermag den Toten soweit wiederzubeleben, daß Isis von ihm noch ein Kind empfangen kann: Horus, den Sohn und Rächer.

[32] Für die Einzelheiten s. Verf., Tod und Jenseits, Kap. 1–4.
[33] S. Tod und Jenseits, Kap. 1.
[34] S. Tod und Jenseits, Kap. 2–3.

Wie der Tod überwunden wird 2: der Beistand des Sohnes

Die Sohnesliebe ist bei der Behandlung des Todes genauso wichtig wie die Gattenliebe. Beide Affekte haben die Kraft, die Schwelle zwischen Leben und Tod, Diesseits und Jenseits, zu überspannen und den Toten aus dem Todeszustand herauszuholen, aber nicht zurück ins irdische Leben, wie es Orpheus im griechischen Mythos fast mit Eurydike gelungen wäre, sondern durch den Tod hindurch in die Götterwelt, in der Osiris als Herrscher der Toten nun einen unsterblichen Platz einnimmt. So paradox es klingt: Osiris wird *als Toter* unsterblich. Das ist die ägyptische Form der Todesüberwindung, wie sie in diesem Mythos artikuliert wird. Es geht dabei um eine Auferstehung aus der Todeswelt, aber nicht zurück in die Oberwelt, sondern hinüber in einen dritten Raum, die Götterwelt.

So wie Isis und Nephthys zusammen mit Anubis den Toten in seiner leiblichen Ganzheit wiederherstellen, so stellt Horus ihn als soziale Person wieder her. Hier geht es darum, ihn aus seiner Isolation zu befreien und ihm aus der Tiefe seiner Entehrung und Entwürdigung, in die Seth ihn durch die Schändung der Leiche gestoßen hat, zur völligen Rehabilitation zu verhelfen, seine Ehre wiederherzustellen, ihm in der Götterwelt Respekt zu verschaffen und ihn in seine herrscherlichen Rechte wiedereinzusetzen. Damit tritt auch die staatliche Dimension wieder ins Zentrum, die wir in der Szene der weiblichen, körperbezogenen Klage aus den Augen verloren haben.

In der Wiederherstellung des Toten in seiner Sozialsphäre steht die Konstellation der Feindschaft von Seth und Osiris im Zentrum. Jetzt tritt Seth als eine Hauptperson auf, im Gegensatz zu den Riten der leiblichen Wiederherstellung, bei denen alles darauf ankommt, ihn fernzuhalten. Mit der Konstellation von Seth und Osiris wird der Tod aufgespalten in die beiden Aspekte Mörder und Opfer. Für das mythische Denken gibt es gar keinen natürlichen Tod; jeder Tod ist verschuldet, jeder Tod ist Unrecht, ist Mord.[35] Der Mythos von Seth und Osiris macht es möglich, den Toten von seinem Tod zu dissoziieren, den Tod namhaft zu machen, vor Gericht zu stellen und das Unrecht zu sühnen, das heißt Osiris „gegen" Seth zu „rechtfertigen". Das mythische Denken oder der Mythos als Denkform stellt also nicht nur Verbindungen her, wo wir keine erkennen können, sondern trifft auch Unterscheidungen, die uns fremd sind. Dazu gehört die Unterscheidung zwischen dem Toten und seinem Tod im Sinne von Opfer und Täter, woraus dann die Möglichkeit folgt, den Toten gegen den Tod zu rechtfertigen. Diese „Rechtfertigung gegen" den Tod bildet den entscheidenden Schritt der Todesüberwindung. Dafür muß Seth vor Gericht gestellt und verurteilt werden. Der Thron des Osiris fällt seinem Sohn Horus zu, Osiris wird Herrscher der Unterwelt. Damit ist die Welt wieder in Ordnung, der Tod geheilt.

[35] Vgl. hierzu T. Macho, Todesmetaphern, 47: „Vielleicht ist jeder Tod eigentlich Mord."

Der Osirismythos ist daher nicht nur der Mythos des Todes und liegt als solcher den Totenriten zugrunde, er ist auch der Mythos des Staates. Jeder König ist Horus, trägt den Gottesnamen als Titel und legitimiert sich als „liebender Sohn“ seines Vorgängers, der im Tode zu Osiris geworden ist, so wie er selbst zu Osiris werden und von seinem Nachfolger als seinem liebenden Sohn bestattet werden wird. Le roi est mort, vive le roi. Der ägyptische Staat beruht auf der Konstellation eines toten Vaters und eines liebenden Sohnes.[36]

Diese Konstellation wird rituell und mythologisch in der Ka-Umarmung ausgedrückt. Der Ka ist ein väterlich-dynastisches Prinzip, das sich durch die genealogische Linie reproduziert. So gilt der im König verkörperte Gott Horus als dessen Ka.[37] Der Ka-Begriff verbindet den Toten daher zugleich mit seinen Vätern und mit seinen Söhnen. Der Ka wird durch eine Umarmung übertragen, die ziemlich genau dem Segen entspricht, der in den Patriarchengeschichten der Bibel von Abraham auf Isaak, von Isaak auf Jakob usw. übergeht. So umfaßt zum Beispiel der Schöpfergott Atum das aus ihm entstandene Zwillingspaar Schu und Tefnut:

> Atum Cheprer, [...]
> Du hast deine Arme um sie gelegt als die Arme des Ka,
> damit dein Ka in ihnen sei.[38]

Wenn Horus den Thron besteigt, heißt es im Mythos:

> So geriet Osiris in die Erde in der Königsburg (d. h. Memphis)
> auf der Nordseite dieses Landes, zu dem er gelangt war.
> Sein Sohn Horus erschien als König von Ober- und Unterägypten
> in den Armen seines Vaters Osiris.[39]

In dieser Umarmung wird ein Bund zwischen Diesseits und Jenseits, Lebenden und Toten gestiftet, der die Grundlage der ägyptischen Gesellschaft bildet. Jeder Pharao ist Horus und steht mit dem Jenseits in Verbindung, als hinterbliebener „Sohn“ sowohl der gesamten Reihe seiner Amtsvorgänger bis zurück in graueste Vorzeit als auch der gesamten Götterwelt, der er im Kult als seinen Vätern und Müttern gegenübertritt. Das Band, das der Ka zwischen totem Vater und hinterbliebenem Sohn über die Todesschwelle hinweg knüpft, bindet und trägt die ganze ägyptische Religion, Kultur und Gesellschaft.

Fassen wir zusammen. Der Osirismythos verknüpft in seiner Szenenfolge die anthropologische Ebene des Todes, die politische Ebene des Staats und die kosmische Ebene, in der es um die Beziehung von Oberwelt, Todeswelt und Götterwelt geht. Auf allen drei Ebenen funktioniert er als eine fundierende Geschichte, von der eine orientierende, Handeln ermöglichende und legitimie-

---

36 S. hierzu Tod und Jenseits, Kap. 3.

37 Vgl. zu diesem Aspekt insbesondere L. BELL, *Luxor Temple.* Allgemein zur Bedeutung des Ka im Totenglauben der alten Ägypter s. Verf., *Tod und Jenseits*, 131–139.

38 Pyramidentexte §§ 1652–53.

39 K. SETHE, Dramatische Texte, 76–77.

rende Kraft ausgeht. Dabei beruht die Erklärungs- und Orientierungsleistung des Mythos vor allem auf der Beziehung, die er zwischen diesen Ebenen herzustellen weiß. Der Mythos garantiert die Lesbarkeit der Welt, nicht auf der Basis einer von außen kommenden Sinnstiftung wie im christlich-jüdischen Bild von der Welt als Buch Gottes[40], sondern auf Grund einer internen Semiose, kraft derer eines auf das andere verweist. Sinnstiftung funktioniert hier als Herstellung von Zusammenhang. Die Verknüpfung von Tod und Staat ist evident. Der Tod wird überwunden durch die Thronbesteigung des Sohnes. Die Auseinandersetzung mit dem Tod wird im Mythos als ein Streit um die Thronfolge dargestellt. Der volle Sinn dieses Mythos wird aber erst klar, wenn wir die kosmische Dimension einbeziehen. Die Konstellation von totem Vater und überlebendem Sohn hält Diesseits und Jenseits zusammen.[41] Der Osiris-Mythos modelliert ein Weltbild, in dem es jenseits von der Oberwelt, wo die Lebenden leben, und Unterwelt, wo die Toten tot sind, noch ein Drittes gibt, eine Sphäre tod-entrückter Unsterblichkeit.

2. Der Mythos vom Sonnenlauf

Das zweite Beispiel ist der ägyptische Mythos vom Sonnenlauf. Wir haben schon gesehen, daß der Sonnengott, nachdem er über eine ungeschiedene Welt von Menschen und Göttern geherrscht hatte, den Himmel von der Erde getrennt hat. Seitdem befährt er ihn Tag für Tag in einer Barke von Osten nach Westen, um dann die Unterwelt in der Gegenrichtung zu durchfahren und am nächsten Morgen im Osten wieder aufzugehen. Diese Sonnenfahrt wird in einer Fülle mythischer Bilder entfaltet und in Hunderten von Texten, vor allem Sonnenhymnen[42], aber auch den Weltbeschreibungen der sogenannten Unterweltsbücher[43] dargestellt. Dieser Mythos spielt also nicht wie der Osiris-Mythos „in illo tempore“, in der mythischen Urzeit, die immer gleich vergangen und gleich gegenwärtig ist, sondern er spielt „in hoc tempore“, in dieser unse-

---

[40] S. hierzu A. Assmann, Legitimität der Fiktion; H. Blumenberg, Die Lesbarkeit der Welt.

[41] In ihr liegt das Geheimnis der Kontinuität beschlossen, die sich der Ägypter als Verbindung von Gestern und Morgen oder auch von *Neheh* und *Djet* denkt, s. S. 28 f.

[42] Die wichtigsten Sonnenhymnen habe ich in ÄHG in deutscher Übersetzung zusammengestellt in. Für eine Untersuchung der kultischen Sonnenhymnik s. Verf., *Liturgische Lieder*. Für eine kommentierte Edition der wichtigsten ägyptischen Texte s. Verf., STG, sowie für eine religionsgeschichtliche Auswertung der ägyptischen Sonnenhymnik mein Buch Re und Amun.

[43] Mit dieser Literatur hat sich vor allem Erik Hornung in zahlreichen Publikationen und Editionen beschäftigt. An Übersetzungen und Einführungen s. besonders E. Hornung, Jenseitsführer; Nachtfahrt der Sonne. Unterweltsbücher.

rer je gegenwärtigen Zeit, und er spielt nicht nur in dieser Zeit sondern *ist* diese Zeit: sein Thema ist das Wesen und das Funktionieren der Zeit.

In dieser Mythologie steht daher der Kosmos im Vordergrund. Hier wird in Bildern veranschaulicht, wie der Kosmos funktioniert. Jedes dieser Bilder läßt aber zugleich auch mindestens eine der beiden anderen Dimensionen – Staat und Tod – sichtbar werden. Der Sonnenlauf bildet gewissermaßen den Pulsschlag des Kosmos, den sich der Ägypter als einen Prozeß und nicht als einen Raum denkt. Im Sonnenlauf wiederholt sich die Schöpfung, die auf ägyptisch „das erste Mal" heißt, das erste Mal nämlich von etwas, das sich Morgen für Morgen wiederholt.[44] Daher heißt es immer wieder, daß der Sonnengott am Morgen „aus dem Urwasser" aufsteigt. Das Urwasser, also das ägyptische Äquivalent zum biblischen tohuwabohu und zum griechischen Chaos, ist mit der Kosmogonie nicht überwunden, sondern umgibt und durchdringt weiterhin die Erde, und alles, was damit in Berührung kommt, erneuert sich wie beim „Ersten Mal".[45]

Der einzige Unterschied zwischen dem Ersten Mal und allen weiteren Malen ist die Anwesenheit des Feindes. Das erste Mal vollzieht sich ohne Widerstand. Anders etwa als für die Mesopotamier vollzieht sich für die Ägypter die Weltentstehung ohne Kampf und Konflikt. Bei seiner täglichen Fahrt durch Himmel und Unterwelt stellt sich jedoch dem Sonnengott in Gestalt einer riesigen Wasserschlange ein Feind entgegen, der das Urwasser des Himmelsozeans auszusaufen und die Sonnenbarke auf den himmlischen Sandbänken stranden zu lassen droht. Genau wie im Falle des Osiris-Mythos gewinnt durch die Anwesenheit des Feindes auch der Sonnenmythos über seinen kosmischen Charakter, als Erzeugung von Licht, Wärme und Zeit, hinaus auch den eminent politischen Sinn einer Ausübung von Herrschaft, als Durchsetzung von Gerechtigkeit und Ordnung (Ma'at).[46] Der Sonnenlauf ist also kein perpetuum mobile, sondern bedarf einer unausgesetzten Anstrengung, kraft deren der Fortbestand der Welt, die Inganghaltung des kosmischen Prozesses, der von der Wasserschlange Apopis verkörperten Gravitation zu Stillstand und Auflösung abgerungen werden muß. Durch die Konfrontation mit Apopis gewinnt die Sonnenfahrt den Charakter eines Sieges, ägyptisch: einer „Rechtfertigung gegen". Re muß sich gegen Apopis rechtfertigen, um die Herrschaft aufrechtzuerhalten, genau wie sich Osiris gegen Seth rechtfertigen muß, um die Herrschaft zurückzugewinnen.[47]

---

[44] Zu ägyptischen Schöpfungsvorstellungen s. J. P. Allen, Genesis in Egypt; S. Bikkel, La cosmogonie.

[45] Zur fortwirkenden Gegenwart des Urwassers in der geschaffenen Welt s. E. Hornung, *Chaotische Bereiche*. Zur Idee der Erneuerung vgl. ders., Verfall und Regeneration.

[46] Vgl. hierzu Verf., Ma'at, 6. Kapitel. Zum Prinzip der „Gespaltenen Welt" vgl. auch ders., Sinngeschichte, 211–222.

[47] Vgl. H. Brunner, *Seth und Apophis*.

Seth[48] spielt übrigens in beiden Mythen, im Sonnenmythos und im Osirismythos, eine jeweils entgegengesetzte Rolle. Im Sonnenmythos kämpft er auf seiten des Sonnengottes. Er steht am Bug der Sonnenbarke und sticht seinen gewaltigen Speer in den Apopisdrachen, so daß dieser alles Wasser, das er eingeschlürft hat, wieder von sich geben muß. Diese Doppelrolle des Seth zeigt, daß die Ägypter zwar den Tod als Feind und Verkörperung des Bösen, aber nicht als das absolute Böse betrachtet haben. Auch der Tod wirkt im Rahmen der Weltordnung, er bedroht nicht die Welt von außen, sondern das Leben von innen. Re macht sich in seinem ständigen Kampf gegen die zerstörerischen Kräfte, die sich seinem Werk der In-Gang-Haltung der Weltordnung entgegenstellen, den Tod zunutze und bietet ihn gegen Apopis, die Personifikation der absoluten Zerstörung, auf. Seth kann aus der Welt nicht eliminiert werden, ohne sie nicht zum Stillstand zu bringen.

Diesem Kampf schauen die Menschen nicht gleichgültig zu, denn von seinem Ausgang hängt ihr Wohlergehen ab. Der Sonnenlauf wird daher auf Erden mit Riten begleitet, die auf dem Parallelismus von Kosmos und Königtum basieren. Die Feinde Pharaos werden mit dem Sonnenfeind gleichgesetzt und dessen Schicksal ausgeliefert, nach dem Prinzip: „Komm zu Pharao, Re, fälle ihm seine Feinde wie er dir Apopis gefällt und dir den Bösartigen bestraft hat.“[49] Zugleich mit der kosmischen Wohlfahrt sollen diese Riten auch die politische „Wohlfahrt“ befördern und mit dem Sonnenlauf auch die pharaonische Herrschaft in Gang halten:

> Wenn man den Feind nicht köpft, den man vor sich hat
> aus Wachs, auf Papyrus oder aus Holz nach den Vorschriften des Rituals,
> dann werden sich die Fremdländer gegen Ägypten empören
> und Bürgerkrieg und Revolution im ganzen Land entstehen.
> Man wird auf den König in seinem Palast nicht hören
> und das Land wird seiner Schutzwehr beraubt sein.[50]

Das politische Handeln des Königs bildet das weltinganghaltende, kosmosschaffende Handeln des Sonnengottes auf Erden ab. Zu diesem Zweck und als sein Ebenbild[51] hat der Sonnengott den König, das heißt den Staat auf Erden eingesetzt. Hierzu gibt es einen sehr zentralen, oft kopierten Text, in dem über

---

[48] Zu diesem Gott s. H. TE VELDE, Seth.

[49] pBM 10188, 22.4 s. dazu R. O. FAULKNER, The Bremner-Rhind Papyrus.

[50] Pap. Jumilhac XVII.19–XVIII,11: es handelt sich um eine wesentlich längere Darstellung des Zusammenhangs zwischen Riten und kosmischer wie politischer Ordnung, aus der oben nur einige Sätze zitiert wurden. J. VANDIER, *Papyrus Jumilhac*, 129 f. Zum Zusammenhang zwischen Ritual und Politik in Ägypten s. auch Verf., Herrschaft und Heil, 86–89.

[51] Bild Gottes ist im Ägypten des Neuen Reichs die häufigste Bezeichnung des Königs, s. dazu B. OCKINGA, Gottebenbildlichkeit. Auch in Mesopotamien ist der König „Bild Gottes“. Das hierfür verwendete Wort *ṣalmu* entspricht hebr. *ṣäläm*, das in Gen 2,26–27 für den Menschen als Bild Gottes verwendet wird.

die Beziehung von König und Sonnengott unter anderem folgendes gesagt wird:

Re hat den König N. N. eingesetzt
auf der Erde der Lebenden
für unendliche Zeit und unwandelbare Dauer
beim Rechtsprechen den Menschen, beim Zufriedenstellen der Götter,
beim Verwirklichen des Rechts *(Ma'at)*, beim Vernichten des Unrechts *(jsfet)*;
er gibt den Göttern Opferspeisen,
und den Verklärten Totenopfer.[52]

So wie Re im Himmel, so setzt der König auf Erden die Gerechtigkeit durch und vertreibt das Unrecht. So wie der Sonnenlauf nach dem Modell staatlicher Herrschaftsausübung modelliert ist, so versteht sich die Herrschaftsausübung des Königs als Abbild des Sonnenlaufs. Das ist das Prinzip der mutuellen Modellierung, das dem mythischen Denken in Ägypten zugrunde liegt.

Aber auch die Sinndimension des Todes spielt hier eine zentrale Rolle. Zwischen Sonnenuntergang und Sonnenaufgang steigt der Sonnengott in die Unterwelt hinab, erweckt die Toten aus ihrem Todesschlaf, spendet ihnen Licht und Luft, redet sie mit seinem Herrscherwort an und weist ihnen Nahrung zu, richtet die Bösen, überwindet den Apopisdrachen, der sich ihm auch hier entgegenstellt, und teilt selbst das Schicksal der Toten, in dem er sich mit Osiris als seinem Leichnam vereinigt.[53] Aus dieser Vereinigung wächst ihm die Kraft der Erneuerung zu. In Osiris und Re vereinigen sich Anfang und Ende, Gestern und Morgen, wie es im 17. Totenbuchkapitel heißt.

Was „Gestern" betrifft, das ist Osiris.
Was „Morgen" betrifft, das ist Re.[54]

Von der Sinndimension des Todes her betrachtet, erscheint der Sonnenmythos als die zentrale ägyptische Heilsgeschichte. Das Geheimnis des Heils und die große Verheißung der Unsterblichkeit liegt in der Kreisbahn, die den Sonnengott im Verlauf eines jeden Tag-Nacht-Zyklus die Pole von Geburt und Tod durchlaufen läßt. Im Sonnenmythos schwängert der Sonnengott seine eigene Mutter, die Himmelsgöttin, indem er des Abends in ihren Mund eingeht und am Morgen aus ihrem Schoß heraustritt, ein ewig kreisläufiger Prozeß vaterloser Reproduktion. Diese Ausdeutung des scheinbaren Kreislaufs der Sonne um die Erde verleiht der ägyptischen Unsterblichkeitshoffnung eine natürliche Evidenz. Die Sonne lebt vor, was jeder nachleben möchte: Die Lebenslinie zum Kreis formen, zum Ursprung zurückkehren, den Tod überwinden, indem er als Empfängnis vollzogen und mit der Geburt zur Deckung gebracht wird.

---

[52] Zu diesem Text s. Verf., König als Sonnenpriester.
[53] S. E. Hornung, Nachtfahrt der Sonne.
[54] E. Hornung, Totenbuch, 60 f.

Von dem griechischen Arzt und Philosophen Alkmaion von Kroton, einem Schüler des Pythagoras, überliefert Aristoteles folgenden rätselhaften Satz:

> Alkmaion sagt, daß die Menschen darum vergehen, weil sie nicht die Kraft haben, das Ende mit dem Anfang zu verknüpfen.[55]

Genau dies scheinen die Ägypter angestrebt zu haben. Daher wird der Sarg der Himmelsgöttin Nut gleichgesetzt und die Sarglegung nach dem Vorbild der Sonne als eine Rückkehr in den Mutterschoß vollzogen.[56] Sarginschriften lassen die Himmelsgöttin zum Toten sagen:

> Ich lege dich in mich hinein, ich gebäre dich zum zweitenmal,
> so daß du aus- und eingehst unter den Unvergänglichen Sternen
> und erhoben, lebendig und verjüngt bist wie der Sonnengott Tag für Tag![57]

Hier erfüllt sich die Unsterblichkeitssehnsucht als *imitatio solis* in der zyklischen Zeit unendlicher Erneuerung. In der Sonnen-Nachfolge will der Tote sein eigener Vater werden und sich im Schoß der Muttergöttin ewig selbst hervorbringen.

Der Sonnenmythos handelt zwar vom Kosmos, aber zugleich auch vom Tod, indem er den Tod als ein Durchgangsstadium im ewigen Kreislauf der zyklischen Zeit und damit als das Geheimnis der Erneuerung darstellt. Umgekehrt handelt der Osirismythos zwar vom Tod, aber zugleich auch vom Kosmos, indem er den Tod als Durchgangsstadium zu einem elysischen Raum der Unsterblichkeit darstellt. Das Besondere der ägyptischen Mythologie liegt nun darin, daß diese beiden Mythen sich nicht etwa widersprechen, sondern komplementär ergänzen. Sie gehören untrennbar zusammen. Ich habe hier nicht etwa zwei beliebige, wenn auch zentrale Mythen herausgegriffen, sondern *den* ägyptischen Doppelmythos vorgestellt, in dem sich das ägyptische Weltbild artikuliert. In der kosmischen Dimension entspricht diesem Doppelmythos das Doppelgesicht der Zeit, die sich der Ägypter als Verbindung von *Neheh* und *Djet* denkt.[58] *Neheh* und *Djet* sind die beiden ägyptischen Begriffe für Zeit – oder auch Ewigkeit. *Neheh* bedeutet soviel wie die in der unendlichen Wiederkehr der Tage und Jahre kreisende Zeit, *Djet* die unwandelbare Fortdauer dessen, was in dieser kreisenden Zeit zur Vollendung gereift ist. Osiris ist der Herr der *Djet*-Ewigkeit als unwandelbarer Fortdauer, Re ist der Herr der Neheh-Zeit als unendlicher Erneuerung. In seiner kosmischen Bedeutung erzählt der Osiris-Mythos, wie es zu der *Djet*-Zeit kommt und was es mit ihr auf sich hat. Er vermittelt dem Menschen die Hoffnung, auch seinerseits in den heiligen Raum

---

[55] „*tous anthropous phesin Alkmaion dia touto apollysthai, hoti ou dynantai ten archen to telei proshapsai.*" Fr. 2 nach Aristoteles, Probl. 17.3 s., H. Diels/W. Kranz, Vorsokratiker I, 215.

[56] Zu dieser Idee s. Tod und Jenseits, 7. Kapitel.

[57] Sargbrett LD III 271d.

[58] S. hierzu Verf., Zeit und Ewigkeit; *Doppelgesicht der Zeit.*

der Dauer einzugehen, wenn er durch den Vollzug der Totenriten und die Rechtfertigung im Totengericht zu Osiris wird. Der Sonnenmythos dagegen stellt dar, wie der Sonnenlauf die *Neheh*-Zeit generiert, indem der Sonnengott unaufhörlich den Zyklus von Leben und Tod durchläuft. Er vermittelt dem Menschen die Hoffnung, sich auch seinerseits im Tod zu erneuern, indem er in den Sarg als den Mutterschoß zurückkehrt und daher seinen Lebenslauf nach dem Vorbild des Sonnenlaufs zur Kreisbahn formt. In der Osiris-Nachfolge will der Verstorbene in die Gestalt des „toten Vaters" eingehen, dessen Sohn im Diesseits seine Stellung hält und sein Gedächtnis bewahrt. Osiris steht für das väterliche Prinzip, die Normen der Kultur, die linerare Zeit menschlichen Handelns und Leidens. Das Sonnenschicksal dagegen steht für das mütterliche Prinzip, die ewig kreisläufige Regeneration der Natur, die zyklische, reversible Zeit des kosmischen Lebens. Osirismythos und Sonnenmythos gehören zusammen wie lineare und zyklische Zeit, Geschichte und Kosmos, Erinnerung und Erneuerung. Das sind Gegensätze, die das ägyptische Denken nicht gegeneinander ausspielt, sondern zu einer höheren Einheit verbindet.

Dieselbe Verbindung des Osirianischen und des Solaren zeigt sich auch auf der staatlichen Ebene. Jeder König ist zugleich Sohn seines Vorgängers und Sohn des Sonnengottes. Er ist doppelt legitimiert: einmal, indem er als Horus das Erbe des zu Osiris gewordenen Vorgängers antritt, und zum anderen, indem er auf Erden das herrschaft-durchsetzende, kosmos-schaffende Wirken des Sonnengottes abbildet. Auf dieser Doppelrolle des Königs beruht die Kontinuität des Staates: einmal in der unzerreißbaren dynastischen Kette, in der nach dem Prinzip „le roi est mort – vive le roi" das Königtum als Ka vom Vorgänger auf den Nachfolger übergeht und beide in der Vater-Sohn-Konstellation verknüpft (was immer auch die tatsächlichen Verwandtschaftsverhältnisse sein mögen), und zum anderen in der Abbildbeziehung zum Sonnenlauf, in der durch den Vollzug der Riten die irdischen Verhältnisse den himmlischen angeglichen und die Geschichte des Landes dem kosmischen Leben integriert wird.

Ich glaube, es ist deutlich geworden, in welcher Weise beide mythischen Komplexe, der Osirismythos und der Sonnenmythos, die Sinndimensionen Kosmos, Staat und Tod bzw. Welt, Gesellschaft und Mensch umfassen und zueinander in Beziehung setzen. Beide Mythen erzeugen Sinn dadurch, daß sie diese Sphären sich ineinander spiegeln lassen. Mythos erscheint hier als Denk- und Ausdrucksform eines Weltverhältnisses, das ich „symbiotisch" nennen möchte. Das Göttliche steht der Welt nicht gegenüber, sondern durchdringt und beseelt sie von innen. Es ist der Welt in den drei Sinndimensionen des Kosmos, des Staats und des Todes oder allgemeiner gesagt, des menschlichen Lebensschicksals eingeschrieben. Erst im Monotheismus und in der griechischen Philosophie emanzipiert sich das Göttliche aus seiner symbiotischen Eingebundenheit in Kosmos, Gesellschaft und Schicksal und tritt der Welt als eigenständige Größe gegenüber. Im gleichen Zuge emanzipiert sich auch der Mensch aus seinem symbiotischen Weltverhältnis und entwickelt sich in Partnerschaft mit dem außerweltlichen, aber weltzugewandten Einen Gott zum autonomen bzw. theonomen Individuum. Damit emanzipieren sich Gott und Mensch aus den Grenzen des mythischen Denkens. Geistige Orte werden gewonnen, von denen aus sich wahr und falsch unterscheiden läßt. Im Lichte dieser Unterscheidung verliert der Mythos seine unbedingte Verbindlichkeit und wird zum Spiel, zur Fabel, zur Metapher, in deren Gewand er jedoch, das soll abschließend betont werden, weiterhin seine orientierenden, fundierenden und motivierenden Impulse ausübt.

Zweites Kapitel

Die Verborgenheit des Mythos in Ägypten

1. Einleitung

Das Problem der ägyptischen Mythologie liegt, kurz gefaßt, in dem eigenartigen Mißverhältnis zwischen der Fülle religiöser Texte auf der einen und der Spärlichkeit, ja – bis zu einer verhältnismäßig späten Epoche – Abwesenheit vollständiger mythologischer Erzählungen auf der anderen Seite, dem, was Schott den „verborgenen, kaum faßbaren Zustand der Mythe“ genannt hat.[1] Für dieses Problem gibt es nur zwei Lösungen: entweder waren die Mythen von Anfang – oder jedenfalls einer verhältnismäßig frühen Zeit – an da und haben nur aus irgendeinem Grund nicht in eine Form schriftlicher Aufzeichnung gefunden, die die Jahrtausende überdauert hat, oder aber die Mythen entstanden selbst erst in jener Zeit, aus der die sie aufzeichnenden Texte stammen.

Bisher hat man immer nur mit der erstgenannten Möglichkeit gerechnet und dabei die erst aus späterer Zeit bekannten Mythen in die frühen Texte hineingelesen, dergestalt, daß man die Erwähnung der verschiedenen Götter und ihrer Handlungen als *Anspielungen* auf die mit ihnen verbundenen Mythen auffaßte[2]. Die eigentlich mythenbildende Epoche verlegte man weit in die Vorgeschichte zurück[3], bis Siegfried Schott dann in seiner grundlegenden Arbeit über Mythe und Mythenbildung anhand einer subtilen formgeschichtlichen

[1] In: S. SCHOTT, Mythe.

[2] Vgl. z. B. A. H. GARDINER, Chester Beatty Papyri, 8: „the vast collection of spells which the Old and Middle Kingdoms have beqeathed to us are singularly free form tales about the gods. There is hardly any divinity, however obscure, who escapes mention in the inscriptions of the pyramids and the coffins. But their individual characters and the legends told about them are assumed to be familiar: allusion takes the place of explicit recital, both as regards their personalities and as regards the vicissitudes of their fabled lives.“ Gegen diese Deutung als „Wissens-Präsupposition“ hat schon J. SPIEGEL, Erzählung, 13 eingewendet, daß diese Sprüche ja nicht an menschliche Zuhörer, sondern an „eine Sphäre“ gerichtet sind, „in der die Vorgänge des Mythos als Wirklichkeiten existieren“: „das unmittelbare Gegenwärtigsein der mythischen Vorgänge in dieser Sphäre macht ihre ausführliche Beschreibung entbehrlich“ (ebd., 14). Das ist auch die Ansicht S. Schotts (vgl. Anm. 28), der deshalb den Ausdruck „Anspielung“ zurückweist und von „mythischen Zitaten“ spricht (vgl. Anm. 5).

[3] Vgl. S. SCHOTT, Mythe, vi–viii.

Analyse der Pyramidentexte zeigen konnte, daß die Ausformung einer anthropomorphen Götterwelt, und damit – wie er meinte – „die Mythe"[4], erst das Werk der 3. bis 5. Dynastie gewesen sein konnte. Aber selbst Schott ging wie selbstverständlich davon aus, daß mit der sie ermöglichenden Götterwelt auch die „Mythe" selbst entstand, auch wenn die Texte sie nur „zitieren", aber nicht in der ihr eigenen Form zur Sprache bringen, das heißt *erzählen.*[5] Niemand scheint bisher die andere theoretische Möglichkeit je ernsthaft ins Auge gefaßt zu haben, daß nämlich die Mythen selbst sich nach langen, latenten Vorstufen erst in der Zeit der ersten mythologischen Texte, im MR und vor allem im NR und in der Spätzeit herauskristallisiert hätten, daß also die mythenbildenden Zeiten in Ägypten das zweite und erste vorchristliche Jahrtausend gewesen seien. Ramessidische Mythen – so etwas erscheint uns absolut undenkbar; und wie sollten denn jene Vorstufen, jene Latenzphase des Mythos aussehen, in denen es zwar Götter gab, handelnde und leidende, herrschende und beherrschte, aber keinen Mythos? Wir gehen im Grunde noch immer davon aus, daß in religiöser Hinsicht die eigentlich kreativen Epochen die Vorgeschichte und die Frühzeit, allenfalls noch das Alte Reich gewesen sind.

Ich kann und will in diesem Entwurf nicht den Gegenbeweis antreten; ich halte die Frage für durchaus offen. Und das eben ist mein Anliegen: die Frage als eine offene überhaupt erst wieder freizulegen, nachdem das herrschende Vorurteil sie längst entschieden hat, indem ich versuchen will, der anderen Möglichkeit etwas von ihrer „Undenkbarkeit" zu nehmen. Solange nämlich die Möglichkeit einer Spätentstehung der Mythen nicht in Rechnung gestellt wird, hat die Entscheidung zugunsten ihrer (relativen) Frühentstehung keinen wissenschaftlichen Wert, weil sie nicht begründet ist. Der Beweis dafür, daß die Mythen bereits in den Präsuppositionen der Pyramidentexte enthalten sind[6], ist noch anzutreten. Wenn mein Beitrag jemanden zu dieser reizvollen Arbeit provozieren sollte, so hat er sein Ziel erreicht. Bevor dieses Problem geklärt ist, befindet sich die Ägyptologie, was die Erhebung der mythischen Befunde des alten Ägypten angeht, in einer geradezu chaotischen Situation, die vor allem dann akut wird, wenn jemand von außen mit der Frage nach ägyptischen Mythen an das Fach herantritt. Er sieht sich dann in der ägyptologischen Literatur

---

[4] Unter „der Mythe" versteht Schott meist den Mythos von Osiris, Isis und Horus.

[5] Zum Begriff des „mythischen Zitats" s. S. SCHOTT, Mythe, 51 und Siegfried Schott, *Göttermythen*, 90–92. Das „Zitat" im Sinne Schotts appelliert nicht an das Wissen eines Zuhörers, sondern an die unmittelbare Gegenwärtigkeit des Gemeinten („Kontext-Präsupposition", wobei Kontext = situationell, nicht sprachlich), vgl. Anm. 2.

[6] Stellen, bei denen eine solche Deutung tatsächlich naheliegt, sind z. B. K. SETHE, Pyramidentexte, Spruch 477, §§ 957 ff. („Erinnere dich, Seth! Nimm es dir zu Herzen, jenes Wort, das Geb sagte …" usw.) und K. SETHE, Pyramidentexte, §§ 886–888. vgl. §§ 2120–2121 („Was das angeht, Re, was du sagtest: ‚ach hätte ich doch einen Sohn' …"), s. hierzu J. ASSMANN, *Bild des Vaters*, 25 f. Zu Spruch 477 s. J. ZEIDLER, *Spätentstehung*, bes. 101–104.

mit einem geradezu inflationären Gebrauch der Wörter „Mythos" und „mythisch" konfrontiert, während ihm die ägyptische Literatur so gut wie nichts bietet, was er in dem ihm vertrauten Sinne des Wortes verwenden kann. Das hat seinen Grund nicht nur in dem genannten Vorurteil, sondern auch in einer (damit zusammenhängenden) Unschärfe des ägyptologischen Mythosbegriffs. Die folgende Skizze geht daher den Weg einer begrifflichen Klärung, indem sie den Begriff Mythos mit verschiedenen schärfer als bisher von ihm zu unterscheidenden Begriffen konfrontiert.

2. Mythos versus Götterwelt

In der ägyptologischen Literatur ist das Wort „Mythos" (mythisch) meines Erachtens in einem Großteil seiner Vorkommen ersetzbar durch die Wörter Jenseits (jenseitig), Urzeit (urzeitlich), Himmel (himmlisch) usw. und vor allem: Götterwelt (götterweltlich). Gerade Siegfried Schott, der in *Mythe und Mythenbildung* die Besonderheit des Mythischen klarer als alle anderen gesehen und definiert hatte, hat merkwürdigerweise auch die verhängnisvolle Gleichsetzung von Mythos und Götterwelt propagiert.

Was Schott Mythenbildung nannte, wäre zunächst einmal als Konstitution eines Denotationsbereichs bestimmter religiöser Texte zu analysieren und zu beschreiben gewesen, für den ein Begriff wie Götterwelt mir zugleich vorsichtiger (das heißt weniger voraussetzungsreich) und angemessener erscheint.

Unter einem Begriff wie „Götterwelt" aber haben Schott und andere – diese Auffassung ist wohl ziemlich allgemein ägyptologisch – sich eher eine Substanz als eine Form vorgestellt, ein diffuses Kontinuum, das in Mythen und Götterlehren (Schott) oder in theologischen „Ordnungsschemata" (Hornung) Form gewinnt.[7] Bei Schott ist „die Mythe" der „die Götterwelt einigende Geist"[8] , der – im Zuge der „Vermenschlichung der Mächte"[9] – an die Stelle der ursprünglich in „Rudeln" zusammengefaßten Tiermächte[10] tritt. Diese Auffassung der Götterwelt als Substanz, wie sie etwa Modell 1 veranschaulicht, ist jedoch zu sehr von innen („systemimmanent") gesehen, weil die Götter einfach als existent unterstellt werden, als vorgegebene, nicht weiter analysierbare Realität, die der Ägypter in seinen Mythen, Lehren und/oder „Ordnungsschemata" formte und verarbeitete. Das kann aber nicht der Standpunkt eines außenstehenden Betrachters und Analysators sein. Er hat vielmehr davon auszugehen, daß auch die Götterwelt eine geistige Konzeption und als solche Ausdruck einer Realitätsbewältigung und Weltverarbeitung ist, deren Substanz die

---

[7] S. E. Otto, *Polytheismus*, 260 ff.; E. Hornung, Der Eine und die Vielen, 213 ff.
[8] S. Schott, Mythe, 63.
[9] K. Sethe, Urgeschichte, §§ 30 ff.; S. Schott, Mythe, 88–97; Hornung, a. a. O., 96 f.
[10] S. Schott, Mythe, 104 oben (und öfter).

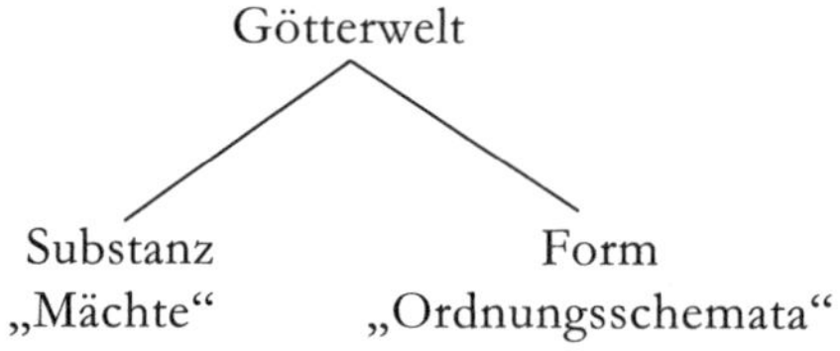

Modell 1

vorgegebene Wirklichkeit und die diffuse Fülle ihrer Erfahrung darstellt (vgl. Modell 2).[11]

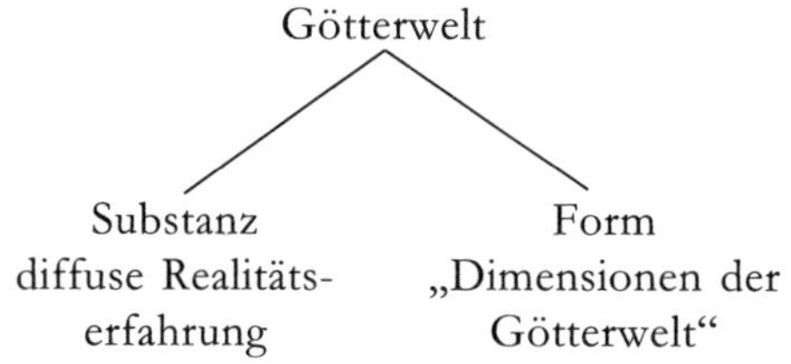

Modell 2

Modell 1 wird dadurch nicht falsch, es wird nur transzendiert und mit dem Standpunkt des heutigen Betrachters vermittelt; die Substanz-Form-Unterscheidung ist rekursiv anwendbar, und insofern läßt sich die Auffassung der Götterwelt als einer „relativen Substanz" in bezug auf die „Ordnungsschemata", wie sie etwa Hornung und Otto vertreten, in das Modell 2 einbeziehen. (Modell 3).

Ob aber auch dem Mythos die Götterwelt als eine relative Substanz zugeordnet werden kann, möchte ich bezweifeln. Der Mythos von Osiris, Isis und Horus bringt meines Erachtens nicht so sehr Form und Ordnung in die diffusen Vorstellungen um diese Götter mit Hilfe von Kategorien des Königtums, der Erbfolge und der Verwandtschaftsbeziehungen, als vielmehr umgekehrt: er gibt den diffusen Vorstellungskomplexen um den Begriff „Staat", für den es

---

[11] Vgl. J. Assmann, in: LÄ II, 766 f., s. jetzt vor allem Ders., Theologie und Frömmigkeit; E. Otto verwendet in ähnlichem Zusammenhang den Begriff des „(numinosen) Erlebnisses", z. B. in: E. Otto, Rite und Mythos, 26 und vor allem in seinem Beitrag E. Otto, *Religion*, der einen – wie mir scheint, ungerechtfertigten – Agnostizismus impliziert, indem er die Realität und ihre Erfahrung ins Individuelle, Irrationale und jeder wissenschaftlichen Analyse Unzugängliche verlegt. Vgl. im ähnlichen Sinne auch die Kritik von G. S. Kirk, Myth, 264–266, an den Positionen E. Cassirers und Susanne K. Langers.

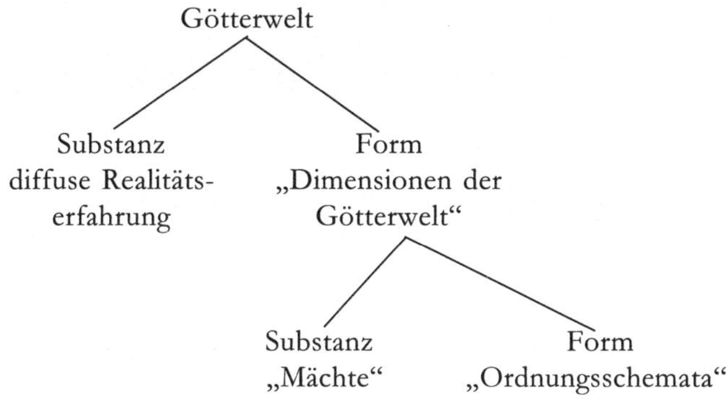

Modell 3

im Ägyptischen kein Wort gibt, eine Form, die ihn als Institution denkbar macht[12], und Ähnliches ließe sich auch für die nicht minder diffusen und affektiv beladenen Vorstellungskomplexe um Tod, Jenseits und Unsterblichkeit ausführen, auf die sich dieser Mythos bezieht.[13] Ohne diesen Fragen hier weiter nachgehen zu wollen, sei nur soviel festgehalten, daß der Mythos sich als Substanz auf derartige, meist dilemmatisch strukturierte, konfliktbehaftete Komplexe bezieht[14], als Form aber eine Erzählung darstellt. Auch hier war es Schott, der immer wieder energisch darauf bestand, daß der Begriff des Mythos nicht von dem des Erzählens zu trennen sei: Mythos ist „das, was man sich von den Göttern erzählt“.[15] Und er war sich weiter darüber im klaren, daß abgesehen von einigen neuägyptischen Texten kaum jemals von Göttern wirklich erzählt wird.[16]

Aber auch hier hat eine gewisse begriffliche Unschärfe, ein allzu weit gefaßter Begriff von dem, was Erzählen genannt werden kann, den Befund wieder verunklärt. Für Schott sind bereits die „Hymnen mit der Namensformel“ narrative Texte, die die in den „Dramatischen Texten“ noch vorausgesetzte und in Wortspielen und Zitaten ad hoc herangezogene „Mythe“ in expliziter und zu-

---

[12] Vgl. J. ASSMANN, *Bild des Vaters*, 40 f., 46 f. = DERS., *Stein und Zeit*, 127 f., 134 f.

[13] Vgl. J. ASSMANN, ÄHG, 72–77; sowie DERS., Theologie und Frömmigkeit, Kap. 5; DERS., Tod und Jenseits, Kap. 1–3.

[14] Wie z. B. Natur – Kultur, Individuum – Gesellschaft, Inzest, Leben – Vergänglichkeit – Tod – Unsterblichkeit usw.; auch der Konflikt zwischen Hirte und Bauer im Brüdermärchen (vgl. hierzu J. ASSMANN, *Zweibrüdermärchen*, 1–25; DERS., *Textanalyse Papyrus d'Orbiney*, 1–15) oder zwischen Mutterbruder und Sohn im pChester Beatty (vgl. hierzu E. LEACH, *Mother's Brother*, 19–21) gehören hierher. Zur Methode der strukturalen Mythenanalyse von und im Gefolge von Claude Lévi-Strauss s. die Bibliographie in: P. MARANDA, Mythology, 299–309.

[15] S. SCHOTT, Mythe, passim; *Göttermythen*, 90.

[16] Ders., Mythe, v–vi.

sammenhängender Form „dem Gotte zum Preis erzählen".[17] In Wirklichkeit ist die gesamte Totenliteratur mit wenigen MR- und NR-Ausnahmen nichtnarrativ. Wenn man aber den Begriff des Erzählens so weit faßt, daß schon die bloße Vollzugsmeldung einer Handlung darunter fällt – „Horus hat dich belebt in jenem deinem Namen ‚Anedjti'"[18] – dann wird auch der Begriff Mythos so weit, daß er mit dem zusammenfällt, was wir hier Götterwelt nennen wollen.

Diese Götterwelt verstehen wir, wie gesagt, als eine Form, sie hat eine Struktur. Die Götter sind in Beziehungen der Verwandtschaft und Herrschaft aufeinander bezogen und in Unterscheidungen des Geschlechts, der Eigenschaften, des Wirkungsbereichs usw. mehr oder weniger klar voneinander abgegrenzt. Aber das ist nicht alles: darüber hinaus verbinden sie jene Relationen der Handlung und der Rolle, die ich an anderer Stelle, um den Begriff Mythos zu vermeiden, als „Konstellationen" beschrieben habe.[19] Das jedoch ist der Punkt, an dem für Schott und viele andere der allgemeinere Begriff Götterwelt in den konkreteren Begriff Mythos umschlägt. Ein handelnder Gott ist für Schott ein Gott der Mythe. Die Götterwelt stellt nur das Personarium; in dem Augenblick, wo sie handelnd zueinander in Beziehung treten, ergibt sich für Schott als narrative Kohärenz dieser Handlungen die Mythe, die auch da vorausgesetzt werden muß, wo sie in den Texten zerstört wird zugunsten einer ganz anderen Kohärenz, die aus einer älteren, „vormythischen" Schicht stammt, den Ritualen.

Die Theorie der „vorausgesetzten Mythe", der zwar vorhandenen, aber in den Texten kunstvoll zerstückten und zerrissenen Handlungszusammenhänge, erscheint mir unnötig kompliziert. Viel einfacher ist es doch, sich die Götterwelt genauso zu denken, wie sie in den Texten erscheint. Die Götter tragen ihre Rollen innerhalb der handelnden (und leidenden) Beziehungen der „Konstellationen", aber noch nicht der narrativen Handlungszusammenhänge des Mythos. Der Begriff der Handlung, der Rolle und der Konstellation ist deshalb für die Struktur der Götterwelt so zentral, weil diese Götterwelt als Denotationsbereich speziell von Ritualtexten erscheint; und er ist deshalb so scharf vom Begriff des Mythos zu unterscheiden, weil diese Rituale (wie Schott und vor allem Otto sehr klar gezeigt haben) von Haus aus nichts mit dem Mythos zu tun haben und keine mythischen Handlungszusammenhänge zur Darstellung bringen.[20]

---

[17] Ders., Mythe, 42 (und öfter).

[18] Schott selbst stellt in S. Schott, Mythe, 32, den Unterschied zwischen der *sḏm.n.f*-Form als Präsens Perfekt im Sinne der Vollzugsmeldung einer soeben verrichteten Kulthandlung und einem Erzähltempus, das auf eine „mythische Vergangenheit, das ‚Erste Mal' des Geschehens in mythischer Urzeit" verweist, sehr klar heraus, nur daß er dieselbe *sḏm.n.f*-Form in den „Hymnen" willkürlich als ein derartiges Erzähltempus auffaßt.

[19] Vgl. J. Assmann, *Bild des Vaters* (Anm. 12), 30–33 m. Anm. 71; Ders., in: LÄ II, 770 m. Anm. 134; Ders., Re und Amun, Kap. 2.

[20] S. Schott, Mythe, 35: „sieht man auf die Mythe, so ist eine geschlossene, fortlau-

3. Mythos versus Ritus

Verklären versus Erzählen: Mythologisierung als sakramentale Ausdeutung.

Um die Theorie der „vorausgesetzten Mythe“ auf ihre Voraussetzung hin zu klären, muß ich wenigstens in aller Kürze auf die Struktur dieser Ritualtexte eingehen. Die Forschungen von Schott, Otto und vor allem von Hartwig Altenmüller haben in einer Fülle glänzend analysierter Beispiele einen Vorgang beleuchtet, den man allgemein als „Mythologisierung“ bezeichnet.[21] Man versteht das so, daß hier der Mythos als etwas Neues, eine jüngere Schicht, zu den ursprünglich mythenfreien Ritualen hinzutritt. Die Riten haben ihren ursprünglichen Sinn verloren und sind erklärungsbedürftig geworden. Der Mythos liefert diese Erklärung. Er bezieht sich als *explanans* auf das *explanandum* der rituellen Handlung.[22] In der Tat scheint aus den Texten so etwas wie eine explanans-explanandum-Beziehung sehr klar hervorzugehen. Es mag genügen, dies an einem einzigen Beispiel zu verdeutlichen. Ich greife die Zeilen 101–103 des Dramatischen Ramesseum Papyrus heraus.[23] Der Papyrus gliedert sich in ein Bildfeld und ein Schriftfeld. Das Bildfeld repräsentiert die „vormythische“ Stufe: hier ist ein Mann dargestellt mit der Beischrift *ẖrj-ḥ3b.t* („Vorlesepriester“) und der beigeschriebenen Rede *jnj.n.j qnj* („ich habe den *qnj*-Latz gebracht“). Das Schriftfeld repräsentiert die zweite, „mythologisierte“ Stufe und stellt zugleich die explanans-explanandum-Beziehung dieser (als explanans) zur vormythischen Stufe (explanandum) her. Zeile 1 gibt die Beschreibung der Handlung auf „vormythischer“ und „mythischer“ Ebene:

> Es geschah, daß der *qnj*-Latz gebracht wurde durch den *ẖrj-ḥ3b.t*. Das bedeutet Horus, indem er seinen Vater umarmt und sich Geb zuwendet.

Die folgenden beiden Zeilen enthalten Reden und Vermerke:

Ḥrw > Gb ḏd mdw	Horus zu Geb, sprechen:
qnj.n<.j> jtj.j pn nnjw r	„Ich habe diesen meinen Vater, der müde geworden war, umarmt, bis …“

---

fende Handlung nicht zu erkennen. Den Verlauf des Festspiels diktiert das Ritual der Kulthandlungen“. Zur sekundären Beziehung von Ritual und „Mythos“ (im Sinne von Götterwelt) s. besonders S. SCHOTT, *Ritual* und E. OTTO, Rite und Mythos.

[21] Vgl. Anm. 20 und H. ALTENMÜLLER, Texte, bes. 64–69.

[22] Vgl. E. OTTO, Rite und Mythos, 14–15.

[23] K. SETHE, Dramatische Texte zu Mysterienspielen, 211 ff., 256 Bild 22; vgl. ferner W. HELCK, *Dramatischer Ramesseumspapyrus*, 383 ff.; H. ALTENMÜLLER, *Dramatischer Ramesseumpapyrus*, 421 ff.; Ders., *Ramesseumpapyrus*. Zum formalen Aufbau eines bebilderten Ritualpapyrus s. H. ALTENMÜLLER, Texte, 64–69.

| *Wsjr* | *qnj* |	| Osiris | der *qnj*-Brustlatz
Ḥrw > Gb ḏd mdw	Horus zu Geb, sprechen:
snbt.f r.f	„... er wieder ganz gesund geworden ist“
| *Wsjr* | *snb* | *P*	| Osiris | *snb*-Fransen | Buto

Das ergibt ein recht differenziertes System von Zuordnungen:

explanandum	explanans
Handlung: Bringen des *qnj*	(Horus) umarmt (seinen Vater)
Rede: „Ich habe den *qnj* gebracht“	„Ich habe meinen Vater umarmt, der ermüdet ist, bis er wieder gesund wird“
Personen: *ẖrj-ḥ3b.t*	Horus (zu Geb), Osiris
Requisiten: *qnj, snb*-Fransen	(Umarmung), gesund werden

Der Befund läßt sich am einfachsten beschreiben als die Herstellung einer Beziehung zwischen einer *Handlung* in der „Realen Welt“ (in der es Vorlesepriester und Kultgegenstände gibt)[24] und einem *Ereignis* in der Götterwelt (zu der Horus, Geb und Osiris gehören). Aus dem Bringen des *qnj*-Latzes mit *snb*-Fransen (?) wird eine Umarmung des Osiris durch Horus, die den Ermatteten gesunden läßt. Zugleich wird klar, worauf diese Beziehung zwischen Realer Welt und Götterwelt beruht: auf dem Gleichklang der Wörter *qnj* „Latz“ und *qnj* „umarmen“ sowie *snb* „Fransen“ (?) und *snb* „gesunden“.[25] Bemerkenswert ist nun vor allem, daß das, was einer Ritualhandlung der Realen Welt in der Götterwelt entspricht, nicht einfach eine *Handlung* ist, sondern eine Art *Ereignis.* Der Unterschied, wie ich ihn sehe, ist folgender:

Eine Handlung läßt sich prädikatenlogisch durch eine einzige Formel ausdrücken[26]:

F (p, q ,r)
qnj (ẖrj-ḥ3bt, Wsjr, snb)

[24] Die Bezeichnung „Realwelt“ soll natürlich nicht implizieren, daß die Götterwelt nicht „real“, das heißt „fiktiv“ wäre. Die Konstitution fiktiver Welten kennzeichnet fiktionale Texte, die eo ipso literarisch sind und zu denen die Ritualtexte nicht gehören. Andererseits haben auch Bezeichnungen wie „irdische Welt“ oder „Menschenwelt“ für das, was diese Texte der Götterwelt gegenüberstellen, ihre Schwierigkeiten. Auf keinen Fall fällt diese Sphäre mit dem zusammen, was H. Brunner als „Alltagswelt“ der „Heiligen Welt“ gegenüberstellt, geht es doch in den Ritualtexten z. B. um sakrale Gegenstände und Handlungen (vgl. dazu unten, Anm. 48). Vielleicht kommt ein Ausdruck wie „diesseitige Welt“ der Sache am nächsten.

[25] Zur Rolle des Wortspiels s. S. Schott, Mythe, 30 ff.; E. Otto, Rite und Mythos, 14 f.; H. Altenmüller, *Opfertext.*

[26] (Transitive) Handlungen bilden natürlich nur einen Spezialfall von zwei- oder dreistelligen (z. B. „geben“, „wegnehmen“ vgl. das zweite Beispiel) Relationen, wie sie diese Formel ausdrückt. Zur Notation vgl. A. Menne, Logik, 58 ff. F. v. Kutschera/A. Breitkopf, Logik, 71–74.

Ein Ereignis dagegen impliziert die Umwandlung eines Vorzustandes in einen Nachzustand und erfordert (in Anlehnung an eine anderenorts verwendete handlungslogische Notationsweise)[27] drei Sätze:

(1) A (O) *nnj* (Osiris)
(2) a (H, O) *qnj* (Horus, Osiris)
(3) (O) *snb* (Osiris)

Eine derartige temporale Ausweitung einer explanandum-Handlung der Realwelt durch explanatorische Transposition in die Götterwelt läßt sich allgemein beobachten. Ein anderes Beispiel bietet etwa der Spruch zum Überreichen von Feigen im Opferritual (Pyr 95 c):

> Osiris Unas, nimm dir das Auge des Horus, das er gerettet hat aus der Hand des Seth.

In der Realwelt entspricht dem die einfache Handlung „Feigen darreichen". In der Götterwelt wird daraus das „Ereignis":

(1) $\overline{A}$ (O, HA): „Bedarf (Osiris, Horusauge)", bedingt durch: „unrechtmäßiger Besitz (Seth, Horusauge)", impliziert (präsupponiert) in dem Verb „retten"

(2) a (H, HA, S): *šdj* wegnehmen, retten (Horus, Horusauge, Seth)

(3) A (O, HA): „Besitz (Osiris, Horusauge)", als notwendige Folge impliziert in dem Satz „nehmen (Osiris, Horusauge)"

Auch hier ist es das tranformierende ($\overline{A}$ a A) Schlüsselwort *šdj*, das mit der Gabe *jšd*, („Feigen") assoniert. Die temporale Ausweitung von a zu $\overline{A}$ und A wird hier aber mehr durch Implikationen (Voraussetzung und Folge) angedeutet als explizit ausgeführt. Dadurch erhalten diese Sätze den Charakter von „Anspielungen". Ist es aber ein Mythos, auf den hier angespielt wird? Darf man diese götterweltlichen Ereignisse schon deshalb „mythisch" nennen, weil ihre zeitlichen Konturen über die realweltliche Kulthandlung hinausweisen und einen Vor- und Nachzustand einbegreifen?[28]

---

[27] J. Assmann, *Zweibrüdermärchen,* 1–25. Großbuchstaben bezeichnen Situationen/Zustände, Kleinbuchstaben Handlungen, Buchstabengleichheit (A, a, $\overline{A}$) deutet ebenso wie der Negatstrich auf semantische Beziehungen.

[28] Siegfried Schott hat das klar gesehen und deshalb den Ausdruck „Anspielung" zurückgewiesen: „wollte man in den Reden einzig eine Anspielung auf eine geschehene Untat des Seth sehen, verlöre der dramatische Verlauf seine Unmittelbarkeit" (S. Schott, Mythe, 32) und: „Gerade die Gegenwart und das Geschehen der mythischen Handlung machen für den am Festspiel Beteiligten auch das ihn heiligende Ereignis aus" (S. Schott, Mythe, 33). Für den hier verwendeten engeren Begriff von Mythos ist ein Ausdruck wie „mythische Gegenwart" (z. B. S. Schott, Mythe, 32 und 537) eine contradictio in adiecto. Im Gegensatz zur „mythischen Distanz" kennzeichnet die Gegenwärtigkeit der Götterwelt das Wesen nicht des Mythischen, sondern des Sakramentalen.

Weniger weit gehen würde z. B. die Annahme, daß diese Art von „Ereignishaftigkeit“ zu den Eigenschaften der Götterwelt gehört: Handlungen in der Realwelt bedeuten Ereignisse in der Götterwelt, durch Transposition in die Götterwelt wird eine einfache Handlung der Realwelt, z. B. eine Darreichung, ein Bringen, ein mit Stricken Umwinden, zu einem um Vor- und Nachzustand erweiterten Ereignis, z. B. eine belebende Umarmung, eine entmachtende Fesselung usw. Diese Bedeutungsaufladung oder Ereignishaftigkeit des Handelns scheint im Wesen des Kultischen zu liegen. So muß z. B. das Opfer, um in der Götterwelt ans Ziel und zum Tragen zu kommen, einen Vorzustand der Bedürftigkeit *(dbḥ)* und einen Nachzustand der Befriedigung *(ḥtp)* implizieren und dadurch zu einem wandelnden Eingriff, einem Ereignis werden. Was diesen Ereignissen jedoch fehlt, um im eigentlichen Sinne „mythisch“ genannt zu werden, ist meines Erachtens zweierlei:

1. Die narrative Kohärenz, die sie zu einer Geschichte verbinden würde (E1 + E2 + E3 >... En). Ein Ereignis in der Götterwelt existiert zunächst nur als explanans bzw. Signifikat einer Ritualhandlung, und zwar im Rahmen einer Rollenkonstellation von Gottheiten (Osiris ist immer der Empfangende, Horus immer der Gebende). Die Ritualhandlung wird in die Götterwelt transponiert, so, daß die Handlungen von Priestern an Kultobjekten als Handlungen unter Göttern begangen und die dabei gesprochenen Worte als Gottesworte, in Götterrolle, gesprochen werden. Ein mythisches Ereignis dagegen würde auch vor allem außerhalb dieser Funktion (als explanans bzw. Signifikat einer Ritualhandlung) existieren, nämlich als narrative Episode im Zusammenhang einer Geschichte, in deren Verlauf z. B. eine Umarmung zwischen Horus und Osiris stattfindet und ihren eigentlichen Sinn hat.[29]

2. Die raumzeitliche Verankerung, die sie aus der Sphäre der *Wiederholung*, die das Ritual kennzeichnet, in die Sphäre der *Vergegenwärtigung* holen würde, die dem Mythos eigen ist.

Die kultische Handlung wird durch die „Mythologisierung“ als götterweltliches Ereignis dargestellt und dadurch auf die Götterwelt und ihre Konstellationen hin transparent, *nicht* aber bereits auf eine Götter-*Geschichte. Sprachlich* hat diese In-Bezug-Setzung die Form einer Ausdeutung (*pw* „das ist ...“). Diese Ausdeutung wiederum geht über das bloß Explanatorische hinaus und hat *sakramentalen* Sinn. Indem das gegenwärtige realweltliche Kultgeschehen auf eine ebenso zeitlich-gegenwärtige, aber nur symbolisch zur Erscheinung kom-

[29] Allerdings soll nicht verschwiegen werden, daß in der Rekonstruktion Hartwig Altenmüllers die götterweltlichen Ereignisse des Dramatischen Ramesseum Papyrus sehr viel kohärenter erscheinen, als das bisher angenommen wurde, vgl. H. ALTENMÜLLER, *Dramatischer Ramesseumpapyrus,* 432–436. Aber selbst wenn es sich hier wirklich um einen „dargestellten Mythos“ (Altenmüller) handelte, käme man damit doch nicht vor das Mittlere Reich zurück. Für die Ritualtexte der Pyramiden jedenfalls gilt die Inkohärenz uneingeschränkt.

Nr.	Verbaler Handlungskern	Beteiligte Personen (A = Adressat)
1	KOMMEN	Horus
2	BEANSPRUCHEN	Horus, A, Götter
3	LIEBEN	Horus, A
4	VERVOLLSTÄNDIGEN	Horus, A
5	ANSCHMIEGEN	Horus, Horusauge, A
6	ÖFFNEN	Horus, Auge des A, A
	+ SEHEN	A, Auge
7	KNÜPFEN	Götter, Gesicht des A, A
8	LIEBEN	Götter, A
9	HEILEN (= CAUS(HEIL SEIN)	Isis und Nephthys, A
10	negENTFERNEN	Horus, A
	+ „KA SEIN"	A, Horus
11	GNÄDIG SEIN	Gesicht des A, Horus
12	EILEN, EMPFANGEN	A, „Worte des Horus"
13	HÖREN	A, Horus
14	CAUS[FOLGEN]	Horus, Götter, A
	+ ERWACHEN	A
15	BRINGEN	Geb, Horus, A
16	BEANSPRUCHEN	Horus, A
17	FINDEN	Horus, A
18	3b-SEIN	Horus, A
19	CAUS[AUFSTEIGEN]	Horus, Götter, A
20	GEBEN	Horus, Götter, A
21	CAUS[HEIL SEIN]	Götter, Gesicht des A
22	CAUS[AN DER SPITZE SEIN]	Horus, A, Götter
23	CAUS[NEHMEN]	Horus, A, Krone(?)
24	ANSCHMIEGEN	Horus, A
25	negENTFERNEN	Horus, A
26	CAUS[LEBEN]	Horus, A in seinem Namen Indtj
27	GEBEN	Horus, „festes Horusauge", A
	+ STARK SEIN	A
28	+ FÜRCHTEN	Feinde des A, A
29	FÜLLEN	Horus, Horusauge i.s.N. *w3ḫ.t-nṯr*, A
30	VERSAMMELN	Horus, Götter, A
31	negENTFERNEN	Götter, A, Ort wohin A gegangen ist
32	MUSTERN	Horus, Götter, A
33	negENTFERNEN	Götter, A, Ort wo A ertrunken ist
34	UMFANGEN	Nephthys (in ihrem Namen *Sš3t nbt jqdw*, Glieder des A

Analyse von Pyramidentext 364

mende Götterwelt hin transparent gemacht wird, wird der Empfänger des Kults in die Konstellationen dieser Götterwelt eingebunden.[30]

Das Vehikel dieser sakramentalen In-Bezug-Setzung von Realwelt und Göt-

[30] Durch das „auch ihn heiligende Ereignis" der vollzogenen Kulthandlung, vgl. Anm. 28.

terwelt ist nicht die Handlung, sondern das Wort, und zwar 1. das *dramatische* Wort, das innerhalb der Konstellation als *Götterwort* vom Träger der Götterrolle gesprochen wird („Ich habe meinen Vater umarmt, der ermattet war ..."), und 2. das *erklärende* Wort, das außerhalb der dramatischen Rede die Beziehung von Realwelt und Götterwelt explizit herstellt („Horus ist das, indem er seinen Vater umarmt ..."). Wie sich aus beidem das *verklärende* Priesterwort herausbildet, das in fortlaufender Rede eine zusammenfassende Darstellung, das heißt sakramentale Ausdeutung der Kulthandlungen als Götterhandlungen gibt, mag man bei Schott nachlesen.[31] Ich gebe als Beispiel den Spruch 364 der Pyramidentexte in einer Form, die ihn auf die Handlungen und Handlungskonstellationen reduziert.

Den Terminus „Verklären" für dieses Sprechen, das Handlungen und Gegenstände der kultischen Realwelt als Ereignisse der Götterwelt darstellt, hat Schott geprägt.[32] Ganz unabhängig von der Frage, ob das ägyptische Verbum *s3ḫ* „zu einem Verklärten machen, verklären" wirklich dieses spezifische Sprechen bedeutet, ist diese Prägung (im Gegensatz zu „Mythologisierung") überaus glücklich, weil sie einerseits die sakramentale (d. h. in die Götterwelt transponierende, auf die Götterwelt hin durchsichtig machende) Kraft dieses Sprechens und andererseits seinen Charakter eines Sprechakts sui *generis* herausstellt. Auch der Mythos („Wort") existiert nur als Rede, aber „verklären" ist etwas anderes als „erzählen".

Daß man bisher diesen Unterschied nicht sehen wollte, so z. B. Schott selbst, wenn er meint, daß ein Spruch wie Nr. 364 dem Gott „seine Mythe zum Preis erzählt", läßt sich andererseits auch verstehen: „verklären" und „erzählen", Götterkonstellation und Göttergeschichte, Götterrolle und Götterschicksal sind nicht ohne Bezug aufeinander zu denken.[33] Diesen Bezug würde ich jedoch geschichtlich sehen: das eine geht aus dem anderen hervor. Die Götterwelt bildet mit ihren Konstellationen und Rollen – dem, was Otto „mythische Schemata" und „mythische Bilder" genannt hat[34] – als sinngebende Symbolwelt der Rituale die Vor- oder Latenzstufe des Mythos und entfaltet sich erst später in Göttergeschichten, dann nämlich, wenn die Prädominanz des Rituellen – mit Morenz zu reden die „Immanenz des Göttlichen"[35] – zurücktritt. Dann erst tritt die Götterwelt in jene ontische Distanz zur Realwelt, die der

---

[31] S. SCHOTT, Mythe, 37 ff.; H. ALTENMÜLLER, Texte (Anm. 21), 60–62.

[32] S. SCHOTT, Mythe, 46 ff.; vgl J. ASSMANN, Liturgische Lieder, 364–367; Ders., ÄHG, 32–45.

[33] Zur Nichtunterscheidung von Götterrolle und Götterschicksal bei Schott, vgl. z. B. S. SCHOTT, Mythe, 106.

[34] Vgl. Anm. 74.

[35] Vgl. S. MORENZ, Heraufkunft und DERS., Gott und Mensch, 43 ff. Die von Morenz aufgezeigten geschichtlichen Wandlungen des Gottesbegriffs, die man zwar anders deuten, aber deren Realität man kaum bestreiten kann, stehen im Zusammenhang einer Entwicklung, zu der auch die Ausbildung des mythischen Denkens untrennbar dazugehört.

Mythos als „mythische Urzeit“ temporalisiert und in Form der Erzählung und/ oder der Festspiel- oder mysterienhaften Aufführung vergegenwärtigt.

Wiederholung versus Vergegenwärtigung

Eine ganz andere Form sprachlicher In-Bezug-Setzung von Realer Welt und Götterwelt trifft man in einer anderen Textgattung an: den Zaubersprüchen, vor allem im Heilungszauber. Auch hier scheint sich, wie bei den Ritualen, die Götterwelt als eine sekundäre Symbolwelt über eine schon bestehende Praxis zu legen. Es gibt eine Fülle von Zaubersprüchen, die nicht auf die Götterwelt Bezug nehmen und wo der ärztliche Zauberer als er selbst den Krankheitsdämon direkt anspricht. Seltener und wohl auch jünger sind die Sprüche, die das Geschehen, ähnlich wie die Rituale, aber auf andere Weise, in die Götterwelt transponieren. Um auch dies an einem Beispiel zu erläutern, greife ich den Zauberspruch gegen Verbrennungen aus dem Pap. Med. London XIV, 8–14 heraus[36].

> Beschwörung einer Verbrennung
>
> (Spruch:)
> Horus war ein Kind im Innern des Nestes.
> Ein Feuer war gefallen in seine Glieder,
> er kannte es nicht, es kannte ihn nicht.
>
> Seine Mutter war nicht da, es zu beschwören,
> sein Vater hatte sich aufgemacht, spazieren zu gehen
> (mit) Haphap und Amset.
>
> Der Sohn war klein, das Feuer stark,
> niemand war da, ihn davor zu retten.
>
> Da trat Isis heraus aus dem Arbeitshaus
> zu der Zeit, da sie ihren Faden löste:
>
> „Komm, meine Schwester Nephthys,
> mit mir, begleite mich!
> Ich war taub, mein Faden umfing (mich)
>
> Gib mir meinen Weg (frei), daß ich mache, was ich verstehe,
> daß ich ihm es lösche mit meiner Milch,
> und mit dem gesunden Wasser, das zwischen meinen Schenkeln ist!“
>
> (Schlußtext:)
> „Werde gegeben auf deinen Körper, damit deine Gefäße gesund werden.
> Ich will veranlassen, daß das Feuer zurückweicht, das dich angreift!“

---

[36] H. Grapow, Medizin V, 372 f.; H. Grapow, H. v. Deines, W. Westendorf, Medizin IV.1, 214 f.; Dies., Medizin IV.2, 164.

(Anweisung:)
Werde gesprochen über: Harz der Dornakazie,
Teig von Gerste, *wꜥḫ*-Hülsenfrucht, gekocht;
Koloquinthe, gekocht; Kot, gekocht;
werde zu (einer) Masse gemacht;
werde vermischt mit der Milch einer, die einen Knaben geboren hat.
Werde gegeben an die Verbrennung, so daß sie gesund wird;
du sollst sie verbinden mit einem Blatt der Rizinuspflanze.

Das Verfahren scheint zunächst sehr ähnlich dem der mythologisierten Rituale zu sein. Wir haben eine Handlung in der Realwelt – die Zubereitung und Applikation einer Salbe –, die mit einem Ereignis in der Götterwelt, der Rettung des Horuskindes aus dem Feuer, gleichgesetzt wird:

	Realwelt	Götterwelt
Situation:	Verbrennung des Patienten	Verbrennung des Horus
Handlung	Zubereitung einer Salbe	Hilfe der Isis
Personen	Arzt, Patient	Isis und Nephthys, Horus
Requisiten	Milch einer Frau, die einen Knaben geboren hat, usw.[37]	Milch der Isis, usw.
Rede	Verse 17–18	Verse 11–16

Die Beziehung zwischen der einen Welt und der anderen beruht auch hier auf dem Prinzip der Analogie, nur daß sie hier nicht im rein Sprachlichen, über Assonanzen (Wortspiele) hergestellt wird, sondern im Sachlichen:

Milch der Isis, die *damals* geholfen hat	Milch einer Frau, die einen Knaben geboren hat

Der entscheidende Unterschied zwischen diesem Text und den älteren Ritualtexten aber besteht darin, daß hier nicht die Salbe – wie die als „Horusauge" „verklärte" Opfergabe – in die Götterwelt transponiert und in Isismilch verwandelt wird, sondern daß eine Analogie hergestellt wird zwischen der *damaligen Wirkung* der Isismilch und der *jetzigen Wirkung* der Salbe. Hier muß eine zeitliche Distanz überbrückt werden, daher wird nicht „verklärend", sondern erzählend gesprochen. Die ersten zehn Verse erzählen in den entsprechenden Tempusformen der Situations- (Pseudopartizip) und Handlungsschilderung (hist. Infinitiv) ein Ereignis, das in Raum und Zeit verankert ist, wenn auch in einer besonderen, mythischen Zeit *(in illo tempore, m p3w.t tpj.t)*, und wenden es als Präzedenzfall auf den je konkreten Fall der Realwelt an. Vor die Götterrede, die auch hier das Wichtigste, das eigentliche Zauberwort darstellt, tritt

[37] Zu dieser Droge und ihrem Behältnis s. E. BRUNNER-TRAUT, *Muttermilchkrüglein*, 145–164.

nicht einfach eine Glosse („das ist Isis, die zu Nephthys spricht“) und ein Regievermerk („Isis zu Nephthys. Sprechen:“), sondern eine mehr oder weniger elaborierte Erzählung, die das nicht nur götterweltliche, sondern auch vergangene und einmalige und daher mythische Ereignis erinnernd vergegenwärtigt. Das götterweltliche Ereignis der Rituale ist kein Präzedenzfall, der *in illo tempore* situiert wäre; es wird ja durch die Kulthandlung unmittelbare Wirklichkeit.

Das Ritual vergegenwärtigt nicht, es wiederholt. Es beruht auf dem Prinzip der unendlichen Iteration genau festgelegter Formen, dem Prinzip des Ornaments. Derartige „Ornamentalisierung“ des Handelns geht in Urzeiten zurück und liegt der Ausbildung von Götterwelten weit voraus.[38] Die sogenannte Mythologisierung, die Abbildung dieser Handlungsornamente auf die Götterwelt, gibt ihnen einen neuen Sinn, der aber nicht mythisch, sondern sakramental genannt werden sollte. In ihrer sakramentalen Ausdeutung finden die Kulthandlungen in der Götterwelt statt und versetzen auch den, dem sie gelten, in diese Welt. Was Schott Mythenbildung genannt hat, ist meines Erachtens die sukzessive Konstituierung dieser Götterwelt als einer „symbolischen Sinnwelt“, die das rituelle Handeln – und damit auch das „rituelle Bewußtsein“ – sakramental ausweitet und ausdeutet, aber in der dem Rituellen und Ornamentalen eigenen Zeitlichkeit, der Wiederholung, der ewigen Wiederkehr und Präsenz (im Sinne von Vergangenheitslosigkeit) verhaftet bleibt. Die Götterwelt ist zwar distant gegenüber der Realwelt, und die Empfindung dieser Distanz scheint, wie Schott das am Gebrauch der Demonstrativpronomina in den Pyramidentexten glänzend nachwies,[39] im Laufe des Alten Reichs zu wachsen: aber diese Distanz scheint nicht zeitlich gedacht worden zu sein. Mythos aber impliziert wie alle Erzählung zeitliche Distanz und ein der rituellen Weltanschauung gegenüber verändertes Zeitbewußtsein, in dem es die Kategorie der Vergangenheit gibt.[40]

4. Mythos versus mythische Aussage

Handeln und Wissen

Die Kategorie der Vergegenwärtigung zwingt zur Unterscheidung von Mythos und mythischer Aussage. Die mythische Aussage „vergegenwärtigt“ den Mythos, wogegen die rituelle Begehung nur die andere wiederholt. Während die „verklärende“ Aussage als sakramentale Ausdeutung eine gegenwärtige real-

---

[38] Die Ursprünglichkeit dieser Rhythmisierung der Zeit betont z. B. E. Cassirer, Philosophie, 133 f.

[39] „Dehnung der Verweise“, s. S. Schott, Mythe, 33–34.

[40] „Die Mythenbildung selbst bedeutet eine Abwendung von der gegenwärtigen Welt“: S. Schott, Mythe, 77.

weltliche Handlung (usw.) auf eine zeitlich ebenso gegenwärtige, aber ontisch distante Götterwelt bezieht, so daß götterweltliche Beziehungen und Gegebenheiten in realweltlichen unmittelbar symbolisch in Erscheinung treten, stiftet die mythische Aussage eine mittelbare Symbolbeziehung zwischen Realwelt und Götterwelt. Denn zwischen die Götterwelt auf der einen Seite und der auf sie Bezug nehmenden Rede auf der anderen Seite tritt hier – im Unterschied zur Verklärung – ein narrativer Handlungszusammenhang, eine Geschichte, die ihrerseits Symbolcharakter hat. Die mythische Aussage stellt eine Beziehung her zwischen einer je gegenwärtigen realweltlichen „Verlautbarungssituation" – z. B. die Verbrennung eines Patienten – und einer mythischen Situation, die in einer götterweltlichen Geschichte, einem Mythos verankert ist. Diese Mythen kann man als „narrative Symbole" bezeichnen. Sie sind der Realwelt durch die besondere Art ihrer Zeitlichkeit entrückt, für die Ernst Cassirer den treffenden Terminus „absolute Vergangenheit" geprägt hat.[41] So wie die „absolute Zukunft" etwa des „Reiches Gottes" in einem eschatologischen Weltbild von anderer Zeitlichkeit ist und jederzeit in unsere Zeitlichkeit einbrechen kann, so ist auch die absolute Vergangenheit eines mythischen Weltbildes zeitlos gegenwärtig in den Normen und Ordnungen, die sie gesetzt hat.[42] Daher sind die Geschichten, die in dieser „absoluten Vergangenheit", *in illo tempore, m p3w.t tpj.t*, in der „Zeit Gottes"[43] situiert sind, exemplarische Geschichten und haben eine aktuelle Verbindlichkeit. Entsprechend bedeutungsvoll sind, sollte man meinen, die Anlässe, zu denen derartige Geschichten in Form mythischer Aussagen vergegenwärtigt werden.

Was diese Anlässe, bei denen Mythos zur Sprache kommt, angeht, ist zunächst zu konstatieren, daß sie unendlich vielfältiger sind als beim sakramentalen Wort des Ritus, das seine streng festliegenden Verlautbarungsbedingungen hat. Entsprechend vielfältig sind die mythischen Aussagen, die ihre Prägung dem spezifischen Anlaß (im Sinne einer typischen Verlautbarungssituation) verdanken. Es kann hier nicht darum gehen, sie alle in einer systematischen Ordnung zu erfassen. Der folgende Ansatz einer groben Klassifikation soll nur die allgemeine Konzeption verdeutlichen, die einer solchen Ordnung zugrunde gelegt werden könnte. Dabei können wir natürlich nur jene Anlässe mythischer

---

41 E. Cassirer, Philosophie, 130–131.

42 H./H. A. Frankfort/J. A. Wilson/Th. Jacobsen, The Intellectual Adventure, 35.

43 U. Luft, *Seit der Zeit Gottes,* 47–78. Sein Ergebnis, daß 17 von 20 Belegen aus der Zeit der 10. bis frühen 12. Dynastie stammen, also aus der Zeit, in der wir die Entstehung des Mythos in Ägypten ansetzen, ist als eine nicht geringe Bestätigung unserer These zu veranschlagen. Dazu kommt der Beleg aus dem Ptahhotep, den ich für MR-zeitlich halte. Aus dem AR bleibt nur Beleg 14, wo nicht von der „Zeit Gottes", sondern von der „Urzeit des Landes", *p3wt t3*, die Rede ist. Man kann dementsprechend zusammenfassen, daß die in der untersuchten Wendung greifbare Vorstellung einer „Historisierung der Götter" und „Mythologisierung der Geschichte" nicht vor die 1. Zz. zurückreicht.

Aussagen erfassen, mit denen ein Aufzeichnungsbedürfnis verbunden war.[44] So muß zunächst nach möglichen Aufzeichnungsfunktionen gefragt werden. Man muß unterscheiden zwischen Aufzeichnungen, die Texte für mythische Aussagen bereitstellen, z. B. medizinische Handschriften, und Aufzeichnungen, die selbst mythische Aussagen darstellen, z. B. apotropäische Stelen vom Typ der Metternichstele oder „statues guerisseuses". Die Stele verewigt eine derartige Aussage, indem sie ihr dauernde Wirksamkeit verleiht und dadurch Schutz ausübt, die Handschrift speichert sie nur für den jeweiligen Gebrauch, der erst sie als solche aktualisiert.[45] Hier wollen wir jedoch der Einfachheit halber die Frage der Aufzeichnungsfunktionen ausklammern und nur nach den Funktionen der (wie und warum auch immer aufgezeichneten) mythischen Aussagen selbst fragen.

Bei mythischen Aussagen des im vorhergehenden Abschnitt betrachteten Typs, den um eine „epische Einleitung" erweiterten Zauberformeln, pflegt man von „mythischen Präzedenzfällen" zu sprechen und damit die Vorstellung argumentativen Zwanges zu verbinden, den eine unsichere Gegenwart auf die Formen einer exemplarischen Geschichte festlegen will.[46] Adressaten dieser Argumentation sind zum einen die Mächte, die die gegenwärtige Situation bestimmen: die Krankheitsdämonen, die vertrieben, die Götter, die zu einem der „damaligen" Rettung analogen Eingreifen bewegt werden sollen, zum anderen aber auch der Mensch, der aus der Einordnung seiner augenblicklichen prekären Lage in den Zusammenhang einer exemplarischen Geschichte, in der derartiges schon einmal gut ausging, Trost, Hoffnung und Sicherheit empfängt. In diesem Sinne einer Strukturierung und Orientierung der alltäglichen Lebenswirklichkeit ganz auf den Menschen bezogen sind die mythologischen Exkurse in den sogenannten Loskalendern.[47] Auch hier haben wir es mit einer Gattung zu tun, die erst nachträglich „mythologisiert" wurde, wobei dieser Vorgang hier in die Ramessidenzeit fällt. Am Anfang stehen Kalender, die nur Auskunft über den günstigen oder ungünstigen *(nfr/ḏw)* Charakter eines Tages geben. Erst in der XIX./XX. Dynastie wird diese Qualifizierung der Zeit durch kurze mythologische Erzählungen begründet. Der Tag, jetzt sogar spezifischer die drei Tageszeiten, bestimmen sich in ihrer Gunst *(nfr),* Ungewißheit *(ʿḥʿ)* oder Ungunst *(ʿḥ3)* nach götterweltlichen Ereignissen, die „in illo tempore" an diesem Tage stattfanden.

---

44 Umgekehrt muß man sicher auch mit „Aufzeichnungstabus" rechnen, besonders im Fall des Osirismythos.

45 Zur Unterscheidung der Aufzeichnungsfunktionen „Speicherung, Verewigung, Veröffentlichung" s. J. Assmann, ÄHG, 10–11. Aufzeichnungen, die selbst mythische Aussagen darstellen, sind ein Beispiel für „performative Schriftlichkeit", vgl. dazu, an einem anderen Beispiel, meinen Aufsatz *Altorientalische Fluchinschriften.*

46 Vgl. G. van der Leeuw, *Zauberformeln*; M. Eliade, *Kosmogonische Mythen.*

47 Einen ausgezeichneten Überblick über diese Gattung mythischer Aussagen gibt E. Brunner-Traut, *Mythos,* s. jetzt vor allem C. Leitz, Tagewählerei.

Das Prinzip dieser Kalender erinnert in manchem mehr an das der Rituale, die ja der Sphäre der Wiederholung – und nicht der Vergegenwärtigung – angehören. Im Umschwung des Jahres wiederholt sich die mythische Ursituation in analogen Situationen der Menschenwelt, so daß aufgrund solcher Analogie die Tage festlichen oder unheilvollen Charakter haben. Daher erscheint in diesen Kalendern, wie in den Ritualen, die Götterwelt als ein unerschöpflicher Vorrat an Aktionen, Ereignissen, Episoden, auf den man sich im Einzelfall bezieht, der aber als ganzes inkohärent und verborgen bleibt. Das Ganze des Jahres bildet ebensowenig eine kohärente Ereignisfolge der mythischen Welt ab, wie die Handlungsfolge des Rituals einen kohärenten Mythos vergegenwärtigt. Im Unterschied zu den Ritualen wird hier jedoch auf die Götterwelt in narrativer Form Bezug genommen – Verbformen wie *ʿḥʿ.n sḏm.n.f* und *wn.jn.f ḥr sḏm* stellen das außer Zweifel – und das götterweltliche Ereignis dadurch in die zeitliche Distanz des Mythos entrückt, so daß man auch hier, trotz der ausschnitt- oder bruchstückhaften Form der Vergegenwärtigung, von mythischen Aussagen sprechen kann.

Allen bisher behandelten mythischen Aussagen gemeinsam ist, daß sie in einen nicht-mythischen, „realweltlichen" Rahmen eingebettet sind, der sie in der Praxis verankert. Bei den Loskalendern besteht diese Praxisbezogenheit z. B. darin, an bestimmten Tagen *bestimmte Handlungen* zu unterlassen. Diese Praxis – und das unterscheidet die mythischen Aussagen wiederum von den sakramentalen Aussagen der Rituale – ist nicht nur realweltlich, sondern darüber hinaus auch *alltagsweltlich.*[48] Magische Heilungen, Abwehr von Schlangen und Skorpionen, „Tagewählerei" gehören in die Alltagswelt des Ägypters. Hier – und nicht in den Gräbern und Tempeln – beginnt der Mythos im Laufe des NR zum ersten Mal eine dominierende Rolle zu spielen. Entsprechend ihrer Verankerung in alltagsweltlichen Praktiken kann man diese mythischen Aussagen als „handlungsbezogen" zusammenfassen. Sie beziehen Handlungen der Realwelt auf mythische Episoden der Götterwelt. Dabei haben diese Episoden oft, besonders im Heilungs- und Abwehrzauber und gerade auch dort, wo sie zu längeren und kunstvoll erzählten Geschichten ausgebaut werden (*Die List der Isis*, die beiden Erzählungen der *Metternichstele*)[49], ein Element des Anekdotischen. Sie haben eine gewisse Einheit der Handlung und gipfeln in einer Pointe.

Das unterscheidet sie sehr wesentlich nicht nur von Mythen im allgemeinen Sinn, sondern speziell auch von denjenigen mythischen Aussagen in Ägypten, die man am ehesten als zusammenhängende Vergegenwärtigung ganzer Mythen ansprechen möchte: den literarischen Erzählungen mythologischen Inhalts, wie sie seit der Ramessidenzeit bekannt sind.[50] Andererseits scheinen

---

[48] S. hierzu H. BRUNNER, *Alltagswelt.* Unser Begriff „Realwelt" ist weiter als der Begriff „Alltagswelt", da er auch das Sakrale umfaßt (vgl. Anm. 24).

[49] Übersetzungen und Literatur E. BRUNNER-TRAUT, Märchen, Nr. 14–16.

[50] Die früheste Handschrift mit einer derartigen Erzählung, pPuschkin Museum Moskau Nr. 167, stammt aus der Wende der 18./19. Dynastien, s. R. A. CAMINOS, Lite-

diese Literaturwerke aber gerade mit den mythischen Aussagen des „handlungsbezogenen“ Typs aufs engste zusammenzuhängen; darauf weisen jedenfalls die Passagen hin, in denen die wichtigste dieser Erzählungen, „Horus und Seth“, mit derartigen Aussagen übereinstimmt. So erscheint bekanntlich die „Nilpferdkampf-Episode“ in den Loskalendern pSallier IV und pKairo 86 637[51] und die „homosexuelle Episode“ im pKahun aus dem MR.[52] Die mythologischen Erzählungen des NR, besonders *Horus und Seth*, lassen sich als Verknüpfungen derartiger anekdotischer Episoden verstehen, die ihre Formung und Formulierung alltagsweltlicher Praxis verdanken. Auch sie sind in jeder Hinsicht „alltagsweltlich“, eine profane Unterhaltungsliteratur „in the spirit of Offenbach“.[53] Als literarische Texte sind sie „situationsabstrakt“[54] und daher nicht auf bestimmte Handlungen bzw. Verwendungssituationen bezogen; deswegen sind sie auch in der Lage, die verschiedenen ursprünglich handlungsbezogenen Episoden zu einer (mehr oder weniger kohärenten) Geschichte zu kombinieren. In ihrer lockeren Episodenstruktur und vielleicht auch in der Rollenhaftigkeit ihrer Aktanten tragen sie jedoch noch die Spuren ihrer Herkunft an sich. Denn den göttlichen Personen dieser Erzählungen mangelt es durchweg an dem, was man personale Kohärenz nennen könnte, und zwar sowohl als Kohärenz der Handlungsweise (Charakter, Wille, Intentionalität), als auch als Kohärenz der Erfahrung als eines bewußten, reflektierenden In-der-Zeit-Seins (Schicksal, Entwicklung, Verarbeitung der eigenen Vergangenheit). Kennzeichnend dafür ist die relative Folgenlosigkeit der Handlungen und der häufige und für unsere Begriffe oft unmotivierte Sinneswandel der Personen.

Nun gibt es aber in derselben zeitlichen Verteilung – vereinzelte Vorläufer im MR, häufig dann im NR und dominierend in der Spätzeit – auch mythische Aussagen, die nicht in alltagsweltlichen, sondern sakralweltlichen Verwendungssituationen und Aufzeichnungsformen überliefert sind. Sie haben auch thematisch eine andere Struktur, die man „wissensbezogen“ nennen könnte.

---

rary Fragments, 40–50, Tf. 17–23 und M. A. Korostovtsev, *Hieratischer Papyrus*, 119–133. Ich erblicke in der bisher unidentifizierten Erzählung eine frühe Variante der Tefnut-Legende.

51 pChester Beatty I, 8.6–9.10; J. Spiegel, Erzählung, 50–55; pSallier IV 2.6–3.5 vgl. H. Kees, *Lesebuch* Nr. 55; pKairo 86 637 rto. VII.4–VIII.3 s. Abd el-Mohsen Bakir, Cairo Calendar, 17 f., Tf. vii–viii.

52 pChester Beatty 10.11 ff., J. Spiegel, Erzählung, 57–61; pKahun IV.2, F.L1. Griffith, Hieratic Papyri, Tf. 3; H. te Velde, Seth, 39–46. Es scheint sich bei dem Kahun-Fragment um einen Heilungszaubertext zu handeln, da seine Pointe auf dem in diesen Sprüchen typischen Wortspiel mit der Doppelbedeutung von *mtwt* (‚Same‘ und ‚Gift‘, vgl. H. te Velde, a. a. O.) beruht.

53 A. H. Gardiner, Chester Beatty Papyri, 9.

54 Mit einem Ausdruck von S. J. Schmidt, *Fiktionalität,* 66. Der Ausdruck läßt sich natürlich nur cum grano salis auf archaische Formen literarischer Kommunikation anwenden, etwa im Sinne von J. Assmann, *Literarischer Text.* Zum Gegenstück „situations-determinierter“ Texte vgl. dazu Ders., ÄHG, 9–21.

Sie münden nicht in Handlungen oder Handlungsanweisungen, sondern vermitteln ein Wissen über die Welt und das Dasein, indem sie das Bestehende durch eine Erzählung seines Gewordenseins deuten. Entsprechend ist auch das Prinzip der Beziehung zwischen Götterwelt und Realwelt nicht die Analogie, sondern die Aitiologie.[55] Im Folgenden soll das Gemeinte anhand einiger Beispiele verdeutlicht werden.

In den Sargtext- und Totenbuchsprüchen von „Kennen der Seelen der heiligen Orte" (TB 108–109, 111–116)[56] geht es um den Nachweis *kultischen* Einweihungswissens, das meist (Ausnahmen: TB 109, 116) in narrative Form gekleidet ist und z. B. erklärt, warum der Genuß von Schweinefleisch verboten ist.[57] Kultisches bzw. kulttopographisches Wissen tradieren dann vor allem die gelehrten „Monographien" der Spätzeit, der pJumilhac[58] und die entsprechenden Inschriften in den Spätzeittempeln, von denen besonders Edfu[59] und Kom Ombo[60] hervorzuheben sind. Um die Fundierung *kosmischen* Wissens geht es in zwei inschriftlich überlieferten Texten des NR: dem „Buch von der Himmelskuh"[61] und dem „Nutbuch".[62] Beide „Bücher" bestehen aus einem Text und einem Bild (zu dem wiederum Beischriften gehören). Das Bild, das im einen Buch den Himmel als Kuh, im anderen als Frau darstellt, könnte man als seltene Ausnahmen der Regel einstufen, daß mythische Inhalte in der ägyptischen Kunst vor der Spätzeit nicht dargestellt werden, wenn es sich auf das erzählte Ereignis beziehen würde und nicht vielmehr auf den Endzustand, dessen Vorgeschichte der Text erzählt. Dieser Endzustand aber ist nichts „in illo tempore" Situierbares, sondern entspricht dem gegenwärtigen Weltbild. Das Bild ist daher keine „mythische Aussage", sondern Kosmographie. Mythische Aussage in unserem Sinne ist nur die Vorgeschichte, die der zugehörige Text erzählt. Dem Bild aber, das heißt seiner kosmographischen Funktion, verdanken wir die Aufzeichnung dieser mythischen Aussagen. Von einem gewissen Zeitpunkt an wird das Dekorationsprogramm der Königsgräber zum Aufzeichnungsort kosmographischer Texte und Darstellungen. Die Funktion der mythischen Aussage ist aber nicht kosmographisch, sondern explanatorisch, sie erzählt in

---

[55] Ganz scharf läßt sich die Trennung natürlich nicht durchführen, vgl. z. B. die Aitiologie für die Verfemung des Goldes in der Stadt des Nemti pChester Beatty I, rto. 8.1 oder die aitiologischen Erklärungen in den Loskalendern (z. B. pCairo 86 637, rto 6.1).

[56] K. SETHE, *Kennen der Seelen I–V.*

[57] TB 112 = CT 157, K. SETHE, *Kennen der Seelen II* (ZÄS 58, 1 ff.).

[58] ed. J. VANDIER, pJumilhac.

[59] E. A. E. RAYMOND, Origin of the Egyptian Temple.

[60] A. GUTBUB, Textes Kom Ombo. Für das Fayum s. jetzt H. BEINLICH, Buch vom Fayum.

[61] Literatur bei S. SCHOTT, *Göttermythen*, 92 m. Anm. 4; zuletzt übers. von H. BRUNNER, *Ägyptische Texte*, 35 ff.; E. BRUNNER-TRAUT, Märchen, 69 ff., 266–268, s. jetzt E. HORNUNG, Mythos von der Himmelskuh.

[62] A. DE BUCK, *Dramatic Texts*, 82 ff.; S. SCHOTT, a. a. O., 92 Nr. 3.

Form eines erklärenden Exkurses in die Vergangenheit, wie es dazu kam. Das „Buch von der Himmelskuh" behandelt die Ereignisse, die zur Erhebung des Himmels und zur Trennung des Sonnengottes von den Menschen führten, und erzählt diesen Mythos in einer Form, die an die „Königsnovelle" angelehnt ist. Durch die Benutzung einer Form der offiziellen Geschichtsschreibung wird der Mythos in das Licht der Geschichte, die Geschichte ins Licht des Mythos gestellt. Sicher ist es kein Zufall, daß die Königsideologie zur gleichen Zeit narrative Formen ausbildet wie die Theologie.[63]

Der in das „Nutbuch" eingebettete Mythos hat als Kern einen „dramatischen" Abschnitt, der genau der Form der durch Götterreden „sakramentalisierten" archaischen Rituale entspricht. Hier aber werden diese Götterreden nicht unmittelbar auf eine Kultsituation der Realwelt bezogen, sondern auf eine mythische, *in illo tempore* situierte Situation der Götterwelt, die in erzählender Form vergegenwärtigt werden muß. Auch hier geht es bekanntlich um die kosmologische Frage nach der Trennung von Himmel und Erde, hier zurückgeführt auf einen Streit zwischen Geb und Nut darüber, daß diese ihre gemeinsamen Kinder, die Sterne, wieder auffrißt wie eine Muttersau ihre Jungen. Dieselbe „dramatische" Form hat auch das „Denkmal memphitischer Theologie", dessen noch immer umstrittene Datierung nach allem hier Festgestellten zumindest auf die beiden letzten vorchristlichen Jahrtausende eingegrenzt werden kann.[64] In seinen narrativen Abschnitten erzählt dieser Text einen Mythos, der in den größeren Zusammenhang der Sukzessionsmythen gehört (wie das „Buch von der Himmelskuh" und der Naos von el-Arish).[65] Es geht um die Thronfolgestreitigkeiten nach dem Tod des Osiris, von denen in ganz anderer Foren der pChester Beatty I („Horus und Seth") berichtet. Die dramatischen Partien beziehen sich auf die Reden, mit denen Geb diesen Streit schlichtet. Die übrigen Partien des Textes *(„Götterlehre")* wird man kaum als Mythos, sondern als theologischen Traktat zu bezeichnen haben, der argumentiert, nicht erzählt. Die aitiologische Beziehung auf ein gegenwärtiges Explanandum der Realwelt ergibt sich, wenn man beide Teile, den erzählenden und den argumentierenden, zusammennimmt: sie erklären den Primatanspruch der Stadt Memphis sowohl als das kosmogonische Zentrum (der Urhügel als Nabel der Welt) als auch als der eigentliche, legitime Sitz des ägyptischen Königtums. Gegenüber den kultischen (kulttopographischen) und kosmischen Aitiologien könnte man diese als „politisch" bezeichnen und auf der Grundlage der im Vorherstehenden angeführten Beispiele, die natürlich nur eine kleine und ziemlich willkürlich herausgegriffene Auswahl darstellen, folgende Skizze einer Klassifikation mythischer Aussagen versuchen:

---

63 Zur Königsnovelle s. A. LOPRIENO, *„King's Novel"*.

64 Was die Komposition des Ganzen und die „Götterlehre" betrifft, neige ich zu der Spätdatierung, die Junge vorgeschlagen hat, in: F. JUNGE, *Fehldatierung*.

65 Naos Ismailia Nr. 2248 aus der 30. Dynastie; Text bei G. GOYON, *Geb*, 1–43. S. jetzt T. SCHNEIDER, *Mythos und Zeitgeschichte;* U. VERHOEVEN, *Vergewaltigung*.

handlungsbezogene (Analogie)	Heilungszauber Abwehrzauber Loskalender Totensprüche	
wissensbezogene (Aitiologie)	kultische, kosmische, politische } Fundierung	„Monographien“ „Himmelskuh“ „Nutbuch“ Denkmal memphitischer Theologie
Situationsabstrakt	Literarische Erzählungen	

Mythos als „Geno-Text“

Der Versuch einer Klassifikation, der den vorhergehenden Abschnitt beschloß, hat sich in überraschender Weise den Funktionen angenähert, die G. S. Kirk zur Grundlage einer typologischen Differenzierung der Mythen macht[66]:

(a) narrative and entertaining:	„literarisch“
(b) operative, iterative and validatory:	„handlungsbezogen“
(c) speculative and explanatory:	„wissensbezogen“

Da Kirk aber nicht zwischen Mythos und mythischer Aussage unterscheidet, wendet er diese funktionale Differenzierung auf die Mythen selbst an. Für die ägyptische Mythologie ist das unmöglich: denn es gibt Mythen, die in allen drei Funktionen zur Sprache kommen, z. B.

„der Thronfolgestreit zwischen Horus und Seth“

handlungsbezogen	wissensbezogen	literarisch
pKahun (?)	Denkmal memphitischer Theologie	pChester Beatty I

Die funktionale Differenzierung formt – zumindest in Ägypten – nicht die Mythen, sondern die mythischen Aussagen. Die Art der Verwendung bestimmt Form und Umfang dessen, was von einem Mythos zur Sprache kommt. Der OsirisMythos z. B. hat eine Form, die allen konkreten formgebenden Verwendungssituationen vorausliegt. Deshalb wird er in Ägypten auch nie in extenso aufgezeichnet. Einzelne Verwendungssituationen knüpfen an einzelne Episoden oder „Akte“ der Geschichte an[67]: der Totenkult an die Suche der Isis, die

[66] G. S. Kirk, Myth, 252–261.

[67] Vgl. hierzu J. Assmann, *Bild des Vaters*, 39 f. mit Anm. 101–105 = Ders., *Stein und Zeit*, 125 f.

Beweinung und Verklärung des zusammengefügten Leichnams, die posthume Zeugung des Sohnes; der Heilungs- und Abwehrzauber an die Aufzucht des Kindes im verborgenen; das Königtum (und der daran anknüpfende Totenglauben) an die Thronfolgekämpfe und den Triumph des Horus sowie die „Pietät" des siegreichen Horus gegenüber dem toten Vater.

Dieser Befund führt zu einem dreistufigen Modell, in welchem die Stufe der funktionalen Differenzierung (durch typische und spezifizierte Verwendungssituationen) trennend zwischen „Mythos" und „mythische Aussage" tritt:

Mythos
Funktionale Differenzierung
mythische Aussagen

„Mythische Aussagen" sind realisierte Texte, wie sie uns in Papyri und Steininschriften überliefert sind. Theoretisch wären auch bildliche Darstellungen als mythische Aussagen zu werten, die sich, wie z. B. die Vasenbilder der griechischen und die Siegelbilder der mesopotamischen Kultur auf Mythen beziehen; aber derartiges scheint es in Ägypten kaum zu geben.[68] Jedenfalls handelt es sich bei mythischen Aussagen um konkrete Realisierungen (Vergegenwärtigungen) eines Mythos. „Mythos" dagegen ist etwas Abstraktes: der Kern von Handlungen und Ereignissen, Helden und Schicksalen, der einer gegebenen Menge mythischer Aussagen als thematisch Gemeinsames zugrunde liegt. Ein anderes kommt hinzu, um diese Beziehung von Mythos und mythischer Aussage zu verdeutlichen: In dem Text der Abydos-Stele Ramses' IV. wird der Unterschied gemacht zwischen dem, was man sich von einem Gott „in der Schrift" und dem, was man „von Mund zu Mund" erzählt.[69] Man wird davon ausgehen müssen, daß der Mythos seinen eigentlichen Ort nicht in der schriftlichen, sondern in der mündlichen Überlieferung hat. In der mündlichen Überlieferung aber ist jede Realisierung eines Textes – abgesehen von ganz und gar sakrosankten, Wort für Wort auswendig gelernten Texten – ein mehr oder weniger freies Verfügen über eine nur in Umrissen festliegende Geschichte und ein Repertorium von Formeln und Bildern,[70] das sich der Beziehung zwischen langue und Parole vergleichen läßt.[71] Der Mythos ist in bezug auf die mythische Aussage ein langue-Phänomen.[72]

---

[68] Auf diesen Umstand machte H. A. Groenewegen-Frankfort, Arrest and Movement, 23, aufmerksam.

[69] Siehe J. Assmann, ÄHG, Nr. 220 Vers 19.

[70] A. B. Lord, Singer of Tales; G. S. Kirk, a. a. O., 73 ff.

[71] P. Bogatyrev/R. Jakobson, *Folklore.*

[72] Gerade im Hinblick auf Mythen und ihre Analyse vertritt eine entsprechende Unterscheidung A. J. Greimas, *Grammaire narrative,* 157–183, vgl. Ders., La structure des actants du récit, ebd., 249–270; Ders., *L'interprétation du récit mythique.* Im Zusammenhang unserer Argumentation besonders wichtig ist, daß auch Greimas das, was er „Narrativität" nennt, nicht der Oberflächenstruktur („Ebene der Manifestation", Diskurs-Ebene), sondern der Tiefenstruktur („immanente Ebene") zuordnet.

Während die (partielle) Analogie der Beziehung von Mythos und mythischer Aussage zur Dichotomie von langue und parole vor allem jene Aspekte hervorhebt, die mit dem Phänomen einer vorwiegend mündlichen Überlieferung zusammenhängen, läßt eine andere und vielleicht noch weiter gehende Analogie auch die Rolle der funktionalen Differenzierung hervortreten: die Analogie zu der „generativen" Unterscheidung einer Tiefen- und einer Oberflächenstruktur oder, in der in diesem Punkt angemessener erscheinenden Terminologie Sebastian Šaumjans und Julia Kristevas: eines Geno-Textes und eines Phänotextes,[73] die durch eine den einen aus den anderen hervorgehen lassende Derivationsstufe zugleich getrennt und verbunden sind:

Geno-Text (Mythos)	„Thronfolgestreit zwischen Horus und Seth" (als IV. Akt des Osiris-Mythos)		
Derivation (funktionale Differenzierg.)	operativ	explanatorisch	literarisch
Phäno-Text (mythische Aussage)	Kalender- Exkurs	Denkmal memph. Theologie	pChester Beatty I

5. Schlußbemerkungen

Die Schwierigkeiten in der bisherigen Auffassung ägyptischer Mythen, die weitgehend auf den bahnbrechenden Arbeiten Siegfried Schotts basiert, beruhen hauptsächlich darin, daß mythische Aussagen direkt auf die Götterwelt bezogen und umgekehrt alle Bezugnahmen auf die Götterwelt als mythische Aussagen eingestuft werden. Auf diese Weise wird das Spezifische des Mythos verfehlt. Denn die Götterwelt ist zwar, wie eingangs betont, strukturiert – wir haben sie als „Form" der „Substanz" diffuser Realitätserfahrung gegenübergestellt – in Form von Beziehungen der Herrschaft und Verwandtschaft, die sogar als Genealogien und Sukzessionen ein temporales Element implizieren, aber diese Struktur ist nicht narrativ. Aus der Nichtunterscheidung von Mythos und mythischer Aussage resultiert bei Schott weiter die Schwierigkeit, daß er Mythos als sprachliche Form und literarische Gattung verstand, als „literarisch geformte Göttergeschichte". Diese Auffassung geht in der anderen Richtung zu weit: die literarisch geformte Göttergeschichte ist bereits eine Form des Mythos, das heißt mythische Aussage. Mythen sind grundsätzlich gat-

---

Genau dies unterscheidet unseren Begriff von Mythos als „Geno-Text" einerseits von den nicht-narrativen Strukturen der Götterwelt, andererseits von den „mythischen Bildern" und „Schemata" E. Ottos.

[73] S. Schaumjan, Strukturale Linguistik, 484–506.

tungs-, ja medien-transzendent und in die Formen eines Epos, eines Märchens, eines Vierzeilers, eines Dramas, eines Tanzspiels und etwa auch eines Vasen- oder Siegelbildes übertragbar.

Eberhard Otto, der aus ähnlichen Überlegungen heraus diese Definition Siegfried Schotts als zu eng (= zu konkret) ablehnte, stellt dem die Begriffe „mythisches Schema" und „mythische Bilder" gegenüber.[74] Der Himmel als Falke, als Gewässer, das von den Schiffen der Gestirne befahren wird, als Kuh, als Frau, das sind „mythische Bilder", die in ihrer „multiplicity of approaches" einer „multiplicity of questions" entsprechen.[75] Der „Bruderkampf", „Mutter und Sohn" (= Kamutef), „das (heile und verwundete, ferne und heimkehrende) Auge" sind demgegenüber „mythische Schemata". Zweifellos gibt es ikonographische Formeln von starken Symbolgehalt die Fülle, besonders vom Neuen Reich an: z. B. „der Gott auf der Blume", „Horus auf den Krokodilen", „der Sonnengott in der Barke", „Djedpfeiler und Sonnenscheibe" usw. usw., aber den Ausdruck „mythisches Bild" sollte man nur dort verwenden, wo tatsächlich ein ganzer Mythos bildlich verdichtet ist[76] (z. B. ein kosmogonischer Mythos im Bilde des „Gottes auf der Blume"[77] oder wo ein Bild als Illustration einer mythischen Episode zu deuten ist, wofür Ägypten vor der Spätzeit kaum Beispiele zu bieten scheint.[78] Die anderen Bilder sind „Heils-Symbole" ohne Bezug auf eine „in illo tempore" situierte Geschichte, und ich habe den Ein-

---

[74] E. Otto, Rite und Mythos, 6 f. Anm. 1; Bilder: 6–8, 15 f., 24 f.; Schemata: 26–27.

[75] E. Otto, Rite und Mythos, 7, in Anlehnung an H. Frankfort, Religion, 14 ff. Das Frage-Antwort-Schema führt bei Otto zur Verkürzung der Mythen auf eine rein kosmologische Funktion, als Weltdeutung, während er die Riten auf das menschliche Dasein bezieht. Mir scheint es dagegen dem Mythos weniger darum zu gehen, „die Welt und ihr Funktionieren ... zu begreifen" (E. Otto, Rite und Mythos, 8), sondern das menschliche Dasein in der Welt zu erhellen. So „erklärt" der Himmelskuh-Mythos meines Erachtens auch nicht in erster Linie, warum der Himmel von der Erde, sondern warum die göttliche von der menschlichen Sphäre getrennt ist, indem er die Schuld an dieser Trennung menschlicher Unbotmäßigkeit anlastet und sich so in die große Gattung der Urverschuldungsmythen einreiht. Es ist diese Ausrichtung auf das menschliche Dasein, die das ‚Narrative' oder – mit Schelling zu reden – ‚Geschichtliche' bedingt.

[76] Vgl. z. B. H. Brunner, *Osiris in Byblos*, der die Selbstbezeichnung des Toten in TB 125 als *jmj-b3q.f* „Der in seiner Moringa ist" auf die Byblos-Episode des Osiris-Mythos beziehen möchte. Übrigens wird Osiris schon im MR als *hwjw-b3q* „der vom Moringa-Baum geschützte" bezeichnet (Louvre C 12; K. Sethe, Lesestücke 76.11).

[77] H. A. Schlögl, Sonnengott auf der Blüte, hat zeigen können, daß das Bild vom jugendlichen „Gott auf der Blume" nicht vor die Zeit Tutanchamuns zurückreicht. Ob allerdings hinter diesem Bild, ähnlich wie in dem in Anm. 76 angeführten, ein (in diesem Fall kosmogonischer) Mythos steht, erscheint fraglich. Vgl. einstweilen H. A. Schlögl, in: LÄ II, 786–788.

[78] Die Vermutung eines „Aufzeichnungstabus" liegt hier besonders nahe, weil sich die bildlichen Darstellungen ritueller Handlungen bekanntlich streng an die realweltliche Seite des Geschehens halten. Für einen ersten nachamarnazeitlichen Durchbruch s. E. Otto, *„Osiris-Mysterien"*.

druck, daß dies in Ägypten die Regel ist. Auch an der Existenz der von Otto angeführten „Schemata" ist nicht zu zweifeln. Aber auch hier wäre im Einzelfall zu klären, ob diese Schemata nicht mit dem zusammenfallen, was wir „Konstellation" nennen und zur Struktur der Götterwelt selbst rechnen. Auch diesen Konstellationen fehlt die temporale Verankerung und Spezifizierung, die aus dem „Schema" ein „Schicksal" oder wenigstens den Kern eines Schicksals macht, auf den sich mythische Aussagen als Gemeinsames beziehen können.

All dies geht dem Mythos in Ägypten entwicklungsgeschichtlich voraus und liegt ihm als Stoff zugrunde. Aber erst wenn in diese atemporalen oder (im Sinne der ornamentalen Wiederholung) indefinit-temporalen Strukturen der Götterwelt der Begriff der Vergangenheit, der zeitlichen Distanz eindringt, der sie zum Gegenstand von Erzählungen, Geschichten werden läßt, kann man von Mythos im eigentlichen Sinne sprechen. Die zeitliche Distanz zur Realwelt, die der Begriff Mythos impliziert, entrückt die erzählte Geschichte im gleichen Maße in eine „absolute Vergangenheit", wie der dem Mythos inhärente Verbindlichkeitsanspruch sie im Sinne der Analogie und/oder Aitiologie sinngebend auf die je gegenwärtige Realwelt bezieht: als eine exemplarische Geschichte, die eine undurchsichtig gewordene Gegenwart auf die Ursprünge hin durchsichtig werden und selbst die Form einer Geschichte, einer erzählbaren Historie annehmen läßt. Ohne das Bewußtsein eines Entferntseins von den Ursprüngen ist Mythos nicht denkbar. Der Mythos entspringt dem Streben, den Abgrund zu überbrücken und ein im Maße dieser Ursprungs-Entfernung verdunkeltes Dasein in das Licht der uranfänglichen Geschichte zu stellen.[79]

Dieses Bewußtsein, so meine ich, ist in Ägypten kein die Frühzeit, sondern die Spätzeit kennzeichnendes Phänomen, die Zeit, aus der die „mythischen Aussagen" des Schabaka-Steins, des Naos von El-Arish und der ptolemäischen Tempel stammen, die dargestellten Mythen der „Fernen Göttin" und des Horus-Sieges, die Kultlegenden des pJumilhac und der Tempel-„Monographien" und die ägyptische Version eines Mythos von Goldenen Zeitalter. Die Anfänge gehen zurück bis ins Mittlere Reich und mögen sich aus der Situation dieser Zeit erklären lassen, der durch die Erfahrung der ersten Zwischenzeit und den orientierenden Rückblick auf das Alte Reich das Bewußtsein einer sich über große Zeiträume erstreckenden und die schlechtere Gegenwart von den Ursprüngen trennenden Geschichte aufgegangen ist. Im Ganzen aber sind mythische Aussagen in der schriftlichen Überlieferung Ägyptens nicht eben häufig, und man fragt sich, was ihrer Aufzeichnung und Formulierung, was dem Mythos überhaupt entgegengestanden haben mag. Ohne dieser Frage hier nachgehen zu können, möchte ich drei für die ägyptische Kultur und Religion ebenso zentrale wie kennzeichnende Bereiche nennen, in denen die Zeit als Geschich-

[79] In dieser Bestimmung des Mythos folge ich P. Ricœur, Symbolik des Bösen, bes. 190–196.

te und Entfernung von Ursprung aufgehoben ist: das Ritual, das Königtum[80] und der Sonnenglauben.[81] In diesen Bereichen herrscht eine Parusie des Göttlichen, als ornamentale Wiederkehr oder ewige Gegenwart, die der „mythischen Distanz" widerspricht. Umgekehrt sind es Krisen dieser Bereiche – z. B. die 1. Zwischenzeit und die Amarnazeit – die das Aufkommen des Mythos begünstigen.

Von der „Krisis, durch welche die Götterwelt zur Göttergeschichte sich entfaltet", schreibt schon Schelling, der die Nicht-Ursprünglichkeit des Mythos betont: „das Religiöse der Götter allein ist das Uralte, aber auch nur aus düsterm Hintergrund Hervorblickende; das Geschichtliche, das Freibewegliche" – das Narrative – „ist das Neue".[82] Klarer formuliert Ernst Cassirer diese Einsicht: „Erst dort, wo es nicht bei der ruhenden Betrachtung des Göttlichen bleibt, sondern wo das Göttliche sein Dasein und seine Natur in der Zeit expliziert, wo von der Göttergestalt zur Göttergeschichte und zur Göttererzählung fortgeschritten wird, haben wir es mit „Mythen" in der engeren und spezifischen Bedeutung des Wortes zu tun [...] Erst indem die Welt des Mythischen gewissermaßen in Fluß gerät, indem sie sich als eine Welt nicht des bloßen Seins, sondern des Geschehens erweist, gelingt es, in ihr bestimmte Einzelgestaltungen von selbständiger und individueller Prägung zu unterscheiden."[83] Es war in der Linie dieser Ansätze, daß Siegfried Schott die Vorstellungen von der Ursprünglichkeit und Vorgeschichtlichkeit der ägyptischen Mythen destruierte und ihre Entstehung in die geschichtliche Zeit, die Jahrhunderte der Pyramidenbauer verlegte. Und es ist nur ein konsequentes Fortschreiten auf diesem Weg, wenn ich auch der von ihm erschlossenen Götterwelt der Pyramidentexte den Charakter des Mythischen im engeren Sinne noch absprechen und die Mythenbildung als einen erst im Mittleren Reich entstehenden und bis ans Ende der ägyptischen Geschichte nicht abreißenden Prozeß verstehen möchte.

---

80 Im Sinne von S. SCHOTT, Mythe, 68: „Die Göttlichkeit ist im König zu wirklich um mythisch zu sein."

81 Zu dem durch die Ausdrücke *nḥḥ* und *rʿw nb* (Ewigkeit, Tag für Tag) gekennzeichneten Zeitbegriff des Sonnenglaubens s. J. ASSMANN, *Zeit und Ewigkeit.*

82 F. W. J. v. SCHELLING, Philosophie der Mythologie, 20.

83 E. CASSIRER, Philosophie, 129.

Drittes Kapitel

Die Zeugung des Sohnes

Ikonizität, Narrativität und Ritualität im ägyptischen Mythos

Mein Sohn bist du; heute habe ich dich gezeugt
Ps 2,7

1. Vorbemerkungen

Die Frage nach dem Mythos, die auf den theoretischen Ebenen der Philosophie und der strukturalen Anthropologie seit Jahrzehnten eine nicht nachlassende Aktualität besitzt[1], stellt sich mit neuer Dringlichkeit auch dem Philologen.[2] Sie trifft dort, in den Einzelphilologien, nicht immer in gleicher Weise unmittelbar auf respondierende Befunde. Mesopotamien, Ugarit, Kleinasien und Griechenland zum Beispiel bieten sehr günstige Bedingungen. Israel ist ein bekanntes Gegenbeispiel, dessen monotheistische Religion eine entschiedene Gegenposition zum Mythos einnimmt. Aus ganz anderen Gründen dürfte die Frage nach dem Mythos aber zum Beispiel auch in Rom auf Probleme stoßen. Zu diesen Problemfällen gehört, aus wiederum spezifischen und noch keineswegs aufgedeckten Gründen, das alte Ägypten.

In Ägypten gehört die mythische Erzählung nicht zu den gewöhnlichen und typischen Ausdrucksformen der religiösen Überlieferung. Die wenigen Exemplare, die auf uns gekommen sind[3], stehen mehr am Rande und haben Ausnahmecharakter.[4] Für diese „Verborgenheit" des Mythos in Ägypten[5] ist nichts kennzeichnender als der Fall des Osiris-Mythos. Obwohl dieser Mythos wahrscheinlich schon in verhältnismäßig früher Zeit die Form einer kohärenten Erzählung gewinnt[6] und bald, spätestens mit dem Übergang zum zweiten Jahr-

[1] Drei Bücher der letzten Jahre mögen das belegen: C. LEVI-STRAUSS, Mythos und Bedeutung; H. BLUMENBERG, Arbeit am Mythos, H. POSER, Mythos und Philosophie.

[2] Besonders verpflichtet fühle ich mich G. S. KIRK, Myth, und W. BURKERT, Greek Mythology.

[3] Einen Überblick über den Bestand gibt A. H. GARDINER, Chester Beatty Papyri, 8 f.

[4] Eigentlich religiöse Aufzeichnungen wie das Buch von der Himmelskuh und das Denkmal memphitischer Theologie sind die Ausnahme gegenüber Ausschnitten im Heilungszauber und den dezidiert profanen Erzählungen der ramessidischen Unterhaltungsliteratur. Für Einzelheiten s. Kap. 2.

[5] S. Kap. 2.

[6] Jedenfalls setzen gewisse Pyramidentexte wie Nr. 477, vgl. Sargtext 837, bestimmte

tausend v. Chr., alle anderen Überlieferungen an Strahlkraft und Bedeutung weit überragt, muß man doch auf Diodor und Plutarch warten, um einigermaßen umfassende Aufzeichnungen dieses Mythos zu erhalten. Diodor und Plutarch stehen der ägyptischen Kultur „extrakommunikativ" gegenüber, sie beschreiben sie von außen und für ein nicht-ägyptisches Publikum. Diese distanzierte Perspektive fordert und ermöglicht die explizite narrative Entfaltung von etwas, das uns in den Aufzeichnungsformen der ihm eigentümlichen Kommunikationsgemeinschaft immer nur ausschnitthaft entgegentritt.

Die Deutung drängt sich auf, daß dieser Mythos innerhalb der ägyptischen Kultur seinen eigentlichen Ort in der mündlichen Überlieferung hatte. Der Osirishymnus Ramses' IV. unterscheidet ja explizit zwischen dem, was „in den Schriften steht", und dem, was man „von Mund zu Mund erzählt", wobei sich, wie der Zusammenhang nahelegt, diese Unterscheidung auf schriftliche Theologie und mündliche Mythologie bezieht.[7] In einer seiner inneren Form, der Erzählung, entsprechenden Weise ist der Mythos nur in der mündlichen Überlieferung lebendig. Die schriftlichen Aufzeichnungen, die Inschriften und Reliefs der Tempel und Gräber, setzen ihn voraus, aber erzählen ihn nicht; sie stehen in je spezifischen Funktionszusammenhängen, in denen der Mythos nur in nichtnarrativer oder jedenfalls stark verkürzter Form zu Wort kommt.

Dieses Modell – Mythos in der mündlichen, Mythos-Transformate in der schriftlichen Überlieferung – darf aber nicht unbesehen verallgemeinert werden. In Kap. 2 habe ich versucht, wenigstens denkbar zu machen, daß hinter Texten, die augenscheinlich die Sprache des Mythos reden, ohne jedoch narrative Zusammenhänge zu entfalten, nicht unbedingt Mythen stehen müssen, sondern so etwas wie vormythische Sinnkomplexe, die sich erst im Laufe der Geschichte fallweise zu ganzen Mythen entfalten. Hierfür habe ich den Terminus „Konstellationen" vorgeschlagen.[8] Mit dem Ausdruck „Sprache des Mythos" ist dabei nicht gemeint, daß von Göttern die Rede ist, sondern daß verschiedene Sinn-Dimensionen in eine Beziehung gegenseitiger Verweisung gesetzt werden, jene typisch ägyptische Form, die als „Mythisierung der Rituale" bekannt ist[9], die aber über diesen Spezialfall hinaus eine Grundform religiöser Rede in Ägypten darstellt.[10] Die Komplexion der Sinn-Dimensionen leistet

---

Grundsituationen oder „Konstellationen" im Sinne von S. voraus, in diesem Fall den Thronfolgeprozeß zwischen Osiris (später: Horus) und Seth. Damit ist allerdings, wie ich am Schluß dieser Studie zeigen möchte, noch keineswegs der gesamte Mythos präsupponiert, da diese Konstellationen eine Art von Eigenbedeutsamkeit außerhalb fixierter narrativer Zusammenhänge besitzen.

7 ÄHG, Nr. 220, Vers 19; Ders., *Die Verborgenheit des Mythos*, 38 = oben, S. 53.

8 Vgl. auch J. Assmann, Liturgische Lieder, 333–359; J. Ders., *Bild des Vaters*, 29 ff. (= Ders., *Stein und Zeit*, 115 ff.).

9 S. Schott, Ritual, 285–293; E. Otto, Rite und Mythos. Sogar H. Blumenberg, Arbeit am Mythos, 180, spricht bereits vom „ägyptologischen Modell der narrativen Auslegung von Ritualen".

10 Ich nenne diesen Sprachverwendungstyp daher zum Zwecke besserer Unterschei-

nicht erst der Mythos, sondern bereits die Konstellation, z. B. die von (totem) Vater und (lebendem) Sohn, aus der auch der Osirismythos in wesentlichen seiner Aspekte hervorgewachsen ist.[11]

Mir ging es dabei vor allem darum, gegenüber der mehr „archäologischen" Fragestellung, die mit der Optik eines vorgegebenen Mythosbegriffs den auf der Oberfläche verborgen bleibenden Mythos aufdecken will, die Interessen der Philologie zur Geltung zu bringen, deren erstes Geschäft die Analyse der Oberfläche ist. Zunächst muß nach dem gefragt werden, was in Erscheinung tritt, bevor man sich eine Vorstellung von dem bilden kann, was verborgen bleibt. Oberfläche: das ist die Spezifik der stilistischen Ausformulierung, in der eine Aufzeichnung im Funktionszusammenhang einer spezifischen Kommunikationssituation einen Sinngehalt zum Ausdruck bringt. Hiervon gilt es in jedem Fall auszugehen.

Demselben Anliegen entspringt auch das folgende Kapitel. Es greift einen Überlieferungszusammenhang heraus, der nicht nur in typischer Weise verschiedene Sinn-Dimensionen – Ritus, Götterwelt und Geschichtsbild – miteinander verknüpft, sondern diesen Sinnkomplex teilweise auch narrativ entfaltet. Es handelt sich zudem um einen Stoff, der im Zusammenhang der ägyptischen Kultur ebenso zentral ist wie der Osirismythos, der aber diesem gegenüber den entscheidenden Vorzug hat, uns auf der „Oberfläche", der Ebene der konkreten Ausformung oder, wie ich es in Kapitel 2 (S. 45 ff.) genannt habe, der „mythischen Aussage" als eine zusammenhängende Komposition entgegenzutreten. In der spätzeitlichen Fassung als Festritual trägt er den Titel „Geburt des Gottes" *(mswt nṯr)*[12], als „Die Geburt des Gottkönigs" hat Hellmut Brunner seine „Studien zur Überlieferung eines altägyptischen Mythos" überschrieben, die sich den Fassungen des Neuen Reichs widmen[13], und unter dem Titel „Die Geburt des Kindes" hat Eduard Norden das Mythologem in einen weit über Ägypten hinausgreifenden religionsgeschichtlichen Horizont gestellt.[14] In der Tat steht, wie wir sehen werden, der Geburtsvorgang bei allen Aufzeichnungen

---

dung nicht „mythisch", sondern „sakramental". In sakramentaler Sprache wird z. B. die Nahrungsaufnahme einem Himmelsaufstieg, und der Sonnenuntergang wird einer Grablegung gleichgesetzt: beidemale geht es um die Verknüpfung von Sinn-Dimensionen. Die „Mythisierung der Rituale" ist in dieser Hinsicht eine „sakramentale Ausdeutung", vgl. Kap. 2, S. 37–43.

[11] J. Assmann, *Bild des Vaters*, 29–41 = Ders., *Stein und Zeit*, 115–127.

[12] F. Daumas, Mammisis, 243, 246, 251 Anm. 2, 262 u. ö.

[13] H. Brunner, Die Geburt. Ein ägyptischer Titel ist hier nicht überliefert. Gegen Brunners Auffassung der Überlieferung als Mythos (und nicht als Ritual) hat S. Morenz, Geburt des Gottkönigs, Bedenken angemeldet. Ich halte diese Unterscheidung für müßig und mit L. Honko, W. Burkert u. a., wenn auch nicht in dem engen Sinne von Th. Gaster, Rituale für die typischen Anwendungskontexte von Mythen.

[14] E. Norden, Geburt des Kindes, ist eine monographische Interpretation von Vergils 4. Ecloge, die auf Ägyptisches passim, auf unseren Mythos speziell aber auf S. 116–137 eingeht („ein Gott-Königsdrama"). Von ägyptologischer Seite greifen weiter aus E. Brunner-Traut, *Pharao und Jesus*, 266–284, und H. Jacobsohn, *Mythos*, 411–448. S. jetzt J. Kügler, Pharao und Christus.

im Mittelpunkt. Trotzdem könnte ein Titel wie „Die Zeugung des Sohnes“ den Kern des Mythologems noch genauer treffen, selbst wenn es in einer der beiden Fassungen, deren Analyse den Ausgangspunkt bilden soll, um eine Tochter geht.

2. Der Szenen-Zyklus von der Zeugung des Thronfolgers im Neuen Reich

Wir wollen zunächst den Zyklus betrachten, wie er im unteren Register der Nordhälfte der Mittel-Kolonnade in Der-el-Bahri[15] und auf der Westwand von Raum XIII des Luxor-Tempels[16] angebracht ist; Szenen 1–15 der letzeren Fassung sind unserem Beitrag als Abbildungen beigefügt. Wir wollen dabei aber nicht vergessen, daß sich die Szenen fortsetzen: in Der-el-Bahri – dem Totentempel der Königin Hatschepsut (1488–1467) – im Register darüber[17], in Luxor – dem Amuntempel Amenophis' III. (1397–1360) – auf der Südwand.[18]

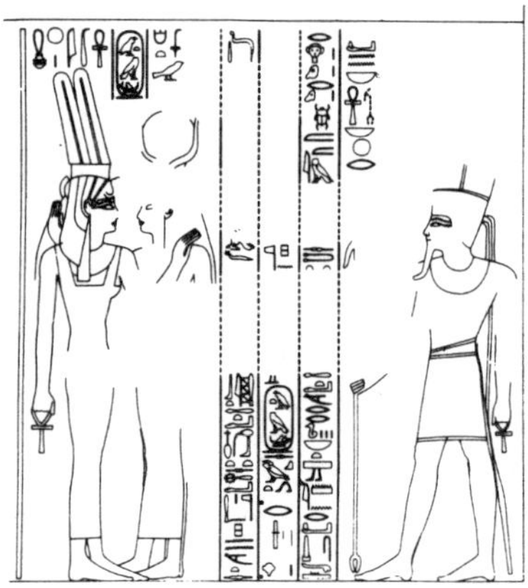

1

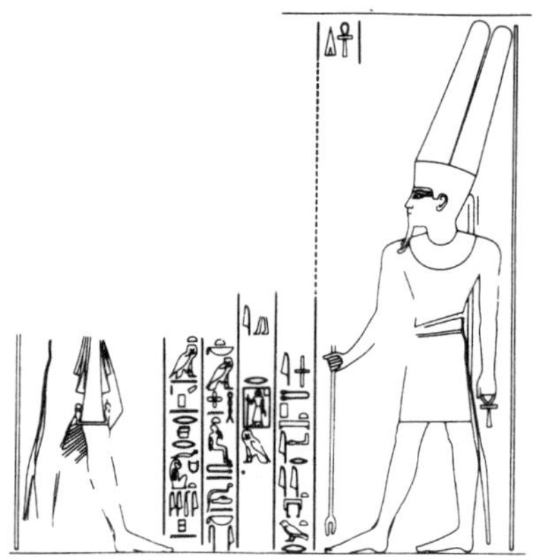

2

[15] PM II.2, 348 f. mit weiterer Literatur; Edition Naville III 46–55.

[16] PM II.2, 326 f.; Edition H. Brunner, Die Geburt, Tf. I–15.

[17] PM II.2, 347 f.; Naville III 56–64; Urk. IV, 242–265.

[18] PM II.2, 327 (154). Aus dem NR sind noch zwei weitere Fassungen fragmentarisch erhalten, auf die Brunner, 7–9 zusammenfassend eingeht:
M Einzelne in Medinet Habu verbaute Blöcke aus dem Ramesseum
K Tempel des Chonspechrod vor dem Muttempel in Karnak: Nordwand des Hofes (PM II.2, 271 mit Plan XXVI). Im unteren Register sind 8 Szenen anzusetzen; Reste von 7 sind erhalten. Von links nach rechts: 1 = XIIB (Aufzucht durch Ka und Hemuset-Genien); 2 = XI (?) 3 = X; 4 zerstört, ob IX?; 5 = XV; 6 = XIV; 7 = XII; 8 = XIII. Im zerstörten oberen Register haben die Szenen I bis VIII oder IX Platz gefunden. Die ursprüngliche Fassung entsprach in der Monumentalität des Maßstabs D und L. Die Datierung in die XXI. oder XXII. Dynastie ist eine Verlegenheitslösung und stellt nur den spätest möglichen Ansatz dar. Stilistisch würde man eher an die XIX. Dynastie denken.

3

4

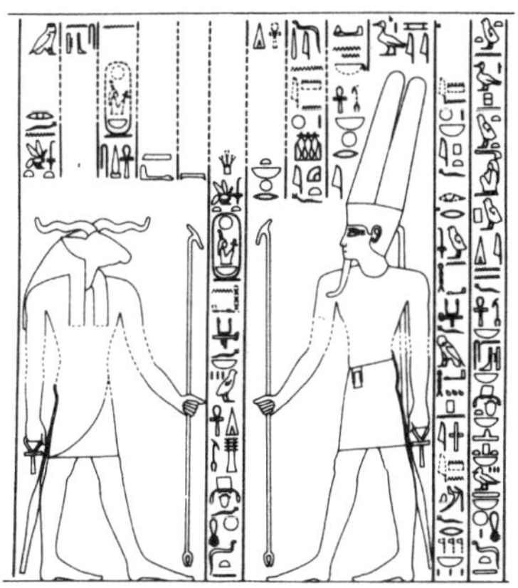
5

6

7

8

9

10

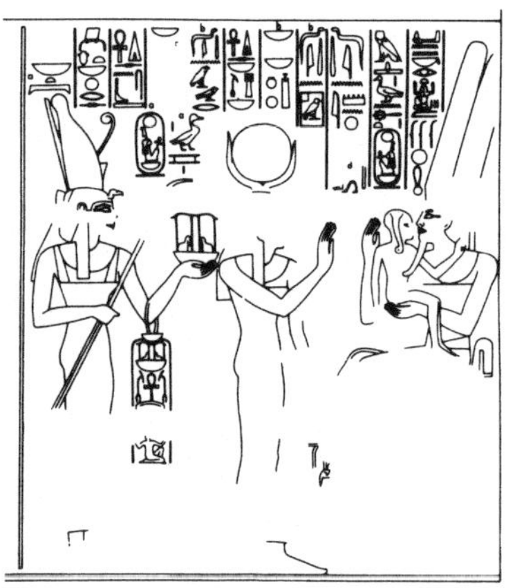

11

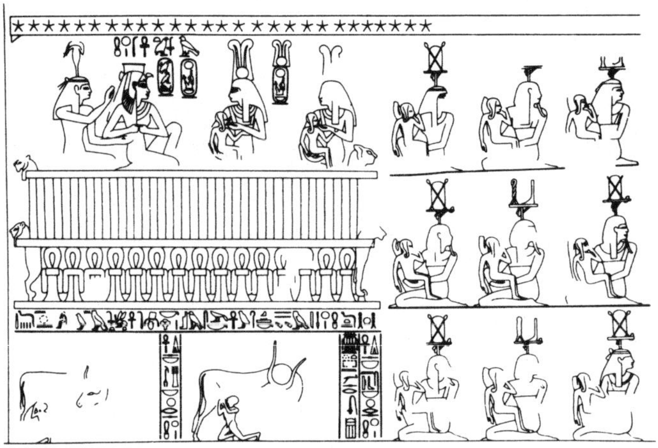

12

13

14

15

16 (Der el Bahri)

17 (Der el Bahri)

Der gesamte Zyklus umfaßt Geburt, Jugend und Krönung. In Der-el-Bahri zeigen von Szenen des oberen Registers, die man bisher in toto der Jugend und Krönung zugeordnet hatte, zwei die Königin noch als kleines Kind. Nimmt man diese beiden Szenen zum Geburtszyklus hinzu, erhält man eine formal und semantisch wesentlich befriedigendere Komposition. Auf unserer Abbildung sind sie in einer Wiedergabe nach Der-el-Bahri als Szenen 16 und 17 den fünfzehn Szenen der Luxor-Fassung angefügt.

Vier Szenen heben sich durch ihre Größe als besonders bedeutende Schwerpunkte aus dem Zyklus heraus: Nr. 4, die Liebesbegegnung zwischen dem Gott und der Königin und die Zeugung des Thronfolgers; Nr. 9, die Geburt; Nr. 12, die Säugung des Kindes durch göttliche Ammen und Himmelskühe; und Nr. 15, die Beschneidung. Um diese vier Schwerpunkte lassen sich die siebzehn Szenen folgendermaßen gruppieren:

1. Vorspiel

Szene I: Amun und Neunheit. Amun verkündet der Göttergesellschaft seinen Plan, einen neuen König zu zeugen, über den er vier Verheißungen ausspricht: Er, Amun, wird sein Schutz sein und die Weltherrschaft in seine Hände legen; der neue König wird den Göttern Tempel bauen und die Opfer vermehren; Fülle und Fruchtbarkeit werden in seiner Zeit herrschen; wer den König verehrt, soll leben, wer ihn verflucht, soll sterben.[19] Szene II: Amun und Thoth. Amun holt bei Thoth, seinem schriftkundigen Wesir, Erkundigungen ein über eine sterbliche Frau, die sein Wohlgefallen gefunden hat. Er erfährt, daß es sich um die Königin handelt. Szene III: Amun und Thoth. Thoth führt Amun zur Königin.

2. Zeugung

Szene IV: Amun und Königin. Amun nähert sich der Königin in Gestalt ihres Gatten (Thutmosis I.), gibt sich ihr aber dann in seiner wahren Gestalt zu erkennen. Heilige Hochzeit. Aus den Wechselreden des Paares formt Amun den Namen des künftigen Kindes.

Formung im Mutterleib:

Szene V: Amun und Chnum. Amun beauftragt den Menschenbildner Chnum, das Kind und seinen Ka nach dem Ebenbilde seines göttlichen Vaters, das heißt „eines Leibes mit ihm“ zu formen. Szene VI: Chnum, Heket[20], Kind + Ka. Chnum führt den Auftrag aus, im Beisein der Geburtsgöttin.

[19] Urk IV, 217 vgl. 257; 260. In der Spätzeitfassung findet sich diese Verheißung in Szene II B im Munde der Mesechnet; s. F. Daumas, Mammisis, 445 f. In Luxor beginnt der Zyklus mit einer ganz anderen Szene, die sonst nie vorkommt: Hathor umarmt die Königin. Überhaupt spielt Hathor in der Luxor-Fassung eine auffallende Rolle. In den Szenen VI und VIII ersetzt sie die Geburtsgöttin Heket.

[20] Luxor: Hathor.

3. Geburt

Szene VII: Verkündigung. Thoth und Königin. Thoth naht sich der Königin im Verkündigungsgestus und mit einer langen Rede, deren Sinn dunkel ist: „Zufrieden ist Amun … mit deiner großen Würde einer Erbfürstin, von großer Anmut und Gunst, Herrin der Herzenssüße, groß an Lieblichkeit und Liebe, die Horus und Seth sieht, vom Widder geliebt …“ usw., eine lange Reihe von Prädikaten und Titeln, die sich vermutlich auf die künftige Mutterschaft der Königin beziehen und deren Proklamation daher den Sinn einer Verkündigung dieser Mutterschaft haben wird.[21] Szene VIII: Chnum, Heket und Königin. Die Königin, deren Schwangerschaft im Bilde zart angedeutet ist, wird von der Geburtsgöttin Heket und dem Former des Kindes, Chnum, zum Geburtsbett geführt. Szene IX: Die Geburt. Königin mit Kind und zwei anonymen Ammen, Isis und Nephthys, die Schicksalsgöttin Meschenet mit langer Segensverheißung, dazu eine Fülle von Schutz-Genien. Die scheinbare Zweistöckigkeit des Bettes erklärt sich als Mißverständnis einer Vorlage vermutlich des Alten Reichs, als man die Sitz- und Liegefläche von Möbeln in Aufsicht darstellte. In allen Fassungen bis in die römische Zeit findet sich diese seltsame Darstellung des Wochenbettes.

4. Säugung

Väterliche Anerkennung. Nach der Geburt wird dem Vater das Kind gezeigt. Das ist das Thema der eng zusammengehörenden Szenen 10 und 11.

Szene X: Hathor (sitzend mit Kind) und Amun. Amun kommt, um das Kind zu sehen, und begrüßt es.

Szene XI: Die Vorigen. Amun (sitzend) nimmt das Kind auf den Schoß mit den Worten „Willkommen, mein Sohn (var. meine geliebte Tochter) meines Leibes.“

Szene XII: Säugung. Königin mit Kind, göttliche Ammen, Himmelskühe, Personifikationen der Fülle. Ort: das Wochenzimmer von Szene 9.

5. Beschneidung

Präsentation und Segen

Szene XIII: Nilgott und Milchgott präsentieren Kind + Ka einer Göttertrias (Der-el-Bahri). In Luxor Nilgott und „Zauber“; die Trias fehlt.[22]

---

[21] Sehr präzise H. Brunner, Die Geburt, 81: „Also nicht die Geburt eines Kindes verkündet Thoth der Königin – das hat ja bereits Amun selbst getan und dabei sogar den Namen des Kindes genannt – sondern die Zufriedenheit des Gottes, die sich in diesbezüglichen Titeln ausdrückt.“

[22] Der ursprüngliche Sinn der Szene ist wohl die Reinigung des Kindes und des Geburtshauses nach Ablauf der Frist. Milchgott und Nilgott sind Personifikationen der reinigenden Substanzen. In Der el-Bahri und in Szene II E der Spätzeitfassung wird das gereinigte Kind den Göttern vorgeführt. Brunner, 135 ff.

Szene XIV: Thoth (Luxor: Horus) präsentiert Amun Kind + Ka. In der Luxor-Fassung begrüßt Amun das Kind mit feierlichen Formeln der Anerkennung, die an Ps 2,7 und Lukas 3,22 erinnern: „Mein geliebter leiblicher Sohn, den ich eines Leibes mit mir (= mir zum Ebenbilde) gezeugt habe."[23]

Szene XV: Beschneidung. Im Zentrum die eigentliche Beschneidung, Kind + Ka zweimal übereinander mit ungenannten Gottheiten, von außen Chnum und Anubis (von links), Seschat und Heka (?)[24] von rechts. Die Reden der beteiligten Gottheiten enthalten Segenswünsche, die sich auf Lebensfülle, ewige Dauer und Weltherrschaft beziehen.

---

[23] Die scheinbare Verdoppelung der Szene der väterlichen Anerkennung erklärt sich folgendermaßen: unmittelbar nach der Geburt nimmt der Vater das Kind in die Arme mit den Worten: „Das bin ich" *(jnk pw)*, vgl. J. Assmann, Liturgische Lieder, 99 mit Anm. 71. Damit erkennt er sich selbst in dem Kind wieder, was ja wohl auch in der ständig wiederholten Formel von der „Leibeseinheit" *(m hꜥw wꜥ)* von Vater und Sohn zum Ausdruck gebracht werden soll. Diese „intime Anerkennungsszene" erscheint auch in der Spätzeitfassung als II C unmittelbar nach der Geburt. Der Zuspruch der Vaterschaft wird später noch einmal öffentlich wiederholt, wenn der König sein erstgeborenes Kind als Kronprinzen vorstellt. Dafür nimmt er es vor versammeltem Thronrat auf den Schoß und küßt es, vgl. z. B. Urk. IV, 255–257; Inscription dedicatoire Kitchen, KRI II, 327; pD'Orb 18,10 (Stichwort *rnn*). Diese Szene gehört also in den Zusammenhang einer „Ausstellung" des Kindes (Epiphanias), wie sie der Sequenz XIII–XV oder gar XVII zugrunde zu liegen scheint, in der sich der Schauplatz des Geschehens aus der Wochenstube (IX–XII) nach draußen verlagert. Hinter der Institution der väterlichen Anerkennung, das heißt des ausdrücklichen Zuspruchs der Vaterschaft, steht die Vorstellung, daß die Vaterschaft auf der rein biologischen Ebene noch nicht im vollen Sinne gegeben ist und des bewußten sprachlichen Vollzugs bedarf, ebenso wie sie auch als aufkündbar verstanden wird, wenn sich die „Ebenbildlichkeit" des Kindes in seiner Handlungsweise nicht erweist, vgl. hierzu J. Assmann, *Bild des Vaters*, 12 ff. (= Stein und Zeit, 96 ff.). Die ständigen Versicherungen „Ich bin dein Vater – du bist mein lieber Sohn", wie sie ein Grundthema der ägyptischen Gott-König-Reden bilden, haben ihren Ort in dieser Szene einer öffentlichen Proklamation der Gottessohnschaft, die nicht nur als Szene XIV in den Kontext unseres Zyklus gehört, sondern wie alle diesem Mythos zugrundeliegenden „Konstellationen" ganz unabhängig von jedem narrativen Zusammenhang Eigenbedeutsamkeit und entsprechende Strahlkraft besitzt. In diesem Sinne sehe ich Zusammenhänge mit Ps 2,7 und Luk 3,22. Vgl. hierzu M. Hengel, Sohn Gottes, 38 f. Das Pendant zu dieser Szene oder Konstellation bildet die Säugung (Szene XII), mittels deren das Kind in das Kindschaftsverhältnis zur Himmels- und Muttergottheit und zu den Kronengöttinnen aufgenommen wird, s. dazu unten S. 76 f. und 92 f.

[24] So nach Luxor; in der Spätzeitfassung wird die entsprechende Szene (II F) als Einführung zu Heka gestaltet; hier spielen also der Gott des Zaubers und die Ausstattung des Königs mit magischen Kräften die Hauptrolle. Die ursprüngliche Bedeutung der Szene als Beschneidung ist nur von der Var. im Tempel des Chonspechrod beim Muttempel verstanden worden – Brunner, 162 ff. Die Bedeutung des Anubis und seiner (in Luxor fehlenden) Scheibe bleibt dunkel, aber alle Var. halten an ihm fest. In der Spätzeit wird sie in Dendara als Mond, in Edfu als Tamburin gedeutet.

6. Schluß (?)

Szene XVI: Reinigung. Amun und ein Sonnengott (Month, Re oder Horus) übergießen das Kind mit Lebenswasser.

Szene XVII: Präsentation. Amun stellt den Göttern des Landes den neuen König vor.

Diese beiden Szenen aus dem oberen Register der Der-el-Bahri-Fassung noch zum Geburtszyklus hinzuzunehmen scheint zwar der Registeraufteilung dieser Fassung und auch der Anordnung in Luxor zu widersprechen[25], hat aber den Vorzug, sämtliche den Thronfolger als kleines Kind darstellenden Szenen zusammenzufassen und kann als äußeres Indiz für sich verbuchen, daß erst danach in der Der-el-Bahri-Fassung durch einen längeren Text eine deutliche Zäsur gegenüber der Krönungs-Sequenz gesetzt wird. Außerdem, aber darauf wird man wohl nicht allzuviel geben dürfen, kommt nun die wichtigste Szene, die Geburt, genau in die Mitte des Zyklus zu stehen.[26] Inhaltlich wirkt diese Komposition dadurch in dieser Form befriedigender, weil sich nun Anfang und Ende, Verheißung und Präsentation des künftigen Königs vor der Göttergemeinschaft, genau entsprechen.[27]

---

[25] Die fünfzehn Szenen des unteren Registers von Der-el-Bahri stehen in Luxor auf der Westwand. Die beiden Szenen des oberen Registers, die ich mehr vorsichtshalber und im Hinblick auf die spätzeitliche Tradition in die Betrachtung einbeziehe, bilden das oberste Register der Südwand und sind dort auf 3 Szenen erweitert:
1. Reinigung durch Month und Atum (A. GAYET, Temple de Louxor, fig. 183)
2. Prozession in der Sänfte (A. GAYET, Temple de Louxor, fig. 185)
3. Präsentation des jungen Königs durch Amun vor den Seelen von Buto und Hierakonpolis (A. GAYET, Temple de Louxor, fig. 183 und 184).
Dazu gehören von den Szenen der Südwand in den weiteren Zusammenhang unseres Zyklus noch die erste (rechte) Szene des mittleren Registers, Thoth vor der Neunheit = II G der Spätzeitfassung und die zweite (linke) Szene des untersten Registers, Mut und Amun mit dem Kind auf dem Schoß = II C der Spätzeitfassung vgl. X + XI.

[26] Das wird auch unabhängig von dieser Überlegung in der graphischen Anordnung der fünfzehn Szenen in Der-el-Bahri und Luxor realisiert, wo IX jeweils das Zentrum bildet. Allerdings scheint in Der-el-Bahri der „Auftritt des Amun" nicht zu Szene IX zu gehören, sondern, genau wie in den Mammisi der Spätzeit, als eine eigene Szene zwischen VIII und IX aufgefaßt worden zu sein. Es ist diese Szene, die räumlich genau im Zentrum der Komposition steht.

[27] In Der-el-Bahri kommt diese Beziehung von Anfang und Ende in der Anordnung der Szenen sehr augenfällig zum Ausdruck. Die beiden Szenen, die Hatschepsut letztmals als kleines Kind zeigen und die wir hier als Schlußszenen in den Zyklus hineinnehmen, stehen auf der Südwand genau über der Eingangsszene. Erst auf der Westwand beginnen dann die Szenen der Jugend und Krönung. Das hat auch J. OSING, *Patenschaft der Götter*, 361 f., sehr klar hervorgehoben. In K erfüllt die Szene XIII die Funktion der Schlußszene: „Nil-" und „Milchgott" präsentieren hier das Kind der Neunheit von Karnak. Deshalb ist diese Szene ans rechte Ende des Registers gerückt. Die Spätzeittempel greifen diese Fassung auf. Auch hier übernimmt II

Wie hat man nun Form und Funktion dieser gesamten Komposition aus Bildern und Texten zu verstehen? Brunners Deutung als Mythos ist von Morenz und Barta bestritten worden, die darin vielmehr ein Ritual erblicken wollen. Diese Alternative – Mythos oder Ritual – erscheint wenig sinnvoll, da ja auch das Ritual eine Präsentationsform des Mythos sein kann. Mit Blick auf das Sujet kann die Frage nur lauten: „Mythos oder Geschichte?", mit Blick auf die Präsentationsform nur „Ritual – bzw. Drama – oder Erzählung?" Die erste Frage wird man zugunsten des Mythos, allenfalls Geschichte als Mythos, entscheiden, die zweite wohl eher zugunsten des Rituals. Jedenfalls handelt es sich, was die äußere Form angeht, nicht um eine Erzählung; vielmehr sind dramatische Szenen dargestellt, die sich zu einem Spiel, also einer Art von Ritual, zu verbinden scheinen. Das ist aber nicht die übliche Art ägyptischer Ritualdarstellungen. Vor der Spätzeit beziehen sich die bildlichen Darstellungen zu religiösen Spielen immer auf die „realweltliche", nicht auf die „götterweltliche" Ebene.[28] Hier sind aber eindeutig Götter und nicht Priester dargestellt.

Ich möchte die eigentümliche Präsentationsform des Mythos als ein „Fiktives Ritual" bezeichnen. Eine gewisse Analogie dafür liefern die Darstellungen der Beisetzung in den zeitgenössischen Beamtengräbern. Dort hat man aus alten Ritualbüchern eine Szenenkomposition zusammengestellt, die mit den tatsächlichen rituellen Vorgängen bei der Beisetzung gewiß nur ganz partiell zusammenhängt und die nur dazu dient, der Verewigung dieser Vorgänge eine alt-geheiligte Form zu geben.[29] Hier liegt vermutlich dasselbe vor: ein Ritualbuch, dessen hohes Alter sich in verschiedenen sprachlichen und ikonographischen Details zu erkennen gibt, wird zu einem Szenenzyklus ausgebaut, der den tatsächlichen Vorgängen eine verewigungswürdige Form geben soll.[30] Un-

E als var. von XIII die Funktion der Schlußszene: der Präsentation des Kindes vor dem Gremium, dem seine Geburt eingangs verkündet worden war.

[28] S. Kap. 2.

[29] J. Settgast, Bestattungsdarstellungen.

[30] Brunner möchte nur gelegentliche Zitate aus verschiedenen Ritualen gelten lassen (H. Brunner, Die Geburt, 172), weil er in dem Ganzen einen Mythos ohne jegliche rituelle Grundlage erkennen will. Erst in der Spätzeit sei der Mythos dann gespielt worden: „aus dem nur berichtenden Mythos wird zugleich ein in den Mammisi ablaufender Ritus". In Ägypten werden aber, wenn man von diesem Fall absieht, niemals Mythen bildlich dargestellt. Dargestellt werden immer nur rituelle Handlungen, und auch der Bildzyklus des Neuen Reichs gibt sich in seiner äußeren Aufzeichnungsform als ein Ritual. Mit dem an den Bestattungsdarstellungen gewonnenen Begriff des „Fiktiven Rituals" möchte ich aber trotzdem an dem fiktionalen Charakter der dargestellten Handlungen und damit an Brunners Deutung im wesentlichen festhalten. Damit ist aber noch nichts über die Funktion der benutzten alten Vorlagen entschieden. Auch für die Bestattungsdarstellungen muß man davon ausgehen, daß diese Riten irgendwann, vermutlich im Alten Reich, einmal tatsächlich durchgeführt wurden. So muß auch der Bildzyklus des NR einen rituellen Kern haben, auch wenn mir die Rekonstruktionsversuche von Morenz und Barta zu weit gehen.

ter diesen tatsächlichen Vorgängen haben wir uns aber nicht die der Zeugung und Geburt, sondern die der Krönung als einer Neugeburt vorzustellen.[31] Die Krönung bildet den Anlaß und den letzten Akt dieser Begehungen.

3. Der Szenen-Zyklus in den Mammisi der griechisch-römischen Zeit

In der Spätzeit tritt uns der Bilderzyklus des Neuen Reichs in den „Geburtshäusern“ oder „Mammisi“ entgegen, jenen Kapellen, die sich bei fast allen größeren Tempeln der letzten vorchristlichen Jahrhunderte finden.[32] In diesen Kapellen ist, wie wir aus den Festkalendern erfahren, gelegentlich eines großen Götterfestes im Monat Pachons ein Ritual mit dem Titel „Die Geburt des Gottes“ durchgeführt worden.[33] Dieses Ritual stellt man sich als eine Art Mysterienspiel vor, das sich ohne Zuschauer im Innern des Geburtshauses vollzog und ungefähr so ablief, wie es die Bilderzyklen der Wanddekoration darstel-

---

[31] H. JACOBSOHN, *Mythos*, 429 spricht mit Bezug auf Luk 3,22 von einer „mystischen Neuzeugung“. Der gleiche Gedanke kommt auch in dem „heute“ von Ps 2,7 zum Ausdruck. Die angestrengte alttestamentliche Unterscheidung zwischen einer ägyptischen „physischen“ und einer israelitischen „adoptianischen“ Konzeption der Gottessohnschaft geht meines Erachtens am Kern der Sache vorbei, wenn damit gemeint ist, daß die einen den biologischen, die anderen den juristischen Aspekt dieser Konstellation verabsolutieren. Beiden geht es vielmehr um ihren geistigen Sinngehalt, vgl. Anm. 23 und J. ASSMANN, *Bild des Vaters*, 41–49 und G. BORNKAMM, *Vaterbild*, 142 ff. In der Amarna-Religion wird übrigens das „heute“ der mystischen Neuzeugung am Krönungstag dahingehend umgedeutet, daß der Sonnengott den König „Tag für Tag“ mit seinen Strahlenhänden neu zeugt, die ihm das Lebenszeichen an die Nase halten wie Amun der Königin in Sz. IV, s. dazu L. V. ZABKAR, *Theoracy of Amarna*, 89–91.

[32] Zusammenfassend F. DAUMAS, *Geburtshaus.*

[33] F. DAUMAS, Mammisis, 236–284. In Kom Ombo fanden die entscheidenden Riten am 11. Pharmouti und am 1. Pachons statt (240–242), in Esna beginnen die Festlichkeiten am Vorabend des 1. Pachons und scheinen sich bis zum 22. Pachons fortzusetzen (244–252), wobei die eigentliche Gottesgeburt am 1. Pachons stattfindet und die weiteren Festlichkeiten der Aufzucht und Krönung des göttlichen Kindes dienen. Zwei Monate später, am 1. Epiphi, wurde die Geburt des Kindes wiederholt (251). In Edfu liegen die Hauptfestlichkeiten zwischen dem 11. Pachons und dem 2. Paoni (262–264), ebenso in Dendara (277–283). Allein aus diesen Daten ergibt sich schon ein Hinweis auf das thebanische Minfest, das im NR im Monat Pachons gefeiert wird und sich ganz offensichtlich um dieselben Sinngehalte dreht wie die spätzeitlichen Geburtsfeste der Kindgötter: die Geburt des Gottes, die Erneuerung der Fruchtbarkeit und Königskrönung, s. hierzu H. GAUTHIER, Fêtes du dieu Min, C. J. BLEEKER, Geburt, und vor allem H. JACOBSOHN, Stellung des Königs, 29–40, der die königstheologische Sinn-Dimension dieses Festes und seine Beziehungen zu unserem Mythos sehr deutlich herausgearbeitet hat.

len.[34] In dem frühesten Mammisi, dem des Nektanebos in Dendara, und im Geburtshaus von Philae, das auf dieselbe Vorlage zurückgeht, finden wir den Bilderzyklus des NR in einer überraschend wenig veränderten Form. Die wichtigste Veränderung gegenüber dem NR besteht darin, daß in der Rolle des Kindes nicht der regierende König, sondern der Kindgott der jeweiligen Göttertriade erscheint. In den Kultzentren der Spätzeit hat sich im Zuge einer Systematisierung die Bildung von Götterfamilien: Vater, Mutter und Kind, praktisch überall durchgesetzt. Einmal im Jahr, im Monat Pachons, der auf den Erntemonat Pharmouthi folgt, wird im Geburtshaus die Geburt, Aufzucht und Herrschaftsübernahme des Kindgottes, und damit die Erneuerung der Fruchtbarkeit und der Anbruch einer neuen Heilszeit, gefeiert.[35]

Unserem folgenden Überblick liegen vier Mammisis zugrunde:
1.) DN: das Mammisi des Nektanebos in Dendara.[36]
2.) Ph: das Mammisi von Philae, begonnen vor Ptolemäus V.[37]
3.) E: das Mammisi von Edfu, unter Ptolemäus X., Euergetes III., Physkon.[38]
4.) DR: das römische Mammisi von Dendara, dekoriert unter Trajan, Hadrian und Antoninus Pius.[39]

Die Szenen gliedern sich in zwei Sequenzen, die in DN, Ph und DR auf zwei gegenüberliegende Wände verteilt sind.[40] Ich bezeichne sie mit den folgenden Siglen (die römischen Zahlen rechts beziehen sich auf die entsprechenden Szenen des alten Zyklus):

I. Sequenz

I B	Theogamie	= IV
I C	Amun beauftragt Chnum	= V
I D	Chnum und Heket formen und beleben das Kind[41]	= VI
I E	Thoth verkündet der Hathor[42]	= VII

[34] F. Daumas, in: LÄ II, 466–472, vgl. auch S. Sauneron, Esna V, 186–188.

[35] Damit soll weder gesagt sein, daß die Geburt des Gottes nicht im Verlauf des Tempeljahres wiederholt gefeiert wird, noch, daß das Mammisi im Verlauf dieses Jahres nicht auch Schauplatz aller möglichen sonstigen Begehungen sein kann. Der Festkalender für die Mammisi ist sehr kompliziert; unsere vereinfachende Bemerkung bezieht sich auf das, was sich als das wichtigste dieser Feste herauszuheben scheint.

[36] F. Daumas, Mammisis, 6–20, Tf. II–IV.

[37] H. Junker/E. Winter, Geburtshaus, 97–111.

[38] E. Chassinat, Mammisis d'Edfou, 7–34, Tf. XII–XV.

[39] F. Daumas, Mammisis, 101–136, Tf. LVIII–LXbis.

[40] Daumas' grundlegende Darstellung, F. Daumas, Mammisis, 285–487, geht weniger von der konkreten Anordnung der Szenen auf den Wänden als von einer von den Bildzyklen des NR und von logischen Überlegungen her vorgegebenen sequentiellen Ordnung der Szenen aus.

[41] Die Luxor-Var. dieser Szene, in der Hathor statt Heket auftritt, erscheint in DR und E eigenartigerweise zugleich mit der Normalform.

[42] Dahinter schalten DN und DR noch eine entsprechende Szene ein, in der Chnum verkündend vor Hathor tritt. Die Szene ist wohl aus der Segensrede heraus entwik-

I F Chnum und Heket geleiten Hathor zum Kindbett[43] = VIII

II. Sequenz
II B Geburt = IX
II C Väterliche Anerkennung: Amun und Hathor mit dem Kind[44] = X + XI
II D Säugung im Kindbett[45] = XII
II E Präsentation des Kindes vor der Neunheit durch Milch- und Nilgott[46] = XIII cf. XVII
II F Einführung, mit Heka und Anubis = XV[47]

Diese zweimal fünf Szenen bilden den festen und alten Bestand innerhalb der Dekorationsprogramme der späten Mammisi. Sie werden auch die Abfolge der entsprechenden Kult-Episoden ziemlich genau wiedergegeben. Beide Szenen-

kelt, die Chnum in Sz. VIII der alten Fassung (Der-el-Bahri) ausspricht; H. BRUNNER, Die Geburt, 85 VIII D c.

43 In DN und DR schließt hier eine Darstellung Amuns in Gegenzyklusrichtung an, aber wohl nicht im Sinne einer eigenen Szene, die kaum aus nur einer Person bestehen kann (Daumas' „scene VIII: deuxieme entrée d'Amon"). Szene I F wird hier vielmehr als eine „Einführung zu Amun" aufgefaßt, um das Register auch ästhetisch sinnvoll abzuschließen.

44 Dieser Szene entsprechen im Zyklus des NR zwei Szenen: X und XI. In der Spätzeit ist daraus in II C eine intime Familienszene geworden. Hathor, jetzt als Mutter, und Amun sitzen sich gegenüber, Amun mit dem Kind, das er küßt, auf dem Schoß. Die Ähnlichkeit dieses Bildgedankens mit den „Familienszenen" der Amarnakunst tritt hier sehr viel stärker hervor als in den Szenen X und XI des NR, beruht aber gewiß nicht auf Zufälligkeit (vgl. auch Anm. 31).

45 Dieser unterscheidende Zusatz ist wichtig, um die Szene von den zahllosen Darstellungen der stillenden Gottesmutter in den Mammisis abzuheben.

46 Diese Szene hat in DN und Ph einen ausführlichen Titel, der ihren Charakter als Präsentation und Reinigung hervorhebt:
„Einführung *(bz)* des Kindes zur Großen Neunheit,
die es zum König Ägyptens und Herrscher der Wüste machen.
Zweimal rein ist König Ihi, der Große, Sohn der Hathor,
durch die Milch, die aus seiner Mutter herauskommt."
Die Szene schließt also sinnvoll an die Säugung an, als Bestätigung des durch die Muttermilch erworbenen Königtums. Für den Zusammenhang von „Reinigung" und „Einführung" im Zusammenhang der Krönung s. den berühmten Aufsatz von A. H. GARDINER, *Baptism*, 3–12.

47 Der ursprüngliche Charakter dieser Szene als Beschneidung ist überall verlorengegangen. In Ph und DN wird nicht das göttliche Kind, sondern der erwachsene König (ohne Kronen) von Chnum und Heket zu Heka, dem Gott des Zaubers, geführt, begleitet von dem seine Scheibe rollenden Anubis. In DR treten Thoth mit Jahresrispe und Anubis mit der Scheibe vor die stillende Gottesmutter (Isis). Anubis verheißt dem Kinde leibliche Verjüngung „wie der Mond am Monatsanfang"; hier wird also die Scheibe als Mond aufgefaßt. In E tritt Anubis mit der Scheibe als Tamburin vor „Iun, den Großen Gott in Behedet" und Isis als stillende Gottesmutter im Baum (= das Papyrusdickicht von Chemmis). Isis bedankt sich bei Anubis für seine die Dämonen abwehrende Musik.

folgen scheinen eingerahmt zu werden von zwei Szenen, in denen Thoth und die fünfzezhnköpfige „Neunheit" von Karnak auftreten. Die erste Szene, die sich bei DN, Ph und DR findet, leitet sich vermutlich aus der ursprünglichen Eingangsszene I, dem „Vorspiel im Himmel" her, in dem Amun der „Neunheit" den Plan der Zeugung eines neuen Königs verkündete; sie erscheint hier umgedeutet in einen Huldigungszug der Götter zur Geburtsstätte des Kindes (I A)[48]; die zweite Szene findet sich nur bei DN: Thoth verkündet der Neunheit die Geburt des Kindes (II G).[49] Darüber hinaus hat DN gegenüber Ph noch eine Szene, die sich als eine Zutat gegenüber dem alten Bestand erklären läßt: die Anerkennung des Kindes durch Harachte.[50] Die Szenen des alten Bestands halten an Amun als dem Vater fest: so wird es notwendig, in neuen Szenen auch den Vatergott des Ortstempels in die Vaterschaft am neugeborenen Kindgott einzubeziehen.[51] Das geschieht in Form von Varianten der alten Anerkennungsszene XIV, die vor allem in E und DR überhandnehmen. Bei DN findet sich diese Szene eigentümlicherweise vor der Geburt eingeschaltet, daher erfordert sie das Siglum II A. Nach der Anbringungsform ganz ans Ende gehören offenbar zwei Szenen, die sich nur bei DN, nicht bei Ph finden: die stillende Hathor, einmal mit Thoth und Nechbet (II H_1), das anderemal mit Seschat und Uto (II H_2).[52] In beiden Szenen ist Harachte dabei. Das Kind kann schon stehen und trägt die oberägyptische Krone. Außerdem findet sich bei DN gegenüber Ph die Szene der Aufzucht des Kindes durch die Ka- und Hemuset-Genien; ich nenne sie II D_{bis}, da sie wie II D auf die alte Szene XII zurückgeht. Mit Hilfe dieser Siglen läßt sich nun die Anbringung der einzelnen Szenen in den vier wichtigsten Mammisi wie folgt schematisch darstellen:

---

48 In Ph fordert Thoth Amun auf, zu kommen und seinen Sohn anzuschauen; in DN freut sich Amun über den Anblick seines Sohnes; in DR und E ist das Kind sogar dargestellt: in DR auf den Armen von Isis und Osiris, der hier als „anerkennender Vater" im Sinne von II C auftritt, und in E auf dem Schoß der stillenden Gottesmutter. Überall ist also ihr Charakter als Einleitung verlorengegangen. Das Kind ist bereits geboren, und die Götter werden zur Huldigung herbeigerufen oder huldigen ihm bereits.

49 Das Vorbild dieser Szene sehe ich in Luxor, Südwand, mittleres Register, rechts (PM II^2 327, [154], II 1), vgl. Anm. 25. Die entsprechende Rede des Thoth vor der Neunheit findet sich in DR 106 im Zusammenhang einer ganz anderen Szene. In Edfu findet sich rechts im obersten Register der Südwand eine Szene, in der Thoth nicht der Neunheit, sondern der Menschheit (Pat, Rechit, Henmemet) und den „Seelen der heiligen Orte" den jungen König präsentiert (E. CHASSINAT, Mammisis d'Edfou, 22), vgl. hiermit die Szene links im obersten Register der Südwand in Luxor (PM [154], I 3).

50 F. DAUMAS, Mammisis, 437 f., 452–457.

51 Auch in Luxor findet sich links im untersten Register der Südwand bereits eine Anerkennungsszene, die auf die lokalen theologischen Gegebenheiten Bezug nimmt, denn hier sitzt nicht Hathor, sondern Mut dem Amun, der das Kind auf dem Schoß hält, gegenüber (PM II^2, 327 [154] III 2).

52 Wohl aus der alten Szene XII entwickelt, wo ebenfalls Uto und Nechbet auftreten, s. H. BRUNNER, Die Geburt, 128 f., zu XII D a und 130 zu XII L e mit note (a). Zu Seschat und Thoth vgl. die Szene Der-el-Bahri, Naville Tf. LX.

Philae Westwand:

<table>
<tr><td>I B</td><td>I C</td><td>I C</td><td>I E</td><td>I F</td></tr>
<tr><td colspan="5">I A</td></tr>
</table>

Philae Ostwand:

<table>
<tr><td colspan="2">II F</td><td colspan="2">II E</td></tr>
<tr><td>II D</td><td colspan="2">II C</td><td>II B</td></tr>
</table>

Westwand:

<table>
<tr><td>II H_1</td><td>II H_2</td></tr>
<tr><td>II G</td><td>I A</td></tr>
</table>

Nordwand:

<table>
<tr><td>I B</td><td>I C</td><td>I D</td><td>I E I F</td><td>Amun[53]</td></tr>
<tr><td colspan="5">I A</td></tr>
</table>

I E_{var}: Chnum verkündet

Südwand:

<table>
<tr><td colspan="2">II F</td><td colspan="2">II E</td><td colspan="2">II D_{bis}</td></tr>
<tr><td>II D</td><td colspan="2">II C</td><td colspan="2">II B</td><td>II A</td></tr>
</table>

DR Nordwand

<table>
<tr><td colspan="10">andere Szenen</td></tr>
<tr><td>I B</td><td colspan="2">I C</td><td colspan="2">I D_{var}</td><td colspan="2">I E</td><td>I E_{var}</td><td>I F</td><td>Amun[53]</td></tr>
<tr><td colspan="2">II D_{bis}</td><td colspan="2">II C_{var}</td><td colspan="2">II B</td><td colspan="2">II A_{var}</td><td colspan="2">I D_{var} (Ptah[54])</td></tr>
<tr><td colspan="10">I A</td></tr>
</table>

I D_{var}: Hathor statt Heket

I E_{var}: Chnum verkündet

Südwand

<table>
<tr><td colspan="10">andere Szenen</td></tr>
<tr><td>II H_{2var}</td><td colspan="2">I D</td><td colspan="2">II E_{var}</td><td colspan="2">II F</td><td>II H_{1var}</td><td>andere Szene</td><td>II D_{bis}</td></tr>
<tr><td colspan="2">II D+C_{var}</td><td colspan="2">II D</td><td colspan="2">II C</td><td colspan="4">II B</td></tr>
<tr><td colspan="10">II A_{var}[55]</td></tr>
</table>

53 Vgl. Anm. 43. In Ph gehört diese Darstellung Amuns zu IIB.

54 Ptah bildet das Kind im Beisein der sieben Hathoren. Auch im Tempel von Hibis aus der Perserzeit wird Ptah als Bildner des Kindes dargestellt, s. dazu F. Daumas, Mammisis, 413 f.

55 Die Anerkennungsszene wurde hier dadurch auf Registerformat ausgedehnt, daß der auf Hathor mit dem Kind zugehende Harachte von Thoth und vierzehn Ka- und Hemuset-Genien begleitet wird, die ebenfalls das Kind im Arm tragen.

Edfu Südwand

II A_{var}	II H_{var}	II F_{var}	II E/G_{var}[56]	
I D_{var}	I D	II H_{2var}	II C_{var}	I D_{var}: Hathor
	Opferszenen			
	I A_{var}			

Nordwand

andere Szene	II C_{var}	andere Szene	II A_{var}
andere Szene	II D	II B	I B
	Opferszenen		
andere Szene:	Huldigung durch zwanzig Hathoren		

Ostwand

II H_{var}	II D_{bis}	II H_{var}
andere Szene	Tür	andere Szene

In dieser Übersicht sind die vier Versionen nicht chronologisch, sondern nach Maßgabe ihres Abstandes von der Fassung des NR angeordnet. Ph scheint die Vorlage am getreuesten wiederzugeben. DN hat sie bereits angereichert mit Szenen, die auf die lokale Theologie Bezug nehmen (II A). In DR ist die Anreicherung noch weiter vorgeschritten, wobei aber offensichtlich nicht eine Ausweitung des Festspiels der Grund ist, sondern der wesentlich größere Raum, der hier für die Dekoration zur Verfügung stand und mit Dubletten und Varianten gefüllt werden mußte. In E ist der Abstand zur Urfassung am größten, weil hier nicht nur Dubletten und Varianten hinzukommen, sondern der alte Bestand selbst verkürzt erscheint. Außerdem ist hier die sequentielle Ordnung der Szenen vollkommen durcheinandergekommen.

In dieser Anordnung tritt deutlich die Tendenz der Abwandlung hervor, der die späten Mammisi die alte Vorlage unterwerfen. Die Szenen der ersten Sequenz (vor der Geburt) treten immer mehr zurück zugunsten solcher, die sich auf die zweite Sequenz (Geburt und Aufzucht) beziehen:

	I	II	
Philae	6	5	
DN	7	9	
DR	8	14	dazu sämtliche „anderen Szenen“
E	3	14	

Dabei überwiegen die Szenen der stillenden Gottesmutter. Allein im Sanktuar von DR wird sie, wenn ich richtig gezählt habe, 32mal dargestellt (in Edfu 23-mal; dort ist die gesamte Szenenzahl wesentlich geringer). Diese Beobachtun-

[56] Vgl. Anm. 49.

gen beziehen sich natürlich nicht auf das Mysterienspiel selbst, das möglicherweise gar keinen oder ganz anderen Wandlungen unterworfen war, sondern allein auf die Prinzipien der Wanddekoration, die sich verändern. Bei der Wanddekoration geht es immer weniger darum, narrative Zusammenhänge abzubilden, Übergangsstadien einer Geschichte, die sich auseinander und aufeinander zu entwickeln, wie es bei den sequentiell geordneten Szenen gegeben ist, und immer mehr darum, eine bleibende Konstellation von Mutter und Königskind im Bildtyp der stillenden Gottesmutter abzubilden, zu der alles andere nur Vorgeschichte ist. Kennzeichnend für diese Tendenz ist die Umdeutung der Eingangsszene: vom „Vorspiel im Himmel" zur Huldigung der Götter vor dem bereits geborenen Kind, die in E abgeschlossen ist.[57]

Andere Gründe hat die Einführung und fortschreitende Multiplizierung einer Szene, die wir II A beziffert haben, weil sie in DN die zweite Sequenz einleitet: die Anerkennung des Kindes durch den Vatergott der Tempeltrias. Diese Szene wird deshalb notwendig, weil innerhalb des Zyklus nicht dieser Gott, sondern Amun als Vater auftritt. Dieses Festhalten an Amun ist höchst auffällig. Seine Funktion als „Reichsgott"[58], der er im NR seine Vaterschaft zum König verdankt, ist längst hinfällig geworden; sein Kult in Theben an Bedeutung weit hinter andere Zentren zurückgefallen. Trotzdem ist nicht nur er es, der das Götterkind der jeweiligen lokalen Tempeltrias zeugt, es ist auch die fünfzehnköpfige „Neunheit" von Karnak, der die Geburt verkündet wird, die dem Neugeborenen huldigt und der er nach Vollzug der Reinigungsriten als neuer Herrscher präsentiert wird, die also die Funktion der Öffentlichkeit übernimmt.

Daraus wird ersichtlich, daß die Geschichte inzwischen jene unauflösliche Verbindung mit einer Gestalt eingegangen ist, wie sie für Mythen kennzeichnend zu sein scheint.[59] Ebenso wie der Osirismythos sich nur von Osiris, scheint diese Geschichte sich nur von Amun erzählen zu lassen. Im Neuen Reich war das nicht so; wir werden das entsprechende Beispiel noch kennenlernen.[60] Jetzt aber ist sie zu einer Art Amun-Mythos geworden; dabei ist Amun ein Gott, der von Haus aus auffällig wenig mythologische Ansatzpunkte bietet. Amun erscheint hier als der Gott des zeugenden Pneuma, von dem Plutarch in seiner Vita des Numa spricht: „Die Ägypter machen in ihren Glaubensvorstellungen eine nicht unplausible Unterscheidung: für eine Frau ist es

---

[57] Vgl. Anm. 48.

[58] Zur Institution des Reichsgottes s. J. ASSMANN, *Primat und Transzendenz*, 18–26.

[59] Gewiß nicht für alle Mythen; man wird sich hüten, diese Identität von Gestalt und Geschichte in die Definition eines Mythosbegriffs hineinnehmen zu wollen. Aber vielleicht darf man einen bestimmten Typ von Mythen dadurch kennzeichnen, daß sie als Schicksal einer Gestalt erzählt werden, von der sie nicht ablösbar sind (ohne zu „Motiven" zu degenerieren, das heißt ihre Bedeutung zu verändern): Gilgamesch, Osiris, Herakles, Prometheus, Oedipus, Don Juan, Faust usw.

[60] Der „Segen des Ptah", vgl. unten S. 89–91.

nicht unmöglich, daß ein Pneuma Gottes sich ihr nähere und in ihr Leben zeuge; ein Mann kann aber keinerlei körperlichen Umgang mit einer Göttin haben."[61] Amun ist der unsichtbare und allgegenwärtige Gott des Lebensodems[62], der „dem, der im Ei ist, Luft gibt" und „Atem an jede Nase": so ruft ihn das Lied an, das in Dendara vor der Geburt angestimmt wird.[63]

Damit ist jedoch noch nicht alles geklärt. Denn der Rekurs auf die Vorstellung eines göttlichen Pneuma ist doch nur dann nötig, wenn eine sterbliche Frau ein Kind zur Welt bringt, für das nur ein Gott als Vater in Betracht kommt. Die Funktion des Pneuma in dieser Geschichte steht und fällt mit dem Antagonismus von göttlicher und menschlicher Sphäre, der dadurch überwunden wird. Gerade dieser Antagonismus ist aber in der Spätzeit durch Transposition des Geschehens in die Götterwelt aufgehoben: sowohl Mutter als auch Kind sind jetzt Götter, wobei übrigens diese Rollen nicht festliegen, sondern mit den Gottheiten der lokalen Triaden besetzt werden: Hathor in Dendara und Edfu, Isis in Philae; Ihi in Dendara, Harsomtus in Edfu, Harpokrates und der regierende König in Philae.[64] Die Transposition der Geschichte in die Götterwelt ist auch der Grund dafür, warum sich das Sinnzentrum, der Schwerpunkt ihrer Bedeutung, wie es die Wanddekorationen hervorheben wollen, immer mehr auf die zweite Sequenz verlagert. Nicht die „Zeugung des Sohnes" ist hier das zentrale Ereignis, sondern die Geburt des Kindes und vor allem seine Überhäufung mit Segenskräften, die es instand setzen, die Herrschaft anzutreten und eine neue Heilszeit heraufzuführen.[65] Durch diese Sinnverschiebung sind die Anfangsszenen des alten Zyklus entweder umgedeutet (I) oder ganz weggelassen worden (II–III). Die Überwindung der Grenze zwischen göttlicher und menschlicher Sphäre, das Mysterium der Verkörperung göttlichen Samens oder Pneumas im Fleisch, kann in dieser Fassung des Mythos keine Rolle mehr spielen. Darin, daß man trotzdem an Amun als dem Protagonisten der Geschichte festhält, liegt ein Widerspruch, der auf eine gewisse Doppelgleisigkeit der Tradition verweist. Wir müssen davon ausgehen, daß sich die

[61] Plutarch 62 b, zitiert bei F. DAUMAS, Mammisis, 401.

[62] Amun ist kein Luftgott, wie Sethe meinte und wie man immer wieder lesen kann, sondern ein Lebensgott, der luftartig alles durchdringt. Der Wind ist die sinnfälligste Metapher seines zugleich transzendenten und innerweltlichen, verborgenen und sinnfälligen Wirkens. Er ist der verborgene Beleber der Welt, von dem auch die Götter ihr Leben empfangen. Dieser Gottesbegriff ist der 18. Dynastie noch fremd, aber hier verdankt Amun seine Rolle in dem mythischen Spiel seiner Funktion als Reichsgott. Zu Amun und Pneuma s. E. NORDEN, Geburt des Kindes, 76–92. Reiche Belege bei K. SETHE, Amun.

[63] F. DAUMAS, Mammisis, 429 f.

[64] Wobei die Kartuschen leer gelassen wurden. „Pharao" ist hier als Rolle, nicht als Person gemeint, vgl. E. OTTO, Inschriften, 110, und P. KAPLONY, in: LÄ III, 614 mit Anm. 64–65.

[65] Es ist evident, daß Vergils Ekloge im Banne dieser spätzeitlichen Auslegung des Geburtsmythos steht.

königstheologische Tradition des Neuen Reiches in der Spätzeit und unter dem Einfluß veränderter geschichtlicher Bedingungen zu einem Amun-Mythos verdichtet hat, der in Theben als einem mythischen Schauplatz spielt und von diesen Determinanten nicht ablösbar ist.[66] Dieser Mythos wird nun mit dem Kindkult der triadisch (Vater–Mutter–Kind) organisierten Spätzeittempel in Verbindung gebracht. Durch das Hinzutreten des Mythos wird das Ritual zum Mysterienspiel und der routinemäßige Kult zum Fest. Das Ritual basiert auf dem Prinzip der Wiederholung. Es gibt den typischen, immer wiederkehrenden Vorgängen eine genau festgelegte und wiederholbare Form. Durch das Hinzutreten des Mythos wandelt sich die rituelle Wiederholung zur Vergegenwärtigung eines mythischen Ereignisses.[67] Diese Beziehung zwischen Mythos und Fest scheint für die ägyptische Spätzeit typisch zu sein.[68] Zum „Heimkehrfest" *(jn.tw.s)*[69] gehört der Mythos der „Fernen Göttin"[70] und zum „Siegesfest" *(ḥ3b qnt)*[71] die Kampfmythen um Horus und Seth.[72] Alle diese Mythen sind auch außerhalb der Aufzeichnungen der mit ihnen verbundenen Festriten auf Tempelwänden in der Überlieferung greifbar. Sie waren in der mündlichen Überlieferung und in der Literatur der Zeit lebendig. So möchte man auch eine mythische Überlieferung außerhalb der Mammisi ansetzen, die an die Gestalt des Gottes Amun gebunden war, in einem mythischen Theben spielte und ihren Sinnschwerpunkt im Mysterium der Verkörperung, der „Zeugung des Sohnes" hatte.

In genau dieselbe Richtung weisen nun auch Beobachtungen eines gewissen stilistischen Ungleichgewichts, die H. Brunner bereits an den königlichen Bildzyklen des Neuen Reichs machte und denen ich im folgenden etwas nachgehen möchte.

Der Eindruck eines Ungleichgewichts gründet sich auf zwei Merkmale, die miteinander zusammenhängen:

1. Der Stil der sprachlichen Formulierung: Während die meisten Szenen so gut wie vollständig aus Götterreden bestehen, sind in den ersten Szenen, vor

---

[66] W. Burkert macht darauf aufmerksam, daß der ägyptische Geburtsmythos und seine engste griechische Variante, der Amphitryon-Mythos, an einen Schauplatz gebunden sind, der auf griechisch „Theben" genannt wird. Er sieht darin einen möglichen Hinweis für das noch immer ungeklärte Problem, worauf sich der griechische Name der ägyptischen Stadt gründet. S. W. Burkert, Demaratos, 168 f., Anm. 6.

[67] Für eine ausführliche Analyse der Unterscheidung zwischen „Wiederholung" (Ritual) und „Vergegenwärtigung" (Mythos) s. J. Assmann, *Die Verborgenheit des Mythos*, 15–18 (= Kap. 2, 43–45). Der Gedanke, im Festspiel die Komplexion beider Prinzipien zu sehen, führt die dort angestellten Überlegungen weiter.

[68] S. dazu H. Sternberg, Mythische Motive und Mythenbildung.

[69] F. Daumas, in: LÄ II, 1035 mit weiterer Literatur.

[70] Ders., in: LÄ II, 1031 mit Anm. 27.

[71] M. Alliot, Edfou, 677–822; H. W. Fairman, Triumph of Horus, W. Schenkel, Kultmythos.

[72] J. Gw. Griffiths, Conflict of Horus and Seth.

allem Nr. 2–4, kurze erzählende Sätze eingeschaltet. H. Brunner bemerkte im Hinblick auf den Stil der Präsentation des Stoffes sehr treffend, daß die Erzählung zunächst mit vollen Klängen einsetzt, sich aber nach der vierten Szene im Sande verläuft.[73]

2. Eine inhaltliche Qualität, die ich, im Anschluß an die oben gemachte Unterscheidung zwischen dem festlichen und dem alltäglichen Ritual, das „Ereignishafte" nennen möchte. Damit meine ich die Aufzeigung einer semantischen Grenze, deren Vorhandensein sich als Konflikt, deren Überschreitung sich als Ereignis manifestiert. Auch hier läßt sich zeigen, daß sich das, was man in unserem Zyklus an derartiger antagonistischer Spannung feststellen kann, auf die ersten vier Szenen konzentriert.

Die Geschichte orientiert sich an Fixpunkten, die ihr entweder als anthropologische Universalien wie Zeugung – Geburt – Aufzucht oder kulturspezifisch ägyptische Institutionen wie väterliche Anerkennung – Beschneidung – Reinigung vorgegeben sind. Ist der Handlungsablauf vorgegeben, kann das Besondere, Ereignishafte nur in dem „Wie" liegen, in der Wunderbarkeit der Geburt und/oder Kindheit. Hier ist aber nichts wunderbar oder abnorm[74]; vielmehr weist alles darauf hin, daß sich die vorgeschriebenen Vorgänge „rite" vollziehen, wenn man einmal davon absieht, daß der ordnungsgemäße Vollzug in die Hände von Gottheiten gelegt ist. Der Ausdruck „rite" verweist auf den dem Festlichen entgegengesetzten Aspekt des Rituellen, wo das Ritual nicht vergegenwärtigend ein mythisches Ereignis zur Darstellung bringt, sondern sich wiederholend im vorschriftsmäßigen Durchspielen von Vorgängen erschöpft, die ihre Bedeutung in sich tragen. Das ist bei Geburt, Aufzucht, Beschneidung des Königskindes gewiß der Fall, sei es, daß die Durchführung dieser Handlungen selbst ritualisiert ist, sei es, daß diese Handlungen im Zusammenhang der Krönung rituell wiederholt werden.

Dafür tritt aber in den Anfangsszenen des Zyklus Ereignishaftes, Grenzüberschreitendes hervor. Der Götterkönig verliebt sich in eine sterbliche Frau und sendet seinen Wesir aus, Erkundigungen über sie einzuholen. Es stellt sich heraus, daß Amuns Wahl keine Unwürdige getroffen hat. Es handelt sich nicht nur um die schönste, sondern auch um die vornehmste Dame des Landes, Jahmes, die Gattin König Thutmosis' I. Der König ist noch ein Kind, das heißt – wie Brunner sehr richtig folgerte –, die Königin ist noch Jungfrau.[75] In diesem Stück der Erzählung wird genuine Spannung aufgebaut, die auf das kommende Ereignis vorausweist. Grenzen werden spürbar zwischen semantischen Bereichen: Götterwelt und Menschenwelt, und ihre Überschreitung erwartbar. In der nächsten Szene gelingt Amun, an der Hand des Grenzgängers Thoth,

[73] H. Brunner, Die Geburt, 168.

[74] Im Vergleich mit Überlieferungen, wie sie etwa O. Rank, Mythos, und L. Bieler, **ΘΕΙΟΣ ΑΝΗΡ**, behandeln, fällt der Unterschied sofort ins Auge.

[75] So bereits bei E. Brunner-Traut, *Pharao und Jesus*, 271.

des ägyptischen Hermes, der Übertritt in die Menschenwelt.[76] Daß er dabei die Gestalt des königlichen Gemahls annimmt[77], ist im Bilde nicht dargestellt; erst aus dem Text zur folgenden Szene geht dies hervor. So gelangt der Gott unangefochten durch die Palast- und Harimswachen und steht in der vierten Szene vor der Königin, die ihm vertraut entgegenlächelt. Allein mit der Königin, läßt der Gott die Maske fallen und steht leibhaftig vor ihr. Wie erträgt ein Mensch den Anblick eines Gottes? Hier kommen andere Sinne zu Hilfe. Die Königin war, so heißt es, erwacht von dem Gottesduft, den Amun auch in der Gestalt des Königs nicht ablegen konnte.

> Der Palast war überflutet mit Gottesduft
> und alle seine Wohlgerüche waren solche aus Punt

So ist sie „atmosphärisch" vorbereitet, ja gleichsam eingetaucht in ein Wesen, das sich dann auch ihren Augen offenbart. Und nachdem der Gott, wie es sehr deutlich heißt, „alles was er wollte mit ihr getan hatte", sagt sie:

> Wie groß sind deine Machterweise!
> Herrlich ist es, dein Antlitz zu sehen!
> Du hast mich mit deinem Glanz umfangen,
> dein Duft ist in allen meinen Gliedern.

Dieser kurze Lobgesang ist das sinnliche Gegenstück zum Lobgesang der Maria. Die Königin preist die sinnlich erfahrenen „Machterweise" des Gottes und weist mit diesem Wort – *b3w* „Machterweis" – auf das zentrale Ereignis hin. Gott selbst hat sich ihr offenbart und an ihr gehandelt.

Bis dahin läßt sich die Geschichte in dieser Weise nacherzählen. Das beruht auf narrativen Qualitäten, die ihr inhärent sind: vor allem der konkreten, anschaulichen Spezifikation der Umstände, die eine entschlossene Abkehr vom theologischen Dogma implizieren. Denn nach dem Dogma ist der Gott Amun als Sonnengott allwissend und sieht, wie es in einem zeitgenössischen Text heißt, „die ganze Welt in einem Augenblick".[78] Hier aber muß er Erkundigungen einholen. Nach dem Dogma ist Amun unsichtbar, sein Name bedeutet geradezu „der Verborgene, Unsichtbare". Hier aber muß er die Gestalt des Königs annehmen, um zur Königin zu gelangen. All das geschieht nicht im Sinne einer theologischen Wesensaussage, sondern um des Erzählens willen. Von den Göttern der Hymnen und Rituale läßt sich nicht erzählen. Man darf nur nicht den Fehler machen, derartige narrative Charakterisierungen, die sich zuweilen bis zum Burlesken steigern können, als theologische Wesensaussagen aufzufassen.[79]

---

[76] W. Burkert, Demaratos, 168, Anm. 6, wies auf die auffallende Parallele zum Amphitryon-Mythos hin, wo Zeus von Hermes zu Alkmene geleitet wird „während sonst die Götter einschließlich Zeus allein auf ihren polygamen Wegen wandeln".

[77] Auch dies hat die Amphitryon-Geschichte übernommen, s. W. Burkert, a. a. O.

[78] Urk. IV, 751.16.

[79] Ich verwende den Ausdruck „Dogma" im unscharfen Sinne von „theologischer We-

Mit den folgenden Szenen fallen die Götter jedoch in ihre rituelle und dogmatische Rolle zurück; sie sagen kaum noch etwas anderes als

> Hiermit gebe ich dir alles Leben, alles Heil,
> alle Gesundheit, die bei mir sind,

und erzählende Zwischentexte fehlen ganz. Hier verläuft die Erzählung im Sand. Sie führt bis zur Zeugung des Kindes als Machterweis Gottes; alles andere: Geburt, Aufzucht, Beschneidung, Reinigung, Einführung und Krönung gehört zum Ritual. Im Gesamtzusammenhang der Darstellungsform, wie sie uns die Zyklen in Der-el-Bahri und Luxor darbieten, spielt die Erzählung kaum mehr als die Rolle der Exposition. „Narrativität" und „Ereignishaftigkeit" hängen, wie man sieht, zusammen, sie bedingen sich gegenseitig.

4. Literarische Fassungen des Mythos

Die Fassung unseres Stoffes, die wir im folgenden betrachten wollen, tritt uns in der Überlieferung zuerst entgegen, nämlich in einer literarischen Handschrift aus dem frühen 16. Jahrhundert v. Chr.[80] Der Text selbst ist vermutlich noch weitere zweihundert Jahre älter. In dieser Fassung erscheint er in der Form einer Wundererzählung, die den krönenden Abschluß eines Zyklus von Wundererzählungen bildet.[81] Die Rahmenhandlung spielt am Hofe des Königs Cheops aus der 4. Dynastie (um 2650 v. Chr.), den seine Söhne der Reihe nach mit Wundererzählungen unterhalten. Zuletzt wird dem König ein Wunder realiter vorgeführt. Im Anschluß daran prophezeit der Zauberer dem König, daß eine Frau namens *Rudj-djedet*, die Frau eines Re-Priesters von Sachebu, mit drei Kindern des Sonnengottes schwanger ist, von denen ihr der Gott gesagt habe, daß sie dereinst die Herrschaft ausüben sollten im ganzen Lande. Der König erfährt dann noch den Geburtstag der königlichen Gotteskinder: der Vollmondstag des ersten Wintermonats.[82]

Anschließend verlagert sich die Erzählung, den Rahmen sprengend und dadurch die Einarbeitung andersartigen Materials verratend, nach Sachebu, wo

---

sensaussage" und nicht etwa im eigentlichen Sinne von „orthodoxem Lehrsatz", der abweichende Aussagen ausschließt. Die oft drastische „Biotik" der ägyptischen mythologischen Erzählungen, die übrigens in dieser Hinsicht an ugaritische und mesopotamische Mythen erinnern, gehört nicht zum Wesen der ägyptischen Götter, sondern zum Wesen des Erzählens (J. ASSMANN, *Gott*). Zum Zwecke des Erzählens, im Sinne narrativer Funktionen, werden daher auch die Szenen der „Erkundigung" und der „Verwandlung" eingeführt.

[80] Für alle Einzelheiten s. die sehr genaue Analyse von H. BRUNNER, Die Geburt, 167–206, bes. 167–169.

[81] A. ERMAN, Papyrus Westcar; E. BRUNNER-TRAUT, Märchen, 19–24.

[82] Der erste Tag des ersten Wintermonats gilt als idealer Krönungstag, s. H. W. FAIRMAN, *Kingship Rituals*, 78, und H. FRANKFORT, Kingship, 79.

Rwḏ-ḏedet in Wehen liegt. Re schickt die Gottheiten Isis, Nephthys, Meschenet, Heket und Chnum aus, um die Mutter von den Drillingen zu entbinden, die „das Königsamt ausüben werden in diesem ganzen Lande, die eure Tempel bauen und eure Altäre versorgen werden, die eure Opfertische gedeihen lassen und eure Gottesopfer vermehren werden". Das sind fast dieselben Worte wie die, in denen in der ersten Szene unseres Zyklus Amun der Göttergesellschaft den künftigen König prophezeit:

> (sie wird) eure Kapellen bauen,] sie wird eure Tempel weihen (C.1 sie wird eure Opfer mehren) , sie wird (eure Altäre) versorgen …

Die fünf Gottheiten begeben sich unerkannt zum Haus der *Rudj-djedet*, wo der besorgte, nichtsahnende „Vater" sie empfängt, und entbinden *Rudj-djedet* von ihren Kindern. Isis und Nephthys sind die Hebammen, Heket „beschleunigt die Geburt", Mesechnet, die Schicksalsgöttin, diagnostiziert die Neugeborenen als künftige Könige[83], und Chnum ist einfach so dabei. Die Schilderung orientiert sich deutlich an der Geburtsszene des königlichen Zyklus (= Szene IX), deren Konstellation sie genau wiedergibt. So wie die Erzählung in das ‚Ritual' der NR-Fassung eingeblendet wurde, so wird in diese Erzählung das ‚Ritual' eingeblendet. Die Gottheiten verlassen die Stätte ihres Wirkens nicht, ohne, wie es sich für das genos der Wundererzählung gehört, noch ein Wunder für die Königskinder zu tun. Sie verstecken drei Kronen in einem Kornsack, aus dem daraufhin geheimnisvolle Musik ertönt, „wie sie für einen König gemacht wird". Allerdings wäre das den Kindern fast zum Verhängnis geworden, denn so erfährt eine Magd von dem Geheimnis und macht sich auf, um es dem König Cheops zu verraten, dem die Geschichte ebenso stillschweigend wie offenkundig herodes-artige Absichten unterstellt.[84] Zum Glück kommt die Magd nicht ans Ziel. Damit bricht die Geschichte ab.

Der Mythos erscheint hier im Gewand einer Wundererzählung, in dem er in seiner Urgestalt nicht mehr eindeutig zu erkennen ist. Der Schwerpunkt liegt einseitig auf der wunderbaren Geburt. Wunderbar und märchenhaft ist das unerkannte Auftreten und Wirken der Gottheiten, das mühelose Hervorkommen der Kinder auf das Zauberwort der Isis, das sie im Wortspiel beim Namen ruft, ihre kostbare Substanz, die auf ihre göttliche Herkunft und königliche Bestimmung schließen läßt[85], und schließlich die prophetische „Königsmusik" der im Getreide versteckten Kronen. Keine Frage, daß die Geburt, das Zur-Welt-

---

83 Auch in den Bildzyklen des NR und der Spätzeit spricht Mesechnet die Verheißung des künftigen Königtums des Neugeborenen aus, s. H. BRUNNER, Die Geburt, 98 ff. IX D b; F. DAUMAS, Mammisis, 445. Zu Meschenet vgl. die eindringenden Bemerkungen G. FECHT, *Schicksalsgöttin*, 21–35, ferner M. TH. DERCHAIN-URTEL, Synkretismus, 23 ff.; J. QUAEGEBEUR, Shai, 92–94.

84 So auch E. BRUNNER-TRAUT, *Pharao und Jesus*, 274; DIES., Märchen, 256, Anm. 12, zu Nr. 3.

85 Zur Metaphorik der kostbaren Substanzen vgl. den „Segen des Ptah", unten S. Abschnitt 5.

Kommen von Gotteskindern und designierten Königen im Schoß einer bürgerlichen Familie das zentrale Ereignis ist. Demgegenüber tritt in dieser Version die Initiative des Sonnengottes in den Hintergrund. Davon ist erst die Rede, als der Mutter in ihren Wehen geholfen werden muß. Die Hintergründe seiner Vaterschaft werden nicht erzählt. Es heißt einfach: *Rudj-djedet* war schwanger mit drei Kindern des Re von Sachebu; und auch, daß der Gott selbst ihr die Bewandtnis ihrer Kinder eröffnet habe, also die „Verkündigung", die in Szene 4 unseres Zyklus stattfindet, wird erwähnt.

Das ist ein Punkt, wo die Erzählung über sich hinaus weist, wo man spürt, daß eine überlieferte Geschichte nur ausschnitthaft zu Wort kommt. Ein anderer Punkt ist die Rolle des Cheops, die in dieser Version gänzlich in den Bereich des zwischen den Zeilen stehenden sous-entendu verwiesen wird. Wir erfahren, daß er „verstimmt" ist über die Kunde der drei Sonnenkinder, und müssen davon ausgehen, daß er ihnen nach dem Leben trachtet, wenn anders die Sorge angesichts der beabsichtigten Denunziation durch die Magd begründet ist. In diesem Licht bekommen vielleicht auch die prophetischen Worte eine andere Bedeutung, die Re zu den Göttern über die künftigen Könige sagt: daß sie den Göttern Tempel bauen und Opfer darbringen werden.[86] Sind die Götterkulte unter ihren Vorgängern, den Erbauern der großen Pyramiden, vernachlässigt worden? Wir stoßen hier zum erstenmal auf eine Legende, die sich an die großen Pyramiden von Giza geknüpft und bis in Herodots Tage gehalten hat. Wer alle Kräfte des Landes auf die Errichtung seines eigenen Grabmals verwendet, der kann nur ein gottloser Tyrann sein.[87] Die Könige der 5. Dynastie errichteten demgegenüber nur bescheidene Pyramiden, dafür aber monumentale Sonnenheiligtümer. Außerdem nannten sie sich „Söhne des Re", was seitdem fester Bestandteil der Königstitulatur wurde. Auch das hat in der Überlieferung fortgelebt. Nimmt man diese beiden Fakten zusammen, die in der Wundererzählung des pWestcar mehr zwischen den Zeilen stehen als er-

[86] Das ist allerdings nicht mehr und nicht weniger als die normale Umschreibung der Rolle Pharaos, dessen wichtigste Aufgabe es eben ist, den Verkehr mit den Göttern aufrechtzuerhalten. Als Beispiel für unzählige Stellen verweise ich auf die Königswahlstele des Aspelta, wo in ständiger Wiederholung dieser Formeln ein König gesucht und gefunden wird, „der uns am Leben erhält, der den Göttern Tempel baut und ihnen Opfer darbringt" (Urk. III, 91–95, passim).

[87] So versteht G. Posener, Littérature et politique, 10–13 das Cheops-Bild des pWestcar, vgl. auch S. Morenz, *Traditionen*, 111–118. Anders D. Wildung, Rolle ägyptischer Könige, 159–161, der diese Aspekte meines Erachtens zu stark herunterspielt. Freilich ist für den Ägypter der klassischen Epochen der Begriff eines „gottlosen Tyrannen", der als legitimer Herrscher auf dem Pharaonenthron sitzt und (im Unterschied etwa zu Echnaton und anderen) in den Königslisten geführt wird, absolut undenkbar. Der an das deuterenomistische Geschichtsbild erinnernde Begriff eines schlechten Königs findet sich in Ägypten erst in der Spätzeit, am deutlichsten in der „Demotischen Chronik", vgl. dazu J. Assmann, *Königsdogma und Heilserwartung*. Das ist der Grund dafür, warum sich die Erzählung des pWestcar so vorsichtig, ja verschlüsselt ausdrückt.

zählt werden, dann ergibt sich ein Zusammenhang, in dessen Rahmen der wunderbaren Geburt der neuen Könige der Charakter einer Wende zum Besseren *(metabole epi to beltion)* zuwächst:

I [Ausgangssituation ist eine Heillosigkeit der Geschichte, verschuldet durch das gestörte Verhältnis des Königs (Cheops) zu den von ihm vernachlässigten Göttern]

II a [Da greift der Sonnengott Re selbst ein und zeugt] in der Frau seines Priesters die Gründer einer neuen Dynastie,
b die auf wunderbare Weise zur Welt kommen
c und allen Nachstellungen zum Trotz heranwachsen

III [Mit der Thronbesteigung der neuen Priester-Könige bricht eine neue Heils-Zeit an, in der die Götter versöhnt werden und auf Erden Gerechtigkeit herrscht]

Seitdem – so möchte man, das Ganze als einen ätiologischen Mythos lesend, fortfahren – sind die ägyptischen Könige Söhne des Sonnengottes und Priester der Götter, deren vornehmste Aufgabe es ist, Tempel zu bauen und Opfer darzubringen.

Diese Rekonstruktion macht aber am Verhältnis dessen, was sie in Klammern stellt, zu dem, was im Text steht, nur um so deutlicher, wie weit die Geschichte, wie sie im Text erzählt wird (= II a), von dem entfernt ist, was wir uns unter einem Mythos vorstellen: eine Geschichte, die im Dreischritt ihrer narrativen Entfaltung I Anfang *(arche)* – II Umschlag *(peripateia)* – III Lösung *(lysis)*[88] eine semantische Umkehrung der negativ besetzten Ausgangssituation bewerkstelligt.[89] Auch hier stoßen wir also wieder auf eine Aufzeichnung, die über sich hinausweist. Waren es in den Spätzeit-Zyklen gewisse innere Widersprüche (Amun als Vater, trotz Transposition der Geschichte in die – jeweils lokale – Götterwelt) und in der NR-Fassung das stilistische Ungleichgewicht in der Verteilung der mythisch-narrativen Fragmente, die uns einen Hinweis auf (mündliche?) Überlieferungsformen der mythischen Tradition außerhalb der erhaltenen Aufzeichnungen gaben, so finden sich in der Fassung des pWestcar derartige Hinweise in den Präsuppositionen: dem Vorausgesetzten, dem Verschwiegenen und dem zwischen den Zeilen Mitgesagten.

---

[88] Aristoteles, Poetik 6–8, 1450a3 ff., b2 ff., s. W. Burkert, *History and Structure*, 6 mit Anm. 6 auf S. 146, mit weiterer Literatur. In der modernen Narrativik erscheint der Aristotelische Dreischritt in einer Fülle von Abwandlungen, vgl. E. Gülich/W. Raible, Linguistische Textmodelle, 192 ff., bes. 202 ff. (Bremond) und 250 ff. (van Dijk). Es handelt sich um ein Strukturprinzip der Erzählung, nicht des Mythos.

[89] Zur Inversion von Ausgangs- und Endsituation als Prinzip thematischer Kohärenz in Erzähltexten s. die auf Levi-Strauss und A. J. Greimas basierende thematische Analyse des Brüdermärchens, die ich in J. Assmann, *Textanalyse Papyrus d'Orbiney*, 6–11, und Ders., *Zweibrüdermärchen*, 16–14, durchgeführt habe.

In der unterhaltenden Literatur tritt uns der Mythos von der göttlichen Zeugung des Königskindes noch einmal in einem anderthalb Jahrtausende jüngeren, in griechischer Sprache überlieferten Text entgegen, dem Schwank vom „Trug des Nektanebos", der in den Alexanderroman des Pseudo-Kallisthenes eingearbeitet ist.[90] Die Grundlinien der Geschichte sind kurzgefaßt:

I a Nektanebos, der letzte einheimische Pharao Ägyptens, ist ein großer Zauberer und Wahrsager. Er sieht die Eroberung Ägyptens durch die Perser voraus und flieht nach Makedonien.
b Die Ägypter befragen das Orakel und erfahren: euer entflohener König wird als Jüngling nach Ägypten zurückkehren und eure Feinde, die Perser, unterwerfen.
II In Pella konsultiert während einer Abwesenheit ihres königlichen Gemahls Philipp die Königin Olympias den berühmten Wahrsager wegen Trennungsabsichten ihres Mannes. Nektanebos entbrennt in Liebe zu ihr.
III Nektanebos weissagt der Olympias die Beiwohnung eines Gottes im Traum und die Geburt eines Götterkindes, das sie an ihrem Gemahl „rächen" soll. Nach dem Traum wünscht sich Olympias die „Autopsie".
IV Nektanebos inszeniert die „Heilige Hochzeit", indem er selbst den Gott verkörpert.
V Ein (wiederum magisch inszenierter) Traum verkündet dem heimkehrenden König Philipp die göttliche Bewandtnis, die es mit der Schwangerschaft seiner Frau hat. So wird Alexander bei seiner Geburt von Philipp als Kronprinz anerkannt und „von den Göttern aufgezogen".[91]

Der Schwank, dessen Held Nektanebos ist, endet hier bzw. bei IV; die Geschichte, in die er eingebettet ist, beginnt mit dem Orakel (I b) und endet mit der Thronbesteigung Alexanders; der eingebettete Schwank beginnt mit dem Liebesverlangen des Nektanebos zu Olympias und endet mit dessen Erfüllung. Beide Geschichten stehen mit unserem Mythos in engstem Zusammenhang. Die Alexandergeschichte gibt seine sozusagen „kanonische" Form wieder:

I Ein König wird verheißen
II der König wird gezeugt in der Königin vom Gott Amun
III das Kind wird geboren
IV das Kind wird zur Herrschaft aufgezogen
V der Jüngling besteigt als König den Thron

[90] O. Weinreich, Der Trug des Nektanebos; R. Merkelbach, Quellen des Alexanderromans; E. Brunner-Traut, Märchen, 157–763; J. Gw. Griffiths, *Apocalyptic*, 273–293.

[91] Bei der Geburt spielt Nektanebos die traditionelle Rolle der Meschenet und weissagt anhand der Gestirne den künftigen Weltenherrscher. Philipp erkennt aus dem bei der Geburt sich ereignenden Erdbeben die göttliche Abkunft des Kindes und weist es (im Sinne von Szene XII des Zyklus, bzw. II D der Spätzeitfassung) den Göttern zur Aufzucht zu.

Anstelle von II ist nun der Schwank in diese Geschichte eingebettet, der die kanonische Konstellation in höchst witziger Weise umkehrt: nicht der Gott erscheint in der Rolle des irdischen Gemahls, sondern der irdische Liebhaber erscheint in der Rolle des Gottes. Diese Kontrafaktur ist bekanntlich über Boccaccio genauso unsterblich geworden[92] wie die eigentliche Konstellation über Amphitryon und die Geburtslegende Jesu nach Lukas. Nektanebos nimmt nicht die Gestalt irgendeines Gottes, sondern die des Amun an, das heißt die des libyschen Ammon von Siwa, in welcher Gestalt Amun in der griechischen Welt bekannt war. Wie man weiß, hat Alexander das berühmte Orakel von Siwa besucht und ist von dem Gott als Sohn begrüßt worden. Der „Trug des Nektanebos“ ist also die schwankhafte Kontrafaktur einer Fassung des Mythos, die ihm von bzw. unter Alexander gegeben worden war.[93]

In der Fassung der Nektanebos-Erzählung treten zwei besondere Züge hervor:

1. Die Identität von Vater und Sohn: nach der Auskunft des Orakelspruches ist der Sohn der als Jüngling heimgekehrte Vater.

2. Der Sohn als „Rächer“, eigentlich: seines Vaters bzw. seiner „Vater-Form“ an den Persern. Die eingebettete Trug-Geschichte stellt ihn als Rächer seiner Mutter an ihrem Gemahl Philipp dar, aber diese Darstellung gehört zum Täuschungsmanöver des Nektanebos.

Die Rächer-Rolle des Sohnes leitet sich von der Gestalt des Harendotes, des „Horus-Rächer-seines-Vaters“ her, wobei das entscheidende Verb *nḏ* zwar auch die Rache des Vaters an dessen Mörder Seth meint, aber darüber hinaus ein viel umfassenderes Eintreten des Sohnes für den toten Vater, dessen Stelle er eingenommen hat. Durch dieses Eintreten überwindet er den Tod des Vaters und läßt den Vater in sich weiterleben. Man kann diese Vorstellung beschreiben als eine vermittelte – nämlich durch die pietas des Sohnes vermittelte – Identität von Vater und Sohn.[94] In der Formulierung des Orakelspruches kommt diese Identität aber als eine unvermittelte zum Ausdruck: der Vater verwandelt sich (mit Hilfe einer Frau, die er im gleichen Akt zur Gattin und Mutter seiner selbst macht) in seinen Sohn. Dies ist die genaue Ausprägung einer Gottesidee, die der Ägypter mit dem Prädikat des „Ka-Mutef“, des „Stiers

---

[92] Vgl. O. WEINREICH, a. a. O.

[93] Die eigentliche und „ernsthafte“ Fassung kommt gelegentlich in der Verdoppelung von Motiven zum Vorschein. So wird Philipp einmal – auf der Ebene des „Schwanks“ – durch einen inszenierten Traum, das andere Mal – auf der Ebene des Mythos – durch ein wirkliches (wenn auch natürlich fiktionales) Erdbeben von der göttlichen Abkunft seines Sohnes unterrichtet. Auch hier stoßen wir also wieder auf Widersprüche, in denen die Geschichte in ihrer uns überlieferten Form über sich hinaus weist.

[94] Für eine ausführliche Darstellung dieser Konzeption s. J. ASSMANN, *Bild des Vaters*, 29–46 = Stein und Zeit, 96–133. Auf die Herkunft des „Rächer“-Motivs in der Nektanebos-Geschichte aus der Harendotes-Gestalt machte J. Gw. Griffiths aufmerksam.

seiner Mutter" bezeichnet und die als Konstellation des sich selbst in seiner Mutter-Gattin zeugenden Gottes zu den fundamentalen Vorstellungen der ägyptischen Religion gehört.[95] H. Jacobsohn, dem wir die Erschließung dieser Kamutef-Vorstellung für das Verständnis der ägyptischen Königstheologie zu verdanken haben, leitet sie aus einer anderen Erzählung her, die sich mit unserem Mythos allerdings nur ganz am Rande berührt: dem ägyptischen Zweibrüdermärchen, das uns in einem Papyrus der späten 19. Dynastie (um 1200 v. Chr.) überliefert ist.[96] Hier wird am Schluß erzählt, wie der Held Bata als Holzsplitter in den Mund der Königin eindringt, die „augenblicklich" schwanger wird und ihn als Kind zur Welt bringt. Der König nimmt das Kind auf den Schoß und macht es zum Kronprinzen. Schließlich besteigt Bata den Thron und rächt sich an der bösen Königin, seiner Mutter-Gattin, die ihm in seiner Vater-Form nach dem Leben getrachtet hatte.

Auch diese Geschichte ist „eingebettet" und stellt nicht viel mehr als die Coda dar im Rahmen eines größeren Handlungszusammenhangs, auf den wir hier nicht eingehen müssen.[97] So ist hier die Prophezeiung fortgefallen, die in allen anderen Versionen, die wir betrachtet haben, in der einen oder anderen Form den Anfang bildet:

„Geburstzyklen":	„Vorspiel im Himmel"
pWestcar:	Weissagung des Djedi
Nektanebos:	Orakel

Daher erscheint hier die Geburt des Kindes nicht als eine *metabole epi to beltion*[98], jedenfalls nicht über seine eigenen Lebensverhältnisse hinaus. Die Bedeutung der Geburt als einer „Heilswende", und überhaupt die Sinn-Dimension des „Heils" als einer geschichtstheologischen Kategorie, ist hier ausgeblendet. Es scheint die Funktion der Prophezeiung zu sein, diese Sinn-Dimension im Rahmen der Geschichte zu vergegenwärtigen.

In diesem Zusammenhang muß daran erinnert werden, daß es in der ägyptischen Literatur die Gattung der politischen Prophezeiung gibt, die in der Tat die geschichtstheologische Kategorie des Heils zum Thema hat.[99] Dieser Hinweis erübrigt sich auch nicht dadurch, daß diese Gattung, wie sich bei näherer Untersuchung ihrer wenigen erhaltenen Exemplare zeigen ließe, wenig oder gar nichts mit unserem Mythos zu tun hat. In den Prophezeiungen des Heils-

---

[95] S. hierzu H. Jacobsohn, Stellung des Königs; Ders., *Mythos*; J. Assmann, *Muttergattin*; Ders., *Bild des Vaters*, 46–49.

[96] H. Jacobsohn, *Mythos*, 414–419; Ders., Stellung des Königs, 11–15. Zum Brüdermärchen s. zuletzt E. Brunner-Traut, Enzyklopädie, 1975 ff., s.v ; S. T. Hollis, Tale of the Brothers.

[97] Vgl. hierfür meine in Anm. 89 angeführten Analysen.

[98] Zu diesem Begriff s. E. Norden, Geburt des Kindes, 5.

[99] Zum Folgenden s. J. Assmann, *Königsdogma und Heilserwartung*, 345–377 = Stein und Zeit, 259–285, mit weiterer Literatur; E. Norden, Geburt des Kindes, 53–56.

königs ist von seiner Zeugung durch Re oder Amun nicht die Rede. Im *Neferti* aus dem frühen 2. Jahrtausend heißt es:

> Ein König wird aus dem Süden kommen,
> Ameni mit Namen,
> der Sohn einer Frau aus Ta-Seti,
> ein Kind von Oberägypten.[100]

In dem fast zweitausend Jahre jüngeren, griechisch überlieferten „Töpferorakel" spielen die Götter zwar bei der Heraufkunft des Heilskönigs eine entscheidende Rolle, aber von „Zeugung" und Gottessohnschaft ist nicht die Rede:

> Dann wird Ägypten mächtig sein
> wenn für eine Periode von 55 Jahren
> ein wohltätiger König von der Sonne kommen wird,
> den die große Göttin Isis einsetzt.[101]

Diese Zurückhaltung ist um so auffälliger, als unser Mythos ja gerade in der ägyptischen Spätzeit seine größte, nun auch weit über Ägypten hinausgreifende Strahlkraft entfaltet. Auch das III. Buch der sibyllinischen Orakel spricht nur von einem König, den „Gott von der Sonne senden wird".[102] Offensichtlich substituiert das Motiv der Sonnenherkunft in diesem Überlieferungsstrang das Zeugungsmysterium als Bild und Inbegriff göttlich legitimierter Herrschaft. In unserem Zusammenhang verdienen die Prophezeiungen aber deshalb eine Erwähnung, weil sie die von uns als „Ausgangssituation" angesetzte, aber in unseren Texten niemals explizit ausgeführte Vorstellung einer geschichtlichen Heils-Defizienz in aller Breite schildern und damit als Kategorie altägyptischen Geschichtsdenkens eindrucksvoll unter Beweis stellen.[103]

5. Der Segen der Gottheit

Zwei Texte, die ich zuletzt noch erwähnen möchte, berühren sich dagegen sehr eng mit unserem Mythos. Der erste Text ist als „Segen des Ptah" bekannt. Er existiert in vier Fassungen, von denen die Inschrift in Abusimbel, in das Jahr 35 Ramses' II. datiert (1255 bzw. 1244 v. Chr.), als die ursprüngliche gilt.[104] Es handelt sich um eine lange Segensverheißung des Gottes Ptah-Tatenen an den König, der bekanntlich anläßlich seines ersten oder zweiten Jubi-

---

[100] G. POSENER, Littérature et politique, 156 f.; W. HELCK, Neferti, 49.

[101] pRainer (G 19813) 38–41 = pOxyrhynchus 2332, 63–67 ed. L. Koenen, *ZPE* 2 (1968) 180.

[102] E. NORDEN, Geburt des Kindes, 55 Anm. 2.

[103] Vgl. hierzu auch W. HELCK, in: LÄ II, 1086–1092.

[104] KRI II, 258–281; H. A. SCHLÖGL, Tatenen, 64–66; M. GÖRG, Gott-König-Reden, 237–250.

läumsfestes seinen Horusnamen in „Herr von Sedfesten wie sein Vater Ptah-Tatenen“ ändert und diesem Gott von da an eine besondere Verehrung entgegenbringt. Ich übersetze nur die in unserem Zusammenhang entscheidenden Passagen:

I „Ich bin dein Vater, der dich gezeugt hat als Gott und alle deine Glieder als Götter.
Ich habe mich in den Widder von Mendes verwandelt und meinen Samen ergossen in deine erlauchte Mutter, denn ich wußte daß du mein ‚Rächer‘ bist, daß du es bist, der meinem Ka wohlgefällig handelt.“[105]

II „Ich habe dich geboren, wie Re aufgeht,
ich habe dich erhöht an der Spitze der Götter.“

III „Die Chnume des Ptah ziehen dich auf,
deine Meschenet jubelt frohlockend[106],
(Fassung von Medinet Habu:) seit sie dich erblickt haben,
wie du meiner Gestalt gleichst, indem du erlaucht, groß und gewaltig bist ...“

IV „Ich betrachte dich mit jubelndem Herzen,
ich nehme dich in meine Umarmung aus Gold,
ich umfange dich mit Leben und Heil,
ich vereinige dich mit Gesundheit und Freude,
ich verbinde dich mit Jubel und Heiterkeit,
Herzenslust, Frohsinn und Jauchzen ...“

„Ich mache dein Herz göttlich wie das meine,
ich erwähle dich, ersehe dich, bereite dich,
dein Geist ist erleuchtet, dein Ausspruch wirksam,
nichts ist dir unbekannt,
du bist klüger heute als gestern
und belebst die Menschheit mit deinen Ratschlüssen.

V „Ich habe dich zum König der Zeitfülle eingesetzt
und zum Herrscher der Dauer.
Ich habe deinen Leib aus Gold gebildet
und deine Knochen aus Bronze,
deinen Arm aus Erz.
Ich habe dir jenes göttliche Amt gegeben,
damit du die beiden Länder als König beherrschst ...“

VI „Ich will dir große Nile geben
und dir das Land mit Fülle versorgen,
Speisen und Überfluß auf allen deinen Wegen.
Ich will dir Ernten geben, die beiden Länder zu ernähren“ usw. (folgt lange Segensverheißung)

---

105 Lics: *jw.j rḫ. kwj ntk nḏtj <.j>*
twk swt <ḥr> jrt 3bw n k3. j
Zur Bedeutung der „Rächer“-Funktion des Sohnes s. oben S. 87 mit Anm. 94. Zum Stichwort *3ḫ* s. J. ASSMANN, *Bild des Vaters*, 38, mit Anm. 144–146 = Ders., *Stein und Zeit*, 125 mit Anm. 144–146.

106 Vgl. hierzu J. QUAEGEBEUR, Shai, 159.

Die Rede ergeht im Jahre 35 und bezieht sich auf die Zukunft. Die Garantien für diese gesegnete Zukunft liegen aber in der Vergangenheit, auf die daher eingangs ausführlich Bezug genommen wird. Der Gott beginnt „ab ovo“, das heißt mit der Zeugung des Sohnes. Hier begegnen wir derselben Konstellation wie im Geburtszyklus:

1. der Gott in verwandelter, irdisch-sichtbarer Gestalt und die Königin
2. der göttliche Same als Keim des künftigen, das heißt zum Zeitpunkt der Aufzeichnung regierenden Königs

Aber der Gott ist nicht Amun, sondern Ptah-Tatenen, seine irdische Gestalt ist nicht die Sethos' I., sondern der Widder von Mendes, dessen Kult eine symbolisch-rituelle Theogamie eingeschlossen haben muß. Die weiteren Punkte dieser resümierten Vorgeschichte einer gegenwärtigen und künftigen Heilszeit orientieren sich ebenso deutlich an den Stadien und Konstellationen des Geburts-Zyklus:

II vgl. IX: Geburt, Stichwort: *msj* „gebären“
III vgl. XII: Aufzucht. Stichwort: *rnn* „warten, säugen“[107]
Beachte hier die Betonung de Ebenbildlichkeit[108]:
IV a vgl. XI: erste väterliche Anerkennung in der intimen Umarmung. Stichworte *qnj*, *ḫpt* „umarmen“
b vgl. XIV: öffentliche Anerkennung und Erwählung zum Königtum
V Krönung

Daß hier auf den Geburtsmythos Bezug genommen wird, läßt sich nicht bezweifeln, auch wenn die Abfolge der Abschnitte nichts besagt, weil sie nicht auf einem logischen Handlungsaufbau beruht, sondern in der Natur der Sache liegt, und auch wenn die Abweichungen von der „kanonischen“ Form – die auch Ramses II. in seinem Totentempel anbringen ließ [109] – beträchtlich sind. Gerade an den Abweichungen zeigt sich, worin die Identität des Mythos, seine „ikonische Konstanz“ (H. Blumenberg)[110] beruht. Es ist hier – im Gegensatz zu den Fassungen der Spätzeit – noch keine Konstanz der Gestalt: für Amun tritt Ptah-Tatenen, für den irdischen Vater der Widder von Mendes ein, sondern eine Konstanz der Beziehung, der „Konstellation“. Es sind vor allem zwei Konstellationen, die der „Segen des Ptah“ aus dem Geburtsmythos herausgreift:

1. Die Theogamie, in der der Gott in diesseitiger Gestalt erscheint, um in der Königin einen Sohn und „Rächer“ zur Welt zu bringen: Abschnitt I, vgl. Szene IV.
2. Die väterliche Anerkennung in Form der Umarmung, die das Kind als eben-

[107] So nach Abu-Simbel und Karnak; in Medinet Habu verblaßt zu *nhm* „jubeln“. Vgl. KRI II, 1–3.
[108] Medinet Habu: *twt* <*tj*> *ḥr ḏt.j.*
[109] H. Brunner, Die Geburt, Tf. 24a.
[110] H. Blumenberg, Arbeit am Mythos, 165 ff.

bildlichen Sohn anerkennt und zum Herrscher erwählt: Abschnitt IV, vgl. die Szenen XI und XIV.

Es sind die beiden Konstellationen, in denen der Vater die Hauptrolle spielt, und so stellt sie diese vom Vater gesprochene Rede mit Recht in den Vordergrund.

Genau komplementär dazu verhalten sich die Reden der göttlichen Mutter an den König, wie sie in der Hathorkapelle der Hatschepsut von Der-el-Bahri aufgezeichnet sind. Diese Kapelle ist nichts anderes als eine monumentale Ausgestaltung von Szene XII des Geburtszyklus: der Säugung des Kindes als einer „Aufzucht zum Königtum" *(rnn r njswt)*.[111] Die Anklänge schienen schon Sethe so auffallend, daß er diese Inschriften in seiner Edition zwischen den Geburtszyklus und den Krönungszyklus einrückte. Dort sagt die Hathorkuh in einer der beiden großen Inschriften, die beide gleichermaßen einschlägig sind:

> Ich bin zu dir gekommen, meine geliebte Tochter Hatschepsut,
> um deine Hand zu küssen und deine Glieder zu lecken, um deine Majestät mit Leben und Heil zu vereinen
> wie ich es für Horus getan habe
> im Papyrusdickicht von Chemmis.
> Ich habe deine Majestät gesäugt an meiner Brust,
> ich habe dich erfüllt mit meiner Zauberkraft,
> mit jenem meinem Wasser des Lebens und des Heils.
> Ich bin deine Mutter, die deinen Leib aufzog,
> ich habe deine Schönheit geschaffen.
> Ich bin gekommen, dein Schutz zu sein
> und dich von meiner Milch kosten zu lassen,
> auf daß du lebest und dauerst durch sie.[112]

Die überragende Bedeutung der Szene XII des Zyklus liegt darin, daß mit dieser Säugung das von einer irdischen Mutter geborene Kind auch mütterlicherseits in ein göttliches Kindschaftsverhältnis aufgenommen wird, nämlich in die Kindschaft zur Großen Göttin , der Himmels- und Muttergöttin, die der Ägypter seit vorgeschichtlicher Zeit in Gestalt einer Kuh verehrt als den Inbegriff der Fülle und des ewigen Lebens.[113] Noch das Töpferorakel meint in seiner auffälligen Formulierung:

---

[111] Zu dem mit dem Verb *rnn* ausgedrückten Bedeutungskomplex vgl. auch A. HERMANN, *Kind und seine Hüterin,* 171 ff.; zur „Übermittlung von Königtum durch Säugen" s. M. MÜNSTER, Isis, 142 f.; J. LECLANT, *Rôle du lait,* 123 ff.; DERS., Taharqa, 264 Anm. 3, 275 Anm. 3; E. FEUCHT, in: LÄ III, 425 mit Anm. 27–29.

[112] Urk. IV, 239–240.

[113] S. hierzu J. ASSMANN, *Muttergattin.* Zur Konstellation von Kuh und saugendem Kälbchen, an dessen Stelle das Königskind tritt, s. O. KEEL, Böcklein, 58 ff., bes. 76–80 mit Bezug auf Hathorkapelle und Geburtszyklus. E. FEUCHT-PUTZ, Pektorale, 34–38.

der von der Sonne kommt
und von der Großen Göttin Isis (var.: von der Großen Göttin[114]) inthronisiert wird

diese Konstellation von König und Himmelsmutter als den Inbegriff legitimen Königtums.[115] In den Mammisi stellt sie, wie wir gesehen haben, den dominierenden Bildgedanken und den „Bedeutungsschwerpunkt" des gesamten Mysteriums dar.[116] So erklärt es sich, daß Hatschepsut ihre Hathorkapelle im Grunde diesem einen Thema widmet.

6. Das Ikon des Kindes

Wenn man von diesem Punkt aus die gesamte Überlieferung um die Geburt des Königskindes in den Blick faßt, so ergeben sich vor allem zwei Beobachtungen, die, wie ich meine, das Wesen der ägyptischen Mythologie zu charakterisieren geeignet sind:

1. Der Mythos verdankt seine „ikonische Konstanz" einigen wenigen fundamentalen Konstellationen. Es sind vier oder fünf [117]:

1. Das Mysterium der Zeugung, die Überwindung des Hiats zwischen Himmel und Erde durch den hieros gamos von Gott und Mensch.
2. Die Geburt: die irdische Mutter, die mit dem Beistand der geburtshelfenden Gottheiten (Isis und Nephthys, Heket, Chnum und Meschenet) den neuen Gott zur Welt bringt.
3. Die Umarmung, in der der Vater das Kind als seines anerkennt und sich im Kinde wiedererkennt.
4. Die Säugung und Aufzucht des Kindes durch die Personifikation der großen Muttergottheit (Isis, Hathor, Himmelsgöttin, Himmelskühe und Kronengöttinnen).

Der fünfte Akt des Geschehens ist die Krönung: sie ist das Ziel des ganzen

[114] So in der Fassung des pOxyrhynchus.

[115] Vgl. besonders J. Bergman, Ich bin Isis, 121–171.

[116] Zu den Mammisi als architektonischen Realisationen des mythischen Ortes „Chemmis" (hierzu A. H. Gardiner, *Horus the Behdetite*, 52 ff.) s. F. Daumas, Mammisis, 135 ff.; J. Bergman, Ich bin Isis, 138, Anm. 4.

[117] H. P. L'Orange, *Geburtsritual*, 105 ff., der in der Geburtsgeschichte der Drusilla bei Dio Cassius „vier Züge" hervorhebt, „die in Rom besonders fremd und wunderlich erscheinen mußten", nennt genau diese Konstellationen oder Basis-Szenen:
„Empfängnis und Schwangerschaft sind auf übernatürliche Weise *(daimonios)* vor sich gegangen", „als Vater des Kindes agiert neben Caligula auch der Jupiter Capitolinus".
„Es handelt sich um eine göttliche Geburt."
„Nach der Geburt wird das Kind in den kapitolinischen Jupitertempel gebracht, wo es auf das Knie des Jupiter, ‚als sei es sein Kind', gesetzt wird."
4. „Nach der Darbringung im Tempel wird das Kind der Minerva zur Säugung übergeben."

Geschehens, liegt aber außerhalb des eigentlichen Geburtsmythos. Schon vorher aber und noch innerhalb des vom Mythos behandelten Geschehens scheint sich dieses Geschehen nach außen zu wenden und eine Art von Öffentlichkeit einzubeziehen. Alles vorige verläuft ja in der Intimität des Harims und der Wochenstube. Die Szenen XIII bis XVII der Der- el-Bahri-Fassung (besonders die Präsentationsszenen XIII und XVII) und die Szenen II E bis G der Spätzeitfassung geben der Welt, das heißt der Götterwelt, den Blick auf das Ereignis frei und führen den neuen Gott in die Gemeinschaft der Götter ein.[118]

2. Die „Konstellationen" oder „Ikone", die der Geschichte zugrunde liegen, sind keine Funktionen, deren Bedeutung in dem liegt, was sie zur Handlung beitragen (was um so mehr betont werden muß, als dieser Handlungsablauf ja durch den natürlichen und institutionalisierten Ablauf der Dinge vorgegeben ist): sie tragen ihre Bedeutung vielmehr in sich selbst und sind aus dem Handlungsablauf vollkommen ablösbar. Sie bilden, jede für sich, Kristallisationspunkte für eigene „mythische Aussagen": Texte, Bilder und sogar ganze Heiligtümer, wie uns das Beispiel der Hathorkapelle von Der-el-Bahri gelehrt hat. Die Konstellation der Zeugung führt in der Kamutef-Idee ein mythologisches Eigenleben. Die Ikonographie und Phraseologie des ägyptischen Königtums ist durchsetzt mit den fundamentalen Bildern und Konstellationen dieses Mythos, ohne daß bei jeder dieser Szenen oder Formulierungen an diesen Mythos gedacht wäre, im Sinne eines Zitats oder einer Anspielung.[119] Der Mythos bezieht sich auf eine sehr konkret bildlich ausgeprägte Vorstellungswelt, die auch außerhalb seiner in einer Fülle von Bildern, Riten und Texten zur Darstellung kommt. Daher verschwimmen seine Konturen im Ganzen der ägyptischen Überlieferung in einer Weise, wie man das von mesopotamischen, ugaritischen, hethitischen, griechischen und sonstigen Mythen nicht gewohnt ist. Dem Begriff der ikonischen Konstanz, den wir von H. Blumenberg übernommen haben und der den Mythos als solchen charakterisiert, müssen wir demnach als ein spezifisch ägyptisches Charakteristikum das Phänomen der kombinatorischen Unfestgelegtheit zur Seite stellen. Man könnte es auch als „narrative Konturlosigkeit" bezeichnen. Die mythischen Ikone der Ägypter, die wir hier und auch sonst „Konstellationen" genannt haben, sind nicht narrativ, weil sie ihre Bedeutsamkeit nicht aus der Geschichte beziehen, in deren Rahmen sie erscheinen, sondern in sich selbst tragen und aus der Geschichte ablösbar sind. Das sei an einem Detail abschließend veranschaulicht. Die Szene XII unseres Zyklus, die Säugung und Aufzucht des Kindes, wird in der Hathorkapelle von Der-el-Bahri und in den Mammisi nach Chemmis verlegt. Chemmis ist der mythische Ort im Delta, wo Isis, verborgen vor allen Nachstellungen des Seth,

---

118 Zur Bedeutsamkeit dieses Aktes, der auch in Vergils 4. Ekloge eine zentrale Rolle spielt, s. E. Norden, Geburt des Kindes, 121–125.

119 Ein Beispiel für eine verselbständigte Konstellation, in der aber der Gesamt-Mythos symbolhaft vergegenwärtigt ist, geben die Ringe aus Meroe mit ihrer Wiedergabe der Theogamie-Szene (IV), s. H. Brunner, Die Geburt, 215.

das Horuskind zur Welt brachte und aufzog. Es ist die zentrale Episode jenes Mythos, der mit dem Tod des Osiris beginnt und mit der Thronbesteigung des Horus endet. Es wäre nun sicher falsch, zu meinen, daß dieser Mythos in der Hathorkapelle und in den Mammisis „zitiert" würde. Das aus welchen Gründen auch immer in Chemmis lokalisierte Ikon der stillenden Gottesmutter[120] kommt in beiden Mythen vor, weil es unabhängig von ihnen existiert und seinerseits Kristallisationspunkt einer Fülle mythischer Aussagen, z. B. Zaubersprüchen für Mutter und Kind oder Heilungszauber gegen Schlangen ist.

Es ist gewiß nicht mehr als eine äußerliche Koinzidenz oder eine Folge der angewandten Methode, wenn wir bei einer ähnlichen Analyse der Osiris-Überlieferungen ebenfalls auf fünf zugrunde liegende Konstellationen gestoßen sind.[121] Keineswegs auf äußerlicher Koinzidenz beruht es jedoch, wenn auch diese Konstellationen einerseits ihren Ort in der von Plutarch erzählten Geschichte haben und andererseits unabhängig voneinander Kristallisationspunkte darstellen für eine Fülle mythischer Aussagen in ganz verschiedenen Lebensbereichen: I die Suche der Isis und II die Beweinung, „Verklärung" und Belebung durch Isis und Nephthys vorwiegend im Totenkult, III die Geburt und Aufzucht des Kindes vorwiegend im Heilungszauber und im Zusammenhang unseres Geburtsmythos, IV der Thronfolgeprozeß zwischen Horus und Seth, z. B. im Siegesfest von Edfu aber z. B. auch in der Unterhaltungsliteratur der Ramessidenzeit und V die Konstellation von totem Vater und die Herrschaft ausübendem Sohn, in der Fülle der Königsinschriften. Auch hier stoßen wir auf eine ikonische Konstanz, die auf Beziehungen und Grundsituationen beruht, die ihre Bedeutung in sich tragen und nicht aus dem Handlungsaufbau einer Geschichte beziehen.

Was sich mir aus diesen Untersuchungen zum ägyptischen Geburtsmythos für die Frage nach dem Wesen des Mythischen zu ergeben scheint, ist der Hinweis darauf, daß zumindest im Hinblick auf die ägyptischen Befunde eine Bestimmung des Mythos als Geschichte plus differentia specifica – z. B. „myth (is) a story of the gods"[122] zu kurz greift.[123] Wer unter Mythen vor allem Geschichten versteht, kann im alten Ägypten nur „die Verborgenheit des Mythos" konstatieren, geht aber an der überwältigenden Evidenz der „Ikone" – man könnte vielleicht, den Begriff des Bildhaften und des „Konstellativen" verbindend, von Beziehungsbildern sprechen – vorbei, die ungeachtet ihrer oft

---

120 Verwiesen sei noch auf die ikonographische Untersuchung dieser „Konstellation" durch H. W. MÜLLER, *Isis,* 7–38.

121 In J. ASSMANN, *Bild des Vaters*, 38–41 = DERS., *Stein und Zeit*, 125–127; DERS., *Die Verborgenheit des Mythos*, 37 = Kap. 2, 52–54.

122 L. HONKO, *Defining Myth*, 15.

123 Am entschiedensten scheint O. MARQUARD, *Lob des Polytheismus*, 40 ff., die Narrativität des Mythos in den Vordergrund zu stellen. Im übrigen scheint aber jede Wesensbestimmung des Mythos, meine eigene in Kap. 1 eingeschlossen, von seinem Charakter als Erzählung auszugehen.

nur ansatzweisen Entfaltung zu Geschichten, Strahlkraft und Bedeutsamkeit genuiner Mythen besitzen. Im Hinblick auf diese Befunde möchte man daher eine Definition des Mythos vorziehen, die nicht seine „Narrativität", sondern seine „Ikonizität" in den Vordergrund stellt: Mythen sind zu Geschichten entfaltete Ikone (Konstellationen, „Beziehungsbilder"), die sich, ohne ihre Identität zu verlieren, wieder in die reine Ikonizität zurückziehen können. In Mesopotamien und in Griechenland prägt sich das in einer besonderen Nähe des Mythos zur Bildkunst aus; das ist in Ägypten charakteristisch anders: der Bilderzyklus des Neuen Reichs „steht tatsächlich als illustrierter Mythos ... allein".[124] Das Bild als mythische Aussage[125] ist in Ägypten eine Seltenheit – nur der Bildtyp der „stillenden Gottesmutter mit dem Kinde" läßt sich zu unserem Mythos in Beziehung setzen[126] – aber in den Texten kommen die „Ikone" nicht nur vielfältig zu Wort, sondern bilden geradezu ein Grundmuster polytheistischen Denkens.[127]

Für die Konstanz der Ikone und ihrer Bedeutung ist der christliche Weihnachtsmythos ein Beispiel. Hier handelt es sich weniger um ein „Nachleben" ägyptischer Konstellationen als um eine Art Wiedergeburt, ein „neues Leben" in veränderten Bedeutungszusammenhängen, eine Wiederverwendung, die an die zu Kirchen umgebauten Tempel erinnert. Die drei zentralen Bedeutungsgehalte, die sich in Ägypten mit der Kind-Imago verbanden, verbinden wir auch heute noch mit dem Krippenkind, wenn auch teilweise christlich umgedeutet.

1. Die Erneuerung der Zeit und der Fruchtbarkeit, die Zur-Weltkunft des Gottessohns als „Heilswende" im Sinne nicht der Erlösung vom Bösen, sondern der Wiederherstellung eines ursprünglichen Zustands;
2. Der Antritt der Herrschaft, christlich umgedeutet mit Bezug auf ein Reich, das nicht von dieser Welt ist, aber trotzdem weiterhin bezogen auf
3. Friede auf Erden. Über die zentrale Bedeutung des Friedensmotivs in den jüdisch-hellenistischen, römischen und frühchristlichen Ausprägungen der Kind-Imago hat Eduard Norden alles Nötige gesagt.[128] Es läßt sich aber,

---

[124] H. Brunner, Die Geburt, 203; vgl. J. Assmann, *Die Verborgenheit des Mythos*, 38 mit Anm. 68 (= Kap. 2, 53).

[125] Im Sinne von J. Assmann, *Die Verborgenheit des Mythos*, 37–43 („Phäno-Text") = Kap. 2, 52–54.

[126] S. Anm. 120. Vielleicht stehen auch die Darstellungen des Königs in der Umarmung eines Gottes mit der Konstellation der väterlichen Anerkennungsumarmung in Beziehung, vgl. dazu auch J. Assmann, Liturgische Lieder, 103 ff.; Denkmal memphitischer Theologie, 64 f. usw., s. auch H. Frankfort, Kingship, 32, 66 f., 122, 133–138, 199; J. Assmann, *Bild des Vaters*, 48 f.

[127] Vgl. hierzu J. Assmann, Liturgische Lieder, 333–359.

[128] Vergils 4. Ekloge ist natürlich der locus classicus für den Zusammenhang von Kind-Imago und Friedensverheißung, vgl. aber auch Jesaia 6 und vor allem 11. Im übrigen sei für die ausführliche Ausbreitung dieser Zusammenhänge auf E. Norden, Geburt des Kindes verwiesen.

wie ich meine, zeigen, daß bereits im ägyptischen Geburtsmythos, seit Hatschepsut, der utopische Gedanke des Weltfriedens im Zentrum steht.

Das Friedensmotiv ist von dem der Herrschaft nicht zu trennen. Frieden wird in Ägypten ursprünglich in dem „Ikon" der Vereinigung der beiden Länder gedacht. Seit Hatschepsut ist aber in den mit unserem Zyklus verbundenen Texten darüber hinaus auch in sehr betonter Weise von „allen Ländern" die Rede.[129] Darin äußert sich gewiß kein imperialistisches Programm, wie es zur Politik der Hatschepsut am allerwenigsten passen würde, sondern die utopische Idee der globalen Befriedung, die man sich in der Form der dem Kinde verheißenen Weltherrschaft dachte. Von diesen Bezügen ausgehend, möchte man es doch für alles andere als zufällig halten, daß uns der Bildzyklus der Geburt des Kindes gerade bei denjenigen Königen erhalten ist, die eine ausgeprägte Friedenspolitik verfolgt haben: Hatschepsut, Amenophis III. und Ramses II.[130] Auch auf das auffällige Hervortreten der Kind-Imago in der Ikonographie Amenophis' III., und gelegentlich auch bei Ramses II.[131], könnte von daher Licht fallen.[132] Vor allem aber ist es die Amarnazeit, deren königliche Ikonographie in einer bisher wenig beachteten Weise von den Grundkonstellationen dieses Mythos und der Kind-Imago beherrscht wird.[133] Der Zusammenhang mit der Friedensidee, andererseits aber auch das Fehlen jeglicher narrativer Entfaltung dieses Ikons, ist hier besonders evident. Das Mythologem oder Symbol (auch hierfür scheint „Ikon" das beste Wort) vom „Gott auf der Blüte", das seine Formung ebenfalls der Amarna- oder der frühesten Nachamarnazeit verdankt[134], verweist in seiner Herausstellung des göttlichen Kindes ebenso auf den Zeitgeist, wie Sethos I. mit seiner Proklamation einer „Renaissance" (whm mswt: Wiederholung der Geburt): der Anbruch einer neuen Zeit.

---

[129] Zur Formel *ẓm3 t3wj m ḥtpw* „die Beiden Länder in Frieden vereinigen" s. Urk. IV, 217.3, und J. Osing, *Patenschaft der Götter*, 367. Die Formel „alle Flachländer und alle Bergländer", das heißt alle Welt, kommt in den Zyklustexten nicht weniger als dreimal vor: Urk. IV, 216.16; 230.2; 233.13. Die vermutliche ursprüngliche Definition des Herrschaftsbereichs findet sich 221.9: „das Königtum in diesem ganzen Lande", vgl. ebenso im pWestcar 10, 13–11.2.

[130] Zur Friedenspolitik Ramses' II., der in den zahlreichen Darstellungen der Kadesch-Schlacht und anderer militärischer Aktionen eher als Feldherr hervortritt, s. Assmann, Sinngeschichte, Kap. 4., Abschnitte 4 und 5.

[131] Manche der Kind-Darstellungen Ramses' II. lassen sich auch als kryptographische Wiedergaben des Namens *Rˁ-ms-sw* lesen, wobei das Kind den Bestandteil *ms* wiedergibt. Ich sehe darin aber keinen Widerspruch zur symbolischen Deutung des Kind-Ikon.

[132] Z. B. E. Feucht, *Kind*, 425, Anm. 14. E. Feucht verdanke ich auch den Hinweis auf C. Vandersleyen, *Amenophis III*, bes. 541 f. Zu Ramses II. s. H. A. Schlögl, Sonnengott auf der Blüte, 19, mit Anm. 51–52.

[133] Vgl. Anm. 31 und 44. M. Eaton-Krauss behandelte auf ihrem Vortrag anläßlich des XXI. Deutschen Orientalistentages in Berlin (März 1980) Fragmente einer Statue, die Echnaton als Kind mit Jugendlocke darstellte.

[134] H. A. Schlögl, Sonnengott auf der Blüte, 17 ff.

Damit ist ein Sinn-Komplex gewonnen, der – anders als die herkömmliche Erklärung als Proklamation der königlichen Legitimität – auch für die spätzeitliche Überlieferung gilt und sich sogar über Ägypten hinaus mit dem „Ikon" des göttlichen Kindes verbindet. Erst von dieser gemeinsamen semantischen Basis her werden sowohl die Langlebigkeit als auch die Transformationen des ägyptischen Mythos verständlich.

Viertes Kapitel

Die Macht der Bilder

Rahmenbedingungen ikonischen Handelns im Alten Ägypten

1. Einführung: Elemente einer „Bildakt"-Theorie

Situation

Gattungen sind Ausprägungen kultureller Grundmuster auf der Oberfläche konkreter Objektivationen. Alles menschliche Handeln, insoweit es überhaupt auf Verstehen angelegt ist und das heißt einen Anspruch auf intersubjektive Wirksamkeit und Wirklichkeit erhebt, ruht auf solchen Grundmustern auf und ist von daher kulturell geformt. Es vollzieht sich in einer kulturell strukturierten und nur dadurch bewohnbaren Welt. Handlungen und Erfahrungen, die aus dieser „symbolischen Sinnwelt" und ihren Grundmustern herausfallen, haben keinen Wirklichkeitsstatus und werden – wenn überhaupt – nur als Phantasmata, Wahnsinn, Traum, Lug und Trug oder auch nur als schlechterdings belanglos wahrgenommen. Wirklichkeit ist nicht die Frage einer ontologischen Struktur der Gegenstände, sondern der gesellschaftlichen Konstruktion und Zuschreibung von Sinn (Berger/Luckmann). Der amerikanische Soziologe Erving Goffman hat im Anschluß an Gregory Bateson diese Grundmuster „Rahmen" (frames) genannt. Rahmen sind Organisationsprinzipien sowohl für (soziale) Ereignisse als auch für unsere Anteilnahme an ihnen (Goffman, 19). Indem wir uns an solchen Rahmen orientieren, wissen wir „was gespielt wird", überblicken die „Situation" und vermögen unser eigenes Handeln ihr anzupassen.

Was sich aus dieser Analyse zu ergeben scheint, ist die vielleicht überraschende Tatsache, daß es – innerhalb einer „Welt" in diesem Sinne kultureller Geformtheit und „sinnhaften Aufbaus" (A. Schütz) – nicht unendlich viele, sondern eine endliche Menge von Situationen gibt. Auf solcher Begrenzung[1] beruht die Sinnhaftigkeit und „Bewohnbarkeit" der „Lebenswelt". Dadurch wird der Alltag unter dem Zeichen der Routine, der Wiederkehr des Gleichen,

[1] N. Luhmann spricht in bezug hierauf von „Komplexitätsreduktion", s. N. LUHMANN, *Sinn*, 25–100.

erfahren, ohne die uns auch die Erfahrung der Ausnahme (des Überraschenden und Absurden) nicht möglich wäre. Die Situationen sind typisiert und in verschieden hohem Grade organisiert oder geformt; sie können, wie Goffman das ausdrückt, „verschiedenen Organisationsgrad haben". „Doch wie hoch auch der Organisationsgrad sei, jeder primäre Rahmen ermöglicht dem, der ihn anwendet, die Lokalisierung, Wahrnehmung, Identifikation und Benennung einer anscheinend unbeschränkten Anzahl konkreter Vorkommnisse, die im Sinn des Rahmens definiert sind."[2] Man könnte in bezug auf diese Rahmen oder Situationen von einer „Grammatik zweiter Stufe" sprechen. Eine Grammatik erster Stufe regelt die „Wohlgeformtheit" einzelner Produkte wie Sätze, Bilder, Werkzeuge, kurz: Handlungen und Artefakte aller Art. Sie kann aber nicht das „kommunikative Gelingen" dieser Produkte regeln. Eine Aussage kann grammatisch wohlgeformt und trotzdem deplaziert, falsch, ungehörig, ja sinnlos sein. Über den Sinnstatus einer Aussage läßt sich immer nur von ihrem situativen Kontext her entscheiden. Sprechen ist in dieser Hinsicht aber nur ein Sonderfall sozialen bzw. „kommunikativen" Handelns überhaupt, von dem genau dasselbe gilt. Über den Sinn einer Handlung (und einer Erfahrung) entscheidet die kulturell definierte Situation.

Weil die Situationen (mehr oder weniger) strukturiert und typisiert sind, sind es die Handlungen und Erfahrungen ebenso. Daher ähneln sie sich und fügen sich zu „Traditionen" des Handelns und Erlebens zusammen. Sprache kommt nicht anders als in Sprechsitten, Textsorten und (literarischen) Gattungen vor.[3] Sie bilden den jeweiligen Rahmen, in bezug auf den der einzelne Sprechakt überhaupt erst als eine Form sozialen Handelns wahrgenommen werden kann. Wer daher, vom einzelnen Text ausgehend, nach dem situativen Kontext fragt, fragt zugleich nach der Gattung (Textsorte/Sprechsitte), wer nach der Gattung fragt, fragt zugleich nach dem situativen Kontext, das heißt dem „Sitz im Leben". Das eine ist Ausdruck des anderen. Das gilt für Bilder wie für Texte. Die Frage nach „Bild-Genres" zielt zugleich auf die Situationen, das heißt die sozial konstituierten und kulturell institutionalisierten Rahmen, die unseren herstellenden, verwendenden, betrachtenden Umgang mit Bildern als Formen sinnhaften Tuns und Verhaltens organisieren.[4]

---

[2] E. Goffman, Rahmen-Analyse. In dieser Formulierung wird der Begriff der Situation aufgesprengt in eine endliche Menge „primärer Rahmen" einerseits und eine unendliche Menge „konkreter Vorkommnisse" andererseits, ähnlich wie die generative Transformationsgrammatik zwischen einer endlichen Menge von Regeln und einer unendlichen Menge danach erzeugter Sätze unterscheidet oder die Jurisprudenz zwischen einer endlichen Menge gesetzlich definierter „Tatbestände" und einer unendlichen Menge konkreter „Sachverhalte".

[3] Auch die „Gegengattung", als welche M. Bakhtin die satura menippea verstehen möchte, ist natürlich eine Gattung.

[4] H. G. Kippenberg empfahl in seinen theoretischen Vorüberlegungen, mit denen zu dem Kolloquium in Bad Homburg eingeladen wurde, und in verschiedenen Stellungnahmen, zwischen „Gattung" und „Genre" zu unterscheiden, und zwar in dem

Präsupposition

Was die Frage nach der situativen Verankerung angeht, gibt es zwei Wissenschaften, die hier als Pioniere gelten dürfen: die Musikwissenschaft und die biblische Wissenschaft. Beide haben uns die Augen dafür geöffnet, daß die determinierende, das heißt sinnstiftende und organisierende Kraft der situativen Rahmung im Werk selbst nicht nur positiv – als form- und stilbildende Prägung – in Erscheinung tritt, sondern auch negativ: als Aussparung, Weglassung, Präsupposition. Monteverdi notierte in den Partituren seiner Opern nur das Allernötigste: die Singstimme und den Baß. Intendiert war aber ein Klangbild, das nur durch die Beteiligung vieler weiterer nicht notierter Stimmen zustande kommen kann. Hierfür konnte er sich auf die „Rahmenkompetenz" seiner Musiker stützen, die das notierte Skelett mit Fleisch und Blut zu erfüllen vermochten. Er schrieb in eine bestehende Musizierpraxis hinein, deren Konventionen er durch seine Minimalnotation lediglich in die ihm vorschwebende Richtung lenkte. Seine Partitur war durch diese Musizierpraxis determiniert, weniger hinsichtlich ihrer positiven stilistischen Merkmale als vielmehr im Sinne eines Negativabdrucks, das heißt in Gestalt all dessen, was wir heute vermissen, weil es in ihr unausgedrückt bleiben, das heißt vorausgesetzt werden konnte.

Ähnlich verhält es sich mit den Schriften des Alten und Neuen Testaments. Sie waren in die konkreten Sprechsituationen und Verständigungskontexte ihrer Zeit hineingeschrieben, deren Kompetenz sie voraussetzen. Solche Kompetenz geht unweigerlich verloren. Weil die Texte aber zu heiligen Schriften wurden, überdauerten sie diesen Verlust und veränderten in dem Maße ihren Sinn, wie sie diese verlorene Situations- bzw. Gattungskompetenz vorausgesetzt hatten.[5] Die wissenschaftliche Antwort auf diesen Verlust heißt „Form-

---

Sinne, daß „Gattungen" die Produktion, „Genres" dagegen die Rezeption kultureller Objektivationen regeln. Eine solche Unterscheidung ist im Interesse theoretischer Klärung wichtig und sinnvoll, auch wenn grundsätzlich von einer Isomorphie zwischen beiden Aspekten des situativen Rahmens ausgegangen werden kann. So schreibt etwa E. GOFFMAN, Rahmen-Analyse, 36: „Die Bestandteile und Vorgänge, die (der einzelne) bei seiner Deutung einer Handlung annimmt, sind oft auch diejenigen, die der Handlung selbst eignen – und warum auch nicht, das soziale Leben ist ja selbst oft so organisiert, daß es der einzelne verstehen und sich auf es einstellen kann. Es wird also eine Entsprechung oder Isomorphie behauptet zwischen der Wahrnehmung und der Organisation des Wahrgenommenen." Vgl. H. G. Kippenberg, *Introduction*, Visible Religion 7, 1990, VII–XIX.

[5] Man sollte annehmen, daß Texte und andere kulturelle Objektivationen bei Verlust des ursprünglichen Sinnes sinnlos und unverständlich werden. Das ist aber meist nicht der Fall. Offenbar steht unser Umgang mit Erscheinungen der sozialen (und zunächst bis zu einem erheblichen Grade auch der natürlichen) Welt unter einer Art von Sinndruck, der uns vor der Anerkennung von Sinnlosigkeit zurückschrecken läßt. Daher kommt es viel eher zu umdeutenden Sinnprojektionen als zu völligem Sinnverlust. Eine erstaunlich frühe und eindringliche Beschreibung dieser Prozesse findet sich in F. OVERBECK, Christentum und Kultur.

geschichte", worunter in allererster Linie die Frage nach der Gattung und nach der Bedeutungshaltigkeit des Kontexts zu verstehen ist.[6] Mutatis mutandis gilt Entsprechendes für alle Bereiche der kulturellen Praxis. Überall wird situative Kompetenz im Sinne unausgedrückten Alltagswissens vorausgesetzt, die, sowie sie verlorengeht, im Objekt selbst als Negativabdruck oder Leerstelle in Erscheinung tritt. Die Frage nach dem Sinn einer kulturellen Objektivation muß immer über die im Objekt selbst explizit gemachte Bedeutung hinausfragen in den Bereich kontextuellen oder situativen „Rahmenwissens", das als Gattungssinn institutionalisiert ist.

Die Vorreiterschaft gerade der Musikwissenschaft und der biblischen Exegese in der Rekonstruktion solchen Rahmenwissens hat einen sehr einfachen Grund. Diese beiden Wissenschaften arbeiten in engem Bezug auf zwei ganz verschiedene außerwissenschaftliche Rahmen oder Orte des „Ernstfalls", die den anderen Wissenschaften abgehen: die Kirche und den Konzertsaal. Der Dirigent und der Pastor müssen wissen, woran sie sind. Sie können sich mit „Leerstellen" und „Negativabdrücken" nicht zufriedengeben. Bei ihnen steht der Umgang mit Partituren und Texten unter dem hermeneutischen Imperativ der Applikation, der zu Entscheidungen zwingt.

Schrift und Bild: die „zerdehnte Situation"

Alle kulturellen Objektivationen sind wie soziales und kommunikatives Handeln überhaupt situativ verankert. Sinn kommt ihnen nur von ihren kulturellen „Rahmen" her zu, das heißt von ihrer Einbettung in die Strukturen einer symbolischen Sinnwelt. Dieser „Kontext" hat zwei Aspekte: den *kognitiven* Aspekt eines situationsspezifischen Wissensvorrats, der zu der im „Text" selbst explizierten Bedeutung hinzutreten muß, um seinen „Sinn" zu realisieren, und den *performativen* Aspekt einer raumzeitlichen Konkretisierung, in der sich seine Wirksamkeit und Wirklichkeit ereignet. Kirche und Gottesdienst, Konzertsaal und Konzert können als Beispiel solcher „performativen Kontexte" gelten.

Was nun den performativen Aspekt situativer Verankerung angeht, läßt sich innerhalb der Menge denkbarer kultureller Objektivationen wie Sprüche, Tänze, Riten, Bilder usw. ein tiefgreifender Unterschied feststellen, der auf der Zeitstruktur beruht. Alle sich in der Zeit entfaltenden Objektivationen wie sprachliche Äußerungen, Riten, Tänze, Musikstücke, dramatische Aufführungen, Filme, Paraden, Feste usw. formen und füllen im Vollzug ihrer Ausführung zugleich auch die „Situation". Sie existieren nicht oder höchstens in der rein subsidiären Gestalt einer Notation außerhalb dieser raumzeitlich konkre-

[6] Hier ist vor allem H. Gunkel zu nennen, der Vater der biblischen Formgeschichte, auf den die glückliche Prägung des inzwischen unverzichtbaren Begriffs „Sitz im Leben" zurückgeht. Vgl. für einen forschungsgeschichtlichen Überblick K. Koch, Formgeschichte.

ten Situation. Im Fall des Bildes[7] wird nun die Situation in der Zeitdimension entgrenzt und bis ins virtuell Unendliche zerdehnt. Trotzdem möchte ich auch hier am Begriff der Situation im Sinne eines bedeutungshaltigen, sinnhaft organisierten und organisierenden Rahmens festhalten. Das Bild ist zwar alles andere als eine nur subsidiäre Notationsfigur. Aber auch die Schrift geht in vielen Fällen über die rein subsidiäre Funktion der Aufzeichnung und Speicherung gesprochener Sprache hinaus. Diese Fälle können uns als Leitfaden dienen bei der Frage nach der situativen Verankerung der Bilder.

Die Schrift kann einerseits einen Kommunikationsakt *aufzeichnen*, in dem A zu B spricht, sie kann andererseits aber auch einer Kommunikationsakt *konstituieren*, in dem A sich einer offenen Menge von Lesern B mitteilt. Im ersten Fall hätten wir es mit der subsidiären Notation eines raumzeitlich situierten Kommunikationsereignisses zu tun, im zweiten Fall stiftet die Schrift selbst das Ereignis, das nur durch die Schrift und in der Schrift wirklich wird. Die *Aufzeichnung* von Kommunikationsakten ist lediglich ein Spezialfall der Schrift. Ihre eigentlichen Potenzen entfaltet sie dort, wo sie im *konstituierenden* Sinne eingesetzt wird. In dieser Verwendung ersetzt sie den Sprecher. Auf diese Weise entsteht ein Sprechakt oder besser: ein „Sprachverwendungsakt“ *sui generis*, in dem die Situation keinen realen, sinnlich-körperlich anwesenden Sprecher verlangt, sondern lediglich eine sinnlich-materielle Präsenz des schriftlichen Textes, z. B. als *Inschrift*. Es gibt in diesem Fall keinen Sprechakt außerhalb der durch den Schrifttext gestifteten Kommunikation. Die Inschrift verhält sich nicht subsidiär zu aktuellen Formen sozialen Handelns, sondern sie ist eine Form sozialen Handelns. Hier sehe ich eine strukturelle Homologie zum Bild. Auch das Bild ist eine Form des sozialen Handelns, dessen situative Einbettung in der Zeitdimension eigentümlich zerdehnt ist. So wie die Inschrift einen sprachlich artikulierten Sinn vergegenwärtigt, vergegenwärtigt das Bild einen graphisch, malerisch, plastisch oder architektonisch artikulierten Sinn. In jedem Falle aber ist die Realisierung des in Texte oder Bilder investierten Sinngehalts eine Sache des Rahmens.

Von hier ist es ein verhältnismäßig kleiner Schritt zu dem, was ich als „Bildakt“ bezeichnen möchte, in Analogie zu dem von Austin und Searle entwickelten Begriff des „Sprechakts“.[8] Denn es liegt auf der Hand, daß Sprechakte – die entsprechenden Rahmenbedingungen vorausgesetzt – auch in inschriftli-

---

[7] Unter „Bildern“ werden hier visuelle Objekte aller Art, also auch anikonische wie etwa Pyramiden, Obelisken, Dolmen, Menhire, Stupas, Ornamente usw. verstanden. Zum Begriff der „zerdehnten Situation“ vgl. mit Bezug auf den schriftlich fixierten Text K. Ehlich, *Text und sprachliches Handeln*, 24–43, bes. S. 32.

[8] J. L. Austin, How to do things with words; J. R. Searle, Speech Acts. Sowohl der Begriff als auch weite Bestandteile der Theorie des Sprechakts werden bereits bei A. H. Gardiner, Theory of Speech, exponiert, ein Werk, das in der Sprachwissenschaft vielleicht nur deshalb in Vergessenheit geraten ist, weil der Autor auf einem anderen Gebiet, dem der Ägyptologie, so Überragendes geleistet hat.

cher Form realisiert werden können. „Privatweg“ kann ein Verbot sein, die Aufschrift „Münzrückgabe“ ein einklagbares Versprechen. Viele solcher Inschriften sind durch Bilder ersetzbar und werden zunehmend durch Bilder ersetzt. Hier wird mit Bildern verboten, versprochen, erklärt, empfohlen, befohlen. Das alles sind sprachliche Handlungen, und die Bilder funktionieren lediglich als eine Art von Schrift, die den Vorteil hat, sich nicht auf die deutsche Sprache, sondern auf eine rein begriffliche Interlingua zu beziehen. Die Frage ist aber, ob die Bilder – immer die entsprechende situative Verankerung vorausgesetzt – nicht auch noch ganz anderes können, das über die Sprache hinausgeht. Eine solche Frage ist nur kulturspezifisch zu entscheiden. Denn was die Bilder vermögen und was nicht, das heißt welches „ Handeln mit Bildern“ möglich ist, hängt von den „Rahmen“ ab, die innerhalb der spezifischen Strukturen einer gegebenen symbolischen Sinnwelt angelegt sind.

Die „Zerdehnung der Situation“ hat Konsequenzen aber nicht nur in der Zeitdimension, sondern auch für die Personkonstellation. Die unmittelbare face-to-face-Kommunikation und Interaktion wird mittelbar. An die Stelle des „Sprechers“ tritt die Schrift, an die Stelle der Interaktion die Rezeption. An die Stelle des aktuellen, raumzeitlich und auch personell begrenzten sprachlichen Kommunikationsereignisses tritt eine nach allen Dimensionen hin offene, aber potentielle Vollzugsform von Kommunikation.[9] Das ist auch die Vollzugsform bildlicher Kommunikation. Der Unterschied zur Schrift scheint nur darin zu liegen, daß das kommunikative Handeln mit Bildern nicht so ohne weiteres als eine mittelbare und auf Dauer gestellte Vollzugsform von Interaktion einer unmittelbaren raumzeitlich konkreten Vollzugsform in face-to-face-Interaktion gegenübergestellt werden kann, wie das bei Sprechen und Schreiben, Hören und Lesen der Fall ist. Schrift kann es nicht ohne Sprache geben. Gibt es auch etwas, das im gleichen Sinne einer Bedingung der Möglichkeit dem Bilden vorausliegt? Gibt es, mit anderen Worten, so etwas wie eine „Mündlichkeit“ des Bildes?

Ich meine, daß wir, so wie es „Traditionen des Sprechens“ gibt[10], mit „Traditionen des Sehens“ rechnen müssen, das heißt mit begrifflichen Artikulationen des Sichtbaren und Rahmenbedingungen ihrer Verwendungen in den Situationen der Lebenswelt. Das visuelle Analogon zu Sprechen und Hören ist Erscheinen und Sehen. Wir müssen davon ausgehen, daß der visuelle Handlungsraum in genau derselben Weise nach „Rahmen“ oder „Situationen“ strukturiert ist wie die übrige Sinnwelt kommunikativen Handelns. Ich möchte daher den Begriff der „Erscheinungssituation“ und „Erscheinungs-Konstellation“ einführen, in Analogie zu den Begriffen der „Sprechsituation“ und „-konstellation“. Was das Bild ermöglicht, ist nicht nur die „Zerdehnung“ der

[9] Offenheit in der räumlichen Dimension gilt natürlich nur für portable Schriftträger, nicht für ortsfeste Monumentalinschriften.

[10] B. SCHLIEBEN-LANGE, Traditionen des Sprechens.

Erscheinungssituation, sondern sind vor allem charakteristische Verkürzungen der Erscheinungs-Konstellation. Deren Grundform ist dreigliedrig: ein A, der einem B etwas (C) zeigt, wobei A auch „sich" zeigen kann (nichts anderes heißt ja „erscheinen"). Das Bild kann A und C verschmelzen, indem es den, der „sich" zeigen will, darstellt. Es kann aber auch B und C verschmelzen: wenn es sich nämlich gar nicht an einen „Betrachter", sondern an den wendet, den es darstellt, z. B. um ihn magisch zu beeinflussen. Wir werden Gelegenheit haben, alle diese Möglichkeiten an ägyptischen Beispielen zu illustrieren.

2. Monumentalität und Magie: ägyptische Bild-Genres

Gattungen, kulturelle Felder und Sub-Universen

Der Übergang von der Ebene der Theorie zur Ebene der Empirie erfordert sofort eine Differenzierung unserer theoretischen Vorstellungen: offenbar gibt es innerhalb der Menge der verschiedenen „Rahmen", die in der symbolischen Sinnwelt einer gegebenen Gesellschaft Handeln und Erleben organisieren, ein erhebliches Maß sowohl an Überlagerung als auch an hierarchischer Stufung. Es gibt Makro-Gattungen oder kulturelle Institutionen wie „Werbung" und „Zeitung", die sich einerseits überschneiden und andererseits eine Menge einzelner Gattungen (wie Plakat, Werbespot, Anzeige usw.; Leitartikel, Feuilleton, Wetterbericht usw.) integrieren. Und es gibt innerhalb einer symbolischen Sinnwelt Sub-Universen wie z. B. Politik, Recht, Religion, Wirtschaft, Wissenschaft und Kunst, die entsprechend als Makro-Situationen fungieren und einen verschieden hohen Grad gegenseitiger Unabhängigkeit oder „Ausdifferenzierung" (M. Weber) aufweisen können. Gesellschaften pflegen sich in dieser Hinsicht erheblich voneinander zu unterscheiden.[11] Im alten Ägypten haben wir es mit einer kompakten Sinnwelt zu tun, in der von Politik, Wissenschaft und Kunst im Sinne ausdifferenzierter Systeme sozialen Handelns keine Rede sein kann. Trotzdem können wir auch hier scharfe Grenzen beobachten, die auf einer sehr hohen Ebene kultureller Sinn-Organisation verlaufen. Es handelt sich um zwei Dichotomien. Die eine betrifft die in der altägyptischen Kultur ganz besonders scharf ausgeprägte Gliederung in Zentrum und Peripherie oder Hoch- bzw. Hofkultur und Alltags- bzw. Volkskultur.[12] Von ihr soll hier nicht weiter die Rede sein. Die andere betrifft das Zentrum selbst. Die hochkulturelle Bildproduktion wird bestimmt durch zwei Makro-Funktionen, die ich die *Monumentale* und die *Magische* bzw. *Rituelle* nennen möchte.

---

[11] In totalitären Regimes wird die erreichte Unabhängigkeit im Zuge einer entdifferenzierenden „Gleichschaltung" zurückgenommen, in vormodernen Gesellschaften haben wir es mit kompakten Sinnwelten schwacher oder fehlender Ausdifferenzierung zu tun.

[12] Vgl. hierzu J. ASSMANN, *Stein und Zeit.*

Abb. 1: Stele des Königs „Schlange“, Louvre. Erste. Dynastie (um 3000 v. Chr.)

Gattungen monumentaler Bildkommunikation

Monumentalität ist in Ägypten keine Sache des Formats, darf also nicht verwechselt werden mit Kolossalität.[13] Monumentalität ist eine Sache einerseits des Materials, das hart, kostbar und unvergänglich sein muß, und andererseits einer streng regulierten Bildorganisation, die wir den „ägyptischen Kanon“ nennen.[14] Das ägyptische Wort für „Monument“, *mnw*, das von einem Stamm *mnj* „bleiben“, „dauern“, „fortbestehen“ abgeleitet ist, verweist deutlich auf die Zentralfunktion des Monumentalen: den Wunsch nach Fortdauer, nach Überwindung von Vergänglichkeit, *le dur desir de durer* (P. Eluard).

---

[13] Allgemein gilt für die Formensprache der altägyptischen Kultur eine erstaunliche Maßstab-Indifferenz. Das zeigt sich in der anscheinend beliebigen Verkleinerbarkeit gewisser Formen wie z. B. der frühzeitlichen Nischenarchitektur, die später in über zehnfacher Verkleinerung z. B. auf Särgen weiterlebt, oder der Pyramide, die zu Miniaturpyramiden verkleinerbar ist.

[14] Darunter verstehe ich nicht nur den „Proportionskanon“ der menschlichen Figur, sondern das gesamte System der ikonologischen und ikonographischen Regeln, die das ägyptische Bild organisieren. Zu diesem Begriff von „Kanon“ s. auch W. M. Davis, *Canonical representation*; Ders., *The Canonical Theory* sowie vor allem Ders., *Positivism and Idealism.* S. auch J. Assmann, *Viel Stil am Nil?*

Das ägyptische Monumentalbild tritt schlagartig auf, in engstem zeitlichem und thematischem Zusammenhang mit dem Übergang von der Vorgeschichte zur Geschichte, das heißt der Entstehung des ägyptischen Zentralstaats mit Königtum, Schrifterfindung, Kalenderwesen, Steuerorganisation, Vorrats- und Redistributionswirtschaft usw. Die frühesten Monumente beziehen sich auf die Ereignisse dieses Übergangs, stehen also bereits im Dienste des sich formierenden Staats. Den Staat verkörpert der König, der in jedem einzelnen dieser „Bildakte" in der Rolle des „Senders" agiert, der sich selbst und/oder etwas anderes im Bild zur Erscheinung bringt („A"). Es handelt sich um zeremoniale Schmink-Paletten und Keulenköpfe[15], die dann sehr bald als monumentale Bildträger obsolet werden und einem neuen Formenarsenal weichen.[16] Daran zeigt sich: die Funktion ist älter als die Form. Sie knüpft an vorhandene, ziemlich ungeeignete Formen an und muß ihre eigene Formensprache erst ausbilden. Das erste Monument im Sinne der späteren kanonisierten Formensprache ist die Stele des Königs „Schlange" im Louvre (Abb. 1). Im Laufe der folgenden vierhundert Jahre entfaltet sich dann die monumentale Funktion in eine Fülle von Gattungen, auf die wir hier unmöglich im einzelnen eingehen können. Ich möchte mich daher auf zwei Phänomene beschränken, die für die handlungstheoretische Behandlung des Bildgenre-Problems von besonderem Interesse sind: Genrewechsel und Diskursbeschränkungen.

Diskursbeschränkungen: der „strenge Giza-Stil"

Die „Rahmen", in denen sich menschliche Interaktion vollzieht, haben, wie Goffman betont, einen verschiedenen Organisationsgrad; sie haben auch einen verschiedenen Exklusivitätsanspruch. Grenzüberschreitungen können sanktioniert werden; in diesem Falle sprechen wir von „Diskursbeschränkungen". In der ägyptischen Monumentalbildkunst betreffen sie vor allem die Abgrenzung des königlichen gegenüber dem nichtköniglichen Bereich. Die Themen und Formen der königlichen Monumentalkunst sind exklusiv und dürfen vom Privatmann nicht oder nur teilweise und immer nur in besonderen Ausnahmefällen übernommen werden. Die Grenze verschiebt sich ständig im Verlauf der ägyptischen Geschichte; besonders streng wird sie unter Snofru und Cheops in der 4. Dynastie gezogen.[17] Unter seinen Vorgängern hatte sich bereits eine bedeutende Tradition von nichtköniglichen Grabreliefs und Skulpturen entfaltet. Jetzt verschwindet das alles wieder aus den Gräbern. Die Gräber werden jetzt alle nach demselben Schema angelegt, einziger Reliefschmuck ist eine die Opferstelle bezeichnende Platte, einzige Rundplastik ein „Ersatzkopf", der als Grabbeigabe einzustufen und daher mehr dem magischen als dem monu-

[15] Für eine Bilddokumentation s. H. Asselberghs, Chaos.

[16] W. B. Emery, Archaic Egypt; J. Vandier, Manuel d'archeologie.

[17] H. Junker, Giza I, bes. S. 78 ff. und XII, 33 ff. Vgl. dazu auch E. Schott, *Friedhofsbräuche Giza*.

Abb. 2: Nilgottheiten, Relief aus dem Totentempel des Sahure (Abusir), Kairo, Ägyptisches Museum (um 2450 v. Chr.)

mentalen Bereich zuzuordnen ist.[18] Das wird dann zwar alles nach Cheops wieder rückgängig gemacht, aber gewisse Grenzen werden doch bis zum Ende des Alten Reichs und teilweise darüber hinaus streng beachtet. So werden z. B. bis zum Neuen Reich (zweite Hälfte des 2. Jahrtausends v. Chr.) niemals Götter in einem Privatgrab dargestellt, auch der König nicht. Darstellungen wie die göttlichen Personifikationen der Fruchtbarkeit (Abb. 2) oder die Umarmung von Göttin und König (Abb. 3) können nur aus einem königlichen Kontext stammen. Ferner – aber hier gibt es dann schon gewisse privilegierte Ausnahmen – wird der nichtkönigliche Grabherr nicht aktiv handelnd dargestellt. Seine Teilnahme an den dargestellten Handlungen beschränkt sich auf das „Schauen".[19] Der König dagegen wird in einer Fülle von Handlungen dargestellt, von denen einige dann, z. B. Jagdszenen, nach dem Zusammenbruch des Alten Reichs in das Bildrepertoire der Privatgräber eingehen.

[18] C. Vandersleyen, *Ersatzkopf*.

[19] Vgl. hierzu besonders H. A. Groenewegen-Frankfort, Arrest and Movement, bes. 30 ff.; s. auch W. Wolf, Kunst, 260.

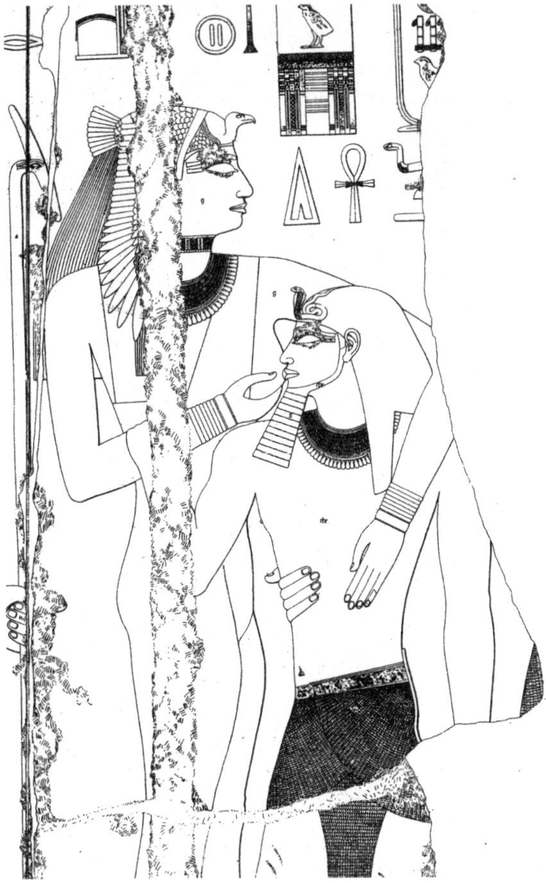

Abb. 3: Die Säugung des Königs, Relief aus dem Totentempel des Sahure

Genrewechsel: Serdabstatue und Schreinstatue

Genrewechsel läßt sich am Beispiel der Grabplastik illustrieren. Hier handelt es sich um einen Wechsel des Kontexts und der „Erscheinungskonstellation". Im Alten Reich bilden sich für die königliche und die nichtkönigliche Sphäre zwei streng unterschiedliche Aufstellungskontexte heraus. Königlich ist die freie Aufstellung in einem Statuenschrein oder Pfeilerhof, nichtköniglich die unsichtbare Aufstellung in einer hermetisch verschlossenen Kammer, dem *Serdab*[20], die nur durch einen kleinen Schlitz in Augenhöhe der Statue mit der

[20] Das Wort ist arabisch und bedeutet eigentlich „Keller". In der 3. Dynastie taucht der *Serdab* erstmals bei Djoser auf, also im königlichen Kontext. Das System der Statuenaufstellung differenziert sich erst zu Beginn der 4. Dynastie in einen königlichen und nichtköniglichen „Rahmen". Jetzt werden z. B. die kreuzförmigen deko-

Abb. 4: Blick in einen „Serdab“ mit Statuen in situ, Giza, 5. Dyn. (um 2450 v. Chr.)

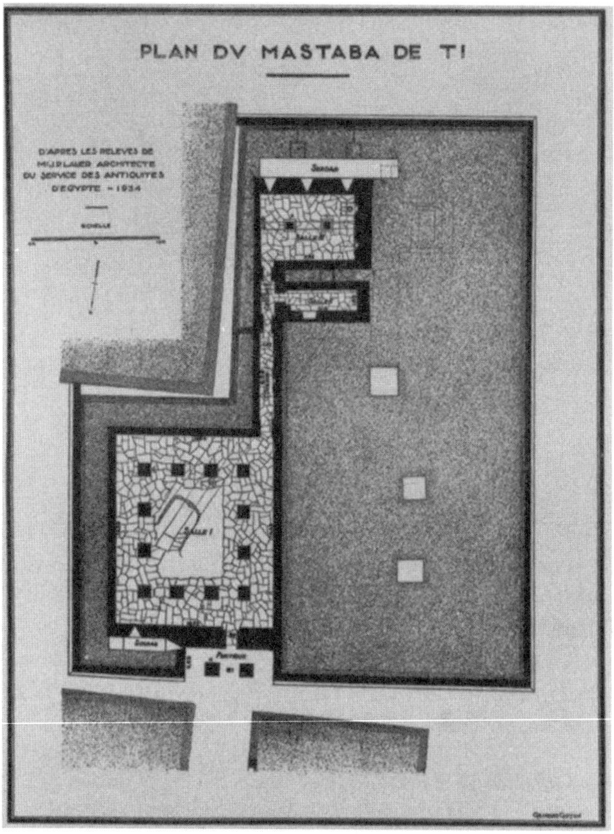

Abb. 5: Grab des Ti, Grundriß; Saqqara, späte 5. Dynastie (um 2400 v. Chr.)

Abb. 6:
Frei aufgestellte Statue des Königs Chephren aus dem Pfeilerhof seiner Totenkultanlage (Taltempel), Kairo, Ägyptisches Museum (um 2550 v. Chr.)

zugänglichen Kultkammer des Grabes kommuniziert (Abb. 4, 5). Da wir Gattungen von typisierten Situationen her definieren, haben wir es mit zwei verschiedenen Gattungen zu tun: der frei (bzw. im Schrein) aufgestellten und der Serdab-Statue. Bei der Erscheinungskonstellation der frei aufgestellten königlichen Statuen ist zweifellos ein Betrachter impliziert. In diesen Statuen erscheint der König seiner Priesterschaft oder wer immer sonst Zugang zu den entsprechenden Aufstellungskontexten hatte. Dieser Bezug prägt sich in der Objektstruktur aus, nämlich in den kostbaren Gesteinen (Diorit, Schist, Alabaster), aus denen diese Statuen gefertigt sind (Abb. 6). Bei der Serdabstatue ist

rierten Grabkapellen mit Ziegeln blockiert und in einen Serdab umgebaut. S. E. Brovarski, *Serdab*.

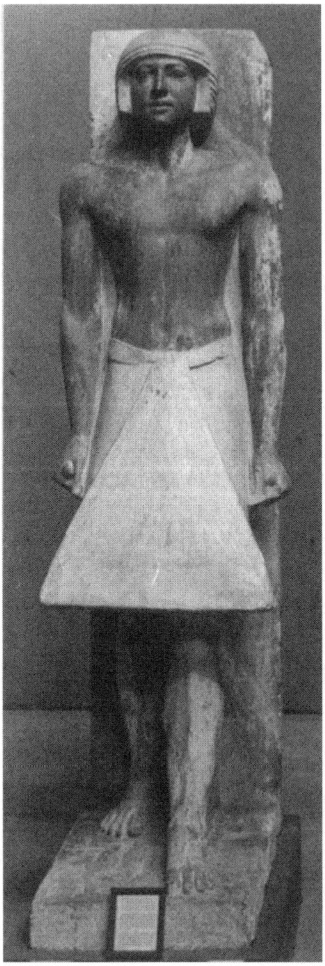

Abb. 7:
Serdabstatue des Ti aus seinem Grab in Saqqara (vgl. Abb. 5), Kairo, Ägyptisches Museum (um 2400 v. Chr.)

Sichtbarkeit kunstvoll vereitelt, ein menschlicher Betrachter also explizit ausgeschlossen. Hier erscheint der Grabherr sich selbst, nämlich seinem Totengeist (ägyptisch *Ka*), der in der Statue als einem „Ersatzkörper" Platz nehmen soll, um dem Kult in der Kultkammer beizuwohnen. Diese Statuen sind in der Regel aus bemaltem Kalkstein (Abb. 7).

Im Mittleren Reich (ab 2000 v. Chr.) verschwindet die Serdab-Statue. Auch die nichtkönigliche Grabplastik wird jetzt frei, das heißt in einem Schrein aufgestellt. Auch für sie werden jetzt kostbare Hartgesteine bevorzugt (Abb. 8). Wir haben es also im Bereich der Grabplastik mit einem Genrewechsel zu tun. Der Kontext und die Erscheinungskonstellation des Bildes haben sich grundle-

Abb. 8:
Schreinstatue des Chertihotep aus Quarzit, Berlin (Ost); 12. Dynastie, Zeit Sesostris III. (um 1800 v. Chr.)

gend gewandelt. Das magische Element ist verschwunden, Dargestellter und Adressat sind klar auseinandergetreten.[21]

Drei Punkte seien, den Bereich des Monumentalen abschließend, noch einmal hervorgehoben:

1. Die Identität von „Sender" (A) und Dargestelltem (C). Monumentalität ist in Ägypten Selbstdarstellung. Fast alle Plastik ist Porträtplastik. Auch wo die Wandbilder anderes als den Grabherrn darstellen, sind sie doch auf ihn bezogen, in einen Handlungszusammenhang eingebettet, der von ihm, z. B. als „Schauendem" dominiert wird.[22] Für die Tempelkunst gilt Entsprechendes.

---

[21] Für eine stilistische Analyse dieses Wandels s. J. ASSMANN, *Ikonologie der Identität.*

[22] Zum durchgängig selbstthematisierenden Charakter der ägyptischen Monumentalkunst s. J. ASSMANN, *Sepulkrale Selbstthematisierung.*

Die Tempel sind Monumente, die die Könige zwar für die Götter, aber als „ihr eigenes Monument" errichten.

2. Die Spezifität der „Erscheinungssituation", die sich schon aus der Bedeutung des ägyptischen Wortes für Monument ergibt. Die Erscheinungssituation oder Vollzugsform des „Bildakts" ist permanent und virtuell koextensiv mit der Ewigkeit, jener Ewigkeit nämlich, die der Ägypter *ḏt* („unwandelbare Dauer", im Gegensatz zu *nḥḥ* „ewige Wiederkehr") nennt.[23] *Ḏt* ist ein religiöser Begriff und bezeichnet eine Dauer, die nur dem Heiligen, Vollkommenen zukommt. Im Monument erscheint also der Dargestellte im situativen Assoziationsraum des Heiligen. Man könnte sagen, daß er sich mit Hilfe des Monuments hineinstellt in den *heiligen Raum der Dauer*. Der ägyptische Begriff *ḏt* gehört jedenfalls unwegdenkbar zu dem im „Rahmen" institutionalisierten, im Objekt präsupponierten Sinn des Monumentalen.

3. Die Rigidität des ägyptischen Kanons. Das Phänomen ist bekannt und bedarf hier keiner detaillierten Darlegung. Keine andere Kunsttradition der Welt war jemals einem so strikten, differenzierten und dabei so langlebigen Regelsystem unterworfen. Ich möchte die These vertreten, daß es sich hier *um die Gattungsmerkmale des Monumentalen handelt.* Die Regeln des Kanons verweisen auf die Ewigkeit der Erscheinungssituation. Sie sichern dem Bild die Merkmale des Heiligen und Vollkommenen, die die Vorbedingung unwandelbarer Fortdauer sind.

Nun ist es zum Verständnis des vorangehenden wie des folgenden Abschnitts wichtig, sich klarzumachen, daß das ägyptische Grab insgesamt einen sehr komplexen Rahmen darstellt, der in einem Spannungsfeld zwischen den beiden Polen des „Monumentalen" und des „Magischen" steht. Als *Monument* steht das ägyptische Grab in einem kommunikativen Bezug zur Gesellschaft (im Sinne von Mit- und Nachwelt) und dient der sozialen Einbindung des Grabherrn, die es auf Dauer stellt. Es enthält Räume, die nach der Beisetzung zugänglich blieben, und Texte sowie Darstellungen, die von Besuchern gesehen werden sollten.[24] Als *magisches Objekt* realisiert das Grab mit seiner Ausstattung eine Lebenssphäre und Lebenshilfe für den Grabherrn selbst. Seine Dekoration stellt für ihn eine Welt bereit, in der er sich bewegen, eine Versorgung, von der er existieren, und ein Wissen, dessen er sich im Jenseits bedienen kann. Im allgemeinen darf man davon ausgehen, daß eine monumentale ägyptische Grabanlage die beiden Funktionen in ihrem architektonischen Layout trennt, indem die nach der Beisetzung unzugänglich gemachten Teile der magischen, und die weiterhin zugänglichen und sichtbaren der monumentalen Funktion dienen. Aber so einfach ist es nicht. Auch im zugänglichen Grabbereich spielt die magische Funktion eine Rolle. Dabei gilt die Faustregel, daß weiter „außen", im Eingangsbereich, der Monumentalaspekt dominiert und weiter „innen", im Kultbereich, der magische. Außerdem verschiebt sich der

[23] J. Assmann, *Doppelgesicht der Zeit.*

[24] Vgl. J. Assmann, *Schrift, Tod und Identität*, 66 f.

Gesamtsinn der Grabanlage epochenabhängig innerhalb dieser Skala. In bestimmten Epochen tritt der „kommunikative" Monumentalaspekt stärker in den Vordergrund, in anderen der magische. Wir müssen uns das ägyptische Monumentalgrab als einen komplexen Riesenbau vorstellen, in dessen einem Teil vor großem Publikum Dramen aufgeführt werden, während in anderen Teilen hinter verschlossenen Türen geheime Riten ablaufen: und das Ganze nun im Medium der Schrift und des Bildes auf Dauer und in die zerdehnte Situation potentieller Kommunikation gestellt.

Zauberbilder: Gattungen magischer Bildkommunikation

In allen ägyptischen Riten, magischen und kultischen, spielen visuelle Objekte eine bedeutende Rolle. Kult und Magie[25] können ebensosehr als „Inzentiv" für Bildproduktion und visuelle Kommunikation gelten wie die Sphäre des Monumentalen, nur daß uns aus naheliegenden Gründen aus der Monumentalsphäre viel mehr erhalten ist. Das typische magische Bild ist ein Einwegbild, das nach Vollzug des Ritus wieder verschwindet. Oft gehört seine Vernichtung zum Ritus dazu. Besonders häufig wurden für solche Riten Wachsfiguren verwendet, die im Feuer verbrannt wurden.[26] Auch die sogenannten „Kornmumien", die wie die Adonisgärten bei den Khoiakfesten für Sokar und Osiris angesetzt werden und acht Tage brauchen, um zu sprießen, sind Einwegbilder.[27] Eine typische Form von Zauberbildern sind auch Bodengemälde:

> Führe für dich dieses Bild aus,
> das auf reinen Boden gemalt ist
> mit nubischem Ocker und mit Erde bestrichen,
> auf die kein Schwein und kein Kleinvieh getreten ist.[28]

> Zu sprechen über einer Sonnenbarke,
> die mit nubischem Ocker auf reinem Platz gemalt ist,
> nachdem du ein Abbild des Verstorbenen davor gestellt hast.
> Dann sollst du die Nachtbarke auf die rechte,
> und die Tagesbarke auf seine linke Seite malen.[29]

---

[25] In Ägypten ist die Magie integraler Bestandteil der Religion und, wie es in der *Lehre für Merikare*, einem Weisheitstext des Mittleren Reichs (frühes 2. Jahrtausend v. Chr.) heißt, vom Schöpfer den Menschen gegeben, „um die Wucht der Ereignisse abzuwehren". Für unsere Zwecke definieren wir Kult als eine von bevollmächtigten Priestern zum Wohle des Ganzen, Magie dagegen als von Spezialisten (meist: Ärzten) zum Wohle einzelner (meist: Patienten) ins Werk gesetzte Kraft. Typisch für Magie und im Kult undenkbar, daher ein gutes Unterscheidungsmerkmal, ist die Möglichkeit, Göttern zu drohen. Zur Magie im alten Ägypten s. L. Kakosy, Magia, 7–101, zum Bildzauber P. Eschweiler, Bildzauber.

[26] M. J. Raven, *Wax*, 7–47.

[27] M. J. Raven, *Corn-Mummies*, 7–38.

[28] Nachschrift zu Totenbuch Kap. 125, s. E. Hornung, Totenbuch, 244 f.

[29] Nachschrift zu Totenbuch Kap. 130, E. Hornung, a. a. O., 254.

Bei entsprechenden Bildanweisungen zum 144. Kapitel des Totenbuchs wird explizit festgelegt, daß die Bilder nach Ritualvollzug verschwinden sollen:

> Zu sprechen, während jedes einzelne Bild wieder ausgewischt wird, nachdem diese Anweisung vollzogen wurde.[30]

Man kann sich leicht denken, was uns hier alles an Bildern verlorengegangen ist. Nur zufällig haben sich manchmal aus diesem Bereich verschwindende Reste erhalten, z. B. wenn die rituell vernichteten Figuren nicht aus Wachs, sondern aus Ton waren wie die feindlicher Fürsten und Stämme im Mittleren Reich, die sich vor allem aus der memphitischen Region in großer Zahl erhalten haben.[31] Es gibt auch illustrierte magische Handschriften, in denen das Zauberbild en miniature abgebildet ist, nach dessen Vorbild der Zauberer dann sein Einwegbild für den Ritus herzustellen hat.[32] Von da ist es dann nur ein Schritt zu Zauberbildern, die nicht als Einwegbilder, sondern auf Wiedergebrauch hin angelegt waren wie z. B. die Darstellungen auf den sogenannten „Zaubermessern" oder Apotropaika.[33] Die meisten Aufschlüsse verdanken wir aber einem nicht seltenen „Genre-Wechsel" vom Magischen zum Monumentalen. Wir haben es dann mit Zauberbildern zu tun, die nicht für einen (einmaligen oder wiederholten) Ritualvollzug, sondern für die Ewigkeit angefertigt wurden und die Heilswirkung des Rituals auf Dauer stellen sollten. Das prominenteste Beispiel ist wohl das Bild zum „Buch von der Himmelskuh", dessen Herstellungsanleitung folgendermaßen beginnt:

> Dieser Spruch soll gesprochen werden über (dem Bild) einer Kuh, der Heh-Götter, die vor ihr sind und der Heh-Götter, die hinter ihr sind. Ihre Elle vier Handbreit sind aus Farbe, eine Neunheit von Sternen ist an ihrem Leib, und ein Schwanz kommt aus ihrem Hinterteil, vor ihren Beinen.
> Schu steht unter ihrem Bauch, in gelber Farbe ausgeführt; seine Arme greifen unter diese Sterne, und sein Name ist zwischen sie gesetzt (das heißt: Schu selber).
> Eine Barke, ein Steuerruder und ein Schrein in ihr, die Sonnenscheibe auf ihr und Re in ihr, sind vor Schu, neben seiner Hand (andere Version: hinter ihm, neben seiner Hand). Ihr Euter ist inmitten ihres linken Beines angebracht, die Hälfte davon bemalt inmitten dieses Beines. (Es folgen genaue Anweisungen für die Beischriften und ihren Anbringungsort).[34]

Nach dieser Anweisung sollen zunächst einmal die Einwegbilder ausgeführt werden, die die Rezitation des Mythos zu begleiten haben. Über diese Rezitation ist folgendes vorgeschrieben:

---

[30] E. Hornung, a. a. O., 281.

[31] G. Posener, Princes et pays; Ders., *Statuette,* 613 ff. In Theben und in Nubien (Mirgissa) erfüllten Tonscherben, die mit den Namen und Fluchformeln beschriftet wurden, denselben Zweck. Vgl. auch L. Kakosy, a. a. O., 28 f.

[32] K. Weitzmann, Ancient Book Illumination. Für ein ägyptisches Beispiel s. S. Sauneron, Papyrus magique.

[33] S. hierzu H. Altenmüller, in: LÄ I, 355–358; A. M. Bisi, *Bastoni Magici*, 177 ff.

[34] E. Hornung, Mythos von der Himmelskuh, 42 f.

Abb. 9: Das Bild zum „Buch von der Himmelskuh" auf dem äußersten Schrein Tutanchamuns, Ägyptisches Museum, Kairo (um 1330 v. Chr.)

> Ein Mann soll diesen Text zu seinen eigenen Gunsten sprechen, indem er mit Öl und Salbe eingerieben ist und die Räucherpfanne mit Weihrauch sich in seinen Händen befindet. Der Rücken seiner Ohren und Hände soll mit Natron eingerieben und Natronkugeln sollen in seinem Munde sein. Seine Kleidung sollen zwei neue Leinengewänder sein, wenn er sich im Überschwemmungswasser gereinigt hat und beschuht ist mit zwei Sandalen, die weiß sind. Die Hieroglyphe der Wahrheit soll auf seine Zunge gemalt sein mit weißer Malerfarbe.[35]

Dieser Ritus ist nun mit Zauberspruch und Zauberbild in das Dekorationsprogramm der Königsgräber übernommen worden (Abb. 9). Hier haben wir die perfekte Analogie von Schrift und Bild. Wie die Schrift den Zauberspruch, so fixiert das Wandbild das (als solches vergängliche) Zauberbild, über dem der Spruch gesprochen werden soll. Auch das Wandbild ist offensichtlich genau nach den Anweisungen ausgeführt worden, mit dem einzigen Unterschied, daß es für die ewige Dauer und nicht für die Dauer des Ritualvollzugs bestimmt ist und nicht die Stimme des Zauberers, sondern die Schrift begleitet. Wir haben es also mit einem auf Dauer gestellten Zauberbild zu tun, auf Dauer gestellt aber nicht zum Zwecke des Wiedergebrauchs, sondern zum Zwecke permanenter, wenn auch potentieller Ausübung der mit dem Bilde und dem Ritualvollzug insgesamt verbundenen Heilswirkungen. Bild und Schrift stellen das Ritual als solches auf Dauer, transformieren den aktuellen Heilserfolg seiner Durchführung in eine dauernde Heilswirkung. Dadurch ist die Ritualsituation insgesamt transponiert worden, aus der Zeitlichkeit in die Ewigkeit, aus der diesseitigen Realität ins Jenseits. Was dieses Bild zur Erscheinung bringt, ist

[35] E. Hornung, a. a. O., 46.

daher nicht nur die dargestellte Götterkonstellation, sondern zugleich auch das ganze Ritual und die durch seinen Vollzug vermittelten Heilsgüter, wie sie in der Nachschrift spezifiziert werden:

> Wer es liest, soll dieses Bild anfertigen, wie es nach diesem Buch festgelegt ist. Dann wird er seine Lebenszeit verbringen inmitten von [...].
> Seine Augen werden ihm gehören und alle seine Glieder, seine Schritte werden nicht fehlgehen, so daß die Leute über ihn sagen: „Er ist wie Re am Tage seiner Geburt!"
> Sein Besitz kann nicht gering werden, sein Torweg nicht versperrt sein. Ein wahres Heilmittel, millionenfach erprobt.[36]

Wir haben es also mit einem Genre-Wechsel zu tun. Aus einem Zauberbild, das seine Magie im Rahmen und für die Dauer des Ritualvollzugs entfaltet, ist ein Bild geworden, das als Verewigung dieses Zauberbilds auch die Heilswirkungen des Rituals verewigt. Ich möchte es ein „Heilsbild" nennen.

Der Großteil der Wanddekoration in Tempeln und Königsgräbern[37] ist von dieser Struktur. Es handelt sich um die Verewigung von Ritualen und ihrer Heilswirkungen. Im Bereich der Tempel, also des Kults, gibt das Bild das Ritual selbst wieder, im Bereich der Gräber und der Magie dagegen meist das Zauberbild, das im Ritual verwendet werden soll. Das geht aus den Quellen sehr deutlich hervor. Vor allem die Vermerke zum Amduat, einer Darstellung der nächtlichen Sonnenfahrt durch die Unterwelt, dem klassischen Unterweltsbuch des Neuen Reichs, weisen immer wieder darauf hin, daß nicht nur die „Kenntnis", sondern auch die „Ausführung" dieser „Vorlage" ungeheure Heilswirkungen, ja Gottgleichheit vermittelt.[38] Die Ausführung kann aber nur ein Ritual sein, bei dem die „Vorlage" (*sšm*) als Zauberbild fungiert.[39]

---

[36] E. Hornung, a. a. O., 46. An anderen Stellen des Textes werden noch weitere Heilswirkungen verheißen: wer diesen Spruch rezitiert, der bleibt lebendig im Totenreich, und größer ist die Ehrfurcht vor ihm als vor denen auf Erden" (S. 48, Verse 315 f.); „Jeder tüchtige Schreiber, der die Gottesworte kennt, die in seinem Munde sind, der wird aus- und eingehen im Himmel" (S. 49).

[37] Was die Privatgräber angeht, ist in erster Linie an die illustrierten Totenbuch-Papyri zu denken, in deren „Vignetten" derartige „Heilsbilder" zu erkennen sind. Als Wandbilder kommen sie vor allem in der Handwerkernekropole von Der el Medine vor, in den Gräbern der Leute, die in den Königsgräbern arbeiteten und daher mit ihren Dekorationsprinzipien vertraut waren. In jedem Falle gehören „Heilsbilder" in die unzugängliche, nicht auf Besucher bezogene Sphäre des Grabes.

[38] E. Hornung, Amduat; Ders., Unterweltsbücher. Interessanterweise betont die Kurzfassung des Amduat (E. Hornung, Amduat, Bd. 3) die „Kenntnis", die Langfassung dagegen die „Ausführung" der Vorlage:
Wer diese Bilder *ausführt*, ist ein Ebenbild des Großen Gottes selbst (Amduat LF, 22.2–4)
Wer diese Bilder *kennt*, ist ein Ebenbild des Großen Gottes selbst (Amduat KF, Verse 12–16)

[39] Eine Zusammenstellung, wenn auch recht eigenwillige Deutung dieser Vermerke gibt E. F. Wente, *Mysticism*; vgl. Verf., Tod und Jenseits, 511–514.

Abb. 10: Die „Schrift der Verborgenen Kammer" (Amduat) im Grab Thutmosis' III. Theben, Tal der Könige (um 1450 v. Chr.).

Zauberbilder appellieren an das, was sie darstellen. Sie haben, sprechakttheoretisch gesprochen, den Status von „Performativen", die im Vollzug der Aussage eine Wirklichkeit schaffen, anstatt sich auf sie zu beziehen.[40] In ihnen kommt nicht etwas zur Erscheinung, sondern wird etwas zur Erscheinung gebracht. Das so Vergegenwärtigte und Beschworene kann angebetet, es kann aber auch bedroht, ja vernichtet werden. Die Macht, die der „Sender" hier über den mit dem Dargestellten verschmolzenen „Adressaten" gewinnt, ist ungeheuer. Sie wird besonders gigantisch dann, wenn nicht ein einzelner Gott oder Dämon dargestellt wird, sondern – wie in den Zauberbildern, die als „Vorlagen" den Unterweltsbüchern der Königsgräber zugrunde liegen – eine ganze Götterkonstellation, ja ein götterweltlicher Handlungszusammenhang wie der Sonnenlauf (Abb. 10). Der Zauberer oder Ritualist gewinnt hier Teil am Pulsschlag der Welt, an dem, was nach ägyptischem Verständnis „die Welt im innersten zusammenhält". Solche performative Kraft stellt die höchsten

[40] Vgl. die oben angeführten Werke von J. L. Austin und J. R. Searle; dazu J. Assmann, Liturgische Lieder, 12 f. und 367–372, wo der Begriff des Performativen auf die ägyptische Konzeption des sich selbst verwirklichenden Machtworts angewandt wird. Vgl. auch S. J. Tambiah, Ritual.

Anforderungen an die situativen Rahmenbedingungen. Damit Worte, z. B. ein Urteilsspruch oder ein Segen, Wirklichkeit schaffen können, bedarf es einer ritualistischen Formalisierung von Text und Kontext. Ort und Zeit, Kleidung und Gestik, Bevollmächtigung des Sprechers, Formulierung – oft sogar Intonation – der Äußerung und andere Umstände mehr müssen stimmen. All das gilt entsprechend für das performative Handeln mit Bildern.[41] Zu den Kontextbedingungen des Zauberns mit Bildern gehört deren Geheimhaltung. Die Unterweltsbücher und verwandte Bild-Text-Gattungen werden als höchstes Geheimnis gehütet und kommen bis zum Ende des Neuen Reichs nur in den hermetisch verschlossenen Königsgräbern vor.[42] Die magische Gewalt des Zauberbildes verlangt, daß es entweder nach Vollzug des Ritus vernichtet, oder aber – wenn es in die Sphäre des Monumentalen transponiert wird – hermetisch versiegelt wird.

Bilderwelten und Weltbilder

Wir haben versucht, die Frage nach Bildgattungen von den Rahmenbedingungen des Umgangs mit Bildern als einer Form sozialen Handelns her anzugehen, und haben uns dabei der Analogie der Sprache und der Sprechakt-Theorie als eines theoretischen Modells bedient. Abschließend müssen wir demgegenüber auf einen wichtigen Unterschied zwischen Sprechen und Bilden verweisen. Während Sprache nämlich nur in Gegenwart von Sprechern bzw. schriftlichen Texten vorkommt, ist die Welt immer schon voller visueller Objekte, ja sogar voller Bilder. Allerdings gilt dies nur für eine von Menschen bewohnbar gemachte und bewohnte Welt. Die Formen, in denen die Welt, allem zur Erscheinung bringenden Bilden und Abbilden voraus, von sich aus erscheint, sind eine Frage des Weltbilds, das nicht nur eine soziale, sondern auch eine historische Konstruktion ist.[43] Hier gilt es nun einen grundlegenden Unterschied zu berücksichtigen, auf den A. Assmann aufmerksam gemacht, und den sie mit den Begriffen der „unmittelbaren" und der „mittelbaren Signifikation" bezeichnet:

> Der sinnlich faßbaren Erscheinung kommt im System der unmittelbaren Signifikation eine ganz andere Bedeutung zu. Dort stellt der Sinnesimpuls, verfestigt als Hieroglyphe oder Emblem, ein Verstehensmodell dar, dem die kontemplative Anschauung als bestimmender Orientierung verpflichtet bleibt. In der sinnlichen Erscheinung selbst muß die verborgene geistige Bedeutung entdeckt werden. Das Prinzip der mittelbaren Signifikation verwertet den Impuls der Sinne lediglich als eine Ini-

---

[41] Zum Zauber mit Personenbildnissen s. W. BRÜCKNER, Bildnis und Brauch, sowie allgemeiner DERS., *Magietheorie.*

[42] Mit der bekannten Ausnahme des Wesirs User aus der Zeit Thutmosis' III., die nur die Regel bestätigt. Auch dort steht das Amduat in der Sargkammer, also an hermetisch verschlossenem Ort. Vgl. auch J. ASSMANN, Re und Amun, 22–53.

[43] Vgl. dazu bes. A. ASSMANN, Legitimität der Fiktion.

tialzündung, die den Verstehensprozeß anregt und einleitet. Die Wege des Geistes müssen sich möglichst weit von diesem Ausgangspunkt entfernen, wenn der Gedanke in den Bereich der Generalität und Universalität vordringen soll. Nicht die Entzifferung und Ausdeutung, sondern die Abstraktion von der Erscheinungswelt führt zur Erkenntnis. Die eigentliche Verantwortung liegt bei dem aktiven, vom Diktat der Sinne und den Eindrücken der Gegenstandswelt unabhängig produktiven menschlichen Geist.[44]

Man versteht, daß im Rahmen eines Weltbilds der „unmittelbaren Signifikation" das Bild einen ganz anderen Wirklichkeitsstatus gewinnen kann als im Rahmen der mittelbaren Signifikation. Wenn „die verborgene geistige Bedeutung", z. B. das Wirken einer göttlichen Macht, „in der sinnlichen Erscheinung selbst entdeckt werden muß" und in der „kontemplativen Anschauung" der „sinnlich faßbaren Erscheinung" erkannt werden kann, wenn, mit anderen Worten, das Göttliche *in* der Welt *erscheint*, dann kann auch das Bild einen solchen innerweltlichen, sinnlich faßbaren Erscheinungsakt *konstituieren*. Wenn, andererseits, der erkennende Geist sich „vom Diktat der Sinne und den Eindrücken der Gegenstandswelt" möglichst unabhängig machen muß, um zur wahren Bedeutung vorzudringen, haben die Bilder als Elemente oder Abbilder der Gegenstandswelt vergleichsweise wenig Anteil an der Wahrheit und vermögen allenfalls eine „Initialzündung" einzuleiten. Man erkennt auch in dieser auf den Weltbildkonflikt der frühen Neuzeit gemünzten Darstellung unschwer den Bezug auf das Bilderverbot des Alten Testaments:

So nehmt euch nun – es gilt euer Leben – wohl in acht, da ihr am Tage, als Jahwe am Horeb aus dem Feuer zu euch redete, keinerlei Gestalt gesehen habt, daß ihr euch nicht frevelhafterweise ein Gottesbild in Gestalt irgendeines Standbildes verfertigt, sei es die Figur eines männlichen oder eines weiblichen (Wesens), die Figur irgendeines vierfüßigen Tieres auf Erden oder die Figur irgendeines beschwingten Vogels, der am Himmel fliegt, die Figur irgendeines <Reptils>, das auf dem Erdboden umherkriecht, oder die Figur irgendeines Fisches, der sich im Wasser unter der Erde befindet, und daß du, wenn du die Blicke gen Himmel schweifen lässest und die Sonne, den Mond und die Sterne, das ganze Heer des Himmels, betrachtest, dich nicht dazu verleiten lässest, dich vor ihnen niederzuwerfen und ihnen Verehrung zu bezeugen.[45]

Was den Israeliten hier ausgeredet wird, ist das Prinzip der unmittelbaren Signifikation. In den sinnlich faßbaren Erscheinungen oder „Gestalten" *(temunah)* dieser Welt kommt Gott nicht zur Erscheinung. Diese Gestalten sind keine Bilder des Göttlichen, man darf sie daher auch nicht durch Abbildung zu solchen Bildern machen. In einer solchen, von Erscheinungs-Formen und -Akten des Göttlichen entleerten, gewissermaßen „entzauberten" Welt bringen auch Bilder nichts zur Erscheinung. Vor allen spezifischen Rahmenbedingun-

---

[44] A. Assmann, a. a. O., 62.

[45] 5 Mose 4, 16–19 vgl. Ex 20.4; Dtn 4.23; 4.25; 5.8. Übersetzung nach E. Kautzsch, Heilige Schrift, 267 f.

gen setzt das Zaubern mit Bildern als den umfassendsten aller Rahmen eine nicht-entzauberte Welt voraus.

Ein solches Weltbild ist im alten Ägypten in geradezu idealtypischer Weise gegeben. Wenn die Welt in ihrer sinnlichen Erfahrbarkeit voller Erscheinungsformen und Erscheinungsakte des Göttlichen ist, dann sind auch die von Menschenhand gefertigten Bilder – falls die situativen Vorbedingungen des Umgangs mit ihnen gebührend gewährleistet sind – Erscheinungsformen des Göttlichen. Im Kontext einer „unmittelbaren Signifikation" sind Bilder nicht Abbilder von Erscheinungen, sondern selbst Erscheinungen. Daher ist denn auch die Herstellung eines Bildes bereits ein magisch-religiöser Akt. Das Deuteronomium weiß, wovon es spricht, wenn es Anfertigung und Anbetung eines Bildes praktisch in eins setzt. Abbildung vermittelt Teilhabe an der im Abgebildeten zur Erscheinung kommenden Macht. „Wer diese Vorlage ausführt", heißt es im Amduat, „wird wie der große Gott selbst sein." Das Bild gilt nicht der sichtbaren Welt, sondern dem, was in ihr zur Erscheinung kommt. Es ist ein Ausdruck kommunikativen Handelns mit dem Göttlichen in seinen sinnlich faßbaren Erscheinungen.

Fünftes Kapitel

Einwohnung. Die Gegenwart der Gottheit im Bild

1. ‚Einwohnung' in der spätantiken Theurgie und im spätägyptischen Bildkult

Der Begriff „Einwohnung" hat sich seit Jahrzehnten in der Ägyptologie eingebürgert.[1] Allerdings sucht man sowohl im Lexikon der Ägyptologie als auch in Bonnets Reallexikon der ägyptischen Religionsgeschichte vergeblich nach diesem Stichwort. Unter „Einwohnung" versteht man in der Ägyptologie eine temporäre Verbindung zweier Wesenheiten, von denen in der Regel die eine relativ fern, verborgen oder sonst wie unzugänglich, die andere dagegen relativ nah, manifest und zugänglich ist. So hat z. B. Hans Bonnet das Phänomen des ägyptischen „Synkretismus" damit erklärt, daß hier eine große, überlokal bedeutende und entsprechend ferne und verborgene Gottheit einer vergleichsweise nahen, manifesten und zugänglichen Ortsgottheit „einwohnt".[2] Siegfried Morenz hat den Begriff dann auf den ägyptischen Bildkult ausgedehnt. Das Kultbild „ist" nicht der Gott selbst; es ist nur sein „Leib", dem dieser für die Dauer des Rituals „einwohnt". Die Gottheit kann diese Verbindung jederzeit auflösen.[3] Am ausführlichsten hat sich Peter Eschweiler zum Begriff „Einwohnung" geäußert.[4] Darauf werde ich abschließend zurückkommen.

Die Theorie einer Einwohnung der Gottheit im Kultbild geht auf die Antike zurück. Locus classicus dieser Vorstellung ist das 23. Kapitel des Traktats *Asclepius*, der zwar nicht zum Corpus Hermeticum im engeren Sinne gehört, aber eine damit in engster Verbindung stehende Schrift darstellt. Vom griechischen Original, das im 2. oder 3. Jahrhundert n. Chr. entstanden ist und den Titel *teleios logos* „Vollkommene Lehre" trug, hat sich nur eine lateinische Übersetzung

[1] Außerhalb der Ägyptologie bezieht sich der Begriff „Einwohnung" meist auf den hebräischen Begriff שכנה „Schechinah", die „göttliche Einwohnung" als Hypostase der Gegenwart Gottes, entfernt vergleichbar der christlichen Vorstellung des Heiligen Geistes.

[2] H. Bonnet, *Synkretismus*; vgl. D. Kurth, *Götter determinieren Götter*. P. Eschweiler, Bildzauber, 287, Anm. 5, nennt H. Junker als den Schöpfer dieses Begriffs; an der angegebenen Stelle sucht man ihn jedoch vergebens.

[3] S. Morenz, Ägyptische Religion, 158–161.

[4] Bildzauber, S. 287–297.

erhalten.[5] Dort ist vom Menschen als dem „Bildner der Götter“ *(fictor deorum)* die Rede:

> HERMES: Wie der Herr und Vater oder, was der höchste Name ist, wie Gott Schöpfer der himmlischen Götter ist, so ist der Mensch Bildner der Götter, die in den Tempeln mit der Nähe zu den Menschen sich zufrieden geben. [...] Wie der Vater und Herr ewige Götter nach seinem Bilde schuf, so gestalten die Menschen auch ihre Götter entsprechend ihrem eigenen Aussehen.
> ASCLEPIUS: Standbilder meinst du, Trismegistus?
> HERMES: Standbilder, Asclepius? Du siehst wie sehr selbst du zweifelst! Ich meine Standbilder, die beseelt sind *(statuas animatas)*, voller Geist und Pneuma, die große und gewaltige Taten vollbringen, die die Zukunft vorherwissen und sie durch Los, Seher, Träume und viele andere Dinge voraussagen ...
> Oder weißt du nicht, Asclepius, daß Ägypten das Abbild des Himmels ist oder, was der Wahrheit mehr entspricht, daß hierher all das, was es im Himmel an Lenkung und Aktivitäten gibt, übertragen und herabgeführt wurde? Und wenn man es noch richtiger sagen soll, ist unser Land der Tempel der ganzen Welt.[6]

Kultbilder sind dieser Theorie zufolge „beseelt“, und zwar von göttlichem „Geist und Pneuma“ *(sensus et spiritus)*, der im Rahmen des Kults vom Himmel auf die Erde „übertragen“ und „herabgeholt“ wurde. Kult ist *translatio*, „Übertragung“ und *descensio*, „Herabkunft“ von himmlischen Kräften auf die Erde. Die auf Erden, in den Tempeln, vollzogenen Riten sorgen dafür, daß die himmlischen Götter auf die Erde hinuntersteigen und ihre Bilder beseelen, so daß, im Falle eines unablässig vollzogenen Kults, die Götter in Ägypten eine Art ständigen Wohnsitz nehmen und Ägypten auf diese Weise zum „Tempel der ganzen Welt“ *(templum totius mundi)* machen. Weil der ägyptische Kult das Göttliche vom Himmel auf die Erde „überträgt“ und „herabführt“, wird ganz Ägypten zu einem Ort göttlicher Gegenwart, der sich zum Rest der Welt ebenso verhält wie ein Tempel zur profanen Umgebung. Für diese Beziehung zwischen den Göttern und dem Land bietet sich der Begriff der „Einwohnung“ an. Die Götter „wohnen“ im Himmel, aber sie wohnen kraft des Kults ihren Statuen „ein“. Es ist dies das in der Antike als *theourgia* bezeichnete Verfahren, die Gegenwart des Göttlichen im Kult mit den Mitteln der Kunst, des Ritus und vor allem der Sprache zu erzeugen, eine sakramentale Magie, die sich der die Welt durchwaltenden Verbindungen bedient, um das Verborgene zu vergegenwärtigen oder „präsentifizieren“.[7] Der neuplatonische Philosoph Jamblichos hat dieses Prinzip in seinem unter dem Titel *Die ägyptischen Mysterien* bekannten „Brief an Abammon“ detailliert beschrieben und philosophisch bzw. religiös gerechtfertigt.[8]

---

[5] Eine koptische Übersetzung von Kap. 21–29 ist in NHC VI.7 und VI.8 erhalten, s. J. P.MAHÉ, Hermès en Haute-Égypte, 150–272.
[6] *Corpus Hermeticum Deutsch*, Teil 1, 285 f.
[7] J. P. Vernant, *Présentification de l'invisible.*
[8] Jamblique, De Mysteriis, ed. E. des Places, Collection Budé, Paris 1989.

Die Vorstellung vom Statuenkult als einer „Herabholung" göttlicher Kräfte vom Himmel auf die Erde ist nun offenkundig nicht erst die Erfindung griechischen „Offenbarungszaubers" und neuplatonisch-hermetischer Mystik, sondern entspricht ziemlich genau spätägyptischer Kultpraxis und Theologie. Das hat vor allem Dieter Kurth in seinem Buch über den Edfu-Tempel herausgearbeitet.[9] Kurth bezeichnet den Tempel als „Treffpunkt der Götter". Im Tempel treffen sich zwei Formen göttlichen Wesens, die als *Ba* („Seele") und *Sechem* („Bild") bezeichnet und auf Himmel (Ba) und Erde (Bild) verteilt werden. Die Ba-Form des Gottes von Edfu ist die geflügelte Sonnenscheibe namens „Api". „Sobald Api an den Himmel gekommen ist an jedem Tage, um sein Abbild in seinem Sanktuar zu sehen, läßt er sich auf seiner Statue nieder; er vereinigt sich mit seinen (Relief-)Bildnissen, und sein Herz ist zufrieden in seiner Kapelle"[10]; „der prächtige Api leuchtet im Ostgebirge, damit er sich mit seinem Bild vereine in Edfu"[11]; „Dein Ba am Himmel verbindet sich mit seinem Bild, indem so der eine sich mit seinem Gegenstück vereint".[12]

Wollte man die Theologie dieser späten Texte auf eine bündige Formel bringen, dann könnte man sie eine „Theologie der Einwohnung" nennen. Sie basiert auf dem „theurgischen" Prinzip, mit den Mitteln der Sprache und des Rituals die fernen und verborgenen Mächte des Himmels, der Unterwelt, der Vergangenheit und der Zukunft im Hier und Jetzt des Tempels zur Einwohnung zu bringen. Dabei spielt die vertikale Achse, das Herabschweben des Ba vom Himmel auf das irdische Kultbild, die dominierende Rolle, so daß der Begriff *descensio* „Herabkunft" die Richtung dieser „Einwohnung" präzise erfaßt. Einwohnung, das ist der entscheidende Punkt, ist kein Dauerzustand, sondern Sache unausgesetzter Aufmerksamkeit und nicht nachlassender Bemühung. Der Tempel ist daher kein „ständiger Wohnsitz", sondern der Ort täglich wiederholter Ankunft und Zusammenkunft, eine Art „Schnittstelle" zwischen Himmel und Erde, Götter- und Menschenwelt. Der Begriff des „Wohnens" erscheint hier in einer dynamisierten und dramatisierten Form. Morgen für Morgen „kommt" der Gott „herab", „erblickt" und „betritt" sein Haus, „vereinigt" sich mit seinen Bildern, aber auch Nacht für Nacht „geht er zur Ruhe" und „schläft" in seinem Tempel.[13] Der Tempel ist niemals bar seiner Gegenwart und doch Ort seines ständigen Kommens. Die Pylontürme machen die vertikale Achse optisch sinnfällig; sie stellen die Verbindung zum Himmel her und werden in den Texten regelmäßig als *Achet*, der Sonnenauf- und Untergangsort zwischen Himmel und Erde, bezeichnet; hier „kommt" der Gott in Gestalt von Falke und Phönix[14], aber der ganze Tempel inklusive der in ihm vollzoge-

[9] D. Kurth, *Treffpunkt der Götter.*
[10] Text 2, Kurth, S. 81.
[11] Text 45, Kurth, S. 277.
[12] Text 25, Kurth, S. 175.
[13] Text 16, Kurth, S. 124.
[14] Text 45, Kurth, S. 276–280.

nen Riten erscheint als eine einzige Veranstaltung, um den Einstrom göttlicher Gegenwart nicht abreißen zu lassen.[15]

Wo es um die heiligen Tiere, z. B. den lebenden Falken, das heilige Tier von Edfu, oder den Apis-Stier, das heilige Tier von Memphis, geht, wird aus der Einwohnung Inkarnation. Der Gott inkarniert sich in einem heiligen Tier, das aufgrund seiner Form und Färbung vom Priester als solches erkannt wird, und begibt sich in solcher Inkarnation seiner Allmacht und Größe, wie sie etwa in den Hymnen gepriesen wird. Er fällt unter die Gesetze und Gefahren dieser Welt, vor denen ihn der sorgfältige und unablässige Vollzug mächtiger Riten zu schützen hat. Indem die Riten den inkarnierten Gott schützen, bewahren sie zugleich den König und das ganze Land vor Unheil, denn durch seine Inkarnation verbindet der Gott sein Schicksal mit dem des Landes. Durch die Inkarnation in heiligen Tieren und im König (beides hängt untrennbar zusammen[16]) sowie durch die Einwohnung in heiligen Bildern und Riten läßt sich das Göttliche sehr weit in die Menschenwelt ein, freilich nicht wie im Christentum, um sie zu „erlösen“, sondern einfach, um sie in Gang zu halten. Der „Einstrom göttlicher Gegenwart“ erscheint als eine Energie, die die Statuen belebt und im Falken (sowie im König) Fleisch wird.

Siegfried Morenz hat in seiner schon erwähnten *Ägyptischen Religion* die spätägyptischen Aussagen über die „Herabkunft“ der Gottheiten zu ihren Bildern zur Grundlage einer Rekonstruktion der ägyptischen Bildtheologie gemacht und dabei den Begriff der Einwohnung in den Mittelpunkt gestellt. So wie nach Bonnet ein Gott im anderen einwohnen kann, so wohnt er auch seinem Bilde ein. Seine Textbeispiele stammen sämtlich aus griechisch-römischen Tempelinschriften, z. B.

> Osiris … kommt als Geist (3ḫ),
> um sich mit seiner Gestalt in seinem Heiligtum zu vereinigen.
> Er kommt vom Himmel geflogen
> als Sperber mit glänzendem Gefieder,
> und die Bas der Götter zusammen sind mit ihm.
> Er schwebt als Falke herab auf sein Gemach in Dendera.
> Er erblickt sein Heiligtum …
> in Frieden zieht er ein in sein herrliches Gemach
> mit den Bas der Götter, die um ihn sind.
> Er sieht seine geheime Gestalt an ihren Platz gemalt,
> seine Figur auf die Mauer graviert;
> da tritt er ein in seine geheime Gestalt,
> läßt sich nieder auf seinem Bild *(sḫm)* …
> Die Bas der Götter nehmen Platz an seiner Seite.[17]

---

[15] Auch die jüdische Vorstellung von der „Einwohnung“ (Schechinah) und die christliche Vorstellung des Heiligen Geistes sind von dem Gedanken einer dynamischen, sich ereignenden Gegenwart geprägt.

[16] D. Kessler, Die heiligen Tiere und der König.

[17] H. Junker, *Stundenwachen*, S. 6; Morenz, *Ägyptische Religion*, S. 159. Zahlreiche weitere Stellen, vor allem aus Dendera, bringt Morenz auf S. 159–160.

In diesen späten Tempelinschriften haben wir es völlig eindeutig mit einer Bildtheologie zu tun, die der hermetisch-theurgischen Deutung des Kults als translatio und descensio genau entspricht. Die Götter kommen als Ba vom Himmel herab; alle Textstellen betonen die Vertikalität dieser Vereinigung.

Für die Vereinigung von Ba und Bild, also jenen Vorgang, den wir als „Einwohnung" umschreiben, benutzen diese Texte viele Verben wie *h3j* „herabkommen", *ẖnm* „sich vereinigen", *ḫnj* „herabschweben auf", *sm3*, „vereinigen", *snsn* „sich gesellen zu", *ʿq* „eintreten in".[18] Den letzteren Ausdruck benutzt auch das Denkmal memphitischer Theologie, um die Verbindung von Gott und Götterbild zu beschreiben: Ptah, so heißt es,

> schuf die Götter, machte die Städte,
> gründete die Gaue, setzte die Götter auf ihre Kultstätten,
> setzte die Opfereinkünfte fest, gründete ihre Kapellen,
> machte ihren Leib so wie sie es wünschten.
> Und so traten die Götter ein in ihren Leib
> aus allerlei Holz, allerlei Mineral, allerlei Ton
> und allerlei anderen Dingen, die auf ihm wachsen.[19]

Morenz möchte die Wendung *sw ʿq* im iterativen Sinne verstehen: „Und so treten die Götter (immer wieder) in ihren Leib ein", und „in vollem Sinne für unser Anliegen in Anspruch nehmen", nämlich für die Frage nach der Verbindung von Gott und Bild im Sinne einer temporären, immer aufs neue eingegangenen Einwohnung. Im gleichen Zusammenhang stellt Morenz auch die Frage nach dem Alter dieser Vorstellung. Die Tempeltexte stammen aus der griechisch-römischen Zeit, und auch die Schabaka-Inschrift ist nicht sehr viel älter (um 715 v. Chr.). Bei allen Vorbehalten, die Morenz schon damals an der konventionellen Frühdatierung des Denkmals memphitischer Theologie für angebracht hielt, möchte er doch für einen Ansatz in die 5.–6. Dynastie plädieren. Dem wird man heute nicht mehr folgen wollen. Daher stellt sich die Frage aufs neue: wie alt ist die Vorstellung einer (vertikalen) Einwohnung der Gottheit in ihrem Bilde, und wo kommt sie her?

2. Die Formel *sẖm m ḏ.t*

In meiner Arbeit an ägyptischen Totenliturgien bin ich mehrmals auf Motive gestoßen, die mich an Formen des spätägyptischen Tempelkults erinnerten. Das eine ist die Sitte, vor der Beisetzung die Mumie des Verstorbenen im Vorhof des Grabes „für Re aufzustellen", also der Sonne auszusetzen und gewissermaßen mit Sonnenlicht aufzuladen, bevor sie dann in der Dunkelheit

[18] Eschweiler, a. a. O., 288 hat die hier verwendeten Termini für „Einwohnung" tabellarisch zusammengestellt.
[19] Denkmal memphitischer Theologie 59 f.; Morenz, 162.

der Sargkammer zur Ruhe gebettet wird.[20] Das erinnert an den Ritus der „Vereinigung mit der Sonne" *(ḫnm jtn)*, bei dem am Neujahrstag die Götterbilder aufs Tempeldach getragen und dem Sonnenlicht ausgesetzt werden.[21] Außerdem ist in diesem Ritus der Gedanke einer vertikalen Kommunikation im Sinne von „translatio" und „descensio" schon sehr ausgeprägt vorgebildet, geht es doch darum, die belebende und beseelende „Sonnenenergie" durch den Ritus der Bestrahlung von oben auf die Erde herunter zu ziehen und in der Mumie bzw. der Statue zu versammeln.

Das andere Motiv ist der Wunsch, der Verstorbene möge kommen und sich „seines Leibes *(ḏ.t)* bemächtigen", womit meines Erachtens die temporäre Einwohnung des Verstorbenen bzw. seines Ba in seiner Statue gemeint ist. So heißt es z. B. in einem sehr verbreiteten Spruch, der rezitiert wird, um den Toten zum Empfang des Totenopfers herbeizurufen:

> Bist du in den südlichen oder nördlichen,
> westlichen oder östlichen Stätten?
> Dann mögest du in Frieden kommen,
> mögest du Macht haben über deinen *ḏ.t*-Leib.[22]

Dieser Spruch, auf den ich in meinem Beitrag zur Festschrift für R. Stadelmann näher eingegangen bin[23] und den ich daher hier nicht nochmals im einzelnen behandeln möchte, kommt auch im Götterkult vor, und zwar im Zusammenhang jenes Rituals, das früher als „Ritual für Amenophis I." bekannt war. N. Tacke hat in seiner noch unveröffentlichten Berliner Dissertation dieses Ritual in einer neuen Edition vorgelegt und als das verbindliche Opferritual des Neuen Reichs gedeutet.[24] Dort lauten die Verse folgendermaßen:

> Bist du im Süden oder Norden,
> Westen oder Osten?
> Komm, mögest du mit mir zufrieden sein,
> mögest du durch mich Macht gewinnen über deinen *D.t*-Leib,
> Mögest du hervortreten, indem du verklärt bist als Re,
> indem du mächtig bist und vollkommen als Gott.[25]

Mit der Formel *sḫm m ḏ.t=k* „du sollst über deinen Kultleib verfügen" wird der Gott bzw. der Verstorbene offenbar aufgefordert, seinem Kultbild „einzuwohnen".

---

[20] S. hierzu J. Assmann, M. Bommas, Totenliturgien I, 489 f.

[21] M. Alliot, *Edfou* I, 353 ff.

[22] TT 353 § 29; P. Dorman, *Tombs of Senenmut*, 110 f. Tf. 79. Viele Varr., s. dazu Totenliturgien II (im Druck), NR 1.1.

[23] Ort des Toten, 235–245.

[24] Der Begriff „Opferritual" und die Unterscheidung zwischen „Kultbild-" und „Opferritual" geht auf D. Arnold, Wandrelief und Raumfunktion, S. 9, zurück. Diese Terminologie ist insofern unglücklich, weil auch das Opferritual vor dem Kultbild vollzogen und daher ebenfalls ein „Kultbildritual" ist.

[25] N. Tacke, Opferritual Bd. 2, II § 36.

Im Opferritual des Neuen Reichs bildet der Text, aus dem diese Verse stammen, mit einem anderen Spruch zum „Bringen des Herzens“[26] zusammen einen einzigen Spruch mit dem Titel „Das Herz des Gottes zu ihm bringen“. Da dieser Spruch im Kontext des Rituals vor dem Statuenschrein zu rezitieren ist, ergibt sich vollkommen eindeutig, daß es um die Beseelung der Statue (mit dem Herzen) und um die Einwohnung des Gottes in ihr geht. N. Tacke konnte sogar Argumente dafür beibringen, daß im Opferritual dieser Spruch vor geschlossenen (aber nicht verriegelten und versiegelten) Schreintüren zu rezitieren ist. Vorher geht der auch aus dem Mundöffnungsritual bekannte Spruch zum „Bringen des Türflügels vor den Gott“, was Tacke wie Otto[27] zu Recht als Schließen des Türflügels deuten. Nach Tackes Deutung war der Augenblick der Einwohnung des Gottes in der Statue zu heilig, um im Anblick der diensttuenden Priester vor sich zu gehen. Hauptthema dieses vorhergehenden Spruchs ist die Umarmung zwischen Osiris und Horus, die zweimal erwähnt wird. Dabei handelt es sich um die „sakramentale Ausdeutung“[28] der schützenden Umfangung der Statue durch den Schrein: „Die Statue ruht in der Kapelle wie Horus in den Armen seines Vaters. Die Statue ist Horus, die Kapelle ist Osiris.“[29] An diese Umarmung (Spruch 35) schließen sich dann in Spruch 36 sehr sinnvoll die Motive der Einwohnung (*sḫm m ḏ.t*) und Beseelung (Bringen des Herzens). Der Vorgang der Einwohnung wird also ägyptisch mit der Formel *sḫm m ḏ.t* „sich seines Leibes bemächtigen“ ausgedrückt, wobei *ḏ.t* die prägnante Bedeutung „Kultleib“ im Sinne von „Kultbild“ hat. Schon R. Anthes hatte für *ḏ.t* die Bedeutung „Kultleib“ vorgeschlagen.[30]

Wenn Tacke mit seiner Rekonstruktion und Interpretation des Ritualablaufs recht hat, dann wird die Szene der Einwohnung mit einem regelrechten Ritus der „Auswohnung“ abgeschlossen. Dabei wird zum Gott gesagt: „Mögest du herauskommen aus der Umarmung deines Vaters Osiris.“[31] Die in Spruch 35 eingegangene Umarmung wird also in Spruch 42 explizit wieder aufgelöst. Die Einwohnung des Gottes im Kultbild wird also als „Umarmung“ des Bildes durch den Schrein rituell dargestellt. In einer erst auf einem spätzeitlichen Ritualpapyrus belegten, aber vermutlich wesentlich älteren Totenliturgie[32] wird das Motiv der Umarmung explizit mit der Wendung *sḫm m ḏ.t=f* „seines *ḏ.t*-Leibes mächtig werden“ verbunden:

Oh Osiris Chontamenti,

[26] = NR. 1.4 in meiner Edition ägyptischer Totenliturgien.
[27] E. Otto, *Mundöffnungsritual*, Band II, 168 f.
[28] S. hierzu J. Assmann, Tod und Jenseits, 453–467.
[29] Otto, a. a. O., 169.
[30] R. Anthes, *Namen und im Sonnenlicht*, bes. 1 f. Vgl. auch Ders., *Mythologie*, bes. 9, sowie J. Assmann, *Liturgische Lieder*, 310 f. Anm. 47.
[31] Spruch 42, „Libation vor Re“.
[32] Papyrus BM 10081, col. 29.

dein Sohn Horus hat dich umarmt,
damit der Gott seines Leibes mächtig sei.[33]

Die Umarmung des Osiris durch Horus – Umarmung ist eine reziproke Handlung, bei der es nicht darauf ankommt wer wen umarmt, sondern daß einer in den Armen des anderen ist – verhilft als Beseelungsgestus dem Verstorbenen zur Verfügung über seinen Kultleib.

In Spruch 690 der Pyramidentexte, der zu einer anderen, auf Särgen des Mittleren Reichs und in spätzeitlichen Ritualpapyri recht verbreiteten Totenliturgie gehört[34], kommt die Wendung *sḫm m ḏ.t* „über den Kultleib verfügen" nicht weniger als sechsmal vor. Der Spruch beginnt mit den Versen:

2092 a Osiris erwacht, der müde Gott ermuntert sich
2092 b der Gott steht auf, der Gott gewinnt Macht über seinen Leib.
2093 a NN erwacht, der müde Gott ermuntert sich,
2093 b der Gott steht auf, der Gott gewinnt Macht über seinen Leib.

Ähnlich dann nochmals weiter unten:

2105 b Der Gott wird losgebunden, der Gott gewinnt *sḫm*-Macht
über seinen Leib;
2105 c NN wird losgebunden, NN gewinnt *sḫm*-Macht über seinen Leib.

Man würde bei diesen Stellen nicht unbedingt an die Einwohnung des Toten im Kultbild denken, ebensowenig wie bei den folgenden:

2096 a Möge Geb dich leiten
indem du *b3*-mächtig bist als Gott,
indem du geehrt bist als Gott,
2096 b indem du *sḫm*-mächtig bist über deinen Leib wie der Gott
2096 c als *b3*-Macht an der Spitze der Lebenden
2096 d und als *sḫm*-Macht an der Spitze der Verklärten.

Hier geht es um den Status des Toten, zu dem Geb ihm verhilft. In der letzten Stelle geht es um den Himmelsaufstieg:

Mögest du aufsteigen zum Himmel,
2116 b möge der Himmel dich gebären wie Orion.
Mögest du *sḫm*-mächtig sein über deinen Leib,
2116 c mögest du dich schützen vor deinem Feind.

Mit dem letzten Vers wird gesagt, daß der seines Leibes mächtige Osiris Chontamenti/NN sich selbst zu schützen vermag und von Horus unabhängig geworden ist. All das hat mit dem Motiv der „Einwohnung" scheinbar wenig zu tun. Der Spruch schließt aber mit einer auch sonst in Schlußtexten belegten Formel, die sich am sinnvollsten als die Aufforderung an den Toten deuten läßt, sich zur Entgegennahme der Totenopfer in der Grabstatue zu verkörpern:

[33] SZ. 3 Spruch 14, s. Ägyptische Totenliturgien III (in Vorber.).
[34] SZ. 2, Spruch 19.

2119 Oh Osiris NN,
mögest du mit deinem Leib bekleidet sein, wenn
du zu mir kommst!

Der Zusammenhang zwischen dieser abschließenden Aufforderung „Lege deinen Leib an" und der Formel *sḫm m ḏ.t* ergibt sich klar aus PT 537 § 1300 c, wo es heißt:

> Mögest du über deinen Leib Macht gewinnen,
> indem du mit deinem Leib bekleidet bist.

Auch die Totenliturgie PT Sprüche 220–224 var. 225, in der die Formel von der Verfügung über den *ḏ.t*-Leib zum erstenmal auftritt[35], schließt mit der gleichen, hier viermal zu wiederholenden Aufforderung, mit der auch PT 690 endet:

§ 221 = § 224 Schütze deine Kinder, hüte dich
vor jener deiner Grenze in der Erde!
Viermal zu sprechen:
Bekleide dich mit deinem Leib, wenn du zu ihnen kommst!

Die Wendung „jene deine Grenze, die in der Erde ist", will Sethe auf das Grab beziehen, „das der Körper nicht verlassen kann".[36] Im gleichen Sinne versteht Sethe auch die Aufforderung *wnḫ ḏ.t=k* (var Pyr 224d: *wnḫ.tj ḏ.t=k*) dahingehend, der körperlos gewordene Tote habe nur noch „sein Wesen, sein Selbst" anzuziehen, und fragt: „Setzt das etwa Beisetzung ohne Mumifikation voraus?" Wenn wir den Ausdruck *ḏ.t* dagegen auf die Statue als steinernen „Kultleib" des Verstorbenen beziehen, ergibt sich ein wesentlich besserer Sinn. Diesen Leib soll er „anziehen"[37], wenn er zum Empfang der Opfergaben erscheint.

Im Neuen Reich kommen diese Verse als Abschluß einer Totenliturgie vor, in der es vollkommen eindeutig um die Darbringung von Speiseopfern, also das totenkultliche Opferritual geht. Der Spruch ist als „Spruch zum Eintreten zur Umwendung des Opfers" überschrieben und schließt mit folgenden Sätzen[38]:

> Hüte dich vor deiner Grenze, die in der Erde ist.
> Kleide dich in deinen *ḏ.t*-Leib, wenn er zu dir kommt!
> Das Opfer umwenden.

Meine These ist, daß wir es bei den Formeln von der „Verfügung über den *ḏ.t*-Leib" und dem „Anlegen des *ḏ.t*-Leibes" um ägyptische Äquivalente für den Begriff der Einwohnung zu tun haben. Über seinen *ḏ.t*-Leib verfügen heißt

---

35 PT 222 § 211 a: *sXm.k m Dt.k nj jm rd.k*, „Mögest du über deinen Leib Macht gewinnen, ohne daß du behindert wirst."

36 *Übersetzung und Kommentar* I, 171 f.

37 Für weitere Belege dieser Formel s. Ägyptische Totenliturgien Band III, SZ. 2 Spruch 19 § 38.

38 NR. 1.5: TT 100, Davies, Rekh-mi-Re, Tf. 104.

„seinem Kultbild einwohnen". Die zugrundeliegende Konzeption geht auf die Pyramidentexte des AR zurück und wurzelt im königlichen Totenkult. Von hier hat sie sich dann mit dem Untergang des Alten Reichs nach unten, auf den nichtköniglichen Totenkult, und, wenn man so will, „nach oben", auf den Götterkult ausgedehnt.

Der königliche Totenkult des Alten Reichs beruht auf der Gegenüberstellung von Oben und Unten. Der König entfernt sich zum Himmel, sein Bild ist auf der Erde. So gründet sich die kultisch hergestellte Verbindung auf einer vertikalen Beziehung von Himmel und Erde. Die vertikale Achse bestimmt auch die Motive einer „Einwohnung" des Sonnengottes in bestimmten Bildern und Gestalten der Unterwelt, die P. Eschweiler aus den königlichen Totentexten des Neuen Reichs, den Unterweltbüchern, zusammengestellt hat und als Vorstufe für die Bildterminologie der Spätzeittempel verstehen möchte.[39] Vor allem aber bringt die Vorstellung von der nächtlichen Vereinigung des Ba mit dem Leichnam, wie sie vom MR an dem allgemeinen Totenglauben zugrunde liegt, eine vertikale Achse in die ägyptische Totenreligion.[40] So möchte ich die eingangs gestellte Frage nach Herkunft und Alter der Vorstellung von einer Einwohnung der Gottheit im Bild wie folgt beantworten: Die Idee stammt aus dem Totenkult und geht dort bis auf das Alte Reich zurück.

Auf die Herkunft aus dem königlichen Totenkult verweist auch das Begriffspaar Ba/Sechem, das in der spätägyptischen Bildtheologie eine so zentrale Rolle spielt. Die Gottheit kommt als Ba vom Himmel herab, um ihrem Sechem genannten Bild einzuwohnen. Der Sinn dieser Begriffe läßt sich im Licht von Untersuchungen H. Roeders zu den beiden Kronen des ägyptischen Königtums noch differenzierter fassen.[41] Roeder bestimmt ‚Ba' als einen primär magisch-religiösen, ‚Sechem' dagegen als einen primär politischen Machtbegriff. Durch seinen Ba übt der König (magische) Macht über Leben und Tod sowie Diesseits und Jenseits aus, und mit seinem Sechem herrscht er über Untertanen und „gegen" Feinde. Roeder meint auch, daß diese Dichotomie, eher als die geographische Unterscheidung von Ober- und Unterägypten, der Symbolik der weißen (= sechem = Herrschaft) und roten Krone (= Ba = Zauber) zugrunde liege. Die rote Krone symbolisiert dieser Theorie nach die „Ba"-Macht des Königs, mit dem Jenseits, den Geistern und Göttern in Verbindung zu treten, die weiße Krone dagegen die „Sechem"-Herrschaft, die er „über" seine Untertanen und „gegen" seine Feinde ausübt. In der *sḫm-m-ḏ.t*-Formel, die ich als das eigentliche ägyptische Äquivalent unseres Begriffs ‚Einwohnung' deuten möchte, tritt *sḫm* als Verb auf. Nach ägyptischer Vorstellung „wohnt" der Verstorbene bzw. der Gott dem Bild als seinem Leib nicht „ein", sondern „bemächtigt" sich seiner. Der Machtbegriff *sḫm* bezieht sich, wie H.

---

[39] Eschweiler, a. a. O., 288 f.
[40] Tod und Jenseits, 128–131.
[41] Vgl. bes. Zauber der Roten.

Roeder gezeigt hat,[42] häufig auf Handlungen der herrscherlichen Inbesitznahme. In diesem Sinne geht es hier um die Inbesitznahme des *ḏ.t*-Leibes.

Was ergibt sich nun aus dieser Deutung für das Verständnis der ägyptischen Kunst? Es geht um das Verhältnis zwischen Bild und Gott bzw. Verstorbenem. Jedes Bild, sofern es in einem kultischen Rahmen steht, kann einem unsichtbaren, das heißt ba-haften Wesen als dessen *ḏ.t*-Leib zur „Verfügung" *(sḫm)* stehen, so daß das Bild in der Gegenüberstellung mit dem ihm als seinem Körper einwohnenden Ba geradezu *sḫm* „Verfügungs- oder Machtbild" genannt werden kann. Das Bild bildet nicht den Körper oder die Gestalt eines Gottes oder Toten ab, sondern *ist dieser Körper.* Jedes Bild ist potentiell der Körper eines ihm einwohnenden Gottes oder Toten. In seiner eingangs genannten Arbeit hat Peter Eschweiler diese besondere Beziehung zwischen dem Bild und dem Abgebildeten mit einem von J. P. Vernant geprägten Begriff[43] als „Präsentifikation" bezeichnet.[44] Hier geht es nicht um die Nachahmung einer sichtbaren Erscheinung, sondern um die Sichtbarmachung des Unsichtbaren. Das ägyptische Bild strebt nicht „Mimesis" an, die möglichst täuschende Ähnlichkeit zur sichtbaren Wirklichkeit, sondern eine präsentifikatorische Verbindung zur unsichtbaren Wirklichkeit. In dieser präsentifikatorischen „potentia" liegt die magische Kraft *(ḥk3)* des Bildes.[45] Das entspricht vollkommen der hier vorgeschlagenen Unterscheidung zwischen „Bild des Körpers" und „Körper". Wir dürfen aber nicht vergessen, daß die ägyptischen Texte nie von einer präsentifizierenden Energie der Bilder, sondern immer nur von einer einwohnenden Bewegung der Gottheiten sprechen. Nicht das Bild „vereinigt" sich mit der Gottheit, sondern umgekehrt: die Gottheit vereinigt sich mit ihrem Bild. Dafür kommt es darauf an, daß der Gottheit ihr Bild „gefällt". Im Denkmal memphitischer Theologie heißt es ja explizit, daß Ptah die Leiber der Götter „machte, wie sie es wünschten". Irgendeine Form von Mimesis, Angleichung, Entsprechung ist hier durchaus im Spiel, wenn nicht an das Aussehen, dann an die „Wünsche" der Götter. Das Bild ist ein Angebot an die Unsichtbaren, ihm einzuwohnen, und das Angebot wird um so eher angenommen, als das Bild zur Gottheit in einer den Wünschen der Götter und Toten entsprechenden Beziehung steht.

Im Totenkult ist die Statue ein Medium, um auch nach dem Tod auf Erden präsent zu bleiben, mit den Lebenden in Kontakt zu treten und die Opfergaben in Empfang zu nehmen. Das im Mittleren Reich aufkommende Institut der Tempelstatue weitet diese Funktionen auf die Götterwelt aus: jetzt wird die Statue zum Medium einer besonderen Gottesnähe. In Gestalt ihrer Statue sind die so Ausgezeichneten der Gottheit nahe, atmen den Weihrauch, hören die

---

[42] *Mit dem Auge sehen. Studien zur Semantik der Herrschaft in den Toten- und Kulttexten*, Heidelberg 1996.

[43] *Présentification de l'invisible.*

[44] Eschweiler, Bildzauber, 293–297.

[45] Vgl. hierzu auch Kap. 4.

Hymnen und nehmen an den Festen teil. Der für Tempelstatuen übliche Typus der „Würfelstatue“ dient geradezu als Ideogramm oder Determinativ des Wortes *ḥsjj* „Gelobter“, das den Status eines Verklärten bezeichnet, der vermittelst einer Tempelstatue ewige Gottesnähe genießen darf. Aber auch hier geht es, wie aus Inschriften auf solchen Statuen hervorgeht, vor allem um das Entgegennehmen von Opfergaben. Auch die Tempelstatue dient der Sicherung seiner nachtodlichen Versorgung und als ein Medium für den Ba, mit den Lebenden in Verbindung zu treten, an der Opferspeisung des Gottes („was aus der Gegenwart hervorkommt“) teilzuhaben und die ihr dargebrachten Opferspenden entgegenzunehmen.

Dieses Verhältnis des Verstorbenen zu seiner Statue und zu seinem Ba wird am klarsten formuliert in der Inschrift eines Naophors im BM (19. Dynastie) mit der Anrede eines Mannes an seine Statue[46]:

Statue, du bist vor den Herren des Heiligen Landes!
Gib dich als Erinnerung[47] an meinen Namen im Hause der Herren von Ta-wer.
Du bist hier für mich da in der Kapelle(?).[48]
Du bist mein wahrer Leib!
So spricht der Ka des N.

Statue, mögest du fest gegründet sein für meinen Namen,
indem du beliebt bist bei[49] den Herren.
Mögen die Rechit dir ihre Arme ausstrecken
mit edlen Blumensträußen.
Mögen dir Libationen und Weihrauch dargebracht werden
von dem, was dein Herr übrigläßt.
Dann wird der Ba eilends kommen,
um mit dir zusammen die Opferbrote zu empfangen.

---

[46] BM 1377, K. Kitchen, *RI* III, 137; M. L. Bierbrier, *Hieroglyphic Texts* X, Taf. 49–51.

[47] Die Stelle ist nicht ganz einfach. Möglich wäre auch, den Arm nicht als Teil von *jm* „gib“, sondern als Schreibung von *Dj* „geben“ zu lesen: „Gib, daß gegeben wird (nämlich ein Opfer) in der Erinnerung an meinen Namen.“

[48] Das unbekannte Wort *jnh.t* ist mit einem länglichen Zeichen determiniert, das einen Schrein darstellen könnte.

[49] *Hr* heißt eigentlich „wegen“, was hier wenig sinnvoll scheint.

Sechstes Kapitel

Tod und Initiation im altägyptischen Totenglauben

1. Einführung

Der Gedanke, Riten und Vorstellungen des ägyptischen Totenglaubens im Licht des allgemeinen religionswissenschaftlich-ethnographischen Initiationsthemas zu interpretieren, ist nicht neu.[1] Vor fünfzig Jahren hatte Siegfried Morenz in seiner schönen Studie über den ägyptischen Hintergrund der Zauberflöte[2] einen zentralen Aspekt der ägyptischen Bestattungszeremonien als eine Art priesterlicher Einweihung ins Totenreich gedeutet, und zwanzig Jahre später konnte sein Schüler R. Grieshammer diese allgemeine Hypothese anhand eines zentralen Details, des Unschuldsbekenntnisses im Totengericht, konkretisieren.[3] Das Unschuldsbekenntnis des Totenbuchs hat enge Parallelen in einem in griechischer Sprache überlieferten Priestereid aus Ägypten. Das legt die Deutung nahe, daß die Einführung ins Priesteramt den ursprünglichen Sitz im Leben des entsprechenden Totenbuchkapitels 125 darstellt. In meinem Buch *Ma'at*[4] habe ich selbst mich dieser Deutung angeschlossen. Wir alle haben manche Kritik dafür hinnehmen müssen, daß wir uns über die Chronologie hinweggesetzt und einen erst in griechischer Sprache erhaltenen Text zur Deutung eines Totenbuchkapitels herangezogen haben, das anderthalb Jahrtausende früher belegt ist. Inzwischen hat aber Joachim F. Quack in den von ihm als *Buch vom Tempel* herausgegebenen Fragmenten eines umfangreichen Tempelhandbuchs das ägyptische Original des griechischen Priestereides ausfindig machen können und damit dieser Kritik den Boden entzogen. Das Buch vom Tempel ist auf hieratisch geschrieben und in reinem Mittelägyptisch verfaßt. Quack datiert den Text ins Mittlere Reich. So weit würde ich selbst zwar nicht gehen wollen, aber die Institution des Priestereides und seine dem Totenbuch-

[1] Dieser Beitrag erschien zuerst 1983 in einer Festschrift zum 75. Geburtstag von Mircea Eliade. Er nimmt Bezug auf Eliades Buch *Naissances Mystiques* (1958), in dessen Vorwort Eliade ein Werk über „mort et initiation" sowie eine „mythologie de la mort" ankündigt.

[2] S. Morenz, Zauberflöte.

[3] R. Grieshammer, *Sündenbekenntnis.* Von der dort angeführten weiteren Literatur sind besonders wichtig die Beiträge von R. Merkelbach: *Priestereid und Totenbuch*; Ders., *Priestereid*, sowie ferner Ders., Unschuldserklärungen.

[4] J. Assmann, Ma'at, 5. Kap.

kapitel 125 so verblüffend ähnelnde Formulierung ist dadurch auf jeden Fall für die klassischen Perioden der ägyptischen Geschichte nachgewiesen.[5] Seitdem wissen wir, daß die Einführung ins Priesteramt in Ägypten in einem entscheidendem Aspekt, der priesterlichen Reinigungsbeichte, das Vorbild abgab für die Einführung ins Totenreich.

1956 hatte Alfred Hermann in seinem Aufsatz über „Zergliedern und Zusammenfügen" auf zahlreiche religionsgeschichtliche Parallelen aus Initiationsritualen aufmerksam gemacht, die sich sowohl zu einer wenn auch nur sporadisch belegten frühägyptischen Bestattungssitte als auch zu dem freilich erst sehr viel später belegbaren Mythologem von der Zerstückelung des Osiris-Leichnams beibringen lassen.[6] Wiederum gut zwanzig Jahre später hat G. R. H. Wright, offenbar ohne Kenntnis von Hermanns Arbeit, dieselbe These noch einmal vertreten, nun freilich unter ausgiebigem Rekurs auf das inzwischen von Mircea Eliade zusammengetragene und interpretierte Material.[7] Er postuliert einen funerären Ursprung der schamanistischen Initiationsriten, die an dem Vorbild antiker Bestattungszeremonien orientiert seien. In dieser These konvergieren die bisherigen Beiträge zum Thema, während die durch Grieshammers Ergebnisse nahegelegte gegensinnige Frage nach Initiationsriten, die dem ägyptischen Totenglauben als Vorbild dienten, bislang nur mit äußerster Zurückhaltung behandelt wurde.[8] Bei einem Fach, das sich fortwährend zur Wehr setzen muß gegen die Übergriffe einer „littérature d'initiés" theosophischer, anthroposophischer und anderer Observanz, mag diese Zurückhaltung verzeihlich sein. Das ist wohl auch der Grund dafür, daß bisher nur in kleinsten Ausschnitten in den Blick gekommen ist, was sich dem für diese Zusammenhänge erst aufmerksam Gewordenen als ein geradezu unabsehbares Feld darstellt. Auch der folgende Beitrag kann es in keiner Weise ausmessen, sondern verfolgt nur das bescheidene Ziel, auf einige weitere Zusammenhänge aufmerksam zu machen.

Unter dem speziellen Gesichtspunkt der Initiation wollen wir uns mit einigen Ausprägungen beschäftigen, die die allgemeine Idee des Übergangs von dieser in jene Welt in den ägyptischen Totentexten erfahren hat. Diese Totentexte sind vor allem unter dem Namen des ägyptischen „Totenbuchs" be-

---

[5] Vgl. dazu vorläufig J. F. Quack, *Buch vom Tempel.*

[6] A. Hermann, *Zergliedern und Zusammenfügen.*

[7] G. R. H. Wright, *Sparagmos.* Vgl. M. Eliade, Schamanismus (Anm. 1), 470, s. v. Initiationszerstückelung. B. Gladigow, *Unsterblichkeit und Moral,* stellt das Zerstückelungsmotiv in einen weit über die Initiationsthematik hinausreichenden Zusammenhang und verfolgt seine Linien sowohl zurück zu ursprünglichen Jagdritualen als auch abwärts zu entwickelten Unsterblichkeits- und Moralvorstellungen.

[8] Über die Arbeit von Morenz (S. Morenz, Zauberflöte) hinaus, die als durchaus repräsentativ gelten kann, vgl. noch H. Bonnet, Reallexikon, 494–496; J. Gw. Griffiths, in: LÄ IV, 276 f. Besonders zurückhaltend äußert sich C. J. Bleeker, *Initiation,* der allerdings keinen einzigen der Befunde diskutiert, auf der unsere Studie basiert.

kannt.[9] Das Totenbuch ist eine späte Kanonisierung von Sprüchen, die seit Beginn des 16. Jahrhunderts v. Chr. (des „Neuen Reichs") in wechselnder Zusammenstellung auf Papyrusrollen den Toten ins Grab beigegeben werden. Eine ganze Reihe von ihnen findet sich in einer älteren und in der Regel besseren Fassung Jahrhunderte früher auf Särgen des „Mittleren Reichs" (2150–1750), wo sie zusammen mit sehr vielen anderen Sprüchen das Corpus der „Sargtexte" bilden.[10] Von diesen Sargtexten geht wiederum ein Grundbestand bis ins „Alte Reich" zurück, wo er zusammen mit anderen, aus der weiteren Tradition verschwundenen Sprüchen, seit der ausgehenden 5. Dynastie (ca. 2450 v. Chr.) zur Beschriftung der königlichen Bestattungskammern verwendet wird.[11] Diese „Pyramidentexte" stellen das älteste größere Corpus religiöser Texte dar, das sich in der Geschichte der Menschheit erhalten hat. Neben diese „Totenliteratur", die den Toten ins Grab mitgegeben wurde, um sie für ihre jenseitige Existenz mit dem erforderlichen Vorrat an Wissen auszustatten, und die als „esoterisch" gelten muß in dem Sinne, daß sie in ihrer Endbestimmung an für sterbliche Augen unzugänglichen Orten aufbewahrt und damit jeder Art von literarischer Kommunikation entzogen wurde, tritt in einem im Laufe der Zeit an Bedeutung zunehmendem Umfang eine „exoterische" Jenseitsliteratur in Form der an für Besucher zugänglichen Orten aufgezeichneten Grabinschriften und Bilder. Beide Arten von Quellen werden wir unserer Darstellung zugrunde legen, dabei aber nur, wo es nötig ist, auf ihre Zugehörigkeit zur einen oder anderen Gruppe verweisen, weil gerade in den Ausprägungen der Übergangsidee die beiden Gruppen wenig divergieren.

Die allen konkreten Ausgestaltungen zugrunde liegende Idee des „Übergangs" ist ontischer Natur: Sie denkt den vom Toten zu vollziehenden Übergang als Transformation von einem Seinszustand in den anderen. Für diesen anderen Seinszustand hat die ägyptische Sprache ein Wort: *3ḫ* (ach), das wir gewöhnlich mit „Verklärtheit" und „Verklärter" wiedergeben. Die Grundbedeutung der Wurzel *3ḫ* ist „Licht", „Glanz", „Strahlung".[12] Die Femininableitung *3ḫt* (achet) bezeichnet den himmlischen „Lichtort", an dem die Sonne auf- und untergeht und zugleich den Ort der „Verklärten", an den sie nach dem Tode gelangen. „Lichtort" heißt im Alten Reich auch das Pyramidengrab des Königs, so daß dessen Beisetzung seinen Himmelsaufstieg präfiguriert

---

[9] Deutsche Übersetzung: E. Hornung, Totenbuch, mit Einleitung, Kommentar und Bibliographie.

[10] Edition: A. de Buck, Coffin Texts. Neueste Übersetzung von R. O. Faulkner, Coffin Texts.

[11] Edition: K. Sethe, Pyramidentexte. Neueste Übersetzung: R. O. Faulkner, Pyramid Texts.

[12] Anders Jansen-Winkeln, *„Horizont" und „Verklärtheit"*, der zwischen den Wurzeln *3ḫ* „Macht" und *j3ḫ* „Strahlung" unterscheidet.

bzw. bedeutet.[13] Die ACH-Sphäre ist eine „mythische“[14] Welt von Bedeutungen, die im Laufe des Alten Reichs über einer älteren Welt konkreter Kultobjekte und Riten errichtet wurde.[15] Die Sprache ist die ausgezeichnete Form, die jenseitige Welt, der Bedeutungen in der diesseitigen Welt der symbolischen Objekte und Handlungen zur Erscheinung zu bringen und den Toten als ein Element der diesseitigen Welt in die jenseitige Welt zu versetzen. Der Ägypter bezeichnet diese Funktion der Sprache mit der Kausativableitung des Stammes *3ḫ* als *s-3ḫ* „verklären“. Auf diese bipolare Grundstruktur der ägyptischen religiösen Texte im allgemeinen und der „Totenliteratur“ im besonderen, der Beziehung zwischen einer diesseitigen Welt der Erscheinungen und einer jenseitigen Welt der Bedeutungen, werden wir im folgenden immer wieder zurückkommen. Auf dieser ontischen Distanz zwischen hier und dort, Erscheinung und Bedeutung, beruht der initiatorische und mysterienhafte Charakter der ägyptischen Totenreligion. Die Welt der Bedeutungen gilt als ein Wissen, in das er eingeweiht, eine kosmische Sphäre, in die er hinübergeführt und als ein Zustand, in den er versetzt wird. Die konkreten Ausgestaltungen und Veranschaulichungen dieser Passage wollen wir zur besseren Übersichtlichkeit einteilen in solche, denen ein primär räumliches („Übergang“) und solche, denen ein mehr biomorphes Modell („Wiedergeburt“) zugrunde liegt. Daß sich die beiden Typen nicht ausschließen, sondern im komplementären Sinne aufeinander beziehen und in den Texten vielfältig verbinden und überschneiden, bedarf keines Wortes, handelt es sich doch im Grunde um Metaphern einer als solche nicht darstellbaren und nicht formulierbaren ontischen Transformation.

2. Die „biomorphen“ Ausformungen der Transformation

Zergliederung und Zusammenfügen

Zergliederung des Leichnams ist in Ägypten sowohl archäologisch als Bestattungssitte belegt, als auch literarisch als ein durchaus zentrales Motiv der religiösen Vorstellungswelt. Beide Beleggruppen sind aber zeitlich weit voneinander getrennt und auch sonst schwer miteinander in Verbindung zu bringen. Die Be-

---

13 Vgl. den verbreiteten, ursprünglich gewiß königlichen Spruch zur Beisetzung: „Den Gott aufsteigen lassen zu seinem Lichtland …“. E. LÜDDECKENS, *Totenklagen*, der offensichtlich zu Anfang der Sinuhe-Erzählung (R 7) als Beschreibung einer königlichen Bestattung zitiert wird.

14 Den Begriff „mythisch“ verwende ich hier im gewöhnlichen ägyptologischen Sinne von „götterweltlich“, vgl. hierzu und zur Abhebung von einem Begriff des Mythischen im engeren Sinne, Kap. 2, 33–36.

15 S. SCHOTT, Mythe.

lege der Bestattungssitte[16] reichen von der frühdynastischen Zeit bis in den Anfang der 4. Dynastie, bilden aber auch in diesem Zeitraum immer die Ausnahme und beziehen sich wohl immer auf hochgestellte Persönlichkeiten. Die Sitte verschwindet im Maße der sich vervollkommnenden und allgemein durchsetzenden Technik der Einbalsamierung und Mumifizierung[17] und hat als deren Vorstufe zu gelten. Als literarisches Motiv erscheint der Gedanke der Leichenzerstückelung eindeutig und ausschließlich negativ besetzt[18]: als eine der Jenseitsgefahren, die es mit allen Mitteln abzuwenden gilt[19], oder als eine metaphorische Veranschaulichung der Ausgangs- und Mangelsituation, auf der die vielfältigen Wiederbelebungsriten des Totenkults im Sinne einer *restitutio ad integrum* aufbauen.[20] Der Gedanke der Zergliederung erscheint hier lediglich als die logische Voraussetzung von Handlungen, die sich als Zusammenfügung verstehen.

Im Zusammenhang des Osiris-Mythos erscheint das Motiv der Zerstückelung des Osiris-Leichnams in doppelter Funktion und Bedeutung, und entsprechend zweigleisig ist die Überlieferung. Seth hat seinen Bruder Osiris nicht nur getötet, sondern in einem zweiten Gewaltakt dessen Leichnam zerstückelt und ins Wasser geworfen. Soweit sind sich alle Lesungen des Mythos einig. Für die eine ist aber damit, genau wie in den Totentexten, nichts anderes als der äußerste, katastrophale Mangelzustand veranschaulicht, der nun zum Ausgangspunkt der restituierenden Handlungen werden kann, die die Heilung des Todes zum Ziel haben. Das Rearrangement der nach langer Suche wiedergefundenen Osirisglieder wird als Modell einer Heilung des Todes zum „mythischen Präzedenzfall“[21] der Einbalsamierung. Die Einbalsamierung und Mumifizierung wird im Licht dieses Mythos zur wiederbelebenden Restitution eines Leibes, der nicht etwa vorher rituell zerstückelt, sondern dessen vorgefundene Leblosigkeit mythisch als Zerstückelung gedeutet wird. Die Zerstückelung, die Auflösung einer belebten Einheit und Integrität, ist ein mythisches Bild für den Todeszustand selbst.[22] In der anderen Applikation derselben mythischen Episode handelt es sich um einen ätiologischen Mythos, der die Verbreitung von Osiris-Kulten in ganz Ägypten erklären soll. Das Wasser hat die Glieder des

---

16 S. das Einzelne bei A. Hermann, *Zergliedern und Zusammenfügen* (Anm. 6) und G. R. H. Wright, *Sparagmos* (Anm. 7).

17 Zur ägyptischen Mumifizierungstechnik s. A. R. David, Manchester Mummy Project; F. Janot, Instruments d'embaumement; sowie R. Germer, Mumien. Für unsere Fragestellung weiterhin maßgeblich bleibt die Darstellung von K. Sethe, Einbalsamierung.

18 Hierin ist J. Gw. Griffiths, Origin of Osiris, 51 ff., voll und ganz zuzustimmen.

19 Vgl. hierzu J. Zandee, Death as an Enemy, bes. 147 ff.

20 S. meine Deutung der Zerstückelungstopik in den ägyptischen Texten in: J. Assmann, *Neith*, 121–125, sowie Ders., Tod und Jenseits, Kap. 1. S. auch H. Beinlich, Osirisreliquien.

21 Zu diesem Begriff vgl. G. van der Leeuw, *Zauberformeln*; M. Eliade, *Kosmogonische Mythen*.

22 Vgl. J. Assmann, *Neith*, sowie jetzt Ders., Tod und Jenseits, Kap. 1.

Osiris-Leibes an vierzehn verschiedenen Stellen ans Land gespült, wo sie als Reliquien verwahrt und zum Zentrum von Osiriskulten wurden.[23]

Im Zusammenhang unseres Themas ist nur die erste Applikation des Osiris-Mythos von Bedeutung. Die Einbalsamierung, auf die sie sich bezieht, hat vielfache Beziehungen zu Initiationsmotiven. Denn sie versteht sich weniger als eine Konservierung des Leichnams denn als seine Transfiguration zu einem neuen Leib, der „mit Zauber gefüllt“ ist[24], dessen vergängliche Substanzen durch unvergängliche ersetzt sind[25] und der in die Mumienhülle in der Art eines magischen Gewandes gekleidet ist. Die Mumienhülle, ägyptisch *sʿḥ*, heißt zugleich „Adel“, „Würde“ und ist das äußere Kennzeichen des höheren Seinszustands, in den der Tote durch die Einbalsamierung überführt, initiiert worden ist. Sie wird im Laufe der Zeit als Stuck-Kartonnage und anthropoider Holzsarg immer aufwendiger dekoriert, wobei die dabei auftretenden Bildmotive und -programme eine ikonographische Ausformulierung derselben ACH-Sphäre darstellen, die in den Totentexten mit sprachlichen Mitteln vergegenwärtigt wird.

Wiedergeburt

Sarglegung als regressus ad uterum

Nach dem Prinzip der „Verklärung“ als der Korrelation einer Welt symbolischer Objekte und Handlungen und einer Welt jenseitiger Bedeutungen wird der Sarg als Leib der Himmelsgöttin und Muttergottheit und die Sarglegung dadurch als Himmelsaufstieg und Rückkehr zur Mutter *(regressus ad uterum)* „verklärt“.[26] In Ägypten ist der Himmel weiblich; wir haben es hier nicht mit „Mutter Erde“, sondern mit „Mutter Himmel“ zu tun. Die Himmelsgöttin ist die ägyptische Erscheinungsform der Großen Mutter. Das Entscheidende ist aber, daß nach ägyptischer Vorstellung die *Toten* die Kinder dieser All-Mutter sind. Die Kindschaft der Himmelsgöttin erwirbt man nur durch den Tod, dadurch, daß man in sie eingeht:

> „Die Mutter der Millionen, die Hunderttausende aufnimmt.“[27]

---

[23] H. Bonnet, Reallexikon (Anm. 8), 637 f. s. v. Reliquien; H. Beinlich, Osirisreliquien. Zur Bedeutung der Kulttopographie in der Osirisreligion s. J. Gw. Griffiths, a. a. O. (Anm. 18), 121 ff.

[24] Einige Belege für diese vor allem in den Sargtexten passim bezeugte Formel bei J. Assmann, Liturgische Lieder, Anm. 22.

[25] Vgl. ähnliche Motive bei der schamanistischen Initiationszerstückelung, s. M. Eliade, Schamanismus.

[26] S. hierzu A. Rusch, *Nut;* J. Assmann, *Neith;* Ders., *Muttergottheit;* Ders., Tod und Jenseits, Kap. 7; E. Hermsen, *Regressus ad uterum.*

[27] N. de Garis Davies, Tomb of Nefer-hotep, Tf. 55.

„Sie liebt das Eintreten, ihr Abscheu ist das Herauskommen;
das ganze Land sehnt sich danach, dort zu sein."[28]

„Ihre Mutter ist sie, die sie allesamt erschaffen hat:
sie gehen ein zu ihr insgesamt."[29]

„O Amme, zu der gut eintreten ist,
o du, zu der jedermann eingeht, Tag für Tag!
O Große Mutter, deren Kinder nicht entbunden werden!"[30]

Die Texte betonen die Unauflöslichkeit der Verbindung oder konkreter: der Umarmung, die der Tote bei der Sarglegung mit der Himmels-, Mutter- und Totengöttin eingeht. Trotzdem spielt auch der Gedanke der Wiedergeburt eine große Rolle. „Ich will dich gebären aufs neue, in Verjüngung", sagt die Himmelsgöttin zum Toten in einem jener zahlreichen Texte, mit denen fast jeder Sarg und fast jedes Grab in Ägypten beschriftet ist.[31] „Ich habe mich über dich gebreitet, ich habe dich wiedergeboren als Gott." Durch die Wiedergeburt wird der Tote zum Sterngott, zum Mitglied der Ach-Sphäre, zu einem neuen Wesen. Aber diese Wiedergeburt bedeutet keine „Ent-bindung", sie findet im Innern des Mutterleibes, des Sarges, des Himmels statt.[32] Die Konstellation des Toten mit der Muttergottheit, wie sie die Bilder und Texte im Sinne der Kindschaft und Wiedergeburt ausdeuten und aktivieren, ist kein Durchgangsstadium, sondern ewige, unveränderliche Grundlage des neuen Lebens auf höherer Seinsstufe. Indem die als ein regressus ad uterum ausgedeutete Sarglegung den Lebensweg zur Kreisbahn umbiegt, eröffnet sie dem Toten einen Existenzraum in ihrem Leibe und die kreisförmige Ewigkeit der Gestirne, deren Auf- und Untergehen der Ägypter als zyklisches Empfangen- und Geborenwerden durch die Himmelsgöttin deutet.[33]

Krönung und Neugeburt

Der von der Himmelsgöttin zum Gott wiedergeborene Tote wird von göttlichen Ammen gesäugt und dabei zum Himmel emporgetragen. Dieser „sakramentalen Ausdeutung"[34] liegen andere rituelle Handlungen zugrunde als die

---

[28] Pap. Dublin 4 ed. P. PIERRET, Inscriptions inédites du Louvre, 83 f.

[29] Sarg des Haremhab (Spätzeit), ed. K. PIEHL, Inscriptions hieroglyphiques III, 67 f.

[30] Pap. Louvre 3148, XI. Diese und weitere Stellen zitiert J. ASSMANN, in: LÄ IV, 268 ff.; DERS., Tod und Jenseits, 224–230.

[31] Eine sehr erweiterungsfähige Sammlung solcher Texte (inzwischen sind mir gut siebzig verschiedene Texte in wohl an die tausend Varianten bekannt) gibt A. RUSCH, Nut.

[32] In einem dieser Texte beteuert die Mutter- und Himmelsgottheit geradezu: „ich werde dich niemals gebären", s. S. SCHOTT, *Nut.* Der Ägypter möchte sich „im Sarge verjüngen" (so z. B. in der Erzählung des Schiffbrüchigen).

[33] Zu diesem Zeit- und entsprechenden Ewigkeitsbegriff s. J. ASSMANN, *Zeit und Ewigkeit.*

[34] Vgl. zu diesem Begriff Kap. 2, 37–43.

der Sarglegung, nämlich vor allem Räucherung[35] (der aufsteigende Rauch als Symbol des Himmelsaufstiegs) und Libation[36] (die Flüssigkeit als Symbol der göttlichen Milch). Übrigens werden auch die Wiedergeburt durch die Himmelsgöttin und das Zusammenfügen der Glieder (als Ereignisse in der götterweltlichen oder Ach-Sphäre) oft genug ganz anderen Handlungen der Kult-Sphäre zugeordnet als nur der Sarglegung, so z. B. der Salbung, zu der etwa gesagt wird: „Geboren hat dich deine Mutter Nut an diesem Tage."[37] Eine auffallende Rolle spielen dort, wo es um die Aufzucht des neugeborenen Götterkindes geht, die beiden Göttinnen, die die Kronen des ägyptischen Doppelreichs personifizieren. Die eine von ihnen ist aufgrund dieser Rolle von den Griechen sogar mit Eileithyia, der griechischen Göttin der Geburtshilfe, gleichgesetzt worden.[38] Man geht wohl kaum zu weit, wenn man den eigentlichen Ort dieser als Säugung des Götterkindes ausgedeuteten Riten im pharaonischen Krönungsritual vermutet.[39] Von diesen Zusammenhängen her gesehen, erscheint der berühmte Bildzyklus in einem neuen Licht, der in einigen Tempeln des Neuen Reichs die Verkündigung, Zeugung, Geburt, Säugung und Beschneidung des Königskindes darstellt.[40] Bisher hat man dies immer als eine mythische Überhöhung der tatsächlichen Geburt des Königs verstehen wollen.[41] Mir scheint jedoch der Bezug auf die Krönung oder vielmehr die der Krönung vorausgehende Initiation zum Königtum als einer „naissance mystique" viel näher zu liegen.[42] Zwar ist es in diesem Bildzyklus gerade nicht die Himmelsgöttin, sondern die wirkliche irdische Mutter des Königskindes, die in den Szenen der Empfängnis und Geburt als Protagonistin auftritt. Aber in der Szene der Säugung übernehmen dann die kuhgestaltigen Verkörperungen der Himmelsgöttin die Handlung, dieselben, von denen sich der Verstorbene wünscht: „Ach möchte ich unter ihren Eutern neu entstehen."[43] Im Hathortempel der Hatschepsut in Der el-Bahri wird genau dieses mythische Ikon des unter der Hathorkuh saugenden Königskindes zum zentralen Kultbild.

Mit dem Begriff einer „Initiation zum Königtum" befinden wir uns zweifellos im Kern des Problems. Wenn es eine solche Initiation wirklich gab,

---

[35] Zum Beispiel E. Otto, MÖR, Szene 64.

[36] Zum Beispiel E. Otto, MÖR, Szene 63.

[37] E. Otto, MÖR, Szene 55 A. Der folgende Satz scheint sich (die Übersetzung ist nicht ganz sicher) direkt auf den Initiationsgedanken zu beziehen: „Du bist zu einem Wissenden gemacht dessen, was nicht gewußt wird", vgl. hierzu E. Otto, MÖR, 124 f. mit 125 (2). S. auch J. Assmann, Tod und Jenseits, 416.

[38] S. M. Heerma van Voss, in: LÄ IV, 366 f.

[39] J. Leclant, *Rôle du lait.*

[40] H. Brunner, Die Geburt.

[41] H. Brunner, a. a. O.; für die Deutung als Ritual (der Geburt) s. zuletzt W. Barta, Göttlichkeit.

[42] Diese Deutung begründe ich in Kap. 3.

[43] Totenbuch Kap. 148, vgl. dazu R. el-Sayed, *Sept vaches célestes.*

wenn sie als „naissance mystique", Säugung und Himmelsaufstieg[44] begangen wurde, dann haben wir darin Ursprung und Vorbild der entsprechenden Totenvorstellungen zu sehen. Dann ist nicht die Einführung ins Totenreich zum Vorbild der Einweihung Lebender geworden, sondern es sind, wie es ja eigentlich auch näher liegt, diesseitige Einweihungsriten und deren sakramentale Ausdeutungen ins Jenseits übertragen worden. Aber leider befinden wir uns hier auf einem in der Forschung höchst umstrittenen Gebiet, wo die Quellen nicht nur spärlich, sondern (aus einer schon erwähnten fachspezifischen Zurückhaltung heraus) auch in ihrer möglichen Aussagekraft nicht erschlossen sind. Die im Vorstehenden entworfenen Zusammenhänge dürfen daher nicht als gesichertes Fachwissen gelten. Sie stehen freilich an Kühnheit weit zurück hinter einem anderen Beitrag zum Thema der Wiedergeburt der Toten, den ich – ohne hier näher darauf eingehen zu können – deshalb erwähnen möchte, weil er in der Ägyptologie eine große Wirkung entfaltet hat: das achte Kapitel des Buches von Chr. Desroches-Noblecourt über Tutanchamun, das den kaum gestörten Befund einiger Grabkammern in einer seine Aussagekraft wohl gehörig überfordernden, aber nichtsdestoweniger bewundernswerten Einfühlsamkeit als einen Komplex von Zurüstungen zur Wiedergeburt des toten Königs interpretiert.[45]

---

[44] Die Idee des Himmelsaufstiegs ist im Geburtszyklus nicht realisiert, kommt dafür aber in einem Krönungstext Thutmosis' III. zum Ausdruck, der sehr deutlich initiatorische Züge trägt:

„Er öffnete mir die Türflügel des Himmels
und tat mir auf die Tore seines Lichtlands.
Ich schwebte empor zum Himmel als Gottesfalke
und schaute sein geheimes Bild im Himmel.
Ich betete seine Majestät an [...]
Ich erblickte die Verwandlungen des Horizontischen
auf seinen geheimen Wegen im Himmel.
Re selbst befestigte mich,
indem ich ausgezeichnet wurde mit den Kronen auf seinem Haupte,
sein Uräus bleibend an meiner Stirn. [...]
Ich wurde ausgestattet mit seiner *3h*-Kraft und kundig gemacht der Weisheit der Götter wie Horus, als er seinen Leib zählte (herangereift war)
im Hause seines Vaters Amun-Re (usw.)"

Vgl. zum Himmelsaufstieg auch Anm. 46. S. auch unten, 218.

[45] Chr. Desroches-Noblecourt, Toutankhamon; vgl. bes. W. Westendorf, *‚Kammer der Wiedergeburt'*.

3. Die „topomorphen“Ausformungen der Übergangsidee

Wissen

Verräumlichende Realisierungen der Übergangsidee reden von einem Weg, den der Tote nach dem Sterben zurücklegen muß, und veranschaulichen den angestrebten höheren Seinszustand vor allem als das Weilen an einem bestimmten fernen Ort. In den Pyramidentexten, die unseren ältesten Bestand an Totentexten bilden, gilt der Nordhimmel als dieser Ort eines ewigen Aufenthalts. Der Weg des Toten beschränkt sich praktisch auf die Idee des Himmelsaufstiegs und die vielfältigen Formen seiner Bewältigung[46] sowie die Überfahrt über den Himmel.[47] Dieses verhältnismäßig einfache Bild erfährt in der Folgezeit (für die die „Sargtexte“ unsere Quelle bilden) eine enorme Komplizierung, in dem Maße, wie sich die ursprünglich ausschließlich königliche Applikation der Jenseitsvorstellungen nun auf jedermann ausweitet, wie der Gott Osiris und die in ihm zentrierte Vorstellung einer „Unterwelt“ ergänzend neben den das ausschließlich himmlische Jenseits des Alten Reiches beherrschenden Sonnengott Re tritt und wie sich schließlich, wohl auch einfach den Eigengesetzlichkeiten einer Ideenrevolution folgend, die Spekulation über das Jenseits differenziert und entfaltet. So wird die Kenntnis dieses immer umfangreicheren und komplexeren „Wissens“ über das Jenseits zum Hauptproblem des Toten. Ihn mit dem notwendigen Wissen auszurüsten wird zum Hauptzweck neuer Gattungen der Totenliteratur, die wie eine Art von Wissenschaft wirken und den für den Ägypter charakteristischen bürokratisch-systematisierenden Stil der Wirklichkeitsbewältigung auf das Jenseits übertragen.[48] Dieser Zugriff erschließt – fast möchte man sagen: kolonisiert – sich die jenseitige Unendlichkeit als eine zählbare Vielheit, die in allen Einzelheiten geordnet und beim Namen genannt werden kann: die zwei Wege, die 7 Tore, die 21 Pforten, die 7 Himmelskühe mit ihrem Stier, die 14 Hügel, die 12 Grüfte, die Topographie des Binsen- und/oder des Opfergefildes, die Türhüter und „Anmelder“, die Kollegien und Totenrichter, die Einzelteile der Fähre und des Fangnetzes usw. usw.[49] Was

---

[46] S. hierzu J. ASSMANN, *Himmelsaufstieg*; W. M. DAVIS, *The Ascension Myth*; J. M. PAYSAS, *Medios de ascension celeste*.

[47] Vgl. hierzu H. KEES, Totenglauben und Jenseitsvorstellungen, 67–97.

[48] Die maßgebliche Darstellung dieser Entwicklungslinien ist das in Anm. 47 zitierte Werk von Hermann Kees. Zum „wissenschaftlichen“ Charakter einiger an der Kosmographie orientierter Gattungen der Totenliteratur s. E. HORNUNG, *Lehren*, 217–224.

[49] Zu frühen Wissenskodifikationen bezüglich des Binsen- bzw. Opfergefildes s. S. MUELLER, *Egyptian Guide to the Hereafters*; L. H. LESKO, *Field of Hetep*. Totenbuch 153 s. D. BIDOLI, Sprüche vom Fangnetz, 81 f.

der Tote wissen muß, sind nicht nur die Namen all dieser Wesenheiten und Einzelheiten ihrer Beschreibung, sondern auch die Worte, mit denen der Tote den einzelnen Wesen gegenübertreten muß. Wenn der Weg, den der Tote durch die in diesen Sprüchen beschriebene Jenseitstopographie zurücklegen muß, so voller Gefahren für ihn ist, so liegt das an den dämonischen Wesen, die ihn bewohnen. Sie lassen das Jenseits vor allem als einen sozialen Raum erscheinen, in dem der Tote sich mit den Mitteln der Sprache zu bewegen und schließlich einzugliedern hat: anrufend, beschwörend, einschüchternd, bittend, drohend, antwortend usw. Das Phänomen der Aufhäufung eines auf reiner Spekulation beruhenden ungeheuren Wissensvorrats zum Zwecke individueller Erlösung (das heißt hier: Todesbewältigung) erinnert an die Gnosis und bildet gewiß eine ihrer Wurzeln. Reinheit, als Befreiung von Belastungen der irdischen Existenz, wird nur durch Wissen erworben. Reinheit und Wissen sind zusammengehörige Begriffe. „Ich kenne die Namen ... ich bin rein", versichert der Tote.

Der Weg zur ewigen Nahrung

In den zahlreichen Totensprüchen, die es mit der Ernährung des Toten zu tun haben, erscheint als Ziel seines Jenseitsweges immer wieder „jenes Gestade, auf dem die Götter stehen"[50]; „wer sich darauf niederläßt, der stirbt nicht"[51], oder: „der erscheint als Gott"[52]. Dort will sich der Tote niederlassen „unter jener Sykomore ... inmitten des Überflusses; wer bei ihr landet, der zaudert (erschlafft?) nicht, wer unter ihr weilt, der ist wie der Große Gott"[53]. Um an diesen Ort zu gelangen, wo ihm ewiges Leben und göttliches Sein verheißen ist, muß der Tote sich einer Reihe von Prüfungen unterziehen: Er muß den Fährmann wecken und dazu bestimmen, ihn überzusetzen, er muß sich ein Fährboot verschaffen, er muß dem Fangnetz entgehen, das zwischen Himmel und Erde ausgespannt ist, und er muß sich gegenüber den Bewohnern der himmlischen Sphäre als einer von ihnen ausweisen können. Die einzige Form, in der er diese Prüfungen besteht, ist Wissen: denn sie finden in der Form des Verhörs statt. Zunächst unterzieht ihn der Fährmann einem Verhör, dessen Form Dino Bidoli als „Einweihung in die Geheimnisse eines Berufes" deutet, „und zwar in der typischen Form einer Prüfung in festgelegten Wechselreden, wie sie im Handwerksbrauchtum verschiedener Zeitalter und Kulturkreise oft begegnet und insbesondere in Zunftkreisen des heutigen Ägypten bis unlängst noch auftrat"[54]. Der Tote muß sich nicht nur nach Identität, Befugnis und Ziel

[50] *Coffin Texts IV*, 38 i–1, ähnlich III, 98 k–l; 145 a–e usw.

[51] *Totenbuch* 98 und öfter.

[52] *Coffin Texts III*, Spruch 203.

[53] *Coffin Texts III*, 130 f–131 b (Titel S1C: „Keinen Kot zu essen, nicht kopfunter zu gehen"). S. auch Assmann, Tod und Jenseits, Kap. 6.

[54] D. Bidoli, a. a. O. (Anm. 49), 30.

seiner Reise ausweisen können, er muß vor allem die geheimen Namen der einzelnen Schiffsteile kennen und so allein aus diesen Namen der „Geistersprache“ sich ein „Geisterschiff“ zusammensetzen. Diese Geheimsprache besteht aber aus nichts anderem als aus Namen, Rollen und Ereignissen der götterweltlichen („ACH“-)Sphäre, die sich hier genauso ausdeutend über die einzelnen Teile eines Schiffes legt wie etwa über die Objekte und Riten des Kults. Mit demselben Mittel entgeht der Tote dem Fangnetz, indem es ihm gelingt, dessen sämtliche Einzelteile in der Geistersprache zu benennen, das heißt im Hinblick auf die Götterwelt auszudeuten.[55] Es gibt noch einige Sprüche derselben Form, auf die ich hier verweisen möchte, obwohl sie nicht im gleichen Sachzusammenhang stehen. Vor dem Betreten der Gerichtshalle (auf die wir in nächsten Abschnitt über die Rechtfertigung eingehen werden) muß der Tote die Einzelteile des Tores götterweltlich ausdeuten können[56], und in den Sprüchen der sogenannten Gliedervergottung wird der Körper des Toten in genau entsprechender Weise ausgedeutet, indem jeder einzelne Körperteil einer Gottheit gleichgesetzt wird.[57] Ausdeutung ist aber auch die Form der glossierten Totentexte, vor allem des berühmten 17. Kapitels des Totenbuchs, und die Frage scheint berechtigt, ob nicht auch hier eher die dramatische Situation eines Initiationsverhörs zugrunde liegt als das rein philologische Anliegen einer Kommentierung.[58] Wenn wir Bidolis aufschlußreiche Hinweise verallgemeinern dürfen, dann gehen diese Sprüche auf Einweihungsriten anderer Berufe zurück wie Netzmacher, Vogelfänger, Netzfischer, Schreiner, Balsamierer (Gliedervergottung) und Priester.

Am Ziel seiner Jenseitsreise wird der Tote von jenen Wesen ins Verhör genommen, in deren Kreis er selbst eintreten möchte. Hier ist der Fragesteller (wie in der *Zauberflöte*) anonym.[59] In seinen Antworten muß sich der Tote als Gott erweisen, der sitzt, wo die Götter sitzen, steht, wo sie stehen und ißt, wovon sie essen.[60] Die Götter bilden eine „Versorgungsgemeinschaft“.[61] Nur die Mitgliedschaft in ihrem Kreise eröffnet dem Toten den Zugang zur göttli-

---

[55] Bidoli, a. a. O. (Anm. 49).

[56] Totenbuch 125, Ende.

[57] Totenbuch Kap. 42. Zum Ursprung der Form im Balsamierungsritual s. H. Altenmüller, in: LÄ II, 624–627.

[58] Ursula Rößler-Köhler kommt in ihrer äußerst gründlich gearbeiteten Untersuchung *Kapitel 17 des ägyptischen Totenbuches* (Wiesbaden 1976) allerdings zu der entgegengesetzten Ansicht. Zu einer rituellen Form von Textkommentierung s. S. Schott, *Die Deutung der Geheimnisse des Rituals für die Abwehr des Bösen* (AWL Mainz 1954), 13 ff. Zur Form des Verhörs ibd., 31 ff. Siehe hierzu die Beiträge von U. Rößler-Köhler und mir in dem Band J. Assmann/B. Gladigow, Text und Kommentar.

[59] Die Gestalt des „Sprechers“ haben Mozart/Schikaneder aus dem Roman von Terrasson, Séthos übernommen („interlocuteur“).

[60] In Spruch 195 der Sargtexte erkennen z. B. die Götter den verhörten Kandidaten an mit den Worten: „Er lebt, wovon wir leben, er ißt, wovon wir essen, er trinkt, wovon wir trinken“.

[61] Zu diesem Begriff s. J. Assmann, *Bild des Vaters*, 16–20.

chen Nahrung; umgekehrt ist es aber auch wieder die Nahrungsaufnahme, die den Toten zum Mitglied der Göttergemeinschaft macht. Immer wieder erscheint nämlich genau dieses Motiv als „sakramentale Ausdeutung“ jener Sprüche, in denen es „realweltlich“ um Essen und Trinken, das heißt um den Empfang des Totenopfers geht.[62] Mittel und Zweck sind hier vollkommen austauschbar: Essen und Trinken sind (als ein sozialer Akt von paradigmatischer Bedeutung) das ausgezeichnete Medium einer als solcher angestrebten sozialen Eingliederung, und die soziale Eingliederung wiederum ist die Vorbedingung jenseitiger Versorgtheit. In diesem eigentümlichen Zusammenhang von Versorgung und Gemeinschaft spiegelt sich eine Struktur der ägyptischen Lebenswelt, in der die Beamten kein (bzw. nicht nur) Gehalt empfingen, sondern von der Tafel ihres Vorgesetzten lebten. So wird die Nahrung zum Symbol sozialer Zugehörigkeit: (a) zur Gruppe derer, die von der gleichen Tafel leben, (b) zum Patron, von dem diese Versorgung ausgeht. Dieselbe Struktur finden wir in den Totentexten wieder. Der Tote lebt nämlich, zusammen mit den anderen Göttern, von der Tafel des Sonnengottes. Seine Mahlzeiten kommen vom Opfertisch des Re aus Heliopolis.[63]

Der Weg zur Rechtfertigung

„Rechtfertigung“ ist derjenige Begriff des ägyptischen Totenglaubens, in dem alle Vorstellungen einer Heilung vom Tode und jenseitigen Seligkeit zusammenlaufen; er ist ebenso zentral wie komplex.[64] Seine Komplexität läßt sich beschreiben mittels einer begrifflichen Analyse, zu der nur wir, die wir die Sache von außen betrachten, in der Lage sind, die dem ägyptischen Denken selbst jedoch ganz und gar fremd ist (gerade deswegen ist der Begriff ja auch komplex, nämlich unanalysierbar für die, die ihn gebrauchten): Der Tote hat sich zu rechtfertigen (a) gegenüber *dem* Feind als Personifikation seines Todes, (b) gegenüber *einem* Feind, der sich ihm im Jenseits gegenüberstellen und ihn etwa vor einem jenseitigen Gerichtshof verklagen könnte, und schließlich (c) gegenüber dem göttlichen Ankläger und Totenrichter, vor dem der Verstorbene sein irdisches Leben verantworten und seine Würdigkeit für ein jenseitiges Weiterleben unter Beweis stellen muß. Der Aspekt (a) liegt dem Osiris-Mythos

---

[62] Es würde zu weit führen, Beispiele für diese in Totenopfertexten hundertfach zu belegende Topik anzuführen. Nur zur Verdeutlichung des Gemeinten zitiere ich den folgenden Passus aus einer Totenliturgie:

Dein Brot ist das Brot des Re,
dein Bier ist das Bier der Hathor.
Du stehst auf und setzt dich nieder zu deiner Mahlzeit
und gesellst dich zu den Göttern, die dem Gott (Re) folgen.

[63] S. besonders Coffin Texts III, passim.

[64] „Gerechtfertigt“ *(m3ˁ-ḫrw)* ist seit dem Beginn des 2. Jahrtausends v. Chr. der übliche., den Verstorbenen kennzeichnende Namenszusatz; vgl. R. ANTHES, *maa-khrw*.

zugrunde[65], (b) spielt vor allem in den Sargtexten eine große Rolle[66], und (c) findet in der klassischen Vorstellung eines allgemeinen Totengerichts seine reinste Ausprägung, die literarisch zwar schon zu Ende des 3. Jahrtausends v. Chr. greifbar ist[67], aber wohl erst mit dem Neuen Reich zum allgemein verbindlichen und dominierenden Bestandteil des ägyptischen Totenglaubens wird. Jedenfalls findet sich ihre kanonische Darstellung erst im 125. Kapitel des Totenbuchs, das in der älteren Totenliteratur keine Vorläufer hat.[68] Auf diesen Aspekt des Rechtfertigungsgedankens möchte ich mich hier beschränken.

Die Tore

„Möge deine Seele *(b3)* die Wege des Jenseits kennen zur Pforte dessen, der den Ermatteten verhüllt", sagt als Ausdruck eines besonders höflichen Wunsches ein Weiser zu einem Prinzen in einer Erzählung aus dem späten Mittleren Reich.[69] Das Tor ist das sinnfälligste Übergangssymbol. Im 145. und 146. Kapitel des Totenbuchs wird diese Idee systematisiert und ausgebaut zu einer Folge von 21 Toren, die der Tote passieren muß, um zu dem von ihnen „verhüllten" „Ermatteten", zu Osiris, zu gelangen.[70] Die Tore werden von Dämonen, oder – wie man neuerdings mit Recht unterscheidet[71] – „apotropäischen Göttern" bewacht, deren Ikonographie sie durch Tiermasken und Messer als gefährliche, schreckenerregende Wesen kennzeichnet.[72] Der Tote bannt ihren Schrecken, indem er sie beim Namen nennt und auch die Namen der Tore kennt; und er erreicht freien Durchgang, indem er seine Reinheit beweist. Er

---

[65] S. J. Gw. Griffiths, Plutarch; Ders., Origin of Osiris, Anm. 18. Vgl. auch Totenbuch ed. E. Hornung, Totenbuch, Kap. 166, Vers 3–5; 151, Vers 36 f.; 169, 62–64.

[66] s. R. Grieshammer, Das Jenseitsgericht.

[67] Lehre für Merikare, vgl. J. Assmann, *Zeit und Ewigkeit*, 12 f.

[68] Zur Geschichte der Totengerichtsidee s. bes. R. Grieshammer, Jenseitsgericht, 46–70. Vgl. auch die ikonographische Untersuchung von Ch. Seeber, Totengericht.

[69] Pap. Westcar, übers. von E. Brunner-Traut, Märchen, 17. „Die Portale *(sbḫwt)* der Unterwelt und die Tore *(sb3w)* des Binsengefildes" werden in der großen Neferhotep-Inschrift als Gegenstände königlichen Wissens im Zusammenhang der Osiris-Theologie genannt, s. W. Helck, Historisch-Biographische Texte, 26, Zeile 23.

[70] S. E. Hornung, a. a. O. (Anm. 9). Besonders eindrucksvolle Darstellungen dieser Tore finden sich in den Gräbern der Königinnen Nefertari und Tausret. Einen das Kennen und die Passage dieser Tore behandelnden Totenspruch publizierte ich in J. Assmann, Grab des Basa, 94–97. Dieser Spruch steht in den Gräbern mit Vorliebe am Grabeingang, der auf diese Weise zur Unterweltspforte „verklärt" wird, so daß mit dem Einzug ins Grab der Tote symbolisch den Übergang in die Unterwelt vollzieht.

[71] H. te Velde, in: LÄ I, 980–984; H. Altenmüller, in: LÄ II, 635–640. Vgl. auch D. Meeks, *Genies, Anges et demons*, 19–84.

[72] Zur apotropäischen Funktion des Schreckens und des Monströsen s. J. Assmann, in: LÄ II, 359–367, 362 ff.

kennt die mythische Bedeutung des Wassers, in dem er gebadet hat, und er trägt die richtige Kleidung. Das Wesen der Türhüter (und der „apotropäischen Götter" überhaupt) ist ambig: Der Schrecken, den sie verkörpern, dient der Abwehr des Bösen (in den Erscheinungsformen der Unwissenheit, der Unreinheit und der Gewalttätigkeit). Die Tore und ihre Wächter bilden einen 21- oder 14(15)- oder 7fachen (auf die Zahl kommt es nicht so genau an) Schutzwall um den „Ermatteten", das heißt den gestorbenen und als Gestorbener lebenden Gott Osiris, den sie „verhüllen". Mit seinem Schicksal identifiziert sich der Tote. Im innersten Ring dieser abgeschiedensten und dadurch geheiligten[73] aller kosmischen Sphären wird auch er als Osiris leben. Dann werden die Schreckgestalten der Tore seine Wächter sein, die ihn vor allem Übel bewahren?[74]

Nach ägyptischer Vorstellung ist die Unterwelt kein Schattenreich, das alle gleich macht und in das jeder unterschiedslos hinabsinkt. Vielmehr gliedert sich die jenseitige Welt in eine Lichtsphäre, in der die seligen Toten in der Gemeinschaft des Sonnengottes und des Osiris leben, eine Sphäre chaotischer Finsternis, in die die Verdammten zu ewiger Bestrafung abgedrängt werden[75], und eine Zone nicht der Läuterung – dieser Gedanke scheint der ägyptischen Jenseitsvorstellung ganz fremd – sondern der „Ausfilterung", in der die Bösen im Fangnetz gefangen oder von Türhüterdämonen vernichtet werden. Die Vorstellung dieser Zone des Übergangs konkretisiert sich in den zahlreichen Ausprägungen, die die Idee einer qualifizierenden Passage in den ägyptischen Totentexten gefunden hat: im „Zweiwegebuch"[76], in den Sprüchen der sieben Torwege[77], dem Kapitel von den vierzehn „Stätten" des To-

[73] „Abgesondert" ist (wie in vielen Sprachen) die Grundbedeutung des von uns mit „heilig" übersetzten ägyptischen Wortes *ḏsr*.

[74] Die Doppelfunktion der Wächter der Tore: Schrecken zu verbreiten (die Abwehr des Bösen) und Schutz auszuüben (die „Verhüllung des Ermatteten", ägyptisch *ḥbs b3gj)* kommt weniger im Text selbst als in seiner Verwendung in der Grabdekoration zum Ausdruck. In einem Grab der Spätzeit z. B. steht die eine Fassung dieses Spruchs (TB 145) an den Wänden des Treppengangs, der von den Oberbauten des Grabes zum unterirdischen Teil, das heißt von der Oberwelt in die Unterwelt führt und aktualisiert dort den apotropäischen Aspekt der Tore und die Bedeutung ihrer Passage als einer qualifizierenden Prüfung. Die Wächter werden hier dem Eintretenden und Hinabsteigenden entgegenblickend dargestellt. Die andere Fassung (TB 146) dagegen steht weiter innen im Grabe; dort blicken sie von außen nach innen, der Grabherrin entgegen, die sie um Schutz anfleht; s. J. ASSMANN, Grab der Mutirdis, 32–34; 59–64.

[75] S. hierzu E. HORNUNG, Altägyptische Höllenvorstellungen.

[76] L. H. LESKO, Book of Two Ways; E. HERMSEN, Zweiwegebuch. Für eine hochinteressante, wenn auch wohl im einzelnen überzogene Deutung dieses Textes als „texte d'initiation" s. P. BARGUET, *Livre des deux chemins*, 7–17.

[77] Totenbuch Kap. 144 mit 147, vgl. auch Coffin Text spell 901 von den sieben „Kammern des (der Unterwelt gleichgesetzten) Grabes". Die sieben *ʿrjjt* (Torwege o. ä.) werden auch als Weg zum „Binsengefilde", den elysischen Feldern der Ägypter auf gefaßt, so z. B. in Kammer III des tanitischen Grabes des Osorkon.

tenreichs[78] und in der Schrift der 12 Grüfte.[79] Es gibt sogar eine spielerische Ausformung dieser Idee in Gestalt eines Brettspiels, das geradezu „Passage" heißt. Das Spiel wird zu zweit gespielt. Gegen den Gegner muß man seine Passage durch dreißig Felder mit ihren verschiedenen segen- oder unheilvollen Bedeutungen hindurch finden bis in die Nähe eines Gottes, der Versorgung (Brot und Wasser) und Rechtfertigung gewährt.[80] Dieses Spiel, das zweifellos auch im Diesseits zum bloßen Zwecke der „Herzensvergnügung" (*sḫmḫ jb*, das ägyptische Wort für „Vergnügen", wörtlich: „das Herz vergessen lassen") gespielt wurde, ist uns fast ausschließlich aus funerären Kontexten belegt. Besonders aufschlußreich ist der Beleg im Grabe des Sennedjem: Hier steht die Szene, den Charakter des Spiels als eines „rite de passage" bereits durch den Anbringungsort verdeutlichend, auf einem Türblatt, darüber hinaus steht neben dem Spieltisch ein Tisch mit Opferspeisen, der das Ziel der „Passage": den Zugang zur und die Verfügung über die ewige Nahrung versinnbildlicht.[81]

Im demotischen Setna-Roman thront Osiris in der siebten von sieben Hallen, die der Tote zu durchschreiten hat, um zum Ort der Rechtfertigung zu gelangen. Die Folge von sieben Toren scheint auch in der Tempelarchitektur vornehmlich der Spätzeit ein zentraler Baugedanke. Besonders klar tritt er auf einem späten Typ von Scheintüren (Totenstelen) in Erscheinung, die bis zu sieben ineinandergeschachtelte Türdurchgänge als Flächenprojektion einer entsprechenden Raumfolge darstellen.[82] Die Unterwelt wird demnach als ein Tempel vorgestellt, in dessen Allerheiligstem Osiris thront.[83] Der Weg des Toten zu Osiris entspricht dem Weg des Priesters zum Kultbildschrein. Der Weg des Priesters wiederum wird sakramental als Himmelsaufstieg ausgedeutet. Er „öffnet die Türflügel des Himmels in Karnak" und „schaut die Mysterien des Lichtlandes".[84] Ich erwähne diese Zusammenhänge, um noch einmal deutlich zu machen, daß die ägyptische „Totenmythologie" kein gleichsam autonomes Feld religiöser Spekulation darstellt, sondern auf vielfältige Weise mit den For-

[78] Totenbuch 149 mit zahlreichen Vorläufern in den Sargtexten, s. für die einzelnen Nachweise HORNUNG, Totenbuch, 506 f.

[79] Totenbuch 168 s. A. PIANKOFF/H. JACQUET-GORDON, Wandering of the Soul.

[80] E. B. PUSCH, Senet-Brettspiel. Eine spielbare Rekonstruktion des Spieles versucht T. KENDALL, Netherworld.

[81] Theben, Grab 1 s. E. B. PUSCH, a. a. O., Tf. 28. In den letzten Spielzügen geht es um Versorgung („Brot im Haus der Brote, Kühles Wasser im Haus des kühlen Wassers") und Rechtfertigung („‚Du bist gerechtfertigt!' sagt er zu mir, nämlich Mehen").

[82] F. LE CORSU, *Steles-portes egyptiennes*.

[83] Zum Setna-Roman s. die Übersetzung bei E. BRUNNER-TRAUT, Märchen, 194 f. Zur Unterwelt als Tempel vgl. P. BARGUET, a. a. O. (Anm. 74). Das 145. Kapitel des Totenbuchs beschreibt laut Überschrift die „Tore des Binsengefildes vom Osiris-Tempel", bezeichnet also die Unterwelt als „Osiris-Tempel" und lokalisiert das Binsengefilde im innersten (allerheiligsten) Bereich dieses Tempels.

[84] Vgl. zu diesen Titeln J. ASSMANN, Grab des Basa, 19 ff., s. auch unten, S. 217 f.

men und Vorstellungen des diesseitigen Götterkults verflochten ist. Es geht daher wohl auch nicht an, den Gedanken einer Initiation, wie es jetzt communis opinio ist, für den Totenkult zwar zu bejahen, für alle anderen Erscheinungsformen der ägyptischen Religion aber kategorisch abzulehnen.[85] Der folgende Abschnitt bringt den meines Erachtens entscheidenden Beweis dieser These.

Das Gericht

Das Ziel der „Passage" des Toten ist die „Halle der beiden Wahrheiten", in der das Totengericht stattfindet. Der Zutritt zu ihr ist die letzte der qualifizierenden Prüfungen, denen er sich unterziehen muß, um überhaupt zum Gericht zugelassen zu werden. Sie findet wieder in der typischen Form des Verhörs statt. Erst kommen die Fragen nach Identität und Befugnis:

> „Wer bist du?" sagen sie zu mir,
> „Wie ist dein Name?" sagen sie zu mir.
> „Ich bin die untere Wurzel der Papyruspflanze,
> ‚Der im Ölbaum' ist mein Name."
> „Wo bist du vorbeigegangen?" sagen sie zu mir.
> „Ich ging vorbei an der Stätte nördlich des Dickichts."
> „Was hast du dort gesehen?"
> „Ein Bein war es und ein Schenkel."
> „Was hast du zu ihnen gesagt?"
> „Ich habe den Jubel gesehen in jenen Ländern der Phönizier."
> „Was haben sie dir gegeben?"
> „Eine Feuerflamme war es und ein Fayence-Amulett."
> „Was hast du damit gemacht?"
> „Ich begrub sie am Ufer des Maati-Gewässers beim Abendopfer." (usw.)

Daß hier Mysterienwissen abgefragt wird, und zwar aus dem Bereich der Osiris-Mysterien, dürfte evident sein.[86] Zuletzt folgt der Bescheid:

> „So komm und tritt ein in dieses Tor der beiden Wahrheiten,
> denn du kennst uns!"

Im folgenden Verhör muß der Kandidat die einzelnen Teile des Tores in der Mysteriensprache benennen, das heißt götterweltlich ausdeuten können. Auf diese Form sind wir bereits eingegangen.[87] Das dritte, kürzeste Verhör führt Thot, der Psychopompos, der den Toten in die Gerichtshalle einführen muß. Er stellt nur vier Fragen: „Weshalb bist du gekommen?" – Um angemeldet zu werden. „Wie bist du beschaffen?" – Ich bin rein von jeglicher Sünde. „Wem soll ich dich melden?" – Dem, dessen Decke Feuer, dessen Mauern lebendige

---

[85] Zum Beispiel E. HORNUNG, *Lehren;* S. MORENZ, Zauberflöte.

[86] Vgl. J. GW. GRIFFITHS, Origin of Osiris, 30 ff. mit weiterer Literatur. Der Text ist übersetzt bei E. HORNUNG, Totenbuch, 241 ff.

[87] E. HORNUNG, a. a. O., 242–243. Vgl. 145 f.

Uräen, dessen Hauses Fußboden die Flut ist. „Wer ist das?" – Osiris. „So zieh dahin: siehe, du bist angemeldet!" Das folgende Verdikt nimmt das Ergebnis des Gerichts vorweg, wir werden darauf zurückkommen.

Das eigentliche Gericht, die Wägung des Herzens gegen ein Symbol der Wahrheit, und die „negative Konfession" des Kandidaten, der vor den 42 Totenrichtern 42 Sünden aufzählen muß mit der Beteuerung, sie nicht begangen zu haben, gehört zu den wahrhaft zentralen Grundgedanken der ägyptischen Religion, der als ausreichend erforscht und als weit über die Fachgrenzen hinaus bekannt gelten kann.[88] So dürfen und müssen wir uns hier kurz fassen. Die negative Form der „Konfession" darf nicht überraschen: Sie ergibt sich notwendig aus der negativen Struktur der Ethik, die sich zunächst und vor allem in Sätzen der Form „Du sollst nicht ..." artikuliert. Darauf antwortet der Mensch mit „Ich habe nicht ..."; diese Form liegt in der Natur der Sache und darf nicht zu Rückschlüssen auf ihren ursprünglichen „Sitz im Leben" verwendet werden. R. Grieshammer, der diese Frage gestellt hat, argumentiert daher auch vom Inhaltlichen.[89] Die 42 Sünden teilt er in drei ungefähr gleich große Gruppen ein: kultische Verstöße im engeren Sinne, Vergehen bei der Tempelverwaltung und Verstöße gegen allgemeine ethische Normen. Dieselbe Dreiheit findet sich auch in Texten wieder, die an den für die Priester vorgesehenen Eingängen spätzeitlicher Tempel stehen[90] und allem Anschein nach Tempeleinlaßliturgien reflektieren[91], die die Priester beim Betreten des Heiligtums zu rezitieren, wahrscheinlich aber auch anläßlich ihrer ersten Priesterweihe zu schwören hatten.[92] „So wie der Priester bei der Priesterweihe und beim Betreten eines heiligen Ortes versichern mußte, bestimmte Dinge nicht getan zu haben, so muß auch der Tote beim Betreten des Jenseits, eines heiligen Ortes, seine Reinheit versichern."[93] Wir haben es hier also mit einem priesterlichen Initiationsritus zu tun, der erst sekundär in die Literatur und Vorstellungswelt des Totenglaubens übertragen wurde.

Es geht aber bei diesem Gericht noch um anderes als nur um das Betreten eines heiligen Raumes. Zum ersten geht es um den Fortbestand seiner individuellen Personalität. Personsein ist für den Ägypter eine Funktion der gesell-

---

[88] Über die in Anm. 68 aufgeführte Literatur und die darin auffindbaren Arbeiten hinaus vgl. noch die religionswissenschaftlichen Arbeiten von S. G. F. Brandon, *Osirian Judgment*, und vor allem J. Gw. Griffiths, The Divine Verdict.

[89] R. Grieshammer, *Sündenbekenntnis*.

[90] R. Grieshammer, a. a. O., 22, Anm. 17; dazu A. Gutbub, Textes Kom Ombo, 149 f. „Texte B", 155–184, mit Verweis auf weitere Texte und den größeren weisheits- und frömmigkeitsgeschichtlichen Überlieferungshorizont.

[91] Vgl. die Literatur zur alttestamentlichen Gattung der Tempeleinlaßliturgie und ihren Beziehungen zum Dekalog bei R. Grieshammer, a. a. O., 24, Anm. 19.

[92] Einen solchen Eid in griechischer Sprache publiziert R. Merkelbach, *Priestereid*, 7–30. Vgl. Anm. 5.

[93] R. Grieshammer, a. a. O., 25.

schaftlichen Approbation.[94] Person ist man als das Bild, das sich die (signifikanten) Anderen von einem machen. Die Rechtfertigung im Totengericht bedeutet für den einzelnen die gesellschaftliche Approbation, die seine personale Fortdauer unter den Seligen des Totenreichs für immer sicherstellt. Nun ist er kein wesenloser Schatten, sondern z. B. der Oberhofmeister Amenemope, der seine Titel und seinen Namen zwischen die im Totengericht neuerworbenen Titel „Osiris“ und „gerechtfertigt“ einschreiben darf. Zum zweiten geht es bei dieser Rechtfertigung um die Aufnahme in eine Versorgungsgemeinschaft, als welche nach diesseitigem Vorbild die Gemeinschaft der Seligen konzipiert ist. Versorgung und soziale Integration sind für den Ägypter unlösbar miteinander verbunden, sind zwei Seiten derselben Sache. So lautet denn auch das erwünschte Votum der Totenrichter:

> „Ein wahrhaft Gerechter.
> Laß ihm das Brot und Bier geben,
> das von Osiris ausgeht.
> Er soll auf ewig unter den Gefolgsleuten des Horus sein.“[95]

So fügt sich der Gedanke des Totengerichts ein in den allgemeineren Rahmen der Vorstellungen von den Vorbedingungen zur Seligkeit als Versorgtheit und soziale Eingliederung, wie wir sie im vorhergehenden Abschnitt behandelt haben.

4. Tod und Initiation in der Isisweihe des Apuleius

Accessi confinium mortis	Ich betrat die Grenze des Todes,
et calcato Proserpinae limine	und als ich Proserpinas Schwelle überschritt,
per omnia vectus elementa remeavi,	wurde ich durch alle Elemente getragen und kehrte zurück;
nocte media vidi solem	um Mitternacht erblickte ich die Sonne,
candido coruscantem lumine	blendend in strahlendem Licht,
deos inferos et deos superos accessi coram	ich näherte mich den unteren und den oberen Göttern
et adoravi de proxumo.[96]	und betete sie an von Angesicht zu Angesicht.

Die ägyptischen Assoziationen dieser Darstellung einer Isisweihe sind immer hervorgehoben worden. Es handelt sich um ein Katabasis-Ritual, den Abstieg in eine durch kosmographische Darstellungen als architektonische Vergegen-

[94] S. dazu J. ASSMANN, in: LÄ IV, 963–978.

[95] Vgl. CH. SEEBER, Totengericht, 114 (pBM 10470); allgemein zu derartigen Urteilen im Totengericht (dort als „Jenseitswünsche“ mißverstanden) S. 113–116. Zum Zusammenhang von Rechtsprechung und Versorgung im altägyptischen Denken s. J. ASSMANN, König als Sonnenpriester, 58–65.

[96] Apuleius von Madaurus, Metamorphoseon IX., 285 cap. 23. S. das einzelne bei J. GW. GRIFFITHS, Apuleius of Madauros, 296–308. Vgl. vor allem J. BERGMAN, *Per omina vectus elementa remeavi*, 671–708 und Kap. 7.

wärtigung der Unterwelt ausgestaltete Krypte, genauso wie wir das von den Königsgräbern des Neuen Reiches kennen, deren Dekoration sie zu Abbildern der Unterwelt und die Beisetzung dadurch zu einem *descensus ad inferos* macht.[97] Die Wandbilder dieser Gräber sind Kosmographien: Beschreibungen des Weges, den der Sonnengott in seiner Barke durch die zwölf Stundenregionen der Unterwelt und des Himmels zurücklegt. Der Mysteriencharakter dieser „Bücher" als der Kodifizierung esoterischen Geheimwissens kommt in ihnen sehr deutlich zum Ausdruck, ebenso deutlich sind die Hinweise darauf, daß wir die eigentliche Heimat dieser Literatur nicht im königlichen Totenglauben, sondern im Sonnenkult zu suchen haben.[98] Daß uns die entsprechenden Quellen nicht erhalten sind, liegt allein an dem äußeren Umstand, daß die Gräber sich im Wüstengelände erhalten haben, die Tempel aber im Fruchtland oder unter heutigen Städten verlorengegangen sind. Die Zurückhaltung der Ägyptologen, die Mysterium und Einweihung nur für die Welt der Toten gelten lassen wollen, erweist sich im Licht der vielfältigen Bezüge, die wir uns zusammenzutragen bemüht haben, als ein wissenschaftlich unzulässiges argumentum e silentio.

In den kosmographischen „Büchern" der Königsgräber kommen gleichfalls die *dei inferi* und die *dei superi* zusammen. Die *dei inferi* sind die Bewohner der Unterwelt, die allnächtlich von den *dei superi*, dem Sonnengott in der Barke mit seinem Götterkreis, besucht werden. Der tote König fährt in der Sonnenbarke mit und betet die Götter „de proxumo" an. Die Vorstellung, daß der Mensch die Götter, die er auf Erden nur in ihren Symbolen verehrt hat, nach dem Tode „von Angesicht zu Angesicht" schaut[99], kommt in den ägyptischen Totenliturgien („Verklärungen") wiederholt zum Ausdruck:

> Alle Götter, die du verehrt hast, seit du existierst,
> denen trittst du von Angesicht zu Angesicht gegenüber.
> Sie sind bereit, deinen „Ba" zu empfangen
> und deinen Mumienleib zu beschützen.[100]

Auch die „Passage" des Toten durch die 21 Tore, die 7 Hallen, die 15 Stätten (TB 149) usw. der Unterwelt ist ein *descensus ad inferos*, der ihn endlich in die leibhaftige Gegenwart des Osiris und seines Götterkreises, ebenso aber auch in die Gegenwart des Sonnengottes bringt, der allnächtlich mit seinem Götterkreis die Unterwelt durchfährt. „Die Sonne zu schauen, wenn sie untergeht

[97] Vgl. hierzu H. BRUNNER, *Unterweltsbücher*, 215–228.

[98] Diese zuerst in J. ASSMANN, König als Sonnenpriester geäußerte und von der Fachwelt zumeist mit Reserven aufgenommene (vgl. E. HORNUNG, *Lehren*) glaube ich im 1. Kapitel meines Buches J. ASSMANN, Re und Amun, hinreichend begründet zu haben. Vgl. auch Tod und Jenseits, Kap. 18 sowie hier, Kap. 8.

[99] Zu *adoravi de proxumo* vgl. die zahlreichen Parallelen bei J. GW. GRIFFITHS, Apuleius of Madauros, 303–308, dazu aber der im folgenden ausschnittweise zitierte Text aus Grab 50 in Theben (Zeit: 19. Dyn., 13. Jh. v. Chr.).

[100] R. HARI, Neferhotep, Tf. IV, 3. Lied, s. unten, 213 f.

und angebetet wird von den Göttern", ist das erklärte Ziel der Totensprüche.[101]

In der Initiation des Lucius erfüllt der Gang durch die Unterwelt die Funktion eines symbolischen Todes, dem am Morgen seine Auferstehung als Sonnengott folgt: Mit einem Palmenkranz geschmückt, *„ad instar solis"* erscheint er der jubelnden Menge.[102] So erscheint auch der im Totengericht gerechtfertigte Tote; ich zitiere einen der ältesten Texte, in dem diese Vorstellung greifbar wird:

Zittern befällt das östliche Lichtland,
verkündet werden die Wege seiner Abgeschiedenheit dem
Osiris NN, der erschienen ist als Re
und aufragt als Atum,
nachdem ihn Hathor gesalbt hat,
nachdem sie ihm (ewiges) Leben im Westen gegeben hat
wie Re, Tag für Tag.
Oh Osiris NN, es gibt keinen Gott und keine Göttin,
die einen Prozeß gegen dich anstrengen könnten
am Tage der Abrechnung (= Totengericht) vor dem Großen, dem Herrn des Westens.
Du ißt Brot vom Opfertisch des Re
in Gemeinschaft der Großen in den Toren.[103]

Niemand bezweifelt, daß die Initiationsriten der Isis-Mysterien, so wie sie Apuleius anzudeuten wagt, und andere Initiationen zu einem guten Teil in den einzigartig elaborierten Riten und Vorstellungen des ägyptischen Totenglaubens verwurzelt sind; in dieser Richtung sind die Beziehungen zwischen Tod und Initiation unbestritten. Zahlreiche Hinweise haben uns aber im Laufe dieses Überblicks auf die Möglichkeit auch der Gegenrichtung aufmerksam werden lassen. Wir wollen sie abschließend als Hypothese formulieren: Die Totenriten geben sich deshalb als eine „Einführung in die Mysterien des Totenreichs" (Hornung), weil sie die entsprechenden Riten und Vorstellungen diesseitiger Kulte widerspiegeln, von denen wir sonst, aus naheliegenden Gründen, nichts wissen.

In der Erscheinung des Toten bzw. des Initianden als Sonnengott fließen die beiden Vorstellungsfelder ineinander, die wir – abschließend sei es nochmals betont: aus rein darstellungstechnischen Gründen – als „biomorphe" und „räumliche" unterschieden haben. Denn die Fülle der Bilder, in denen sich

---

101 J. ASSMANN, Liturgische Lieder, 28 ff.; J. GW. GRIFFITHS, a. a. O., 303–306. Zaubersprüche haben die Kraft, selbst dem, der sich in der Unterwelt befindet, den Sonnengott samt seinem Götterkreise erscheinen zu lassen, vgl. Setna-Roman, übers. E. BRUNNER-TRAUT, Märchen, 177.

102 Apuleius cap. 24. J. GW. GRIFFITHS verweist ad loc. zu Recht auf den „Kranz der Rechtfertigung", den der im Totengericht Freigesprochene erhielt (Totenbuch Kap. 19), vgl. PH. DERCHAIN, *Couronne de la jusitification.*

103 *Coffin Texts* Spell 45.

dem mythischen Denken der Ägypter das Wesen der Sonne erschließt: als eines urbildhaft-grundlegenden und in diesem Sinne, auch wenn es nicht *in illo tempore*, sondern in ewiger Gegenwart spielt, mythischen Geschehens, verbindet sich das Mysterium des Durchgangs mit dem der Wiedergeburt. Der Sonnengott durchzieht in seinem allnächtlichen *descensus ad inferos* die zwölf Pforten und Stunden-Räume der Unterwelt, um allmorgendlich in neuer Gestalt wiedergeboren zu werden, er tritt als Greis zum Schwanz einer Schlange ein und kommt als Jüngling zu ihrem Maul wieder heraus, er wird abends von der Himmelsgöttin verschlungen und am Morgen wiedergeboren – in dieser unerschöpflichen Bilder- und Vorstellungswelt des Sonnenlaufs[104] haben alle ägyptischen Entwürfe von Wandlung, Erneuerung, Wiedergeburt und ewigem Leben ihren Verweisungshorizont mythischer Präzedenzen und Gewißheiten.

---

[104] S. dazu E. Hornung, *Bildaussagen*, 183–237; J. Assmann, Re und Amun, Kap. 2 „Die Ikonographie des Sonnenlaufs".

Siebentes Kapitel

Unio liturgica. Die kultische Einstimmung in götterweltlichen Lobpreis als Grundmotiv „esoterischer" Überlieferung im alten Ägypten

1. Die Theorie der heiligen Sprache als Göttersprache nach Iamblich und den graeco-ägyptischen Zauberpapyri

Dem Neuplatoniker Jamblichus verdanken wir eine Darstellung der „ägyptischen Mysterien" und darin auch eine Erläuterung der theurgischen Kraft des Gebets.[1] In diesem Zusammenhang begründet er den Vorrang der alten Sprachen wie Babylonisch und Ägyptisch. Es sind heilige Sprachen: „Weil nämlich die Götter die gesamten Sprachen der heiligen Völker wie der Ägypter und Assyrer für heilig erklärt haben, sind wir der Ansicht, daß unser mündlicher Verkehr mit den Göttern sich in jener Ausdrucksweise abwickeln müsse, die den Göttern verwandt ist. Auch ist die Form der Aussprache mit den Göttern derart die ursprünglichste und älteste ... Deshalb also halten wir an dem Gesetze ihrer Überlieferung unerschütterlich fest, da diese Form den Göttern eignet und ihnen angepaßt ist" (VII.4). „Man muß also die altehrwürdigen Gebetsformeln wie heilige Asyle behüten, immer als die gleichen und in gleicher Weise, während man weder irgend etwas von ihnen wegnimmt, noch ihnen irgend etwas von anderswo zusetzt" (VII.5). Die Griechen, so fährt er fort, sind neuerungssüchtig, „haben nichts Festes in sich und bewahren nichts so, wie sie

[1] Iamblichus, *De mysteriis Aegyptiorum*, VII ed. E. des Places, Collection Budé, ²1989, 188–195; Übers. TH. HOPFNER, Jamblichus, 162–168. Zur Vorstellung von der theurgischen Kraft der *barbarikà onómata* vgl. BIDEZ-CUMONT, Mages hellénisés II, 69 n. 14; TH. HOPFNER, Offenbarungszauber, Bd. I, 718–721, 724–725; *Orac. Chald.*, p. 58 Kroll; Psellos, *Expos. Orac. Chald.* 1132 C Migne; Clemens Alexandrinus, *Strom.* I 21, 146; Origenes, c. Celsum I, 24–25, 28; V 45; Euseb., *pr. evang.* IV, 1,11. Vgl. auch P. NILSSON, Griechische Religion II, 448–454.

es von irgendwem erhalten haben … Die Barbaren dagegen bleiben stets standhaft bei denselben Formeln, da sie von konservativem Charakter sind; eben deshalb aber sind sie sowohl den Göttern lieb als auch bringen sie den Göttern Formeln dar, die ihnen angenehm sind. Diese Formeln aber zu verändern, ist keinem Menschen unter gar keinen Umständen erlaubt.“

Der heilige Text ist wortlautgebunden, unübersetzbar und unveränderbar. Er „bezeichnet“ nicht das Heilige mit Hilfe „konventioneller“ Zeichen, sondern ist selbst heilig, das heißt dem Heiligen wesensverwandt. Er vermag es daher zu vergegenwärtigen, zu „präsentifizieren“.[2] Das ist der Sinn des theurgischen Gebets. Es kommt nicht darauf an, diesen Text zu verstehen. Nicht das Herz, der mitvollziehende Intellekt und das vom Heiligen ergriffene Gemüt werden hier gefordert, sondern allein die präzise Aussprache, die in allen Einzelheiten korrekte Aus- und Aufführung der Vorschrift.

Die gleiche Anschauung über den mystischen Charakter der Heiligen Sprache[3] vertritt auch das Corpus Hermeticum. Im Eingang zu Traktat XVI geht es um das Problem der Übersetzbarkeit heiliger Texte aus dem Ägyptischen ins Griechische. Die heiligen Texte sind nicht übersetzbar, weil sie ihre theurgische „Energie“ nur in der Ursprache entfalten können. Diese Unübersetzbarkeit ist ein konstituierendes Element jener Geheimheit und Esoterik, mit der esoterische Traditionen umgeben sind.

> Er sagte, daß die Leser meiner Bücher (Hermes Trismegistos spricht) glauben werden, daß sie klar und schlicht geschrieben seien, während sie doch ganz im Gegenteil unklar sind und die Bedeutung der Worte verhüllen und vollkommen dunkel sein werden, wenn eines Tages die Griechen sie aus unserer Sprache in die ihre übersetzen wollen, was zur vollständigen Verzerrung und Verdunkelung des Textes führen wird. In der Originalsprache bringt der Text seine Bedeutung klar zum Ausdruck, denn die reine Lautqualität und die Intonation der ägyptischen Worte enthalten die Kraft der gemeinten Sache.
>
> Laß diesen Text daher unübersetzt, damit diese Geheimnisse den Griechen entzogen bleiben und damit ihre freche, kraftlose und schwülstige Redeweise die Würde und Kraft unserer Sprache und die Energie der Namen nicht zum Verschwinden bringt. Denn die Griechen haben nur leere Reden, gut zum Imponieren, und ihre Philoso-

---

[2] J. P. Vernant, *Presentification de l'invisible.*

[3] Interessanterweise verbindet sich diese „mystische“ Vorstellung einer heiligen Sprache in der späteren Überlieferung nicht mit der Sprache, sondern mit der Schrift der Ägypter, vgl. z. B. Giordano Bruno, De magia (Op. lat. III, 411–412, nach Fr. Yates, Giordano Bruno, 263) „… the sacred letters used among the Egyptians were called hieroglyphs … which were images … taken from the things of nature, or their parts. By using such writings and voices *(voces)*, the Egyptians used to capture with marvellous skill the language of the gods. Afterwards when letters of the kind which we use now with another kind of industry were invented by Theuth or some other, this brought about a great rift both in memory and in the divine and magical sciences.“

phie ist bloß geschwätziger Lärm. Wir dagegen, wir gebrauchen nicht Wörter, sondern Laute voller Energie *(phonais mestais ton ergon)*.[4]

Die energetische Theorie der Sprache ist nicht kommunikativ, sondern magisch-musikalisch. Die magische Kraft der Zaubersprüche liegt in ihrer Lautgestalt. Der Laut, die sinnliche Klangqualität der Sprache ist es, die die Macht hat, die göttliche Sphäre zu erreichen. Diese energetische Dimension der Sprache ist unübersetzbar. Man muß sie in der Originalgestalt reproduzieren.

Ein Blick in die zeitgenössische graeco-ägyptische Zauberliteratur lehrt, wovon Jamblichus spricht. In der „Leidener Weltschöpfung"[5] (um nur ein Beispiel unter zahllosen anderen zu nennen) ruft der Offiziant den Allgott *(tòn tà pánta periéxonta)* „in jeder Stimme und in jeder Sprache" an, womit aber nicht Menschen-, sondern Göttersprache gemeint ist: zuerst mit den Worten des Sonnengottes: AX EBU KRWM, sodann mit den Worten der „ersterschienenen Boten": ARAQ ADWNAIE BACEMM IAW.

Der erste Bote ruft in der Vogelsprache: ARAI, das heißt „Wehe meinem Feind" ...
aber Helios besingt dich in der Hieroglyphensprache: LAILAM
und hebräisch mit demselben Namen. Dann spricht er
„ANOK BIAQI ARBAR CXILA TOURBOU FROUMTRWM" womit er meint „Ich gehe dir voran, Herr, ich der N. N., der deinetwegen auf der Barke aufgeht" usw. usw.

Hier wird nicht nur Ägyptisch und Assyrisch gesprochen. Vogelgestaltige Götter sprechen die Vogelsprache („orneoglyphisch": orneoglyfistí), falkengestaltige die Falkensprache (ierakistí), der Pavian spricht seine „Sondersprache" (idía dialektō).[6] Reinhold Merkelbach und Maria Totti haben in ihrem Kommentar mit großem Scharfsinn diese Zauberworte entschlüsselt und – in dem meisten Fällen sehr überzeugend – als Transkriptionen aus dem Ägyptischen rekonstruiert.

2. Heilige Texte, Götterrede und göttliche Verfasserschaft in der altägyptischen Überlieferung

Die Wortlautgebundenheit der heiligen Texte ist ein Grundprinzip der ägyptischen Kultur. Die schriftliche Überlieferung dieser Texte erscheint unter den allerfrühesten Bereichen, in denen sich die Ägypter die Möglichkeiten schriftli-

---

[4] Corpus Hermeticum XVI ed. A. J. Festugière, A. D. Nock II, 230; G. Fowden, Egyptian Hermes, 37.

[5] R. Merkelbach/M. Totti, Abrasax 3.

[6] Vgl. H. D. Betz, *Secrecy*, 165 ff. („baboonic") mit Hinweis auf Th. Hopfner, Griechisch-ägyptischer Offenbarungszauber, 780, und W. Speyer, *Tierstimmen*,193–198 (Zu Platon, resp. 3, 396b). Zur Sprache der Paviane vgl. besonders H. te Velde, *Some Remarks*, der allerdings auf die magischen Papyri nicht eingeht.

cher Aufzeichnung zunutze gemacht haben. Schon in den bildlichen Darstellungen des Rituals aus dem Alten Reich treffen wir auf den Mann mit der Papyrusrolle, den Vorlesepriester, der dann in den griechischen Texten als „Hierogrammateus" bezeichnet wird. Eine andere Bezeichnung dieser Leute ist „Stolist", weil sie eine Brustbinde (Stola) als kennzeichnendes Element ihrer Amtstracht tragen. Sie tragen auch den Titel „Chef", ägyptisch *ḥrj-tp*, wovon hebräisches *ḥartummim* kommt.[7] Auch diese Binde kennzeichnet sie schon auf den frühesten Darstellungen. Schrift und schriftliche Überlieferung bilden das Grundgerüst des ägyptischen Kults. Heilige Texte werden schriftlich überliefert, um sie gegen Veränderung zu schützen. Sie fungieren als Partituren, die im Kult zur Aufführung gebracht werden.[8]

Die Texte, die man diese Vorlesepriester auf den Darstellungen rezitieren sieht, werden „Verklärungen" genannt, ägyptisch *s3ḫw*, die Kausativ-Form des Stammes *3ḫ* (ACH), der „leuchten" und davon abgeleitet „Geist sein" heißt.[9] Allein schon die Kausativbildung dieser Gattungsbezeichnung zeigt, daß wir es hier mit wirkungsvollen Texten zu tun haben, deren Rezitation eine Transformation – nämlich in den Zustand *3ḫ* – bewirkt. Diese Texte, die uns in großer Zahl erhalten sind, enthalten zwar keine Zaubernamen. Sie sind auch in völlig normalem Ägyptisch aufgefaßt. Aber die Schriftlichkeit ihrer Überlieferung und Aufführung verweist auf den Sonderstatus ihrer Sprachgestalt. Sie ist sakrosankt, und die Schrift dient als Mittel ihrer Bewahrung. Der Priester mit der Schriftrolle garantiert die Genauigkeit der Aufführung, genau wie im modernen Musikleben der Dirigent mit der Partitur. Dabei bedarf es keiner weiteren Erläuterung, daß die Schrift im Funktionszusammenhang der „Rezitationsliteratur" nur als ein Hilfsmittel fungiert, als ein Zwischenspeicher. Der eigentliche Kommunikationsakt ist die mündliche Aufführung. Die Schrift wird nicht „gelesen", sondern „gesungen". Auch darin entspricht diese Art der rituellen Schriftlichkeit vollkommen der musikalischen Partitur. Auch diese will ja nicht gelesen, sondern aufgeführt werden. Selbstverständlich kann der Text anstatt schriftlich aufgezeichnet auch auswendig gelernt werden. Theoretisch macht das gar keinen Unterschied. Das menschliche Gedächtnis fungiert hier als Zwischenspeicher und „Notationssystem". Die indischen Brahmanen mißtrauen bekanntlich der Schriftlichkeit und ziehen das Gedächtnis als Zwischenspeicher vor. Die Ägypter haben von Anfang an umgekehrt optiert. Sie mißtrauten dem Gedächtnis und haben sich die Schrift für die Speicherung kultischer Texte zunutze gemacht.

Im Medium dieser geheiligten und heiligenden Schriftlichkeit entsteht aber

---

[7] J. QUAEGEBEUR, *Hartummim*, 162–172; DERS., *Designation (P3)ḥry-tp*, 368–394.

[8] Vgl. M. WEBER, Schrift- und Buchwesen; DERS., *Lebenshaus*. Allgemein zur ägyptischen Schriftkultur: A. SCHLOTT, Schrift und Schreiber (in dem hier interessierenden Punkt leider unergiebig).

[9] Vgl. hierzu J. ASSMANN, Theologie und Frömmigkeit, 4. Kapitel; DERS., *Verklärung*.

keine „Heilige Schrift".[10] Dazu haben es die Ägypter nie gebracht. Das von Jamblich zitierte Verbot der Veränderung, Hinzufügung oder Weglassung[11] bezieht sich nicht auf das Insgesamt, den „Kanon" der Überlieferung, sondern auf die einzelne Formel bzw. die sakrosankte Sprachgestalt des einzelnen Spruchs, dessen theurgische oder „präsentifikatorische" Kraft auf eben dieser Sprachgestalt beruht. Geheiligt ist der Text, nicht der Textkanon. Dessen Grenzen verlieren sich vielmehr im Unabsehbaren. So schreibt Jamblich etwa, daß Seleukos von 20 000, Manetho aber von 36 525 Büchern des Hermes Trismegistos berichtet.[12] Der Gesamtbestand an heiligem Schrifttum ist uferlos, und die Vorstellung eines Kanons ist dieser Schriftkultur fremd.[13] Worauf es vielmehr ankommt, ist der einzelne Text. Innerhalb dieses Stroms oder Ozeans heiliger Texte gibt es viele Gattungen, und die Beschwörungsgebete, Verklärungen, Eulogien, Hymnen, Weihezeremonien und sonstigen Rezitationen von theurgischer, präsentifikatorischer Kraft bilden nur eine Untergruppe.

Von außen gesehen, verlagert und erweitert sich dieser Strom ständig, und es kann überhaupt keine Rede davon sein, daß die „Barbaren" im Unterschied zu den Griechen keine Neuerungen zuließen und strikt am geheiligten Bestand uralter Texte festhielten. Natürlich kommen ständig neue Texte dazu, und insbesondere die graeco-aegyptischen Zaubertexte tragen das unverkennbare Gepräge ihrer Zeit und reichern einen Grundbestand spätägyptischer Theologie mit allen möglichen jüdischen, iranischen, babylonischen und griechischen Versatzstücken an. Eine durchaus „moderne" Literatur entsteht hier. Von innen gesehen, das heißt im Selbstverständnis dieser Texte, wird hier aber eine uralte Überlieferung weitergegeben, und je moderner der Spruch, desto älter, heiliger, göttlicher, „authentischer" ist sein angeblicher Ursprung.

Im Berliner Museum gibt es einen Papyrus aus frühptolemäischer Zeit mit einer Sammlung von „Verklärungen", die sich in einem einleitenden Vermerk als Abschrift einer Handschrift aus der Zeit Amenophis' III. (ca. 1400–1360) ausgibt.[14] Man würde das natürlich für die übliche fromme Fiktion halten. Ein Blick auf diese Texte lehrt jedoch, daß diese Sammlung noch wesentlich älter als die angegebene Vorlage ist und die einzelnen hier zusammengestellten Texte noch einmal sehr viel weiter zurückgehen. Dieselbe Textzusammenstellung findet sich bereits auf Särgen des frühen 2. Jahrtausends, und die einzelnen Texte stehen bereits in den Pyramiden der 6. Dynastie (24. Jahrhundert v. Chr.). Die Textüberlieferung ist verblüffend gut. Hier ist also in der Tat eine Verklärungs-Liturgie im Rahmen der rituellen Schriftlichkeit über zweitausend

---

[10] Vgl. C. Colpe, *Heilige Schriften.*

[11] Zur Kanonformel vgl. J. Assmann, Kulturelles Gedächtnis, 103–106, 236 f.

[12] VIII.1.

[13] Vgl. jedoch die „42 hochverbindlichen (*pány anankaîai*: = „Kanonischen"?) Bücher des Hermes", die nach Clemens Alexandrinus, Stromat. VI.4.35-7 von den ägyptischen Priestern in Prozession getragen wurden, s. dazu Kap. 9, S. 207–209.

[14] G. Möller, Späthieratischer Papyrus.

Jahre und mehr hinweg getreulich gespeichert und im Kult immer wieder wortlautgetreu zur Aufführung gebracht worden. Was um 2300 v. Chr. einmal „normales" Ägyptisch war, ist freilich um 300 v. Chr. längst eine Fremdsprache geworden, an der man im Kult festhielt aus Gründen, die Jamblich gewiß sehr treffend mit seinem den „Barbaren" zugeschriebenen Konservatismus diagnostiziert: die Götter lieben keine Neuerungen. Dieser Bruch zwischen normalem gesprochenem und geschriebenem Ägyptisch und dem in den Schriftrollen der Vorlesepriester bewahrten Sprachstadium läßt sich schwer datieren. Es handelt sich dabei zweifellos um einen kontinuierlichen Prozeß der Auseinanderentwicklung. Lange Zeit hat man den Unterschied zwischen Kultsprache und Alltagssprache gewiß nur als dialektale Variante empfunden. Spätestens nach der Amarnazeit wird den Ägyptern klar, daß sie es mit zwei verschiedenen Sprachen zu tun haben. Nun wird die alte Schriftsprache eigens in der Schule erlernt.[15] In der Spätzeit ist die Kenntnis dieser Sprache zum Exklusivbesitz der Priester und diese Sprache selbst zur exklusiven Kultsprache geworden, ebenso wie die Hieroglyphenschrift und deren Buchkursive, das Hieratische, in der sie geschrieben wird. In dieser Zeit dürfte sich die alte Bezeichnung für die Hieroglyphen, „Göttersprache" *(mdw nṯr)* auch auf das darin aufgezeichnete, zur Fremdsprache gewordene Alt- und Mittelägyptisch ausgedehnt haben: Kultsprache ist Göttersprache.[16]

Die wirklich alte Liturgie des Pap. Berlin 3057 hat es nun offenbar nicht nötig, sich durch phantastische Fundlegenden oder gar göttliche Verfasserschaft zu legitimieren. Anders steht es mit der modernen Rezitationsliteratur der Spätzeit. An erster Stelle sind hier die verschiedenen „Dokumente vom Atmen" *(šꜥt n snsn)* zu nennen, die in der Ptolemäerzeit neben dem althergebrachten Totenbuch entstehen.[17] Sie werden der Göttin Isis als Verfasserin zugeschrieben. Andere Bücher soll Thoth geschrieben haben.[18]

Die Fiktion göttlicher Verfasserschaft antwortet auf das Problem, die rapiden und grundlegenden Wandlungen religiöser Erkenntnis, Erfahrung und Sensibilität und das daraus erwachsende Bedürfnis nach religiösem Sinn in Einklang zu bringen, mit der Überzeugung, daß nur das im Medium der rituellen Schriftlichkeit seit Urzeiten Gespeicherte einen Anspruch auf Wahrheit erheben darf. Wahrheit heißt natürlich in diesem Fall kultische, sakramentale Wirksamkeit, „verklärende", zu-einem-Lichtgeist-machende, erleuchtende Kraft. Das Sinnbedürfnis verlangt den modernen Text. Das alte Totenbuch genügt nicht mehr. Das Wahrheits- oder Wirksamkeitsbedürfnis verlangt den heiligen Text, bei dem es nicht auf menschliches Verstehen, sondern göttliches

---

[15] Vgl. F. JUNGE, *Sprachstufen und Sprachgeschichte.*

[16] Vgl. hierzu auch die treffenden Bemerkungen von H. TE VELDE, *Some Remarks*, 134 f.

[17] J. C. GOYON, Rituels funéraires, 189 ff.; DERS., *Littérature funéraire.*

[18] S. SCHOTT, *Thot.* P. BOYLAN, Thoth; speziell zu Thoth als Verfasser der Tempelbücher: S. 88–91.

Angesprochenwerden ankommt. Göttliche Verfasserschaft ist die Lösung dieses Problems. Die „Dokumente vom Atmen" hat Isis selbst geschrieben, als es um die Wiederbelebung ihres Gatten Osiris ging.

Alle Handlungen, die im Kult vollzogen werden – das ist der Grundgedanke dieser Idee einer götterweltlichen Angemessenheit bzw. „Kompatibilität" und sakramentalen Wirksamkeit liturgischer Rezitationen – werden auch in der Götterwelt vollzogen. Wie im Himmel, so auf Erden, lautet das Prinzip.[19] Hätte Isis nicht ihren Gatten Osiris mit ihren Klagen erweckt und mit ihren Verklärungen zu einem machtvollen unsterblichen Geistwesen gemacht, dann wären auch alle irdisch-kultischen Handlungen und Rezitationen in dieser Hinsicht zwecklos. Würde der Sonnengott nicht Tag für Tag den Chaosdrachen Apopis besiegen, der ihn mit Finsternis und Stillstand bedroht, dann hätten auch die Schutzriten, die täglich in den Tempeln zur Abwehr der inneren und äußeren Feinde Pharaos und zur Erhaltung der Ordnung und Wohlfahrt des Staates durchgeführt wurden, keine Wirkung. Daher faßt man diese Texte auch unter einem sehr bezeichnenden Gattungsnamen zusammen: sie heißen *b3w Rꜥw*, „die Machterweise des Re", weil man annimmt, daß sich in ihrer Rezitation die Macht des Sonnengottes selbst ereignet, mit der er in seinem täglichen Umlauf um die Erde die kosmischen Widerstände überwindet (hierzu mehr in Kap. 1 und 8).

Man denkt sich den Kosmos und die ihn verkörpernde Götterwelt als ein Drama und versteht die kultischen Handlungen als Abbildungen götterweltlicher Interaktion. Der Kult wird also nicht im Sinne einer Kommunikation zwischen Mensch und Gott vollzogen, sondern als die Inszenierung eines innergötterweltlichen Dramas zwischen Gott und Göttern. Dieses Prinzip war übrigens auch Jamblich noch vollkommen bewußt, und er wird nicht müde, es in immer neuen Formulierungen zu beleuchten, um den Vorwurf zu entkräften, der Theurg wolle den Göttern drohen, sie zwingen oder sonstwie nach seinem Willen beeinflussen. Seine Argumentation beruht auf dem Gedanken, daß er ja nicht als Mensch den Göttern gegenübertritt, sondern von einer ekstatischen Position aus spricht, die am Göttlichen Anteil hat. Er zieht die Götter nicht zu sich herab, sondern vielmehr sich zu den Göttern empor („denn eine solche Anrufung zieht ja keineswegs die Unbeeinflußbaren und Reinen in die Sphäre der Affekte und Unreinheit hinab, sondern macht vielmehr im Gegenteil uns Menschen, die wir durch die Geburt den Affekten unterworfen wurden, rein und über den Affekt erhaben" (I 12).[20] Daher besteht er darauf, „daß das Wirken der Götter nicht gewirkt wird, während zwei einander gegenüberstehende und voneinander verschiedene Parteien einander gegenüberstehen (Mensch und Gott), sondern daß vielmehr diese Art göttlichen Wirkens in Übereinstim-

---

[19] Zu „descensio" und „translatio" als den Grundprinzipien des ägyptischen Kults im Sinne einer irdischen Abbildung himmlischer Vorgänge vgl. *Corpus Hermeticum*, Asclepius 23 ff. und dazu J. ASSMANN, Theologie und Frömmigkeit, 50–67.

[20] Nach TH. HOPFNER, Jamblichus, 26.

mung, Einheit und Einverständnis vollbracht wird" (IV 3).[21] „Der Theurg gibt den kosmischen Mächten infolge der Kraft der geheimen Symbole seine Befehle nicht mehr als Mensch und auch nicht mehr als über eine nur menschliche Seele verfügend, sondern erteilt, als gehöre er jetzt zur Rangklasse der Götter, Befehle, die kräftiger sind als seine ihm tatsächlich zustehende Wesenheit" (VI 6).[22] Deutlicher kann man den Grundgedanken auch der altägyptischen Ritualistik nicht umschreiben. Dieses „theurgische" Prinzip gilt für die rituelle Handlung, und es gilt insbesondere für die von diesem Handeln nicht zu trennende Sprache. In den die Handlungen begleitenden Rezitationen liegt die verwandelnde, verklärende Kraft der Begehung. Deshalb ist stets der Priester mit der Schriftrolle dabei. Er verwaltet die sprachliche Seite der Begehung, die Rezitation, die im Mund des Priesters und im Augenblick der kultischen Handlung zur Götterrede wird. Wenn der Priester spricht, spricht ein Gott zum Gott, und die Worte entfalten ihre verwandelnde, performative und präsentifikatorische Kraft. Das ist die Aufführung. Was der Vorlesepriester in der Hand hält, ist die Partitur.

Die heilige Rezitation ist also ihrem Sinn und ihrem Wesen nach Götterrede, gespeichert im Medium der Schrift und realisiert im Kontext des kultischen Rollenspiels. Der Priester äußert sie nicht in eigener Sache, er tritt damit nicht als Mensch vor ein Götterbild. Er schlüpft vielmehr in eine Rolle im Zusammenhang einer götterweltlichen „Konstellation". Der Kosmos, die Wirklichkeit ist aus solchen „Konstellationen" aufgebaut. Es sind die Strukturelemente, aus denen sich das Ganze der sich unablässig ereignenden „Welt" zusammensetzt. Die Sprache vermag sie zu beschreiben und narrativ zu verknüpfen: so entstehen die Mythen. Sie vermag aber auch gewissermaßen intra-konstellativ die bei diesem Zusammenwirken gesprochenen Worte zu artikulieren und dramatisch zu gestalten: so entstehen die Kultrezitationen.

Die Schrift dient dem Zweck, den heiligen Text vor Veränderung zu schützen und ihn, von Rezitation zu Rezitation, in seinem Wortlaut zu bewahren. Damit ist aber der Schutzbedürftigkeit des Heiligen Textes noch keineswegs Genüge getan. Zur Schrift tritt als zweite Schutzmaßnahme die Geheimhaltung hinzu. Das Geheimnis gehört in Ägypten zum Begriff des Heiligen (s. hierzu Kap. 7). Das Heilige ist für den Ägypter eo ipso geheim. Wenn die Schutzzonen um das Heilige niedergerissen werden, fällt der Himmel auf die Erde herunter, wandelt sich Meerwasser in Süßwasser und wird alsobald ausgetrunken, steigen Flammen aus dem Ozean auf und verzehren das Feuer, trocknen die Flüsse und Seen aus.[23]

---

[21] Th. Hopfner, a. a. O., 121 f.

[22] Th. Hopfner, a. a. O., 159 f.

[23] Vgl. hierzu Porphyrius in Jamblichs Wiedergabe, *De mysteriis* VI.5: „Denn der Rezitierende droht, das Firmament zu zerschmettern, die Geheimnisse der Isis offenbar zu machen, das im Abgrunde (der Welttiefe) Verborgene aufzuzeigen, die Barke zum Stehen zu bringen, die Glieder des Osiris dem Typhon hinzustreuen oder überhaupt etwas dieser Art zu tun" (nach Th. Hopfner, a. a. O., 159).

3. Unio liturgica

Als Handelnder schaltet sich der Offiziant ein in das götterweltliche Handlungsgefüge, das den Kosmos zusammen- und in Gang hält. Als Sprechender stimmt er ein in den götterweltlichen Diskurs. Dieses Prinzip nenne ich mit einem Begriff, den ich dankbar dem Judaisten Peter Schäfer entlehne, „unio liturgica".[24] Im kultischen Sprechen tritt der Redende ein in eine götterweltliche Konstellation und spielt die Rolle göttlicher Aktanten. Er identifiziert sich mit ihnen oder, wie es ägyptisch heißt, „vereint sich mit ihnen":

> Ich habe der Sonne Hymnen gesungen,
> ich habe mich mit den Sonnenaffen vereint,
> ich bin einer von ihnen.
> Ich machte mich zum Genossen der Isis und stärkte ihre Zauberkraft.[25]

Wer als Priester einen Sonnenhymnus spricht, im Rahmen der vorgeschriebenen kultischen Begehungen, der vereint sich mit den götterweltlichen Adoranten des Gottes und wird für die Dauer der Begehung „einer von ihnen".[26] Der Hohenpriester Nebwenenef sagt:

> Ich befriedige ihn (den Sonnengott) Tag für Tag,
> ich singe Loblieder wie die Sonnenaffen,
> ich verehre ihn wie die „Seelen" von Buto und Hierakonpolis.[27]

Alle kultischen Zeremonien sind von diesem identifikatorischen Typus. Es ge-

---

[24] P. Schäfer, Gott, 160 ff. Auch in der frühjüdischen *merkaba*-Mystik geht es darum, in die himmlische Liturgie einzustimmen. Das wird hier aber nicht mehr kollektiv-kultisch erreicht, durch den genauen Vollzug des Tempelrituals, sondern individuell-mystisch, durch die Himmelsreise des Adepten *(jored merkaba)*. „Ziel der Himmelsreise ist weniger die Schau Gottes auf seinem Thron als vielmehr die Teilhabe am kosmischen Lobpreis ... Seine Himmelsreise dient dem Zweck, die irdische Gemeinde in die himmlische Liturgie einzubeziehen, diese zu einem wahrhaft kosmischen, Himmel und Erde, Engel und Menschen umfassenden Ereignis werden zu lassen" (S. 160). Präziser könnte man auch die Aufgabe des altägyptischen Sonnenpriesters nicht beschreiben. Auch sein Lobpreis stimmt in die himmlische Liturgie ein, und auch hier liegt der Sinn solchen Einstimmens darin, Himmel und Erde zueinander in Beziehung zu setzen und eine kosmische Harmonie herzustellen. Mystik und Magie erweisen sich hier wie in der Religion der Papyri Graecae Magicae als gewissermaßen „privatisierte" Nachfolgeinstitutionen des ägyptischen Tempelkults.

[25] Totenbuch, Kapitel 100. E. Hornung, Totenbuch, 198 f. H. te Velde, *Some Remarks*, 129.

[26] Vgl. Totenbuch 81 B (E. Hornung, a. a. O., 168):

> Ich kenne den Spruch derer, die mit diesen Göttern, den Herren des Totenreichs, sind.
> Ich bin einer von euch.
> Laßt mich doch die Götter schauen, welche die Unterwelt leiten,
> gebt mir einen Platz im Totenreich!

[27] Grab Theben 157, Wörterbuch Zettel <1112>; J. Zandee, *Hymnical Sayings*, 253.

schehen da wahrhaftig große Dinge. Im Kontext der oben zitierten Verse des 100. Totenbuchkapitels ist auch von anderen Ritualen die Rede:

Ich habe den Phönix zum Osten übergefahren
und Osiris nach Busiris.
Ich habe die Grüfte des Hapi geöffnet
und den Weg der Sonne freigehalten.
Ich habe den Sokar auf seinem Schlitten gezogen
und die Große im rechten Augenblick gestärkt. ...
Ich habe das Seil festgebunden,
ich wehrte den Apopis ab und zwang ihn zum Rückzug.
Re hat mir seine Arme entgegengestreckt
und seine Mannschaft wird mich nicht zurückweisen.[28]

Hier spricht jemand, der an verschiedenen Festen, Riten und Prozessionen teilgenommen hat. Er darf sich dadurch als ein Mitglied götterweltlicher Konstellationen ausgeben. Das ist der Sinn der ägyptischen „Mysterien“. Es handelt sich dabei nicht um Geheimgesellschaften, um Gemeinschaften, zu deren Glauben man sich bekennen und in die man sich einweihen lassen kann. Es handelt sich ganz einfach um den normalen, offiziellen ägyptischen Kult. Er beruht auf dem Prinzip der götterweltlichen Identifikation, der „unio liturgica“. Aus diesem Prinzip folgen mit einer gewissen logischen Konsequenz zwei Motive, die diesen Kult mit dem antiken Mysterienwesen verbinden: Geheimhaltung und Einweihung.

Re hat ihn (den Sprecher) eingeführt in seine Barke:
er hat die Heiligkeit Dessen in seiner Umringlerschlange gesehen.
Er hat Re betrachtet, nämlich die drei Gestalten, die er annimmt in der Ausdehnung des Lichtglanzes.
Er hat ihn angebetet bei seiner Geburt am Morgen
in jenem seinem Namen „Chepre“,
er hat ihn gepriesen am Mittag
in jenem seinem Namen „Re“,
er hat ihn besänftigt am Abend
in jenem seinem Namen „Atum“.[29]

Wie schön ist es, zu schauen mit den Augen,
wie schön ist es, die Wahrheit zu hören mit den Ohren!
... Osiris NN hat nicht weitergesagt, was er gesehen hat,
Osiris NN hat nicht berichtet, was er gehört hat im Haus der Mysterien:
den Jubel für Re
und den Gottesleib des Re beim Queren des Nun
unter denen, die den Gottes-Ka befriedigen mit dem, was er liebt.[30]

Ein unlängst publizierter kleiner Sonnenhymnus auf einem Sarg der Spätzeit in Cambridge gibt sich als Rede des „Kollegium im Urwasser“, worunter wohl die

---

[28] E. Hornung, Totenbuch, 198 f.
[29] Totenpapyrus Louvre 3292, ed. Nagel, *BIFAO* 29, 47.
[30] TB 133, 14–15 (Nu).

acht Urgötter zu verstehen sind, auf deren Anbetung des Sonnengottes wir in anderem Zusammenhang noch zurückkommen werden:

Re anbeten bei seinem Aufgang im östlichen Lichtland
seitens des Großen Kollegiums im Urwasser.
Zu sprechen: Sei gegrüßt, Re, Tag für Tag,
Chepre, der von selbst entstand,
mit vielen Namen und vielen Gesichtern,
der zu Schiff fährt ohne zu ermüden.
Komm doch, Re, in Frieden!
Richte dich auf: dein Feind ist gefallen.[31]

Die Reden der Götter, also z. B. die Hymnen, die das „Große Kollegium" oder die „Sonnenaffen" an den Sonnengott richten, sind „geheime" Worte. Sie kennt nur der Eingeweihte. Diese Einweihung kennzeichnet nach ägyptischer Vorstellung die Rolle des Königs. Natürlich waren es in der geschichtlichen Wirklichkeit nicht die Könige, sondern die Priester, die als Träger, Verwalter, Überlieferer und Anwender dieses Wissens fungierten. Der Begriff „König" bezeichnet eine Institution, eine sakrale Funktion, die vom Priester und nicht vom wirklichen König wahrgenommen wird. Der Priester spielt den König, um im Rahmen des kultischen Dramas den Gott spielen zu können. Von diesem theoretischen „König" heißt es nun in einem für diese Konzeption kultischen Wissens und Sprechens zentral wichtigen Text:

Der König kennt
diese geheime Rede, die die ‚östlichen Seelen' sprechen,
wenn sie Jubelmusik machen für den Sonnengott
bei seinem Aufgang, seinem Erscheinen im Horizont
und wenn sie ihm die Türflügel öffnen
an den Toren des östlichen Horizonts,
damit er zu Schiff dahinfahren kann auf den Wegen des Himmels.

Er kennt ihr Aussehen und ihre Verkörperungen,
ihre Wohnsitze im Gottesland.
Er kennt ihre Standorte
wenn der Sonnengott den Weganfang beschreitet.
Er kennt jene Rede, die die Schiffsmannschaften sprechen,
wenn sie die Barke des Horizontischen ziehen.

Er kennt das Geborenwerden des Re
und seine Verwandlung in der Flut.
Er kennt jenes geheime Tor, durch das der Große Gott herauskommt,
er kennt den, der in der Morgenbarke ist,
und das große Bild in der Nachtbarke.
Er kennt seine Landeplätze am Horizont
und deine Umläufe in der Himmelsgöttin.[32]

---

31 M. EL ALFI, *Sun Hymn.*

32 Aus einem Kulttheologischen Traktat über den „König als Sonnenpriester", ed. J. ASSMANN, König als Sonnenpriester; M. C. BETRÒ, Testi solari.

Dieser Text zählt auf, was der König alles wissen muß für eine einzige, wenn auch entscheidende Handlung: die Anbetung des Sonnengottes am Morgen. Er kennt die Natur des kosmischen Vorgangs, seine Phasengliederung, seine szenisch-konstellative Ausgestaltung und seine Heilsbedeutung als Wiedergeburt, er kennt die beteiligten Wesen, ihre Handlungen, ihre Reden, ihre Lebensumstände, und er kennt den räumlichen Rahmen des Geschehens, Himmelstore, Barken, Landeplätze, Steuergeräte. Er muß das alles genau kennen, um sich mit seiner anbetenden Rede wirkungsvoll in den kosmischen Prozeß einschalten zu können.

Einen entsprechenden Text gibt es auch für die Anbetung des Sonnengottes am Abend.[33] In diesem Text spielt die Kenntnis der götterweltlichen Liturgie eine ganz besonders prominente Rolle:

Veranlaßt wird, daß die Götter zur Ruhe gehen in der Erde
durch die geheime Rede in seinem (des „Königs“) Munde.

„O Heiliger in der Nachtbarke,
Herr des Lebens im Westland!“
Heiligkeit und Göttlichkeit werden gegeben
dem Großen Ba (durch) die Gottesworte.
Der erscheint mit seinem Einauge,
der Herrin an der Spitze der beiden Barken,
entsprechend den Lobgesängen, die ihm die Westlichen des Himmels singen in ihren Erscheinungsformen:

„Der ausgestattet ist mit seinen Formen, der Jahrmillionen verbringt,
Re möge ruhen, möge ruhen im Innern der Erde“, so singen sie für dich,
„Der ausgestattet ist mit seinem Göttlichen Auge,
das Falkenbild in der Nachtbarke,
der Herr der Heiligkeit im westlichen Lichtland!“
Die Menschen leben auf, wenn sie ihn sehen,
die Götter jubeln, wenn sie seine Schönheit erblicken.

Oh juble, Re, über die Preisungen des Königs,
wenn er Re verehrt mit Hymnen.

Wie am Morgen mit „pavianischen“ Lobpreisungen, so begrüßt der Sonnenpriester am Abend den Sonnengott mit „schakalischen“ Hymnen. Natürlich gebraucht er dabei keine Tier- und sonstige Fremd-Sprache, sondern das zur Kult- und Göttersprache gewordene klassische Ägyptisch. Die pavian- und schakalgestaltigen „Seelen“ des Ostens und Westens sind keine Tiere, sondern eine Art Engel. Sie gehören zur Götterwelt, nicht zur Tierwelt.[34] In ihre Lobpreisungen stimmt der irdische Sonnenpriester mit seinen Sonnenhymnen ein.

---

[33] Die Wiedergewinnung dieses Textes ist das besondere Verdienst von M. C. Betrò, s. die vorhergehende Anmerkung.

[34] Dieser Unterschied wird von H. te Velde in seinem wichtigen Aufsatz über die „mysterious language“ der Sonnenaffen nicht ausreichend berücksichtigt.

Hier gilt es nun eine wichtige Unterscheidung zu berücksichtigen. Diese Vorstellung einer geheimen Preisung in Göttersprache scheint keineswegs für die gesamte ägyptische Sonnenhymnik zu gelten. Vielmehr hat man hier offenbar eine esoterische und eine exoterische Tradition zu unterscheiden. Aus dem alten Ägypten sind uns Hunderte von Sonnenhymnen erhalten. Sie stehen zumeist auf den Wandungen der Grabeingänge und zeichnen die Worte auf, mit denen der Grabherr morgens und abends, aus seinem Grabe aus- und eintretend, die Sonne anbeten wollte. Andere Hymnen stehen auf Stelen, die im, über oder auch vor dem Grab aufgestellt waren. Alle diese Texte waren zugänglich angebracht und bilden die exoterische Form der ägyptischen Sonnenhymnik. Sie geben sich *nicht* als Aufzeichnung geheimen Wissens.

Es gibt aber eine Überlieferungsform, die man ganz eindeutig als exklusiv und esoterisch einzustufen hat. Das sind die Bilder und Texte, mit denen die Königsgräber im Neuen Reich ausgeschmückt waren. Denn diese Gräber waren nicht zugänglich, sondern im Gegenteil hermetisch versiegelt und strengstens bewacht. In ihnen fand kein Kult statt, im Unterschied zu den Privatgräbern. Der Kult hatte seinen Ort in den Totentempeln, die räumlich weit von den Gräbern getrennt errichtet wurden. In den Königsgräbern finden wir nun eine Literatur, die genau jenes Wissen kodifiziert, das in den oben zitierten Traktaten dem „König" als Priester des Sonnengottes zugeschrieben wird.[35] Hier stehen die Hymnen, die die Jenseitigen an den Sonnengott richten, hier sind alle Handlungen, alle dramatis personae und alle Lokalitäten genau beschrieben, in deren Rahmen sich das götterweltliche Drama abspielt. Der wichtigste, älteste und gewissermaßen klassische Text dieser Gattung, das „Amduat"[36] hat folgenden Titel:

> Zu kennen die Wesen der Unterwelt,
> zu kennen die geheimen Wesen,
> zu kennen die Tore und die Wege, auf denen der Große Gott (der Sonengott) wandelt,
> zu kennen, was getan wird,
> zu kennen, was in den Stunden ist und ihre Götter,
> zu kennen den Lauf der Stunden und ihre Götter,
> zu kennen ihre Verklärungssprüche für Re,
> zu kennen, was er ihnen zuruft,
> zu kennen die Gedeihenden und die Vernichteten.[37]

Es handelt sich hier also um ein Buch, das in erster Linie Wissen kodifizieren, systematisieren und vermitteln will. Das Wort Wissen oder Kennen wird im Titel neunmal wiederholt. In diesen Büchern haben wir die Kodifikationen des

---

[35] E. Hornung, Unterweltsbücher, vgl. E. Hornung, *Auf den Spuren der Sonne,* 431–475 und H. Brunner, *Unterweltsbücher*, 215–228. Allgemein zu den Königsgräbern s. E. Hornung, Tal der Könige.

[36] Ed. E. Hornung, Amduat; Übers. Ders., Unterweltsbücher, 57–194.

[37] E. Hornung, Unterweltsbücher, 59.

magischen Wissens vor uns, das nach Ansicht der Ägypter zur In-Gang-Haltung des (nächtlichen) Sonnenlaufs notwendig ist. Als Grabdekoration dienen sie dem König dazu, sein mitwirkendes Teilnehmen und seine Teilhabe am Gelingen des Sonnenlaufs im Jenseits fortzusetzen. Aus der Art dieser Wiederverwendung, der wir die Kenntnis dieser Literatur verdanken, können wir schließen, daß es sich dabei um einen äußerst exklusiven, streng gehüteten Wissensvorrat gehandelt haben muß. Denn im Neuen Reich (16.–12. Jahrhundert) kommen die Kosmographien so gut wie ausschließlich in Königsgräbern vor. Der Charakter eines hermetischen Geheimwissens wird in ihnen selbst auch immer wieder betont. „Die geheimnisvolle Schrift der Unterwelt" nennt sich das Amduat, „die nicht gekannt wird von irgendwelchen Menschen außer vom Erlesenen".[38]

Letztlich geht es bei diesem Wissen um Teilnahme und Teilhabe. Magie und Mystik hängen ganz eng zusammen.[39] „Wer das weiß, ist ein Ebenbild des Großen Gottes" heißt es ausdrücklich im Amduat.[40] Die Teilhabe am Wesen der Gottheit wird aber nicht durch Versenkung und Meditation des Individuums erreicht, sondern durch die rituelle Inszenierung dieses Wissens in der sozialen Rolle eines bevollmächtigten Priesters. Der Priester handelt und spricht, wie schon gesagt, nicht in eigener Sache, sondern in gesellschaftlichem Auftrag. Um diesen Auftrag wahrzunehmen, identifiziert er sich mit einer götterweltlichen Rolle. Nur als Mitglied der Götterwelt kann er fördernd in das götterweltliche Drama eingreifen.

Den wichtigsten Wissensgegenstand, den diese Geheimliteratur kodifiziert, bildet die Liturgie der jenseitigen Wesen, die Worte, die sie an den Sonnengott richten. Diese Liturgie der Unterweltlichen durch Textbeispiele zu illustrieren würde hier zu weit zu führen. Ich verweise auf Hornungs handliche Textzusammenstellung der „Ägyptischen Unterweltsbücher"[41], die schon beim flüchtigen Durchfliegen eine Fülle eindrucksvoller Beispiele liefert. Diese Texte be-

---

[38] E. HORNUNG, a. a. O., 193.

[39] Auf den Zusammenhang von Magie und Mystik haben wohl am nachdrücklichsten Gershom Scholems Interpretationen der kabbalistischen Traditionen aufmerksam gemacht. Auch bei den ägyptischen Unterweltsbüchern handelt es sich um eine Art Kabbalah, aber sozusagen eine „Staats-Kabbalah", der zur vollen Entfaltung ihrer mystischen Komponenten die Individualität des Subjekts fehlt. Wer hier zum „Ebenbild des Großen Gottes" wird, ist der König und in seiner Stellvertretung der Sonnenpriester, immer als bevollmächtigter Repräsentant der Menschheit insgesamt, die es in solcher *assimilatio dei* mit den kosmogonischen Kräften in Einklang zu bringen gilt. Allerdings tritt auch in der frühjüdischen Mystik der Adept *(jored merkavah)* als Repräsentant der Gemeinde auf, vgl. P. SCHÄFER, Gott, 45–48.

[40] Diese Aussagen hat E. F. WENTE, *Mysticism,* 161–179, analysiert und dabei die gottgleichmachende Heilseffizienz des in diesen Büchern vermittelten magischen Kosmos-Wissens gebührend hervorgehoben. Gegen seine einseitige Interpretation dieser Aussagen als „mysticism" sind die in der vorhergehenden Anmerkung dargelegten Einschränkungen geltend zu machen.

[41] E. HORNUNG, Unterweltsbücher.

stehen zum Großteil aus direkter Rede, und ein großer Teil dieser Reden wiederum besteht in Preisungen, die von den Unterweltlichen an den Sonnengott gerichtet werden.

Im Umkreis dieser Literatur, die man in einem gewissen Sinne, der nach allem Gesagten hoffentlich hinreichend klargeworden ist, als magisch, mystisch und esoterisch einstufen kann, stößt man auch auf eine Reihe von Sonnenhymnen, die in den oben genannten Gräberhymnen nicht vorkommen und die sich als götterweltliche Anbetungen verstehen. Wer sie kennt und rezitiert, der stimmt in diese jenseitige Anbetung ein und vereint sich im Sinne der unio liturgica mit den götterweltlichen Adoranten. Der oben zitierte Traktat über den König als eingeweihten Priester des Sonnengottes gehört zu einem Zyklus von Texten, die das Dekorationsprogramm der Sonnenheiligtümer des Neuen Reichs bilden.[42] Zu diesem Zyklus gehört auch der folgende Hymnus, der das Prinzip der *unio liturgica*, der Einstimmung des kultischen Lobpreises in den Lobpreis der götterweltlich-jenseitigen Anbeter des Sonnengottes, explizit zum Ausdruck bringt[43]:

Sei gegrüßt mit dem, was dir dein Auge sagt,
das dir den Weg der Ewigkeit bahnt.
Sei gegrüßt mit dem, was dir deine Sonnenscheibe sagt,
wenn sie zu dir aufsteigen läßt die, die in Schrecken vor dir sind.
Sei gegrüßt, was die Mesektet-Barke zu dir sagt,
wenn sie dahinfährt [in günstigem Segelwind] –
Sei gegrüßt mit dem, was ihre Gefährtin, die Me'andjet-Barke zu dir sagt,
wenn ihre Schwester anhält.
Sei gegrüßt mit dem, was dein Stab zu dir sagt,
wenn er sich ganz deiner Faust gesellt hat.
Sei gegrüßt mit dem, was deine Mannschaft zu dir sagt,
wenn der Falke ihre Bilder hervorgebracht hat.
Sei gegrüßt mit dem, was die Lichtland-Bewohner zu dir sagen,
die Wächter am Ufer des Himmels!
Sei gegrüßt mit dem Spruch der Treidler,
die das Ende des Zugseils ergreifen.
Sei gegrüßt mit dem, was die Unterweltsbewohner zu dir sagen,
wenn sie deine beiden Barken auf ihren vier Wegen begleiten.

So wendet sich auch eine Anrufung im gräco-ägyptischen Leidener Zauberpapyrus an den Sonnengott:

Tritt ein, erscheine mir, Herr,
daß ich dich anrufe, wie dich die drei Hundskopfaffen anrufen,
welche in symbolischer Gestalt deinen heiligen Namen nennen![44]

---

[42] S. dazu J. ASSMANN, *Sonnenheiligtümer.*

[43] DERS., Re und Amun, 27–29. U. HÖLSCHER/H. H. NELSON, Medinet Habu VI, 422A, 36 ff.; J. C. GOYON, *Decoration*, 44 f., Tf. 35–37; Totenbuch der Königin Nedjemet, pBM 10541. Alle drei Varr. sind bei J. C. GOYON, *Decoration* im Hieroglyphentext zusammengestellt.

[44] PGM IV 999–1005; Reitzenstein, *Poimandres*, 27; J. ASSMANN, Liturgische Lieder, 345.

Der Text der Königin Nedjemet zählt die Mitglieder der nächtlichen Konstellationen auf, in denen der Sonnengott die Fahrt durch die Unterwelt vollzieht: das „Auge" (die Stirnschlange des Gottes, das Abzeichen seiner Herrschaft), seine Sonnenscheibe, die mit ihrem Licht zugleich auch den „Schrecken", die Ehrfurcht vor dem Gott, verbreitet, seine beiden Barken, sein Stab, den er in der Hand hält, seine Mannschaft, die ihn in der Nachtbarke durch die Unterwelt begleitet, die Bewohner des „Lichtlands", der Grenzregion zwischen Diesseits und Jenseits, die schakalgestaltigen „Seelen des Westens", die die Sonnenbarke durch die Unterwelt treideln, und die Bewohner der Unterwelt. Alle diese Mitwirkenden in dem nächtlichen Drama reden den Gott an, der das Zentrum ihrer Konstellationen bildet, und artikulieren im Medium der Sprache ihre Rolle im kosmischen Geschehen. Der irdische Sonnen-Priester kennt diese Reden und vermag mit seiner eigenen Rede in sie einzustimmen und auf diese Weise ebenfalls zum Mitglied der nächtlichen Konstellationen zu werden. Die Königin Nedjemet, die diesen Hymnus zusammen mit anderen Texten gleicher Herkunft in ihr Totenbuch aufnehmen konnte, weil sie als Königin und Gemahlin des in der Zeit des Gottesstaats als König amtierenden Hohepriesters Zugang zu esoterischem Schriftgut hatte, stellt diese Kenntnis der jenseitigen Liturgie und ihre dadurch ermöglichte Mitgliedschaft in der jenseitigen Gemeinde, also das Prinzip der unio liturgica, noch einmal eigens heraus:

> Osiris Nedjemet, gerechtfertigt, kennt
> jene Worte, die die östlichen Seelen sprechen;
> Osiris Nedjemet ist inmitten deines Kollegiums,
> Osiris, und tritt ein in die Mannschaft des Re, Tag für Tag.[45]

Das Prinzip der unio liturgica, wie es sich nach den angeführten Texten im ägyptischen Sonnenkult darstellt, läßt sich auf folgende drei Punkte bringen:

1. Eingeweihtsein: – ich kenne die Worte, mit denen die Jenseitigen dich preisen (Wissen)
2. Priesterlicher Kultvollzug: – ich preise dich mit diesen Worten (Handeln)
3. Götterrolle – ich gehöre zu der jenseitigen „Gemeinde" (Identität).

Im Kult ermöglicht dieses Prinzip die Kommunikation mit der Götterwelt, die Einbindung der kultischen Vollzüge in das kosmische Geschehen. Im Totenglauben aber ermöglicht es den Eintritt des Verstorbenen in die Götterwelt und die Verwandlung in eine götterweltliche, unsterbliche Identität in den Konstellationen des Sonnenlaufs. Im Kult geht es um ein Ritual zur Inganghaltung der Welt, im Totenglauben aber geht es um den individuellen Menschen, seine Gottesnähe und Unsterblichkeit. Der ägyptische Totenglauben transformiert die kultisch-magischen Prinzipien kosmischer Ein- und Mitwirkung in das gewissermaßen „mystische" Prinzip der individuellen Einswerdung mit dem Göttlichen, der unio liturgica. In diesem Rahmen vermittelt die Kenntnis

[45] Ders., Re und Amun, 52.

der esoterischen Kulttexte Göttlichkeit (Zugehörigkeit zur Götterwelt) und Unsterblichkeit. Es handelt sich aber dabei um einen sekundären Rahmen. Der eigentliche „Sitz im Leben“ des Gedankens der unio liturgica ist kultisch und hat mit individueller Mystik nichts zu tun.

Ein noch viel entscheidenderer Schritt in Richtung einer individuellen Gottesnähe wird vollzogen, wenn das Prinzip der unio liturgica, die Einweihung und Einstimmung in den Lobpreis der Himmlischen, nicht erst im Totenkult, sondern schon bei der Einweihung der Lebenden Anwendung findet. „Wenn die verklärte Königin“, so kommentieren R. Merkelbach und M. Totti die oben zitierten Sätze aus dem Totenbuch der Königin Nedjemet, „die Rede der Götter kennt, dann ist sie schon zu Lebzeiten eingeweiht worden, nicht anders als der Initiand unseres griechischen Textes.“[46] Genau dies ist die Frage. Den Text der Königin Nedjemet zitieren R. Merkelbach und M. Totti, um den ägyptischen Traditionshintergrund der Leidener „Kosmopoiie“ herauszuarbeiten. Dort geht es um die Anrufung des Urgottes und Weltschöpfers „in allen Stimmen und Sprachen“, womit, genau wie in den altägyptischen Texten, die Worte gemeint sind, mit denen die Mitglieder der göttlichen „Sphäre des Seinigen“ ihren Gott preisen. Genau wie der „König als Sonnenpriester“ kennt „auch der Initiand unseres Textes (der Leidener Weltschöpfung) jene heiligen Worte, mit denen die Götter auf der Sonnenbarke den aufgehenden Sonnengott begrüßt haben“ (S. 51) und: „ein Anbeter des Sonnengottes auf Erden stimmt in den Lobgesang ein, der dem Gott im Himmel entgegengebracht wird, und legitimiert sich, indem er die Rede der Götter wiederholt“ (S. 52). Klarer läßt sich das Prinzip der unio liturgica in seinem altägyptischen Verständnis nicht umschreiben. Der einzige Unterschied zum griechischen Text liegt darin, daß der ägyptische Priester sich nicht legitimieren muß. Seine Legitimität liegt in seinem Amt, in der Institution des Kultes. Er spricht nicht als N. N. Anders steht es natürlich, wenn solche Texte in die „Totenliteratur“ übernommen und einem Toten in den Mund gelegt werden, der sie nicht in Ausübung eines priesterlichen Amtes, sondern als der verstorbene N. N. im Bedürfnis nach persönlicher Gottesnähe an den Gott richtet. Hier wird schon innerhalb der ägyptischen Tradition eine erste individualisierende Umdeutung der kultischen Rede unternommen. Einen weiteren Schritt solcher individualisierenden Umfunktionierung bedeutet dann die Anwendung auf den lebenden N. N., der schon zu Lebzeiten in den Genuß persönlicher Gottesnähe kommen will. Diesen Schritt vollziehen die graeco-aegyptischen Gebete und Weihezeremonien.

R. Merkelbach und M. Totti geht es um den allgemeinen ägyptischen Hintergrund. Der Gedanke der unio liturgica kennzeichnet aber eine spezifische Tradition. Er bildet nicht einfach das Grundprinzip der ägyptischen Hymnik, sondern findet sich vorzugsweise dort, wo es um exklusive Texte geht, Texte,

---

46 R. Merkelbach/M. Totti, Abrasax 3, 52.

die allem Anschein nach nur dem Eingeweihten zugänglich waren, „die nicht gekannt werden von irgendwelchen Menschen außer vom Erlesenen", wie es im Amduat heißt. Es handelt sich geradezu um das Leitmotiv einer kultischen Tradition, die ich aufgrund ihrer offenkundigen Exklusivität die „Mysterien" des Sonnenkultes genannt habe.[47] Zwischen dem Anspruch eines Textes, die „geheime Rede" der götterweltlichen Adoranten wiederzugeben, und seiner eigenen Geheimheit besteht ein offenkundiger Zusammenhang.

Dieser Anspruch und diese Geheimheit sind keineswegs typisch für die ägyptische Hymnik im allgemeinen. Diese ist im Gegenteil viel eher gekennzeichnet durch ein geradezu propagandistisches Pathos der Verkündigung, geboren aus dem Wunsch, werbend für den Gott einzutreten: *„Ich will die Liebe zu dir verbreiten durch die Länder"*[48], *„ich will die Götter hören lassen und die Menschen wissen lassen von deiner Schönheit."*[49] Das Grundmotiv der ägyptischen Hymnik ist eher exoterisch. Der Gedanke der „Einstimmung in den himmlischen Lobgesang", wie ihn R. Merkelbach und M. Totti unter Berufung auf das 1. Kapitel von *Re und Amun* und die dort zusammengetragenen Stellen herausstellen, kennzeichnet vielmehr eine klar abgrenzbare, besondere Tradition: die liturgische Preisung des Sonnengottes in den Sonnenheiligtümern. Mit diesem und nur diesem Zweig der ägyptischen Sonnenhymnik verbindet sich eine ausgeprägt magische, theurgische Intention: die Vorstellung, mit der Rezitation zur Inganghaltung der Welt und zum Gelingen des kosmischen Dramas beizutragen.

4. Der Lobpreis der acht Urgötter

Das Prinzip der unio liturgica, der Übereinstimmung kultischen und götterweltlichen Lobpreises, findet sich jedoch auch außerhalb der Sonnenliturgie im engeren Sinne: in der kultischen Preisung des verborgenen Allgotts der „Thebanischen Theologie".[50] Auch dort ist es mit Motiven und Überlieferungsformen verbunden, die in den Bereich des Geheimnisses und des Esoterischen weisen. Ich denke hier besonders an die beiden „Urgötterlieder" im Tempel von Hibis. Diesen Tempel ließ der Perserkönig Darius I. in der Oase el-Khargeh für Amun errichten und in einer für die damalige Zeit ungewöhnlichen, schon auf die griechisch-römische Tempeldekoration vorausweisenden Fülle beschriften. Unter den vielen Texten befindet sich auch eine Gruppe theologisch höchst anspruchsvoller Hymnen auf Amun-Re als Schöpfer- und Weltgott. Zwei dieser Hymnen sind schon siebenhundert Jahre früher in Auszügen in einem magischen Papyrus bezeugt, gehen also auf das Neue Reich, vermut-

---

[47] J. ASSMANN, Re und Amun, Kap. 1.
[48] DERS., a. a. O., 184 mit Anm. 133.
[49] Ebd., mit Anm. 134.
[50] Zu diesem Gott und seiner Theologie vgl. DERS., a. a. O., Kap. 5.

lich das 13. Jahrhundert v. Chr. zurück. Diese beiden Hymnen geben sich als Loblieder, mit denen die acht Urgötter den Ur-, Schöpfer- und Weltgott Amun bei seinem ersten Erscheinen in ihrer Mitte gepriesen haben. Der eine trägt den Titel „Der große geheime Hymnus auf Amun-Re, den die Acht Urgötter gesprochen haben“ und beginnt:

> Sei gegrüßt, du Einer, der sich zu Millionen machte,
> der sich in Raum und Zeit ausdehnt ohne Grenzen,
> gerüstete Macht, die von selbst entstand,
> Uräusschlange mit gewaltiger Flamme,
> der Zauberreiche mit geheimer Gestalt,
> der geheime Ba dem Ehrfurcht erwiesen wird![51]

Der andere hat eine wesentlich längere Überschrift:

> Was die großen Acht der ersten Urzeit sprachen,
> als sie den Gott in ihrer Mitte verehrten,
> der zu Re geworden war,
> [der Gott], der durch sich selbst entstand
> – seine Knochen waren aus Silber,
> seine Haut aus Gold,
> seine Haare aus echtem Lapislazuli,
> seine Zähne aus Türkis – … …
> indem sie ihn priesen bis zur Höhe des Himmels,
> ihn anbeteten, der seine Kinder gebar,
> die er heraufgeführt hatte aus dem Verborgenen,
> indem sie für ihn musizierten auf ihren Harfen,
> ihm Lobgesänge anstimmten für seinen Ka:
> „Laßt uns ihm Hymnen singen als unserem Herrn!“. …
> Sie erkannten Seine Majestät als ihren Herrn,
> so wie er sich in allen diesen Werken ausgezeichnet hatte. Sein Name war, von den Bergen bis zum Meer:
> „Amun, der bleibt in allen Dingen“,
> dieser erlauchte Gott, der die Erde erschuf nach seinem Plan, Tatenen, der vor den Göttern ausgezeichnete,
> der Greis, der sich verjüngt und die Zeit durchläuft,
> mit verborgenen Gesichtern, scharfen Augen und ausgedehnter Gestalt:
> sein Leib ist der Wind,
> der Himmel ruht auf seinem Haupt,
> das Urwasser trägt sein Geheimnis …[52]

Dieser Hymnus weist nicht nur zurück ins 13. Jahrhundert, wo er als Zaubertext Verwendung fand, sondern auch voraus auf den Weltgott, den All-Einen „Peri-echon“ der griechisch-ägyptischen Zauberpapyri, in denen sich fast identische Prädikationen finden, und auf das Corpus Hermeticum, in dem es eben-

[51] Papyrus Mag. Harris IV,1–2 = Hibis 32,1; J. Assmann, ÄHG, Nr. 129, 1–6.
[52] Papyrus Mag. Harris IV, 8–VI.4 = Hibis 33, Ders., ÄHG, Nr. 130.

falls ein Urgötterlied, einen Hymnus der ersten Achtheit gibt.[53] Das Prinzip der unio liturgica ist hier anders zu deuten. Hier geht es nicht um kultische Mitwirkung im Drama der kosmischen Weltinganghaltung. Es geht nicht darum, mit dem Hymnus in eine der Konstellationen einzutreten, die an diesem Drama beteiligt sind. Man wird nicht zu einem der acht Urgötter, wenn man diesen Hymnus kennt und singt. Hier soll vielmehr der Text selbst als ein besonders authentischer Hymnus ausgezeichnet werden. Ein Hymnus, den die acht Urgötter, die Verkörperungen der Präexistenz, angestimmt haben, gehört selbst der Präexistenz an. Hier stoßen wir auf das Prinzip der göttlichen Verfasserschaft, der den Hymnus als wahren, echten, wohlgefälligen und wirkungsvollen Text ausweist, wie es zum theurgischen Gebet gehört. Jetzt ist es nicht die Rede der jenseitigen Wesen, der götterweltlichen Konstellations-Mitglieder, die „geheim" genannt wird, sondern der Hymnus selbst ist geheim, die kultische Liturgie. Damit sind wir schon bei den graeco-aegyptischen Zauberpapyri und bei dem theurgischen Gebet des Jamblich, mit dem einen Unterschied, daß diese „großen, geheimen Hymnen" noch zum offiziellen Kult der ägyptischen Staatsreligion gehören, während sie im spätantiken Ägypten das Schrifttum von Glaubensgemeinschaften im Rahmen eines religiösen Pluralismus bilden.

Ich komme zum Schluß und fasse zusammen. Das Motiv der unio liturgica findet sich in Ägypten im Kontext einer Überlieferung, die man im folgenden Sinne als „esoterisch" bezeichnen kann: sie ist geheim, das heißt strengen Zugänglichkeitsbeschränkungen unterworfen, und sie ist Gegenstand einer Einweihung. Der Sitz im Leben dieser Überlieferung ist der Sonnenkult, der als eine magische Veranstaltung zum Zwecke der Inganghaltung der Welt gedeutet werden muß. Im Dienste dieser kultischen Aufgabe übernimmt der Priester Götterrollen und rezitiert Götterrede. Dazu befähigt ihn seine Kenntnis der Schriften, in die er als Priester eingeweiht wird.[54]

Die Götterrede der heiligen Texte gehört zu den Kultgeheimnissen, die nicht enthüllt werden dürfen, wenn anders die Welt nicht in ihrem Fortbestand gefährdet und dem Chaos Tür und Tor geöffnet werden soll. Insofern ist sie geheim und ist der Sonnenkult ein Mysterium. Solange es sich hier jedoch um den offiziellen ägyptischen Kult handelt, dürfen wir weder von Esoterik noch gar von Mystik sprechen. Mit Esoterik haben wir es erst zu tun, wenn diese Texte aus ihrem kultischen Rahmen herausgelöst werden und zur „Literatur" einer Gruppe von Eingeweihten werden, die nicht mehr als bevollmächtigte Priester im Auftrag der Gesellschaft, sondern als Individuen in eigener Sache

[53] Der Hymnus der Acht (Ogdoas): CH XIII, 17–20 cf. XIII.3 und I.26; N.H.C. VI, 6.58–22–60,1; C.H. XIII, 21.

[54] Man muß hier zwei Dinge unterscheiden: 1. den Akt der Priesterweihe als Initiation ins Priesteramt und 2. die Kenntnis der heiligen Überlieferungen, die als Eingeweihtsein in streng gehütete Geheimnisse dargestellt wird. Ich spreche hier nur von dem zweiten Komplex.

nach Gottesnähe streben. Die Esoterik der Texte korrespondiert dann der Abgrenzung der Gruppe aus dem Ganzen der Gesellschaft. Dieser Schritt wird im Rahmen der altägyptischen Religion vermutlich noch nicht vollzogen, sondern kennzeichnet erst die graeco-ägyptische Phase. Erst jetzt bilden sich Gruppen, die das heilig-magische Wissen nicht im Auftrag der Gesellschaft, sondern in Abgrenzung von ihr, unter Umständen geradezu gegen sie, verwalten. Damit gewinnt Geheimhaltung einen ganz anderen Sinn.

Achtes Kapitel

Ägyptische Geheimnisse: Arcanum und Mysterium in der ägyptischen Religion

1. Das Arcanum des Leichnams: Kultgeheimnisse und Weltgeheimnisse

In der ägyptischen Religion spielt der Begriff des Geheimen eine zentrale Rolle. Im Hinblick auf die von Aleida Assmann entworfene Typologie von Offenbarungs- und Geheimnisreligionen kann man sie geradezu als den Idealtypus einer Geheimnisreligion einstufen.[1] Zwar kennt auch diese Religion eine öffentliche Seite. Bei den großen Götterfesten öffnen sich die Tempeltore, der Gott zieht aus, und die Grenzen um das Heilige werden für die Dauer des Festes wenn nicht geradezu aufgehoben, so doch drastisch verschoben. Wenn irgendeine, dann war die altägyptische Religion eine „visible religion", die im Raum des Sichtbaren auf höchst spektakuläre Weise in Erscheinung trat. Aber auch diese ganzen Formen der Sichtbarkeit heben den Geheimnischarakter des Heiligen nicht auf, sondern im Gegenteil hervor, sie sind eine Inszenierung von Geheimnis. Nicht nur verweisen sie als Ausnahmezustand dialektisch auf den Normalzustand, in dem die Tempel geschlossen sind und das Ritual sich im Verborgenen vollzieht. Mehr noch: auch die öffentlichsten Götterfeste enthalten immer auch Riten, die im geheimen vollzogen werden, und diese Riten sind das Entscheidende, hier ereignet sich das Heil, das dann von der Menge bejubelt und gefeiert wird.

Das Heilige erscheint im Fest und veralltäglicht sich als Geheimnis. Das Geheimnis ist die Form, in der das Heilige sich auch unter den Bedingungen des Alltags als solches erhalten kann. Die Begriffe des „Heiligen" und des „Geheimen" sind daher im Ägyptischen geradezu synonym: heilig ist das Abgesonderte, Unzugängliche, Hermetische. Ich möchte im Folgenden in aller Kürze diesen kultischen Begriff des Geheimnisses skizzieren, um ihm dann einen anderen gegenüberzustellen, der sich in Ägypten erst spät entwickelt, und zwar im Zusammenhang einer Theologie der All-Einheit. Wir haben es also in der ägyptischen Religionsgeschichte mit einem Strukturwandel des Geheimnisses zu tun.

Der Begriff des Hermetischen bewahrt auch in unserem Sprachgebrauch noch eine Spur dieses ägyptischen Begriffs des heiligen Geheimnisses, denn er

[1] A. Assmann, *Gesetz und Schleier.*

leitet sich nicht von dem griechischen, sondern von dem ägyptischen Hermes her, dem Hermes Trismegistos, dem Gott der Schrift und damit der heiligen Schriften der Ägypter.[2] In der altägyptischen Schriftkultur spielen Arcanisierung und Geheimhaltung, die Errichtung von Schutzzonen um das Wissen, von Anfang an eine zentrale Rolle. Es gibt eine Fülle von Texten, die überhaupt nur in hermetisch abgeschlossenen Aufzeichnungsformen auf uns gekommen sind, auf Särgen, Totenbüchern, auf den Wänden von Grabkammern. Das ergibt sich aus den funktionalen Rahmenbedingungen, die mit der ägyptischen, stark magisch geprägten Vorstellung des Heiligen zusammenhängen. Man kann die das Heilige umgebende Aura des Geheimnisses nur mit der Nuklearphysik vergleichen, und der Grund ist auch beidemale derselbe. Die Ägypter gingen nämlich davon aus, daß heilige Texte ungeheure Auswirkungen kosmischen Ausmaßes auslösen könnten und ihre Profanation bzw. ihr Mißbrauch dementsprechende Katastrophen zur Folge haben müßte.

In einem Text aus dem Mittleren Reich, den „Mahnworten des Ipu-Wer", wird folgende Klage angestimmt:

> Wahrlich, das heilige Archiv:
> herausgenommen sind seine Schriften!
> Enthüllt ist der Platz der Geheimnisse des Heiligtums.
> Wahrlich, die magischen Schriften sind enthüllt,
> *šmw*- und *sḫnw*-Sprüche sind gefährlich gemacht
> dadurch, daß sie von jedermann gekannt werden.[3]

> Seht, das Geheime des Landes, dessen Grenze unbekannt ist:
> War das Innere enthüllt, verfiel es in einem Moment.
> [...] Seht, herausgenommen ist die *Qrḥt*-Schlange aus ihrer Höhle,
> enthüllt sind die Geheimnisse der Könige von Ober- und Unterägypten.[4]

So wird bei Ritualtexten auch äußerste Geheimhaltung eingeschärft:

> Du sollst dies vollziehen, ohne irgendeinen Menschen zuschauen zu lassen,
> außer deinem wirklichen Vertrauten und einem Vorlesepriester.
> Laß kein anderes Gesicht zuschauen und keinen Diener von außen hereinkommen.
> [...]
> Diese Schrift ist wirklich geheim.
> Profane sollen nicht zuschauen
> an keinem Ort und zu keiner Zeit.[5]

> Heilig sei die Stätte in höchstem Maße,
> nicht gesehen, nicht gehört von irgendjemand
> außer einem obersten Vorlese- und einem Sem-Priester.[6]

---

[2] Vgl. Kap. 9, 207 ff.

[3] Adm 6,5–6,7 ed. A. H. Gardiner, Admonitions.

[4] Adm 7,4–7,6 ed. A. H. Gardiner, a. a. O. Die beiden Stellen werden ausführlich behandelt in L. Morenz, Schriftlichkeitskultur, dessen Interpretation ich mich anschließe.

[5] Totenbuch Kap. 148 (Nu) LL 19 f.

[6] Lamentations V, 13 ed. R. O. Faulkner, Isis and Nephthys, Tf. IV.

In den Krypten des Hathor-Tempels in Dendara ist davon die Rede, daß besonders Ausländer hier keinen Zutritt haben:

Der versteckte Ort der Mächtigen im Sistrenhaus
für den Fall daß die Zerstörer in Ägypten eindringen.
Die Asiaten *(oʿ3mw)* treten dort nicht ein,
die Beduinen *(š3sw)* beschädigen ihn nicht,
die Profanen gehen dort nicht herum.
Wer immer einen Zauber (?) dagegen rezitiert,
die Milch der Sachmet sei in seinem Leib.[7]

Der Ort, dessen Geheimnis verborgen ist,
für den Fall, daß die Asiaten in die Festung eindringen.
Die Phöniker nähern sich ihm nicht,
die Ägäer *(ḥ3w-nbwt)* treten nicht ein,
die Sandläufer gehen dort nicht herum.
Ein Zauberer vollzieht dort nicht seine Riten.
Seine Tore öffnen sich keinem Unbefugten.[8]

Ein Ritualbuch der Spätzeit mit dem Titel „das Ende der Arbeit" wird folgendermaßen charakterisiert:

An diesem Tage (I Achet 20) führt man das Buch „Ende der Arbeit" durch. Das ist ein geheimes Buch, das die Zauber scheitern läßt, das die Beschwörungsformeln knüpft, die Beschwörungsformeln festhält, und das ganze Universum in Schach hält. Es enthält Leben und Tod. Mach es nicht bekannt, denn wer es bekannt macht, stirbt eines plötzlichen Todes und wird auf der Stelle ermordet. Halte dich von ihm entfernt, denn es enthält Leben und Tod.
Es ist (allein) der Schreiber der Verwaltung des Lebenshauses, der es es rezitiert.[9]

Das Ritual findet im Lebenshaus statt, von dem es heißt:

Es soll sehr, sehr verborgen sein.
Niemand soll es kennen, niemand sehen
außer der Sonnenscheibe, die in sein Geheimnis blickt.[10]
Die Offizianten ... sollen schweigend eintreten, den Körper verhüllt,
um vor einem plötzlichen Tod sicher zu sein.
Der Asiat darf nicht eintreten, er darf nichts sehen.[11]

---

[7] Nach R. Givéon, Les Bédouins Shosou, 168 f.

[8] Ebd., 170 f. Beide Texte jetzt in W. Waitkus, Krypten, 87. Vgl. auch die Inschrift Ost 2C-2:
Tür des Eintretens zur Kammer der Gebieterin von Dendera,
um den Gott in ihr zu verbergen, um die *d̲dw*-Götter zu verstecken
und um in das Gemach zu gelangen, wenn die Asiaten hinein nach ‚das Versiegelte' kommen
(Waitkus, Krypten, 89).

[9] pSalt 825, V.10–VI.3 ed. Ph. Derchain, Papyrus Salt 825, I, 139, 2, 7*.

[10] pSalt 825, VII.1.

[11] pSalt 825, VII.5. Ph. Derchain, Papyrus Salt 825, I, 168 n. 83 weist hin auf: E. Chassinat, Temple de Denderah V, 54, 6–8; 60, 10–61, 2: 97, 4. S. Sauneron, Possédés, 111 n. 4; Analecta Biblica 12, 1957, 157. Herodot 2, 41. *Corpus Hermeticum* Asclepius 24. CH XVI, 2. B. J. Stricker Overstroming van de Nijl, 36–43.

Wenn solche Schutzzonen um das Heilige niedergerissen werden, fällt der Himmel auf die Erde herunter, wandelt sich Meerwasser in Süßwasser und wird alsobald ausgetrunken, steigen Flammen aus dem Ozean auf und verzehren das Feuer, trocknen die Flüsse und Seen aus. So stellt es ein Ritual dar, das die Vertreibung des Bösen zum Ziel hat, der die Geheimnisse aufzudecken droht:

> O weiche zurück im Ansturm,
> damit sich die Sonne nicht verfinstert auf der Sandbank des Zweimessersees,
> damit der Himmel nicht den Mond verschluckt am Mspr-Fest in Heliopolis,
> damit die Schildkröte nicht den Nil aussäuft und die Gewässer austrocknen,
> damit nicht eine Flamme herauskommt inmitten des Ozeans und die eine Flamme durch die andere verbrennt,
> damit nicht bekannt werde das Stromab- und Stromauffahren der Sonne,
> der an Wegen reichen beim Queren des Himmels,
> damit sich die beiden Himmel nicht auf einmal drehen
> und der Himmel sich mit der Erde vereinige,
> damit nicht die Lade in Heliopolis geöffnet werde
> und erblickt wird, was in ihr ist,
> damit nicht das Gewand in Memphis gelöst werde
> und der Arm des „So-und-so" erblickt wird,
> damit die Lampe nicht erlischt in der Nacht des Bösen,
> zu jener Zeit, die nicht geschehen möge,
> damit nicht das Meer süß werde
> und sein Wasser ausgetrunken wird,
> damit nicht die vier Sprüche in Heliopolis bekannt werden,
> und der Himmel herabstürzt, wenn er sie hört,
> damit sich nicht blutig färbe die Götterwohnung inmitten von *Spt-ptrtj*,
> und das Gericht in diesem Lande nicht[12] verhindert wird,
> (die Wohnung), in der der Allherr sitzt, jener Gott, gegenüber dem es keinen Zweiten gibt,
> in der sie gerichtet werden,
> damit nicht das Loch, das in Pharbaitos ist, freigelegt werde und der Himmel ihm gegenüber luftlos(?) wird,
> damit nicht das Siegel des Anubis gelöst
> und der Ton des Ptah gebrochen wird,
> damit nicht das Gebüsch, das als Versteck dient, abgeschnitten werde,
> um den zu vertreiben, der sich in ihm verborgen hält,
> damit sich kein Geschrei erhebe
> und niemand da ist, um gegen den Mundaufsperrer in Babylon anzugehen,
> damit nicht der Esel die Katze erschrecke
> und die gegen ihn ihr Hinterteil entblößt,
> damit das Krokodil nicht auf den Schwimmenden losschieße
> in der Mündung des *ʿntj*-Gewässers.[13]

Diese Umweltkatastrophe globalen Ausmaßes wird ausgelöst, nicht durch ei-

[12] Beachte die doppelte Negation: das Aufhören des Gerichts in diesem Lande wäre eine Katastrophe.

[13] pLouvre 3129, J, 38–57; pBM 10252, 11,3–34 = Urk VI, S. 120–129.

nen Reaktorunfall, sondern durch die Profanierung von Heiligtümern und die Enthüllung von Kultgeheimnissen.[14]

Die Auswirkungen, die man der Profanierung der heiligen Texte zuschreibt, stellt man sich derartig katastrophal vor, weil auch die Heilswirkungen, die man mit der kultischen Rezitation der Texte unter genauer Beobachtung der Vorschriften und im geschützten Rahmen der Tempelmauern verbindet, von kosmischer Kraft sind. Der ägyptische Gattungsname für diese Literatur lautet „die Macht des (Sonnengottes) Re"; man stellt sich also vor, daß in diesen Texten „Sonnenenergie" enthalten ist, die mit der Rezitation freigesetzt wird, Sonnenenergie natürlich im ägyptischen und nicht im modernen naturwissenschaftlichen Sinne, also die welterschaffende und welterhaltende Macht, die der Sonnengott mit dem Licht seiner Strahlung und Zeitmaß seiner Bewegung unablässig ausübt. „Macht des Re" ist der Sammelname für „Heilige Texte", und zwar ebendiejenigen heiligen Texte, die geschützt und geheimgehalten werden müssen, weil sie das kosmogonische Wissen enthalten, dessen rituelle Rezitation die Welt in Gang hält, indem sie einstimmt in das kosmische Werk des Sonnenlaufs. Ein Heiliger Text galt in Ägypten als ein sprachliches Gefäß des Heiligen und unterlag denselben Zugänglichkeitsbeschränkungen und Schutzvorschriften wie das Kultbild. Die Rezitation eines Heiligen Textes bewirkte ebenso die Präsentifikation des Göttlichen wie das heilige Bild. Die Heiligen Texte enthielten alles, was für die Durchführung des Kultes und damit die Inganghaltung der Welt nötig war, und zwar in der Form von Wissensliteratur und von Rezitationsliteratur. Diese Literatur war geheim, weil sie zu den Kultgeheimnissen gehörte, zu dem, was vor der Außenwelt, vor Profanation und Entmächtigung zu schützen war. Das Entweihte vermöchte das Göttliche nicht mehr zu präsentifizieren.

Besonders geheimnisumwoben waren die Texte und Bilderzyklen, die an den Wänden der Königsgräber abgebildet waren. Hier ging es um das magische Wissen der Weltinganghaltung. Wer diese Texte und Bilder kennt, ist wie der Große Gott selbst, das heißt wird eins mit dem Schöpfer- und Sonnengott. Hier stehen wir am Ursprung der späteren gnostischen und hermetischen Diskurse. Es handelt sich um göttliches Wissen, das den Wissenden vergöttlicht, Gottesnähe herstellt, Einwirkung ermöglicht auf die Inganghaltung der Welt.[15]

Ausgangspunkt und innerstes Zentrum der ursprünglichen Idee des Geheimnisses ist die ägyptische Vorstellung vom Leichnam. Das klingt zunächst

---

[14] Vgl. hierzu JAMBLICHOS, De Mysteriis ed de Places VI. 5: „Denn der Rezitierende droht, das Firmament zu zerschmettern, die Geheimnisse der Isis offenbar zu machen, das im Abgrunde (der Welttiefe) Verborgene aufzuzeigen, die Barke zum Stehen zu bringen, die Glieder des Osiris dem Typhon hinzustreuen oder überhaupt etwas dieser Art zu tun."

[15] Zu den *b3w-Rꜥw* vgl. A. H. GARDINER, *The House of Life*, 166, 168; A. M. BLACKMAN/ H. W. FAIRMAN, *Myth of Horus*, 22, Anm. 7; Verf., Liturgische Lieder, 222 Anm. 171; B. H. STRICKER, De brief van Aristeas, 52–53; D. B. REDFORD, King-Lists, Annals and Day-Books, 92, 215 f., Anm. 52.

befremdlich, wird aber vielleicht plausibler, wenn man an die ungeheure Bedeutung des Totenkults in Ägypten denkt mit Mumifizierung, Totengericht, Mundöffnung, Opferkult und was sonst alles an Ritualen und Zeremonien mit dem Tod verbunden ist. Das Leben ist nach ägyptischer Vorstellung mit dem physischen Tod nicht zu Ende, sondern geht in eine andere Form über, für die die Erhaltung des Leichnams und seine rituelle Versorgung zentral wichtig sind. Alle Ängste vor dem endgültigen Tod konzentrieren sich auf den Leichnam. Die Gefahren, vor denen es ihn zu schützen gilt, personifizieren sich in dem Gott Seth, dem Mörder des Osiris, der den Leichnam in zahllosen Gestalten bedroht. Angesichts dieser Bedrohung wird der zu schützende Leichnam zum Inbegriff des Heiligen, und die Rituale gewinnen einen stark apotropäischen Charakter. Im Kult des Gottes Osiris werden dieselben Riten und Vorstellungen auf die Götterwelt übertragen. In der Spätzeit hat jeder größere Tempel sein Osirisgrab und seinen heiligen Bezirk, das sogenannte Abaton. Das ist ein Gelände, das allerstrengsten Zugänglichkeitsbeschränkungen unterliegt. Niemand darf es betreten, nicht einmal Vögel lassen sich darauf nieder. In seinem Umkreis ist alles laute Reden, Musik und Gesang verboten, auf weiten Abstand darf nicht gefischt und gejagt werden.[16] Die bei weitem eindrucksvollsten Festlichkeiten bildeten die Osiris-Mysterien, der Totenkult des gestorbenen Gottes – die Beweinung, Einbalsamierung, Verklärung, Bestattung, Versorgung seines göttlichen Leichnams und die Thronbesteigung seines Sohnes Horus.[17]

Dieselbe apotropäische Grundstruktur, die die Grenze zwischen dem Heiligen und dem Profanen als die antagonistische Spannung zwischen Leben und Tod interpretiert, wird nun früh auch auf den Kosmos insgesamt übertragen. Auch der Sonnengott ruht als Leichnam in der Welttiefe. In Gestalt des Ba, der Freiseele, umkreist er die Welt, um sich allnächtlich mit seinem Leichnam – seinem „Geheimnis", wie die Texte das umschreiben – zu vereinigen.[18] Dieser mitternächtliche Vorgang ist das Weltgeheimnis schlechthin. Der Leichnam

---

[16] H. JUNKER, Abaton.

[17] Man kann sich leicht vorstellen, daß dieser sepulkrale und magisch-apotropäische Grundzug der ägyptischen Kulte unter den Bedingungen der Fremdherrschaft noch eine ganz andere Qualität annahm. In einigen späten Ritualtexten trägt Seth den Beinamen „der Meder". Darin hat sich die traumatische Erinnerung an die persische Eroberung Ägyptens 525 unter Kambyses erhalten, die als Einbruch in die geheiligten Sphären und Tabuzonen erlebt wurde: Zerstörung der Tempel, Profanation der Kulte, Entblößung der Geheimnisse, Schändung des göttlichen Leichnams und anderes mehr.

[18] Eine Sammlung von Stellen, die sich auf das „Geheimnis" des Sonnengottes, seinen in der Welttiefe ruhenden Leichnam, beziehen, findet sich in J. ASSMANN, Liturgische Lieder, 84–87. In einigen Unterweltbüchern erscheint die Vereinigungsform von Re und Osiris als Riesengestalt („the giant deity"), „deren Kopf in der oberen Dat (bzw. im Himmel), deren Füße in der unteren Dat sind", s. J. C. DARNELL, Enigmatic Netherworld Books, 550–626. Diese Figur wird dort explizit als „Geheimnis" bezeichnet (Darnell, 564 ff.).

des Sonnengottes wird mit Osiris gleichgesetzt, so daß um Mitternacht sich Re und Osiris vereinigen, um aus dieser Vereinigung die Energie für einen neuen Tageslauf zu gewinnen.[19] Ein Ritual, dessen Vorschrift uns erhalten ist, dient offenbar dem kultischen Mitvollzug dieser mitternächtlichen Vereinigung. Ein Vermerk darin warnt ausdrücklich vor Verrat und Profanation: *Wer das nach außen trägt, stirbt eines gewaltsamen Todes. Denn es ist ein Großes Geheimnis. Re ist das und Osiris ist das.*[20] Hier berühren wir offenbar das Geheimnis der Geheimnisse. Re und Osiris: das ist die Gleichsetzung von Sonnenlauf und Menschenschicksal, kosmischem Leben und menschlicher Unsterblichkeitssehnsucht.

Um diese eigentümliche Analogie zwischen Totenkult und Sonnenkult, Totenversorgung und Weltinganghaltung zu verstehen, muß man sich klarmachen, daß nach ägyptischer Vorstellung die Toten in das kosmische Leben eingehen und an der zyklischen Ewigkeit des Sonnenlaufs Anteil gewinnen. Daher steht im Zentrum des innersten Weltgeheimnisses die Vereinigung von Seele und Leichnam.

Ich möchte diesen Begriff des Geheimnisses, dem im innersten Kern die Idee des zu schützenden Leichnams zugrunde liegt, mit dem Begriff des arcanum zusammenbringen. Hier geht es um Geheimhaltung in Form von Tabuisierung, Absonderung, Unzugänglichmachung und Bewachung im Interesse des Schutzes vor Entweihung und der Bewahrung von theurgischer, präsentifikatorischer Macht. Dieser Begriff des Geheimnisses ist in Ägypten der älteste und klassische; er hat die ägyptische Religion bis in die Spätzeit geprägt und noch die klassischen Autoren wie Plutarch, Jamblich, Porphyrios und andere beeindruckt.

2. Das Mysterium des Ursprungs: der selbstentstandene Urgott

So wie der Leichnam in der ägyptischen Religion das Paradigma des *Arcanum* abgibt, des zu schützenden Geheimnisses, dessen Geheimnischarakter mit seiner Geheimhaltung steht und fällt, so stellt der Begriff des Urgottes als Verkörperung der Präexistenz in seiner absoluten Einsamkeit den Inbegriff des *Mysteriums* als des wesenhaften, von keiner Enthüllung zu zerstörenden Geheimnisses dar. Das Geheimnis des Urgottes besteht in der Zeugenlosigkeit seiner Entstehung. Alle anderen Götter haben Eltern, die ihnen ihren Namen gegeben haben und daher ihr Wesen kennen und Macht auf sie ausüben können. Einzig der selbstentstandene Urgott hat keine Mitwisser seines Namens und seines Wesens. Er heißt darum „Der seinen Namen verborgen hält".

---

[19] Vgl. J. Assmann, a. a. O., 101–105; Ders., *Doppelgesicht der Zeit.*

[20] pSalt 825 xviii. 1–2 ed. Ph. Derchain, Papyrus Salt 825, I, 153 ff., II, 19; J. Assmann, *Doppelgesicht der Zeit*, 52 f.

Die Gestalt dieses Gottes mit verborgenem Namen ist uralt, sie begegnet bereits in den Pyramidentexten. Diese Texte sagen uns aber nichts über seine Mythologie und seine Identität. Erst ein medizinisch-magischer Papyrus aus der Ramessidenzeit zeichnet einen Mythos auf, der diese Gottesbezeichnung erklären könnte. Es heißt dort, daß Isis, die mächtige Zauberin, einst eine List ersonnen hat, um den verborgenen Namen des Sonnengottes in Erfahrung zu bringen. Aus dem zu Boden tropfenden Speichel des greisen Gottes formt sie eine Schlange, die ihn beißt. Isis verspricht dem Gott sofortige Heilung von den furchtbaren Schmerzen des Schlangenbisses, wenn er ihr seinen geheimen Namen verrät. Der Gott antwortet mit einer langen Reihe großartiger theologischer Prädikationen, die Isis jedoch sämtlich verwirft: der geheime Name ist nicht darunter. So muß der Gott zuletzt doch diesen Namen preisgeben, dessen Nennung alsbaldige Heilung bringt. Der Leser erfährt ihn zwar nicht, aber offenbar genügt es schon, die Geschichte zu erzählen, um auch den Patienten von den Folgen eines Schlangenbisses zu heilen.[21] Jetzt wird deutlich, daß es sich bei dem Gott, „dessen Name verborgen ist", um den Sonnengott handelt, und zwar in seinem Aspekt als selbstentstandener Ur- und Schöpfergott. Sein Name ist verborgen, weil „seine Geburt verborgen" ist: „Der mit geheimer Geburt" ist ein anderes Epitheton, das typischerweise sein Wesen umschreibt.[22] Das Geheimnis dieses Gottes besteht darin, daß er keine Eltern hat. Das ist kein Geheimnis, das durch Geheimhaltung geschaffen und aufrechterhalten wird, sondern das unaufhebbar im Wesen des Gottes begründet liegt. Das Geheimnis des Ursprungs ist also kein Arcanum, sondern ein Mysterium. Es bleibt unergründlich, auch wenn der Gott seinen Namen preisgibt. Auch wenn Isis diesen Namen erfährt, wird sie nicht zur Zeugin seiner spontanen Entstehung.

Die Ideen der Präexistenz und des Ursprungs der Welt spielen in den theologischen Texten der alten Ägypter eine große Rolle, aber nicht von Anfang an. Die Pyramidentexte des Alten Reichs spielen nur selten darauf an. In den Sargtexten, der Totenliteratur des Mittleren Reichs, nehmen diese Themen schon einen erheblich größeren Raum ein. In eine umfangreiche Spruchgruppe oder „Liturgie", deren Rezitation dem Verstorbenen Macht über Luft und die vier Winde in der Unterwelt verschaffen soll, dazu die Verwandlung in den Luftgott Schu bzw. seinen „Ba"[23], den Wind,[24] ist eine Kosmogonie eingearbeitet, in der der Schöpfergott selbst in langen Reden über die Entstehung der

---

[21] Pap. Turin ed. W. Pleyte/F. Rossi, Papyrus de Turin, Tf. 132 ff., übers. E. Brunner-Traut, Märchen (8. Aufl.), 149–155.

[22] Vgl. J. Zandee, Amunshymnus, 13–17.

[23] Als theologischer Begriff bezeichnet „Ba" die sinnlich erfahrbare Form, in der eine verborgene Macht sich manifestiert. Vgl. J. Assmann, Re und Amun, 203 ff., bes. 206 f.

[24] Sprüche 75–83, *CT* I, 314–II, 48. Übersetzungen: R. O. Faulkner, Coffin Texts I, 72–88; P. Barguet, sarcophages, 462–474. Vgl. auch I. Shirun-Grumach, *Ma'at*.

Welt berichtet. In vielen verschiedenen Bildern und Formulierungen wird immer wieder der Moment zu fassen versucht, in dem der bewußtlos *(nnjw)* im Urwasser treibende Urgott zu Bewußtsein kommt und aus handlungsunfähiger Mattigkeit in Bewußtsein, Wille und Handlung eintritt:

> 'Ich bin am Schwimmen und sehr ermattet,
> meine Glieder (?) sind träge.
> Mein Sohn „Leben" ist es, der mein Herz erhebt.
> Er wird meinen Geist beleben, nachdem er diese
> meine Glieder zusammengerafft hat, die sehr müde sind.'
> Da sprach Nun (das Urwasser) zu Atum:
> 'Küsse deine Tochter Ma'at, gib sie an deine Nase!
> Dein Herz lebt, wenn sie sich nicht von dir entfernen.
> Ma'at ist deine Tochter,
> zusammen mit deinem Sohn Schu,
> dessen Name „Leben" ist.
> Du wirst essen von deiner Tochter Ma'at;
> dein Sohn Schu, er wird dich erheben'[25]

Die Kinder des selbstenstandenen Urgottes heißen eigentlich Schu und Tefnut, aber in diesem Text bekommen sie zusätzlich die Namen „Leben" und „Wahrheit-Gerechtigkeit". Damit sind offenbar kosmogonische Energien gemeint, deren sich der Urgott bedient, um die Welt aus sich hervorzubringen. Auf einer weiteren Stufe der Ausdeutung werden Schu-Leben und Tefnut-Ma'at dann auch als „Neheh-Ewigkeit" und „Djet-Ewigkeit" bezeichnet. In Spruch 78 stellt Schu sich und Tefnut als Neheh und Djet vor: „Ich bin Neheh, der Vater der Heh-Götter, meine Schwester Tefnut ist Djet"[26], und in Spruch 80 sagt der Sprecher als „Ba des Schu" zu den Heh-Göttern (den Verkörperungen des Luftraums):

> Er (Schu) hat euch Geb und Nut zugezählt,
> denn er ist Neheh und Tefnut ist Djet.[27]

Neheh und Djet sind Begriffe für die Fülle und Unabsehbarkeit der Zeit. Dabei bezeichnet Neheh das unabsehbare „Immer-Wieder" der Stunden, Tage, Monate, Jahre: die unaufhörliche Bewegung der in sich kreisenden Zeit, Djet die unendliche und unwandelbare Dauer dessen, was sich in der Zeit ereignet und vollendet hat.[28] Beide zusammen bilden die raumzeitliche Welt als „Chronotop", die aus dem geheimen Ursprung des Urgottes entsteht.

---

[25] CT II 34g–35h.

[26] CT II 23a–b.

[27] CT II 28d.

[28] Vgl. hierzu J. ASSMANN, *Zeit und Ewigkeit*; DERS., *Doppelgesicht der Zeit.* Die Ausbildung eines dichotomischen Zeitbegriffs erklärt sich aus der Aspektopposition Imperfektiv : Perfektiv oder Inaccompli : accompli, die dem Ägyptischen wie den meisten semitohamitischen Sprachen zugrunde liegt. Die Bedeutung der beiden Begriffe entspricht aber auch überraschend genau der Opposition von „Beständen" (vgl. djet) und „Ereignissen" (vgl. neheh) in N. LUHMANN, Vertrauen.

Man sieht an diesen Texten, im welchem Umfang Spekulationen über Präexistenz und Weltwerdung die ägyptischen Theologen des frühen Mittleren Reichs beschäftigen. Aber das Motiv der Verborgenheit und des Geheimnisses kommt in diesen Zusammenhängen noch nicht vor. Erst in den Hymnen der Ramessidenzeit, also des 13. und 12. Jahrhunderts v. Chr., wird dieses Thema in aller Breite entfaltet, erst jetzt kommt es zur typischen Prädikation des Ur- und Schöpfergottes als des schlechthin Verborgenen.

Der zu entstehen begann am Anbeginn,
Amun, der zuerst entstand, dessen Gestalt man nicht kennt!
Kein Gott entstand vor ihm,
kein anderer Gott war mit ihm zusammen, daß er seine Gestalt verraten könnte,
er hat keine Mutter, seinen Namen zu formen,[29]
keinen Vater, ihn zu zeugen und zu sagen: „Das bin ich!“[30]
Der selbst sein Ei formte,
Mächtigster, von geheimer Geburt, der seine Schönheit selbst erschuf,
göttlicher Gott, Selbstentstandener,
die Götter entstanden, seitdem er mit sich selbst den Anfang machte.[31]

Du hast keinen Vater, der dich erschuf[32]
du wurdest nicht empfangen im Leib einer Frau
Kein Chnum formte (deine Glieder)
Weder deine Gestalt noch dein Wesen ist bekannt.
Die Herzen verlangen danach[33] dich zu erkennen,
man bohrt, man streckt sich, man erlahmt –
du bist zu groß und erhaben,
zu fest und schwer in deiner Erstreckung,
zu stark und kraftvoll …[34]

In diesen Texten wird die Verborgenheit des Ursprungs zum wichtigsten Aspekt des höchsten Gottes und in Wendungen umschrieben wie „heilig an Geburt“[35], „mit geheimer Geburt“[36], „dessen Ursprungsort man nicht kennt“.[37] Er hat nicht nur keine Zeugen seines Ursprungs, sondern hält sein Wesen auch verborgen vor allen, die nach ihm entstanden:

---

[29] Die Mutter schafft den Namen: cf. Posener, in G. POSENER, *Attribution d'un nom*, 204 f.

[30] Mit diesen Worten erkennt sich der Vater im Kind wieder und erkennt damit das Kind als sein eigenes an; cf. *LL*, 99 mit n. 41.

[31] pLeiden J 350, IV, 9–11; J. ZANDEE, *Hymnen aan Amon*, 71–75; J. ASSMANN, ÄHG Nr. 137.

[32] Cf. pLeiden I 344 vso. I.4: „who created his father, begot his mother“, J. ZANDEE, Amunshymnus, 24–27.

[33] Vgl. Ani IX, 3.

[34] M. ČERNÝ/A. H. GARDINER, Hieratic Ostraca I, pl. 106.

[35] Pap. Leiden I 344 verso I.1,1 ed. J. ZANDEE, Amunshymnus, 17 f.

[36] J. ASSMANN, Re und Amun, 198 mit Anm. 31.

[37] DERS., Sonnenhymnen II, Text 114,11 mit Anm. (c).

Der sich selbst geformt hat,
der sich verborgen hält vor Göttern und Menschen[38]

„Geheim war dein Leib", heißt es in einem anderen Hymnus, „unter den Uralten, du hast dich verborgen als Amun (‚der Verborgene') an der Spitze der Götter".[39] Mit den „Uralten" sind die acht Urgötter von Hermopolis gemeint, die in vier Paaren die Aspekte des präexistenten Chaos verkörpern: Finsternis, Urflut, Endlosigkeit und Weglosigkeit (Sethe, Amun). Auch diese Urgötter, das ist der Sinn des Zitats, kennen den Gott nicht, der in ihrer Mitte entsteht.

Die Theologie des Urgottes hat, wie wir gesehen haben, in Ägypten eine lange Geschichte. Sie tritt schon in den Sargtexten, also der Totenliteratur des frühen 2. Jahrtausends in sehr umfangreichen und anspruchsvollen Texten hervor. Aber erst in den Texten der Ramessidenzeit verbindet sich diese Thematik mit den Motiven der Geheimheit, Verborgenheit und Unergründlichkeit. Das hat seinen Grund darin, daß sich erst jetzt eine Theologie des verborgenen Gottes ausbildet, und zwar im Zusammenhang des Gottes Amun von Theben, dessen Name „der Verborgene" bedeutet. Erst im Kontext dieser Theologie, die eine spezifische Errungenschaft der Ramessidenzeit darstellt, gewinnen die Motive der Präexistenz und der Kosmogonie die Bedeutung eines Mysteriums im Sinne einer paradigmatischen Form von Verborgenheit und Unergründlichkeit. Davon soll im folgenden Abschnitt die Rede sein.

3. Das Mysterium der Einheit: der verborgene Gott.[40]

Der verborgene Gott der ramessidischen Theologie ist die Antwort auf den offenbaren Gott der Amarna-Religion. Es geht hier um das Problem, wie man die Einheit und Einzigkeit Gottes, von der die Ägypter in verschiedenen Zusammenhängen schon Jahrhunderte vor der Amarnazeit einen starken Begriff entwickelt haben[41], mit der irreduziblen Vielheit der Götterwelt in Einklang bringen soll, die den Menschen in der Erfahrung der Wirklichkeit begegnet. Diese Mächte sind viele, und sie sind voneinander verschieden. Es gibt Tag und Nacht, Himmel und Erde, Leben und Tod, Licht und Finsternis, Liebe und Streit, Wasser und Land, Fruchtland und Wüste, die ganze Wirklichkeit ist von Gegensätzen strukturiert. Ohne Gegensätze gibt es keine Ordnung, und die Wirklichkeit ist als Prozeß einer allmählichen Ausdifferenzierung aus der vorweltlichen Einheit, der „Ursuppe", entstanden. Insbesondere der Kult, der

---

[38] pStrasbourg 7 v. 2. Zur Selbstentstehung des Urgottes s. J. ZANDEE, *Hymnen aan Amon*, 38–39; DERS., Amunshymnus, I.1, pp. 13–17; I.3, pp. 22–23 *(nbj sw ḏs.f)*; III.4–6, pp. 208–210 (Selbstformung); IV.7, pp. 321–329 (Selbstformung aus Gold).

[39] Pap.Leiden I 350, III, 23, J. ZANDEE, *Hymnen aan Amon*, 63; J. ASSMANN, ÄHG, Nr. 135,3.

[40] Zum Folgenden vgl. ausführlicher J. ASSMANN, *Monotheismus und Kosmotheismus.*

[41] Vgl. hierzu E. OTTO, *Monotheistische Tendenzen*; S. MORENZ, Heraufkunft.

ein Bildkult ist und sich an das Göttliche in seinen differenzierten Erscheinungsformen wendet, basiert auf dem Axiom der Vielheit und Verschiedenheit. „Ich habe dein Wesen nicht dem eines anderen Gottes gleichgesetzt", sagt der Priester zur Gottheit.[42] Insbesondere Erik Hornung hat diesen Aspekt des ägyptischen Polytheismus sehr eindringlich herausgearbeitet. Und trotzdem ist diese Vielheit und Differenziertheit nicht so absolut fundamental, radikal, unaufhebbar, wie Hornung es darstellt. Daneben entwickelt sich im Laufe der ägyptischen Religionsgeschichte ein Begriff von der Einheit des Weltganzen (bzw. Gottes), der eine Spannung in dieses polytheistische Weltbild bringt.[43]

Es gibt verschiedene Lösungen für dieses Problem, und viele davon sind in Ägypten versucht worden. Die Spannung zwischen Einheit und Vielheit wird zunächst temporalisiert, das heißt auf vorher und nachher verteilt. Im Anfang die Einheit, im weiteren die Vielheit. Die Einheit behält aber die Vielheit gewissermaßen im Griff. Das ist der Sinn der ägyptischen Schöpfungsvorstellungen. Hier geht es nämlich gerade nicht um Schöpfung in dem Sinne, daß Schöpfer und Geschöpf kategorisch getrennt einander gegenüberstehen. Vielmehr gehen Welterschaffung, Weltentstehung und Weltinganghaltung bruchlos ineinander über. Der Eine erschafft die Welt, indem er sich in sie verwandelt, aber er geht nicht in der Vielheit auf, sondern hält sie zugleich als der Eine in Gang. Das ist ein schwieriger Gedankengang, und man kann sich vorstellen, daß er die ägyptischen Theologen für lange Zeit beschäftigt. Die Lösung, die man im Anfang des Neuen Reiches, also im 15. Jahrhundert, findet, stellt den Einen als Götterkönig an die Spitze des Pantheons. Die Spannung zwischen Einheit und Vielheit wird in Begriffe der Herrschaft übersetzt. Das ist das übliche Verfahren, das man aus allen polytheistischen Religionen kennt. Zeus, Marduk, Assur sind solche Götterkönige, die ihrem Pantheon vorstehen.

In der Welt der Vielen erscheint der Eine zwar als einer unter vielen, aber er spielt unter ihnen die Rolle eines *primus inter pares*. Der Urgott wandelt sich im Zuge seiner Verwandlung in die vielfältige Welt zum Schöpfer, zum Erhalter und zum Herrscher, zunächst der Schöpfung insgesamt und dann, mit der Erschaffung des Königtums, der Götterwelt. Diese Position wollen wir Primat-Theologie nennen. Erik Hornung hat sie in seinem Buch *Der Eine und die Vielen* (1971) scharf herausgearbeitet und sie als die überhaupt verbindliche Gottesvorstellung der ägyptischen Religion dargestellt. Sie wird in Texten des früheren Mittleren Reichs erstmals greifbar und steht hier bereits auf einem sehr hohen Niveau theologischer Spekulation. Der Abstand und die Beziehung zwischen Gott und Göttern wird hier in Begriffen der Schöpfung, Erhaltung und Herrschaft ausformuliert.

---

[42] Pap. Berlin 3055,5,4; 5,7–8.

[43] Vgl. E. Hornung, Der Eine und die Vielen; Ders., *Monotheismus II*, 83–97; Ders., *Anfänge von Monotheismus*, 48–66; H. Brunner, in: LÄ IV, 198–200.

Im Laufe des 15. Jahrhunderts wächst im theologischen Denken der Ägypter dieser Abstand zwischen Gott und Göttern. Schließlich gelangt man zu einer Konzeption, die den Höchsten in einem ganz neuen Sinne als Einen und Einsamen denkt, nämlich nicht nur *vor* der Welt als ihr präexistenter Ursprung, sondern auch *in* der Welt als das Prinzip ihrer Erhaltung. Das ist die Sonne. Die traditionelle Religion hatte den Sonnenlauf immer als ein Drama dargestellt, an dem sehr viele, vielleicht alle Götter beteiligt sind. Jetzt kommt, schon vor Amarna, die Vorstellung auf, daß der Sonnengott in seinem Lauf so einsam ist wie die sichtbare Sonne. Die Götter werden zu Bewohnern der vom Sonnengott erhaltenen Welt herabgestuft und mit Menschen und Tieren geradezu auf eine Stufe gestellt. Mit dieser Wandlung verbunden ist die Transitivierung des Zentralbegriffs der ägyptischen Religion: des Begriffs „Leben". Die traditionelle Konzeption des Sonnenlaufs denkt dieses göttliche Leben intransitiv, als einen Lebensprozeß, den der Sonnengott zyklisch durchläuft, indem er jeden Morgen aufs neue geboren wird und jeden Tag als Toter in die Unterwelt zu seinem Leichnam hinabsteigt. Die neue Konzeption versteht dieses kosmische Leben transitiv, als eine belebende Energie, die vom Sonnengott in Licht und Bewegung ausgeht. Von hier, das ist leicht zu sehen, ist es nur ein Schritt zu der radikalen Lösung des Echnaton, der die Götter überhaupt abschafft und nur noch die Sonne als Gott verehrt.

Die Herrschaft dieses Einen wird nun nicht mehr als Herrschaft über die Götter ausgedrückt, sondern unmittelbar auf die Welt bezogen. Die Weltherrschaft Gottes äußert sich in der schlechthinnigen Gottabhängigkeit der Welt. Ohne Gott kann die Welt keinen Augenblick bestehen. Denn er schafft nicht nur das Licht, von dem, sondern auch die Zeit, in der sie lebt. Durch ihre Strahlung bringt die Sonne das Licht und durch ihre Bewegung die Zeit hervor. Mehr braucht es für Echnaton nicht, um die gesamte Wirklichkeit in ihrem kosmischen, biologischen und politischen Funktionieren zu erklären. Alles läßt sich als Werk der Sonne verstehen.[44] Es gibt hier keine Geheimnisse. Auch das, was dem Auge verborgen ist[45], etwa das Werden des Kindes im Mutterleib, läßt sich auf das Wirken der Sonne zurückführen, denn es entwickelt sich in der Zeit, und die Sonne hat ihm die Frist gesetzt. Die Religion von Amarna ist eine Offenbarungs-, keine Geheimnisreligion, auch wenn die Offenbarung hier eher negative Züge annimmt. Denn es wird offenbar, daß es keine Geheimnisse gibt, daß Gott nichts anderes ist als Licht und Zeit und daß sich die

---

[44] Vgl. J. P. ALLEN, *Natural Philosophy*. Zu Geschichte und Religion der Amarnazeit vgl. ferner D. B. REDFORD, Akhenaten; H. A. SCHLÖGL, Echnaton – Tutenchamun; C. ALDRED, Akhenaten, J. ASSMANN, *Light and Time*, sowie zuletzt E. HORNUNG, Echnaton.

[45] DERS., ÄHG 92, Verse 76 f.

Wie viel ist, was du geschaffen hast,
indem es dem Angesicht verborgen ist!

Damit sind keine „Geheimnisse" im Sinne der traditionellen Religion gemeint.

Verehrung des Göttlichen auf weniges beschränken muß. Echnatons Religion äußert sich mehr in der destruierenden Abschaffung als in der offenbarenden Setzung. Und es ist gerade der Geheimnischarakter der ägyptischen Religion, der hier zerstört wird. Diese ganze Bewegung zeigt Züge und Pathos einer Aufklärung.

Nach dem Scheitern, der Verfemung und Verfolgung der Amarna-Religion kehrt die ägyptische Religion zum Polytheismus zurück, damit aber auch zur Krise des Polytheismus. Die radikale Lösung Echnatons war verworfen worden; nun galt es, andere Lösungen zu finden. Die Nachamarnazeit knüpft genau an dem Punkt der Entwicklung wieder an, von dem aus Echnaton die revolutionären Konsequenzen gezogen und die Amarna-Religion gestiftet hatte. Dank der zahlreichen Hymnen, die uns in den Gräbern dieser Zeit erhalten sind, können wir die theologische Arbeit genau verfolgen.[46] Diese Hymnen bieten den enormen Vorteil, daß wir sie nicht nur genau datieren, sondern auch sozialen Positionen zuordnen können. Wir können die Inschriften von Hohepriestern vergleichen mit denen von Wesiren, Truppenobersten, Verwaltungschefs, Herdenvorstehern, Opfertischschreibern usw. und wertvolle Einblicke gewinnen in die Verteilung des theologischen Wissens in der ägyptischen Beamtenhierarchie. Andere Hymnen stehen auf Stelen, die einzelne in Tempel geweiht haben, sowie in Ritualbüchern des Tempelkults und später auch als Inschriften an Tempelwänden. Hymnen gehören im Neuen Reich aber auch zu den Gattungen der Literatur, die man in der Schule auswendig lernt. Am Gerüst der Grabinschriften können wir nun eine zeitliche Ordnung in diese Fülle bringen. Was sich dabei abzeichnet, ist eine klare Entwicklungslinie.

Die frühen Texte gehen noch aus vom Einen Gott der neuen Sonnenreligion, der als Schöpfer und Herrscher die Welt in Gang hält. Hier wird die Spannung zwischen Einheit und Vielheit noch in die traditionellen Formen von Schöpfung und Herrschaft gefaßt. Die Lösung, die schließlich gefunden wird, besteht in einem völlig neuen Modell der Beziehung von Einheit und Vielheit. Der Eine wird jetzt als der Verborgene gedacht. Dabei macht man sich die Etymologie des Gottesnamens Amun zunutze, der eine Nominalform des Stammes *jmn* „sich verbergen" darstellt und tatsächlich „Der Verborgene" bedeutet. Überhaupt kann man natürlich an die ganze, reiche Begrifflichkeit der Verborgenheit, Unzugänglichkeit, Abgesondertheit und Geheimheit anknüpfen, in der die traditionelle Theologie den Begriff des Heiligen entfaltet

[46] Den Aspekt der „theologischen Arbeit", den man im Zusammenhang einer wachsenden Professionalisierung des Priestertums im Ägypten des Neuen Reichs sehen muß, behandle ich in Kap. 8. Man muß die Entstehung von „Theologie" im Zusammenhang sehen mit zwei anderen Prozessen, die beide für das Neue Reich kennzeichnend sind: die Professionalisierung des Priestertums und die Verbreitung von Schriftlichkeit, das heißt die Alphabetisierung breiterer Schichten. Zu letzterem vgl. J. GOODY, The Logic of Writing, 37 f. und PH. DERCHAIN, *Monothéisme*, 77–85, bes. 84 f.

hatte. Man darf sich hier aber nicht täuschen lassen. Der neuen Vorstellung des Verborgenen Gottes liegt ein ganz anderer Begriff des Geheimnisses zugrunde als der traditionellen Vorstellung des Heiligen, die sich vom Leichnam und seiner Schutzbedürftigkeit herleitet.

Das neue Modell besagt, daß der Eine nicht oder nicht nur als König über die Vielheit herrscht, sondern daß er sich vor und in der Vielheit verbirgt. Er hat sich nicht oder nicht nur am Anbeginn die Welt verwandelt, sondern er bleibt auch weiterhin als der Eine präsent, aber in der Verborgenheit. Um diese Beziehung zwischen Verborgenheit und Offenbarkeit, Latenz und Manifestation denken und ausdrücken zu können, bedient man sich eines anthropologischen Begriffs. Er heißt ägyptisch „Ba", was wir mit „Seele" übersetzen. Diesen Begriff entdecken nun die ramessidischen Theologen, um die Spannung zwischen Einheit und Vielheit in völlig neuer Weise auszudrücken.

Jetzt ist entweder der alleine Gott der Ba der vielen Götter, oder die vielen Götter sind die Ba's des Einen. Der ägyptische Begriff funktioniert nämlich in beiden Richtungen. Ba bezeichnet einmal die unsichtbare Macht in einem sichtbaren Phänomen, daher unsere Übersetzung mit „Seele". Ba bezeichnet aber auch die sichtbare Manifestation einer unsichtbaren Macht, also z. B. den Wind als Ba des Luftgottes Schu. So wird der höchste Gott jetzt als „Ba" gedacht, der sich in der Welt verkörpert wie die Seele im Leib, und zugleich werden die vielen Götter, die die Welt in Gang halten, als die Ba's des All-Einen erklärt, in denen er sich innerweltlich manifestiert. Die Götter werden zu Formen der erhaltenden Weltzuwendung des Einen, zu Weisen seiner Innerweltlichkeit. Die Hymnen, die diese Theologie entfalten, tragen nun in der Tat das Gepräge einer esoterischen Literatur. Sie stehen nicht auf den Grabwänden, sondern in den Ritualbüchern des Tempels sowie in Zauberpapyri. Es handelt sich um Texte, die mit dem Nimbus des Geheimnisses umgeben sind. Eine Gruppe theologisch besonders bedeutender Hymnen sind auf den Wänden eines Tempels aufgezeichnet, der unter dem Perserkönig Darius I. in der Oase el-Khargeh gebaut wurde. Sie alle preisen den All-Einen. Einer trägt den Titel: „Der große geheime Hymnus auf Amun-Re, gesprochen von den 8 Urgöttern" und beginnt mit den Versen:

> Sei gegrüßt, du Einer, der sich zu Millionen machte,
> der sich in Raum und Zeit ausdehnt ohne Grenzen,
> gerüstete Macht, die von selbst entstand,
> Uräusschlange mit gewaltiger Flamme,
> der Zauberreiche mit geheimer Gestalt,
> der geheime Ba dem Ehrfurcht erwiesen wird![47]

Der „Eine der sich zu Millionen macht", das ist die ägyptische Wendung für den Begriff des All-Einen.[48] Er wird gar nicht mit Namen angerufen, denn er

---

[47] Papyrus Mag. Harris IV, 1–2 = Hibis 32,1, ÄHG Nr. 129, 1–6.

[48] Für eine Zusammenstellung und Diskussion der Belege s. Verf., Re und Amun, 211–218; J. Zandee, Amunshymnus, I, 168–176; M. Bilolo, L'Un.

geht über die namentlich bekannten Götter des traditionellen Polytheismus hinaus. Seine verbreitetste Umschreibung ist „der Geheime Ba“: die verborgene Macht, die sich in und als Welt manifestiert. Dieser Text begegnet schon in der Ramessidenzeit, also siebenhundert Jahre früher, in einem Zauberpapyrus, und er wird noch in der römischen Kaiserzeit im Tempel von Philae zitiert. Ein anderer Hymnus in diesem Tempel trägt den Titel: „Das Buch der Geheimnisse des Amun, das auf Schreibtafeln aus Nbs-Holz niedergeschrieben ist“. Dieser Hymnus entfaltet die Lehre von den zehn Ba's des Amun, die den Gipfelpunkt der ramessidischen Ba-Theologie bildet.

Dieser Weltgott der Ramessidenzeit ist ein verborgener Gott. Er ist, wie es in einem ramessidischen Hymnus heißt,

> ferner als der Himmel, tiefer als die Unterwelt.
> Kein Gott kennt seine wahre Gestalt.
> Sein Bild wird nicht entfaltet in den Schriftrollen,
> man lehrt nicht über ihn ...
> Er ist zu geheimnisvoll, um seine Hoheit zu enthüllen,
> zu stark um ihn zu erkennen.[49]

Der Gedanke der Verborgenheit vermittelt zwischen Vielheit und Einheit, dem manifesten Polytheismus und dem untergründigen Monotheismus. In seiner Immanenz und Evidenz ist das Göttliche nur polytheistisch vorstellbar, anrufbar und kultisch zugänglich. In seiner untergründigen Einheit dagegen ist es verborgen. Der Ba-Begriff ist eines der Instrumente, um diese Dialektik zu formulieren. Aus der Verborgenheit des Allgottes wird das Geheimnis seiner Theologie. „Sein Bild wird nicht entfaltet in den Schriftrollen“ – so steht es in dem Text, den wir gerade zitiert haben. Aber dieser Text ist ein literarisches Werk, das in den gebildeten Kreisen zirkulierte, vermutlich in der Schule gelesen wurde. Er gehört zur exoterischen Seite der Theologie. Daneben gibt es esoterische Schriften, in denen das Bild des verborgenen Gottes schon eher entfaltet wird. Das sind die magischen Texte.

Hier finden wir das Bild des Gottes mit sieben Köpfen. In einem spätägyptischen Zauberpapyrus wird es folgendermaßen erläutert:

> Der Bes mit 7 Köpfen,
> er verkörpert die Ba's des Amun-Re, ...,
> des Herrn von Himmel, Erde, Unterwelt, des Wassers und der Berge.
> Der seinen Namen geheim hält vor den Göttern,
> des Riesen von Millionen Ellen,
> des Starken, der den Himmel festmachte auf seinem Haupt,
> ... aus dessen Nase die Luft hervorgeht, um alle Nasen zu beleben,
> der als Sonne aufgeht, die Erde zu erhellen,
> aus den Ausflüssen dessen Leibes der Nil fließt, um jeden Mund zu beleben ...[50]

---

[49] pLeiden I 350 IV, 17–19 ed. J. Zandee, *Hymnen aan Amon*, 75–86; J. Assmann, ÄHG, Nr. 138.

[50] S. Sauneron, Papyrus magique, 23 Tf. IV, fig. 3. (neben S. 13).

Bes ist kein großer Gott, sondern eher ein Monstrum. Typisch für ihn ist die übelabwehrende Fratze, er ist der Gott der maskenhaften Verhüllung. Auch hier erscheint er nur als Maske, und zwar des verborgenen Allgotts der Ramessidenzeit. In den geheimen Schriftrollen der Magier wird er abgebildet. Die Monstrosität seiner Erscheinung verweist auf seine Verborgenheit und prinzipielle Unabbildbarkeit. Im gleichen Papyrus erscheint er noch einmal abgebildet mit neun Köpfen. Der Text beschreibt das Bild als „Mensch mit 9 Köpfen auf einem einzigen Hals, und zwar ein Bes-Gesicht, ein Widderkopf, ein Falkenkopf, ein Krokodilskopf, ein Nilpferdkopf, ein Löwenkopf, ein Stierkopf, ein Affenkopf und ein Katzenkopf".[51] Die griechischen Zauberpapyri nennen ihn Enneamorphos, den „Neungestaltigen".[52]

Das ist der All-Eine Gott des esoterischen Monotheismus im alten Ägypten, wie ihn die antiken Autoren überlieferten. Es handelt sich also nicht um ein Mißverständnis, sondern um eine authentische Tradition.[53] In der Endphase der ägyptischen Religion wird diese Theologie des all-einen Weltgottes auf Isis übertragen.[54] Jetzt ist sie die „Eine die sich zu Millionen macht"[55], una qui es omnia[56], mounæ ei sy hapasai[57], wie sie in den Texten angerufen wird. Sie heißt geradezu „die Eine" *(tꜣ wꜥt – THIOUIS)*.[58] Auf diese Theologie bezieht sich Plutarch mit seiner Legende vom verschleierten Bild zu Sais. Was wir hier vor uns haben, ist aber keine Geheimreligion. Geheimnisvoll ist vielmehr die Gottheit, um die es geht. Ihr Geheimnis besteht in ihrer Verborgenheit. Denn die sichtbare Wirklichkeit ist differenziert und das heißt polytheistisch. Einer Reli-

---

51 S. Sauneron, a. a. O., 18, Tf. II, fig. 2 (neben S. 12).

52 R. Merkelbach/M. Totti, Abrasax 1, 78; R. Merkelbach/M. Totti, Abrasax 3, 10 f. und öfter.

53 Ein Mißverständnis allerdings ist die moderne Einstufung sämtlicher dieser ägyptischen und griechischen Texte als „magisch" im Sinne okkulter und asozialer Praktiken im Dienst privater Wünsche nach Schutz, Heilung, Liebesglück usw. Die Kirchenväter haben aus begreiflichen Gründen die ganze heidnische Religion als Zauberei hingestellt. In Wirklichkeit handelt es sich, wie vor allem R. Merkelbach gezeigt hat, auch bei vielen der sogenannten griechischen Zauberpapyri um liturgische Texte, die aus dem Tempelkult stammen und die wir als Zeugnisse spätägyptischer Theologie sehr ernst nehmen müssen.

54 Für eine Zusammenstellung der wichtigsten Literatur s. H. S. Versnel, Ter Unus, 39 n. 1, der mit Recht hinzusetzt: „The literature now definitely overflows the banks, not always equally fertilizing the fields."

55 J. Assmann, Re und Amun, 211–218.

56 Votiv-Inschrift aus Capua, 1. oder 2. Jahrhundert n. Chr., CIL X 3800 = Dessau *ILS* 4362; L. Vidman, Sylloge inscriptionum religionis, Nr. 502.: *Te tibi una quae es omnia dea Isis.* F. Dunand, *Syncrétisme isiaque*, 82 n. 1.; V. Tran Tam Tinh, Le culte des divinités, 41 ff.; 77; 199–234.

57 Hymnus des Isidorus aus Medinet Madi cf. V. F. Vanderlip, *Greek Hymns of Isidorus*, 18 f.; E. Bernand, Inscriptions métriques, Nr. 175, 632 ff.; M. Totti, Isis-Serapis-Religion, 76–82; F. Dunand, a. a. O., 79–93. Zu Isidorus cf. Drijvers, *Vox Theologica* 32, 1962, 139–150.

58 V. F. Vanderlip, a. a. O., 31; vgl. hierzu C. H. Gordon, *His name is One.*

gion, die monotheistisch und polytheistisch zugleich denkt, muß sich die Wirklichkeit in Vordergrund und Hintergrund, Offenbarkeit und Geheimnis aufteilen.

Magie und Mystik gehen in der Antike zusammen. Die magischen Texte vermitteln Gottesnähe, und wenn es hier auch nicht um eine unio mystica im strengen Sinne der Einswerdung mit Gott geht, so doch um eine „unio liturgica", ein Eintreten in die götterweltliche Eigensphäre des Gottes, die „Sphäre des Seinigen", die ihn in Gestalt von Adoranten umgibt. Das ist nichts anderes als die uralte traditionelle Konzeption des kultischen Kontakts in der ägyptischen Religion. Der Priester tritt dem Gott nicht als Mensch, sondern als Gott gegenüber, er begegnet ihm auf seiner eigenen Ebene, in seiner eigenen Sphäre. Die Kommunikation zwischen Mensch und Gott vollzieht sich im Kult als Kommunikation zwischen Gott und Gott im Rahmen einer götterweltlichen Konstellation. In der spätzeitlichen Magie/Mystik wird dieses Prinzip privatisiert, verhäuslicht, ohne damit jedoch seinen religiösen Charakter aufzugeben und von den Höhen der Theologie in die Niederungen des Aberglaubens abzusinken. Das ist Greuelpropaganda der Kirchenväter.

Der mystische und hochreligiöse Charakter dieser magischen Rezitationen und Praktiken gilt nun ganz besonders dort, wo es um die Gottesnähe des Verborgenen Einen und Höchsten geht. Hier lebt die Theologie der ramessidischen Amunpriester in griechischer Sprache weiter bzw. auf und geht bruchlos in die philosophischen Texte des Corpus Hermeticum über. Spätestens jetzt darf man von jenem „esoterischen Monotheismus" sprechen, den das 18. Jahrhundert und in seinem Gefolge die wissenschaftliche Ägyptologie in die altägyptische Religion hineinprojiziert hatte.

4. Der Monotheismus als ägyptische Geheimlehre in der Religionsgeschichte des 18. Jahrhunderts

Die Theorie des esoterischen Monotheismus entwickelt für die Beziehung zwischen dem Einen und den Vielen ein wissenssoziologisches Modell. Sie unterscheidet zwischen einer monotheistischen Geheimreligion für Eingeweihte und einer polytheistischen Volksreligion für die Menge. Am bekanntesten ist diese Idee durch Schillers Aufsatz über „die Sendung Moses" geworden, den dieser im 10. Heft der Thalia veröffentlicht hatte.[59] In diesem Essay vertrat er die Auffassung, daß die Idee der Einheit Gottes aus Ägypten stammt und von Moses an die Hebräer weitergegeben wurde.[60] Die ägyptische Religion war zweigeteilt: in eine öffentliche für die Menge und eine geheime für die Einge-

---

[59] Vgl. zum Folgenden J. ASSMANN, Verschleiertes Bild zu Sais sowie DERS., Moses, 5. Kap.

[60] F. VON SCHILLER, *Moses*, 737–757.

weihten und Weisen. Die öffentliche beschreibt Schiller als Vielgötterei bzw. „Paganismus“ voller Aberglauben, Zauberei, Tierkult und sonstiger Absonderlichkeiten. Die geheime dagegen sei ein reiner Monotheismus gewesen. „Da Ägypten der erste kultivierte Staat war, den die Geschichte kennt, und die ältesten Mysterien sich ursprünglich aus Ägypten herschreiben, so war es aller Wahrscheinlichkeit nach hier, wo die erste Idee von der Einheit des höchsten Wesens zuerst in einem menschlichen Gehirne vorgestellt wurde.“[61] Diese Einsicht sei aber Sache weniger Eingeweihter geblieben. Zu tief habe sich bereits die Vielgötterei festgesetzt, so daß mit der Abschaffung des alten Aberglaubens das ganze Staatsgebäude in sich zusammengebrochen wäre. „Man fand also für besser, die neue gefährliche Wahrheit zum ausschließenden Eigenthum einer kleinen geschlossenen Gesellschaft zu machen, diejenigen, welche das gehörige Maß von Fassungskraft dafür zeigten, aus der Menge hervorzuziehen und in den Bund aufzunehmen, und die Wahrheit selbst, die man den unreinen Augen entziehen wollte, mit einem geheimnisvollen Gewand zu umkleiden, das nur derjenige wegziehen könnte, den man selbst dazu fähig gemacht hätte.“ Dieses Gewand ist die Hieroglyphenschrift, die als eine Geheimschrift verstanden wird. Sie schützt die gefährliche monotheistische Wahrheit, die eine Art politischen Sprengstoff darstellt. Moses aber habe den Ägyptern das Geheimnis, die monotheistische Idee, entrissen und sie dem Volke, aber nicht dem ägyptischen, sondern dem hebräischen, seinem Volke, offenbart.[62] Denn Moses sei ägyptisch erzogen und in alle Geheimnisse eingeweiht worden. Bei den Priestern von Heliopolis lernt er die Hieroglyphen und mit ihnen die geheime Weisheit. „Und wenn man erst einmal einen Blick auf das, was man ägyptische Mysterien nennt, geworfen hat, so wird sich zwischen diesen Mysterien und dem, was Moses nachher getan und verordnet hat, eine merkwürdige Ähnlichkeit ergeben.“[63] Diese Ähnlichkeit, so unterstellt Schiller, beruht in der Idee von der Einheit Gottes. „Es scheint außer Zweifel gesetzt“, schreibt er,

---

[61] Cf. LUKIAN, De Dea Syria, cap. 2: „Die Ägypter sollen die ersten von allen uns bekannten Völkern gewesen sein, die sich Begriffe von den Göttern gemacht haben. Nicht viel später hörten die Syrer von den Ägyptern die Rede über die Götter und errichteten Tempel und Heiligtümer.“

[62] Eine ähnliche Ansicht über den esoterischen Charakter des außerbiblischen Monotheismus äußert auch JOSEPHUS, Contra Apionem II, 168, wo er schreibt: „Daß diese Lehren schön und der Natur und Größe Gottes geziemend sind, bezeugen mit allem Nachdruck die Weisesten unter den Hellenen. Pythagoras, Anaxagoras, Platon und die späteren Philosophen von der Stoa scheinen fast alle ebenso wie er über die Natur Gottes gedacht zu haben. Aber diese, die nur für wenige philosophierten, hatten nicht den Mut *(ouk etolmesan)*, die Wahrheit ihrer Lehre in die für falsche Meinungen voreingenommene Masse hinauszutragen. Unser Gesetzgeber dagegen brachte seine Taten mit seinen Worten in Einklang, und so gelang es ihm nicht nur, seine Zeitgenossen zu überzeugen, sondern auch allen nachfolgenden Geschlechtern für alle Zeiten den Glauben an Gott *(ten peri theou pistin)* unerschütterlich einzupflanzen.“

[63] F. VON SCHILLER, *Moses*, 477.

„daß der Inhalt der allerältesten Mysterien in Heliopolis und Memphis während ihres unverdorbenen Zustands, Einheit Gottes und Widerlegung des Paganismus war.“[64]

Schiller hat diese Gedanken, wie er selbst in einer Fußnote am Ende seines Essays angibt, von Carl Leonhard Reinhold (1758–1825) übernommen, der im Jahre 1788 unter dem Pseudonym Br. Decius in Leipzig eine Schrift mit dem Titel *Die Hebräischen Mysterien oder die älteste religiöse Freimaurerey. In 2 Vorlesungen* veröffentlicht hatte.[65] Reinhold, Freimaurer[66] und seit 1787 Professor der Philosophie in Jena und engster Fakultätskollege von Schiller, wendet sich in dieser Schrift an seine Logenbrüder. Die älteste Freimaurerei sind die ägyptischen Mysterien. Sie bestehen in einem in einer Fülle symbolischer Handlungen und Zeichen (die beide bei Reinhold „Hieroglyphen“ genannt werden) kodierten Monotheismus, der von Eingeweihten und Weisen getragen und vor dem zu so tiefen Einsichten unfähigen Volk geheimgehalten wird. Im Laufe der Jahrtausende degenerierte in Ägypten diese monotheistische Geheimnisreligion, Reinhold zufolge, zu einer in Äußerlichkeiten erstarrten Geheimniskrämerei, und Reinhold warnt vor einer ähnlichen Entwicklung des Freimauerertums. „Nachdem mit dem vernünftigen Zwecke dieses Instituts auch der Geist desselben verschwunden war, hatten die Hierophanten, die den Körper zu ihren Absichten fort erhalten wollten, kein anderes Mittel übrig, als den Mangel der Geheimnisse, die man bey ihnen aufsuchte, selbst zum Geheimnisse zu machen.“[67] Moses, nach dem Zeugnis des heiligen Stephanus „in aller Weisheit der Ägypter erzogen“, war in diese Mysterien eingeweiht und machte sie seinem Volke bekannt. Dabei konnte er natürlich nicht auf Einsicht, Vernunft und Verständnis bauen. Er mußte die heiligen Wahrheiten als Offenbarung darstellen und den Glauben des Volkes fordern.

> „Alle die Jahrhunderte hindurch, die vorübergehen mußten, bevor die Einheit Gottes in den Köpfen ihrer Priester zu einem Verstandesbegriffe reiffen konnte, war der Beyfall, den sie dieser so einfachen Lehre gaben, nichts weiter als der blinde, durch Feuer und Schwert erzwungene Glauben.“ Moses hätte entweder täglich neue Mirakel wirken, oder die Mission seiner Leviten, die bey Gelegenheit des goldenen Kalbes 3000 Juden in Stücke zerhauen mußten, viel öfter wiederholen müssen, als es ihm auch nur in politischen Rücksichten lieb seyn konnte, wenn er bey seiner neuen Religion auch nur das geringste auf den Verstand, und nicht alles auf die Sinnen dieses Volkes angeleget, und seinen Gottesdienst nicht vielmehr zur Sache des Körpers, als der Seele gemacht hätte. Hier konnte ihm abermal seine ägyptische Weisheit sehr gute Dienste leisten. Die Aussenseite der Mysterien war mit Hieroglyphen, Ceremo-

[64] Ders., *Moses*, 481.

[65] Eine von mir herausgegebene Neuausgabe dieser Schrift erschien 2001 im Verlag Mnemosyne, Neckargemünd.

[66] Reinhold gehörte in Wien der Loge „zur wahren Eintracht“ an, die Mozart regelmäßig besuchte, der Haydn ab 1785 als Mitglied angehörte und deren bedeutender Meister vom Stuhl Ignaz von Born war (nach L. Holtorf, Logen der Freimaurer).

[67] C. L. Reinhold, Hebräische Mysterien, 68.

> nien und Ritualgesetzen überladen, und vermuthlich lag schon damals in diesem Umstande der Keim ihres künftigen Untergangs. Indessen war dieses gerade die Seite der Mysterien, für welche die Israeliten mehr als genug empfänglich waren.[68]

Wobei Reinhold durchaus zugesteht, daß hinter bzw. durch Mose hindurch „Jehovah" selbst am Werke war, „der es seiner nicht unwürdig fand, aus dem Fond der in den ägyptischen Mysterien aufbehaltenen Wahrheiten gerade diejenigen auszuwählen, die sein Volk fassen konnte, und sogar die Hieroglyphen und Ceremonien dieses Instituts für die schicklichsten Mittel hielt, jene Wahrheiten unter einem äußerst rohen und unwissenden Volke fortzupflanzen".[69] Das hebräische Ritualgesetz ist nichts anderes als die „hieroglyphische" (das heißt symbolische) Außenseite des Mysteriums, die so lange notwendig ist, als dieses entweder, wie in Ägypten, vor den Vielen geheimgehalten werden muß, oder, wie in Israel, nur durch den Glauben, die Sinne und den Körper, aber nicht durch den Verstand ergriffen werden kann. In Wirklichkeit aber, das ist Reinholds These, besteht kein Unterschied zwischen Vernunft und Offenbarung.[70] Das, was man im 18. Jahrhundert als die „natürliche" und die „geoffenbarte" Religion unterschied, hat einen gemeinsamen Ursprung in den ägyptischen Mysterien und findet im Freimaurertum seine zeitgenössische Fortsetzung bzw. Wiedergeburt.

Reinhold gibt als seine Gewährsmänner William Warburton (1698–1779)[71] und John Spencer (1630–1693)[72] an. Beide haben vor ihm die Parallele gezogen zwischen den ägyptischen „Mysterien" und dem hebräischen „Gesetz".[73] Die Texte Reinholds und Schillers dürfen als die explizitesten vor-ägyptologischen Darstellungen jenes Prinzips eines esoterischen Monotheismus gelten, der dann in der Ägyptologie eine so große Rolle gespielt hat und erst von Hornung mit soviel Nachdruck widerlegt wurde. Man darf aber vermuten, daß weder sie noch Warburton und Spencer die ersten sind, die den Ursprung des Monotheismus in Ägypten gesehen haben, sondern daß hier vielmehr bestimmte Topoi eines Ägyptenbildes reproduziert werden, das seit der Renais-

---

68 C. L. Reinhold, a. a. O., 57 f.

69 C. L. Reinhold, a. a. O., 84 f. Die Zitate mögen einen Eindruck von der erstaunlichen Eleganz und Brillanz der Reinholdschen Prosa zu vermitteln, die der Schillers kaum nachsteht.

70 „daß die bisherige Entgegensetzung der Vernunft und der Offenbarung auf einem bloßen Wortstreite beruhte" – C. L. Reinhold, a. a. O., 84.

71 W. Warburton, Divine Legation of Moses; die deutsche Übersetzung von J. Chr. Schmidt erschien in drei Bänden in Frankfurt und Leipzig 1751–1753.

72 J. Spencer, De legibus Hebraeorum ritualibus, et earum rationibus libri 3, Leers 1686.

73 Warburton und Spencer basieren ihrerseits auf Maimonides (Rabbi Moses ben Maimon), der in seinem *Führer der Verirrten (More Nevuchim)* die Herkunft des hebräischen Gesetzes aus der „sabischen" (ägyptischen) Religion behauptete. Zu diesen Zusammenhängen s. J. Assmann, Moses, Kap. 3, sowie meine Aufsätze Ders., *Historisierung der Religion*, 25–43 und Ders., *Geheimnis der Wahrheit*, 108–134.

sance geläufig ist und vor allem von Marsilio Ficino und Giordano Bruno verbreitet wurde. Es ist dringend zu wünschen, daß diesen von Frances Yates[74] nur angedeuteten Traditionslinien einmal gründlicher nachgegangen wird. Vermutlich ist der Topos einer mono- bzw. pantheistischen Geheimreligion der ägyptischen Weisen bereits antik. Mit seiner Andeutung „Das, was man ägyptische Mysterien nennt", bezieht sich Schiller wohl vor allem auf die Schrift des Jamblichus, die um 300 n. Chr. entstand und in der frühen Neuzeit von Marsilio Ficino und Nicolaus Scutellus unter dem Titel *De mysteriis Aegyptiorum* in lateinischer Übersetzung publiziert worden war. In dieser Schrift liest man z. B. vom „einzigen Gott", der „unbewegt im Alleinsein seiner Einheit verharrt": „er existiert als die Grund- und Urform des Gottesbegriffs, der sich selbst Vater und Erzeuger ist ... aus diesem Einen, der Einheit ließ sich selbst der eine sich selbst genügende Gott erstrahlen ... er ist das Prinzip und der Gott der Götter), der Einfache aus dem Einen, früher als das Sein und Ursprung des Seins".[75] Aus diesem Einen sei die Welt und mit ihr alle anderen Götter hervorgegangen. Die anderen Götter werden hier nicht geleugnet, aber sie werden so tief zu innerweltlichen Mächten in der Art von Dämonen oder Engeln herabgestuft, daß man auch dies einen Monotheismus nennen kann.[76] Wir haben es hier nicht mit einem Monotheismus im biblischen Sinne, sondern mit einer klassischen Alleinheits-Theologie zu tun, die wir auch bei anderen ägyptischen Neuplatonikern finden, besonders bei Plotin, sowie im Corpus Hermeticum. Der Gedanke der All-Einheit, wie er hier entwickelt wird, läßt sich mühelos mit dem verborgenen Allgott der ramessidischen Theologie verbinden.[77]

Allerdings fehlt ein eindeutiger Hinweis darauf, daß schon in den antiken Quellen die Religion des verborgenen Allgotts und die Theologie der All-Einheit als eine Geheimreligion der ägyptischen Eingeweihten gegolten hätte. Es gibt aber Texte, in denen den ägyptischen Hohenpriestern eine eigene, von den Religionen der Völker unterschiedene Religion zugeschrieben wird. So erscheinen in einer magischen Anrufung, die von dem Topos Gebrauch macht, den Gott mit den Namen der Völker anzurufen, auch die ägyptischen Hohepriester mit einer eigenen Anrufung, und diese bezieht sich auf Amun, den verborgenen Allgott der ramessidischen Theologie:

Ich rufe dich nochmals an
wie die Ägypter: Phno eai Iabok,
wie die Juden: Adonaie Sabaoth,
wie die Griechen: König, der über alle herrscht,

[74] Cf. FR. YATES, Giordano Bruno.

[75] JAMBLIQUE, Les mystères d'Égypte ed. E. des Places S.J. (Collection Budé), Paris 1989, VIII. 2, 195 f.

[76] G. SOURY, Démonologie de Plutarque; J. HANI, Religion, 225 ff.

[77] Vgl. hierzu ausführlich J. ASSMANN, *Monotheismus und Kosmotheismus.*

wie die ägyptischen Hohenpriester: Verborgener, Unsichtbarer, der alle erblickt, wie die Parther: OYERTO (Großer auf der Erde), Herr über alles.[78]

[78] Vgl. R. Merkelbach/M. Totti, Abrasax 1, 166 f. S. auch E. Peterson, *Heîs Theós*, 254 für weitere Parallelen.

Neuntes Kapitel

Die Geheimnisse der Schrift und der heiligen Orte: zwei Einweihungswege im Alten Ägypten

Die „ägyptischen Mysterien“, das ist wohl in der Ägyptologie allgemeiner Konsens, sind eine Erfindung der Griechen, die ihre eigenen Begriffe von Mysterien, das heißt Kulten, an denen man nur unter den Bedingungen der Einweihung teilnehmen konnte und über die man nach außen Stillschweigen zu bewahren hatte, in die ägyptische Religion hineinprojizierten. In der antiken Literatur begegnet die Vorstellung ägyptischer Mysterien allerdings in zwei ganz verschiedenen Zusammenhängen, die man sorgfältig unterscheiden muß. Der eine Zusammenhang betrifft die Hieroglyphenschrift und ihren Geheimnis-Charakter, der andere die „Mysterien der Isis“, einen in der hellenistischen und römischen Antike im ganzen Mittelmeerraum verbreiteten Mysterienkult, der mit der altägyptischen Religion nicht mehr viel gemeinsam hat, um so mehr dagegen mit den anderen Mysterienkulten der Antike. Für den ersteren Aspekt mögen Namen wie Orpheus, Pythagoras und Mose stehen: von ihnen nahm man an, daß sie sich in die hieroglyphisch verschlüsselten Mysterien der ägyptischen Religion hätten einweihen lassen. Für den zweiten Aspekt stehe der Name des Lucius, der Held des „Goldenen Esel“ des Apuleius von Madauros. Die Einweihung des Pythagoras besteht in einem langwierigen Studium der verschiedenen ägyptischen Schriften, mit deren Erlernung zugleich auch ein umfassendes Wissen, ja eine ganze Philosophie verbunden war, die Einweihung des Lucius dagegen in einem theatralischen Initiationsritual, dessen Vollzug dem Initianden den Segen der Isis, ja die Erlösung vom Tode verhieß. Das sind zwei völlig verschiedene Überlieferungskomplexe, deren Nichtunterscheidung die Frage nach den „ägyptischen Mysterien“ bisher stark verunklärt hat.

1. Pythagoras: Schrift und Mysterium

Die antiken Vorstellungen über den Geheimnis-Charakter der altägyptischen Religion[1] hängen aufs engste mit dem Phänomen der ägyptischen Mehrschrif-

---

[1] S. hierzu Kap. 8. Zur Vorstellung ägyptischer Mysterien s. zuletzt F. TEICHMANN, Mysterien und E. HORNUNG, Das esoterische Ägypten.

tigkeit – Hieroglyphisch, Hieratisch, Demotisch – zusammen, das die Griechen ganz besonders fasziniert hat. Unter „Hieroglyphen“ versteht man die bildhafte Schrift der Steininschriften, „Hieratisch“ ist die davon abgeleitete Kursivschrift, und „Demotisch“ ist die noch stärker kursivierte Schrift, in der die Umgangssprache der Spätzeit geschrieben wurde. Über den Sinn dieser verschiedenen Schriften haben sich die Griechen sehr viel Gedanken gemacht. Sie behandeln die Schrift weniger als ein Medium der Kommunikation als vielmehr eine Institution der Erziehung.[2] Ihre Frage ist, in welcher Reihenfolge, von wem und zu welchen Zwecken die verschiedenen Schriften erlernt werden. So erscheint ihnen das Schreibenlernen als eine mehrfach gestufte Einführung in die Kultur. Diodor, der nur zwei Schriften unterscheidet, deutet sie als öffentliche und geheime Schrift:

Dittôn gàr Aiguptíois ónton grammáton,	Die Ägypter besitzen nämlich zwei Schriften:
tà mèn demóde prosagoreuómena pántas manthánein,	die eine, „demotisch“ genannt, lernen alle;
tà dè hierà kaloúmena	die andere wird die „heilige“ genannt.
parà mèn toîs Aiguptíois mónous gignóskein	Bei den Ägyptern verstehen sie allein
toùs hiereîs parà tôn patéron	die Priester, die sie von den Vätern
en aporrhétois manthánontas	in den Mysterien lernen.[3]

Diodor deutet die demotische Schrift als das allgemeine, von allen erlernte Schriftsystem und versteht die „heilige“ Schrift, unter welchem Begriff er wohl Hieroglyphen und Hieratisch zusammenfaßt, als eine Sonderschrift, die nur von den Priestern verwendet und in den „Mysterien“ von den Vätern den Söhnen beigebracht wird. Die Mysterien erscheinen hier als eine Institution des Lernens, und zwar des Erlernens der „heiligen“, das heißt der hieratischen und der Hieroglyphenschrift.

Im folgenden gibt Diodor dann einen sehr anschaulichen Bericht der Hieroglyphenschrift, aus dem klar wird, welche Art von Wissen mit dem Erlernen der Hieroglyphenschrift verbunden ist. Er erwähnt einzelne Zeichen wie Tiere (z. B. Falke, Krokodil, Schlange), Körperteile (z. B. Auge, Hand), Werkzeuge (insbesondere des Zimmermanns) usw. Der Falke bedeute Schnelligkeit, das Krokodil Bosheit. Das Auge bezeichne den Hüter der Gerechtigkeit und den Wächter des Körpers. Die Zeichen bezögen sich nicht auf die Rede als Verbin-

---

[2] Das war schon Platons Ansatz in den Gesetzen, wo er von der einzigartigen Konstanz der Bilder handelt, die die Ägypter in ihren Tempeln zum Zwecke einer Kodifizierung der Schönheit angebracht hätten (Legg. 656c–657a). Diese Bilder sollten den jungen Leuten als Vorbilder im Sinne einer kulturellen Grammatik dienen, die sie in allen Musenkünsten zur Erzeugung wohlgeformter Ausdrucksformen anleitet. S. dazu W. Davis, Plato on Egyptian Art.

[3] Diodorus Siculus, Bibl. Hist. III. 3,4.

dung von Silben, sondern metaphorisch auf die Bedeutung der dargestellten Dinge, die im Gedächtnis bewahrt worden seien (das Gedächtnis speichert die Bedeutungen der Dinge, auf die die Schrift metaphorisch rekurriert: man muß die Bosheit des Krokodils kennen, um das Zeichen zu verstehen). „Indem sie nun sich anstrengen, die in diesen Formen verborgenen Bedeutungen zu entdecken, gelangen sie durch jahrelange Übung und Gedächtnistraining dahin, alles Geschriebene zu lesen." Diese „jahrelange Übung" und dieses „Gedächtnistraining" ist genau das, was von den Griechen als ein Einweihungsweg verstanden wurde.

Eine genauere Beschreibung dieses Einweihungsweges und damit der ägyptischen Schriftsysteme gibt Porphyrius in seiner Lebensgeschichte des Pythagoras, der diesen Weg beschritten haben und auf ihm bis zum Ende vorgedrungen sein soll. In seiner *Vita des Pythagoras* berichtet er, dieser sei bei seinem Aufenthalt in Ägypten in die drei Gattungen der ägyptischen Schrift eingeweiht worden:

> Und in Ägypten war Pythagoras mit den Priestern zusammen, studierte *(exemathe)* die Weisheit und die Sprache der Ägypter, sowie die drei Arten *(trissas diaphoras)* der Schriftzeichen *(grammaton)*, die epistolographischen, die hieroglyphischen und die symbolischen, von denen die einen (das Gemeinte) durch Abbildung direkt bezeichnen *(kyriologoumenon)*, die anderen es durch bestimmte Rätsel umschreiben *(allegoroumenon)*, und er lernte eine Menge über die Götter.[4]

Der Ausdruck „Epistolographische Schrift" ist die genaue Übersetzung des ägyptischen Worts für „Demotisch": *ȥš n šʿt*, „Briefschrift". Die Unterscheidung zwischen „Hieroglyphischer" und „Symbolischer" Schrift läßt sich jedoch nicht auf Hieratisch und Hieroglyphisch beziehen. Hier geht es vielmehr um die Unterscheidung zweier Funktionen innerhalb desselben hieroglyphischen Schriftsystems: der ideographischen und der kryptographischen Funktion. Die eine bezeichne das Gemeinte durch Abbildung *(kata mimesin)*, die andere durch gewisse allegorische Rätsel *(kata tinas ainigmous)*. In der Tat gab es in Ägypten seit alters auch eine kryptographische Tradition, die Schriftzeichen absichtsvoll verrätselte.[5] Dabei handelt es sich um eine Variante des Hieroglyphischen (und nicht des Hieratischen), weil sie auf der Ikonizität der Zeichen basiert und daher in der Kursivschrift nicht funktionieren würde. Sie beruht auf bewußter Entkonventionalisierung oder Verfremdung des Schriftsystems, durch Einführung neuer und Abwandlung bestehender Zeichen. Von dieser Möglichkeit war bis zur Spätzeit nur sehr sparsamer Gebrauch gemacht worden. Dabei stand die spielerische Verrätselung der Schrift meist im Dienst der Ästhetik: man wollte mit solchen Rätsel-Inschriften das Auge des Betrachters

---

[4] Porphyrios, Vita Pythagorae §§11–12 ed. Ed. des Places, Porphyre, Vie de Pythagore, lettre à Marcella, Collection Budé, Paris 1982, 41.10–15.

[5] H. Brunner, *Änigmatische Schrift*. Einen sehr lesbaren Überblick über Verfahren und Funktion der Kryptographie gibt E. Hornung, *Hieroglyphen*, bes. 430–438.

auf sich ziehen und festhalten; nur im Kontext der Unterweltsbücher in den Königsgräbern ging es darüber hinaus auch um Geheimhaltung. Unter griechisch-römischer Herrschaft aber wurde die Hieroglyphenschrift radikal entkonventionalisiert und der Zeichenbestand verzehnfacht; damit war die Kryptographie nicht mehr eine Sonderschrift, sondern ein integrales Prinzip der Hieroglyphenschrift geworden, das bald mehr, bald weniger prominent in Erscheinung trat.[6] Aufgrund dieser geradezu dramatischen Veränderung speziell des hieroglyphischen, nicht des hieratischen und demotischen Schriftsystems, konnte es also völlig zu Recht zu der Vorstellung kommen, bei den Hieroglyphen handele es sich um eine priesterliche Geheimschrift.

Eine noch präzisere Darstellung der dreigestuften ägyptischen Schreiberausbildung finden wir schließlich bei Clemens von Alexandrien, wo er das Curriculum eines ägyptischen Schreiberlehrlings beschreibt:

> Diejenigen, die bei den Ägyptern unterrichtet werden, lernen zuerst von allem die Verwendungsart der ägyptischen Schrift, die den Namen Briefschrift führt, als zweite sodann die hieratische, die von den heiligen Schreibern (Hierogrammaten) angewendet wird, zuletzt und als Vollendetste (*telete*: als letzte Stufe der Einweihung) die Hieroglyphenschrift, die teils „vermittels der elementaren Buchstaben" *(dia ton proton stoicheion)* etwas unmittelbar benennt *(kyriologeisthai)*, teils symbolisch ist. Von der symbolischen Schrift gibt es drei Arten: die eine bezeichne etwas unmittelbar *(kyriologeisthai)*, indem sie seine Form im Bilde wiedergibt *(kata mimesin)*, die andere wird in der Weise geschrieben, daß ein Zeichen auf ein anderes Gebiet übertragen wird (tropikos), die dritte schließlich verfährt allegorisch und gibt gewissermaßen Rätsel auf *(kata tinas ainigmous)*. Wenn sie z. B. das Wort „Sonne" schreiben wollen, malen sie einen Kreis und für das Wort „Mond" zeichnen sie eine mondähnliche Figur; das ist die „kyriologische" Schreibweise (die etwas durch einfache Abbildung unmittelbar bezeichnet). Übertragung aber ist es, wenn sie ein Schriftzeichen auf ein anderes verwandtes Gebiet überführen oder auch vertauschen oder in mannigfacher Weise abwandeln und so schreiben. So verzeichnen sie z. B. durch Reliefbilder die Lobsprüche auf ihre Könige, indem sie dieselben durch Göttersagen überliefern. Ein Beispiel für die dritte Art, die mit Rätseln arbeitet, soll folgendes sein. Die übrigen Gestirne stellen sie nämlich wegen ihres gewundenen Laufes bildlich durch Schlangenkörper dar, die Sonne aber durch den Mistkäfer, weil er aus Rindermist eine Kugel formt und sie vor sich her rollt.[7]

Clemens unterscheidet also richtig erstens zwischen drei verschiedenen Schriften – Demotisch, Hieratisch, Hieroglyphen – und zweitens zwischen drei verschiedenen Modi innerhalb des Hieroglyphischen: dem „kyriologischen", dem „tropischen" und dem „allegorischen" Modus. Der kyriologische Modus verfahre phonographisch, der tropische dagegen bezeichne seine Denotate entweder „durch einfache Abbildung" des Gemeinten *(kata mimesin)* oder „figurativ" *(tropikos)*, und der allegorische schließlich bezeichne sie durch „gewisse Rätsel" *(kata tinas ainigmous)*:

---

[6] S. SAUNERON, L'écriture figurative; D. KURTH, *Lautwerte*; Winter, *Hieroglyphen.*

[7] Stromata, V, IV. *Stromateis,* Buch 5, Kap. 4, § 20.3.

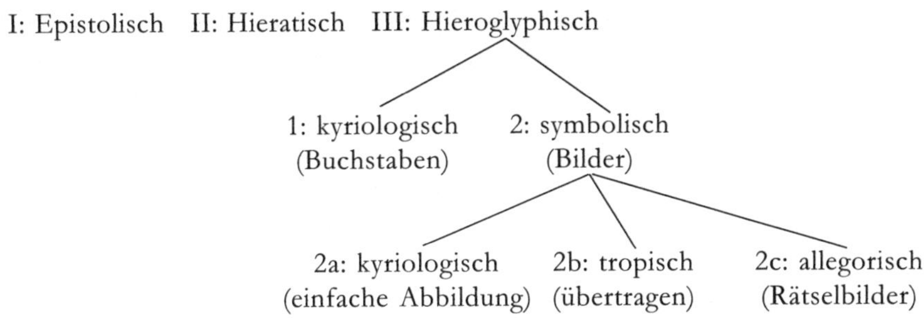

Clemens nennt die Hieroglyphenschrift *hystaten kai teleutaian*, die zuletzt erlernte und vollendetste Schrift. Sie bildet die Krönung der zu einer hohen Kunst erhobenen und zu äußerster Virtuosität ausgestalteten priesterlichen Schriftkultur. Im Ausdruck *teleutaian* schwingt zugleich das Motiv der Initiation oder Mysterienweihe, *telea*, mit. Die Griechen sahen in dieser Schriftkultur und den Traditionen ihrer Vermittlung den Inbegriff der ägyptischen Mysterien. Vieles spricht dafür, daß diese Einschätzung der Hieroglyphenschrift als Geheimschrift und Kodierung von Mysterien auf die Ägypter selbst zurückgeht. Die Ägypter selbst betonten die der Hieroglyphenschrift inhärenten Möglichkeiten freier Symbolisierung und bauten durch Verzehnfachung des Zeichenbestandes die Schrift zu einer Geheimwissenschaft aus, die jahre- oder jahrzehntelanges Training erforderte. Sie selbst betrachteten bereits die Hieroglyphenschrift als eine Symbolschrift, im Vergleich und in Kontradistinktion zur hieratischen, demotischen und griechischen Schrift, die ihnen ja gleichfalls vertraut waren.

Zu den Eingeweihten soll auch Mose gehört haben. Im Neuen Testament steht, er sei „in aller Weisheit der Ägypter unterrichtet worden“ (Apg 7,22), und Philo von Alexandrien schreibt, Mose sei in die ägyptische Philosophie eingeweiht worden, die „durch Symbole“, das heißt durch Hieroglyphen vermittelt würde. Er bestätigt also von philosophischer Seite noch einmal den engen Zusammenhang zwischen der Einweihung in die Mysterien und dem Erlernen der Hieroglyphenschrift, unter der sich die Griechen eine Symbolschrift vorstellten.

Am Ende des Einweihungsweges stand aber die Beherrschung nicht nur der verschiedenen Schriftsysteme, sondern vor allem der in diesen Schriften und Sprachen verfaßten Literatur. Die Priester waren Gelehrte, die große Bestände einer sakralen und normativen Literatur auswendig kannten. Über diese Literatur und die arbeitsteilige Spezialisierung bei ihrer Beherrschung durch die verschiedenen Priester unterrichtet uns wiederum Clemens von Alexandrien.[8] Er spricht von 42 unabdingbaren *(pany anagkaiai)* Büchern, die den Grundbestand einer Tempelbibliothek ausmachten und sämtlich von Thot-Hermes verfaßt

[8] Clemens Alex., *Strom.* VI. Cap. IV, §§ 35.1–37, vgl. G. Fowden, *Egyptian Hermes,* 58 f.; B. Lang, *The Writings*, 45 f.; J. Osing, Science sacerdotale, 127 f.

worden sein sollen. Diese Bücher mußten von bestimmten Priestern auswendig gelernt und durch und durch beherrscht werden. Die Rangordnung dieser Priester spiegelt die Thematik und Gliederung dieses priesterlichen Schriftenkanons wider. Bei der feierlichen Prozession dieser Priester, wenn sie zum Vollzug heiliger Handlungen in bestimmter Reihenfolge aus dem Tempelhaus traten, wurde diese Gliederung sichtbar dargestellt.

Zuerst tritt der *Sänger* mit einem musikalischen Emblem als Insignium seines Ranges hervor. Sein Spezialgebiet sind

ein Buch mit Hymnen an die Götter
ein Buch mit dem Bericht über das Leben des Königs

Als nächster kommt der *Horoskopos* heraus. Er trägt als Rangabzeichen einen Palmzweig und ein astrologisches Emblem und kennt

vier astrologische Bücher
– über die Anordnung der Fixsterne
– über die Stellung von Sonne, Mond und den fünf Planeten
– über die Konjunktionen und Phasen von Sonne und Mond
– über die Aufgangszeiten der Sterne

Der Hierogrammateus trägt eine Feder als Kopfschmuck und eine Buchrolle sowie sein Schreibgerät in der Hand. Er beherrscht zehn Hieroglyphische Bücher über Kosmographie und Geographie, Ägypten und den Nil, Tempelbau, Landbesitz der Tempel, Versorgung und Ausstattung der Tempel.

Der *Stolist* trägt die Stola als Rangabzeichen und ist Spezialist für zehn Bücher über Erziehung und Opferkunst, handelnd von Weisheit und Frömmigkeit, Opferriten, Erstlingsopfer, Hymnen, Gebete, Prozessionen und Feste.

Zuletzt kommt der *Prophet* oder Hohepriester heraus und trägt eine Situla, einen bronzenen Wassereimer. Sein Spezialgebiet sind zehn Hieratische Bücher, über Gesetze, Götter und das Ganze der priesterlichen Bildung.

Bis hierher ist die Liste klimaktisch angeordnet. Der Prophet bekleidet den höchsten, der Stolist den zweiten, der Hierogrammateus den dritten Rang usw. Der ranghöchste Priester beherrscht die Bücher mit dem höchsten Verbindlichkeitsgrad, weil er als einziger zu ihrer Auslegung berufen ist.

Darüber hinaus gibt es nach Clemens sechs Medizinische Bücher, die in den Zuständigkeitsbereich der als Ärzte und Opferbeschauer amtierenden *pastophoroi* fallen:

– über den Bau des Körpers
– über Krankheiten
– über Organe
– über Drogen
– über Augenkrankheiten
– über Frauenkrankheiten

Der Gesamtbestand ergänzt sich zu 36 + 6, also 42 Büchern. Beide Zahlen, 36 und 42, sind hochbedeutsam. 36 ist die Zahl der „Dekane“, das heißt der Sterne oder Sternbilder, die jeweils eine Dekade oder 10-Tage-Woche regieren und deren Zahl sich daher zu einem Jahr als der Gesamtgestalt der Zeit addiert. 42 ist die Zahl der „Gaue“ oder Verwaltungsdistrikte, in die das Land Ägypten nach alter, geheiligter Überlieferung zerfällt. Diese Zahl bedeutet daher die Gesamtgestalt des Raumes. Zugleich heißt es, daß der Leichnam des von Seth-Typhon getöteten Osiris in 42 Teile zerrissen worden sein soll und daß jeder Gau einen Körperteil des Osiris in einem Osirisgrab enthielte. 42 ist eine Ganzheits- oder geradezu Weltformel, die die Gesamtheit des Landes und den wiedervereinigten Körper des Gottes Osiris symbolisiert. Alljährlich werden in feierlichen Prozessionen die Körperteile aus allen Landesteilen zusammengetragen und zu einem Körper vereinigt.[9] So verbindet sich mit der Zahl 42 auch die Idee Ägyptens als einer heiligen Ganzheit, die immer wieder neu aus der Zerrissenheit der Geschichte gerettet und zusammengefügt werden muß. So ergänzen sich auch die 42 Bücher zu einer allumfassenden Ganzheit. Es darf kein Buch mehr und keines weniger sein. Aus der Form und Struktur eines solchen Kanons ist alle Beliebigkeit ausgeschlossen.

Das Erlernen der Schriftsysteme führte in letzter Instanz zur Beherrschung dieser Schriften und der mit ihnen verbundenen Riten und vermittelte dadurch eine kosmische, welt-inganghaltende Macht. Diese Macht bildete das Ziel der priesterlichen Ausbildung, die von den Griechen und möglicherweise bereits von den Ägyptern selbst als eine Einweihung in exklusive Geheimnisse verstanden wurde. In den griechischen Zeugnissen über die ägyptischen Mysterien wird gelegentlich die Beziehung zwischen Schrift und Macht herausgestellt, die hier aber vor allem als politische Macht verstanden wird. Hieroglyphenkenntnis ist Herrschaftswissen. So verbindet sich bei Mose die Einweihung in die hieroglyphischen Mysterien mit seiner Erziehung als Prinz am pharaonischen Hof. Damit gehörte er zu denen, die, Clemens von Alexandrien zufolge, zur höchsten Einweihung berufen waren:

> Die Ägypter offenbaren ihre religiösen Mysterien nicht unterschiedslos allen, noch teilen sie das Wissen um die göttlichen Dinge den Profanen mit, sondern nur denen, die zur Nachfolge im Königtum ausersehen sind, und zu solchen von den Priestern, die dazu aufgrund ihrer Geburt und Erziehung am besten qualifiziert sind.[10]

In ähnlichem Sinne hatte auch Plutarch Einweihung und Herrscheramt verbunden:

> Wenn unter den Ägyptern ein König aus dem Militärstand gewählt wird, bringt man ihn von Stund an zu den Priestern und unterrichtet ihn in jener Arkanphilosophie, die geheimnisvolle Wahrheiten unter obskuren Fabeln und Allegorien verbirgt.[11]

Auch diese Assoziation von Hieroglyphen und Herrschaft hat Wurzeln in der älteren Tradition. Während der klassischen Perioden der ägyptischen Schrift-

---

[9] H. Beinlich, Osirisreliquien; S. Cauville, Chapelles osiriennes, 33–45.

[10] *Stromat.* V, cap. vii. 41.1.

[11] Plutarch, De Is., 354 (Kap. 8). Cf. Clemens Alex., *Strom.* (= *Stromata* V, cap. v. 31.5): *Daher stellen die Ägypter Sphingen vor ihre Tempel, um dadurch anzuzeigen, daß ihre Gotteslehre rätselvoll und dunkel ist … Aber vielleicht liegt die Bedeutung jener ägyptischen Sphingen*

geschichte galt die Schrift als das zentrale Dispositiv der Macht. Die Ausbildung zum Schreiber führte zur Berufung in ein Amt der Verwaltung oder des Kultes. Schreiben lernen war untrennbar verbunden mit der Ausbildung als Beamter und Priester. Kein anderer Weg als die Schrift führte zu den hohen Ämtern der politischen und religiösen Macht, und die Schrift führte auch ihrerseits zu nichts anderem hin. Es gab keine freien Schriftsteller und autonomen Intellektuellen im alten Ägypten.

Als aber die Perser und dann die Griechen und Römer Ägypten regierten, sahen sich die ägyptischen Eliten von den Positionen der politischen Macht ausgeschlossen und auf die Priesterstellen des Tempelkults reduziert. Gewohnt, das Schreibenlernen mit den Vorstellungen von Macht und Prestige zu verknüpfen, investierten sie nun den dreigestuften Weg zur Hieroglyphenschrift mit den Vorstellungen der Einweihung in Mysterien und der Erringung hoher religiöser Macht, die sowohl im Diesseits als vor allem im Jenseits nach dem Tode dem Adepten eine bedeutende Stellung in der Nähe der Götter verhieß. Die „ägyptischen Mysterien" waren in gewissem Sinne die Nachfolgeinstitution des pharaonischen Staates und eine Kompensation für dessen Verlust. Die jeden politischen Einflusses beraubte Elite konnte so nach wie vor mit dem Schreibenlernen das Erreichen hoher und höchster, wenigen Auserlesenen vorbehaltener Ziele verbinden. Nach wie vor galt: Schreiben ist Macht. An die Stelle der politischen trat jetzt die religiöse Macht, an die Stelle des Staates traten die Mysterien. Auch wenn diese Macht nur noch auf Erinnerung und Imagination beruht und nicht mehr auf realen politischen und historischen Gegebenheiten, handelt es sich doch um die Erinnerung und Imagination der Ägypter selbst – und damit nicht um eine rein griechische Mißdeutung der Hieroglyphen. So kommt es bereits in Ägypten selbst zur Allianz zwischen Schrift und Mysterium.

2. Lucius: Initiation und Tod

Von einer ganz anderen Idee und Form der Einweihung berichtet Apuleius in seinem Roman *Der Goldene Esel.* Hier geht es um die Einweihung des Lucius in die Isis-Mysterien.[12] Die Szene spielt nicht in Ägypten, sondern in Kenchreai, dem Hafen von Korinth, wo es ein Isis-Heiligtum gab. In der hellenistischen

auch darin, anzudeuten, daß die Gottheit sowohl geliebt als auch gefürchtet werden will; geliebt als gütig und dem heiligen Menschen wohlgesonnen, aber gefürchtet als unerbittlich gerecht gegen den Gottlosen, da die Sphinx aus dem Bild eines Menschen und eines Löwen zusammengesetzt ist.

12 Vgl. hierzu besonders R. Merkelbach, *Isis-Regina*, Kap. 23, 266–303. J. Gw. Griffiths, *Apuleius of Madauros*, 296–308; J. Bergman, *Per omnia vectus elementa remeavi*; E. Hornung, *Isismysterien*; F. Dunand, Isis, 127–140. Der folgende Abschnitt basiert auf dem 8. Kapitel meines Buches *Tod und Jenseits im Alten Ägypten*, München 2001.

Isis-Religion verkörpert die Göttin die individuellen Erlösungshoffnungen ihrer Anhänger, die Hoffnung auf ein ewiges Leben. Für diese Rolle bringt die Göttin besonders viel aus ihrer ägyptischen Vergangenheit mit. Sie ist es, die Osiris durch die Kraft ihrer Zaubersprüche zu neuem Leben erweckt hat. Und da nach ägyptischem Glauben jeder Mensch durch den Vollzug der Totenriten zu einem Osiris wird, erhofft auch er seine Unsterblichkeit von Isis. Manches spricht dafür, daß in den hellenistischen Mysterien der Isis altägyptische Bestattungsbräuche weiterleben, die hier nun ganz eindeutig nicht als Beisetzung von Toten, sondern als Einweihung Lebender inszeniert und interpretiert werden.

Als der aus einem Esel in einen Menschen rückverwandelte Lucius sich danach sehnt, in die Mysterien der Isis eingeweiht zu werden, bedeutet ihm der Priester Zurückhaltung.

nam et inferum claustra et salutis tutelam	Denn die Riegel der Unterwelt und der rettende Schutz
in deae manu posita,	lägen in der Hand der Göttin,
ispamque traditionem ad instar voluntariae mortis	und die Weihe selbst werde gefeiert als Abbild eines freiwilligen Todes
et precarae salutis celebrari,	und einer auf Bitten gewährten Rettung.
quippe cum transactis vitae temporibus	Denn wenn die Lebenszeit abgelaufen sei
iam in ipso finitae lucis limine constitutos,	und die Menschen schon auf der Schwelle stünden, an welcher das Licht endet,
quis tamen tuto possint magna religionis	dann pflege die Göttin diejenigen, welchen man getrost die großen Geheim-
committi silentia,	nisse der Religion anvertrauen dürfe,
numen deae soleat elicere et sua providentia	aus der Unterwelt wieder zurückzurufen
quodam modo renatos ad novae reponere	und sie, in gewissem Sinne durch ihre Vorsehung wiedergeboren,
rursus salutis curricula	wieder auf die Bahn eines neuen Lebens zu setzen.

Die Einweihung hat also eindeutig den Sinn eines vorweggenommenen Todes, der dem Mysten eine Gottesnähe vermittelt, wie sie sonst erst, nach ägyptischer Vorstellung, dem rituell „verklärten" Toten zuteil wird. Durch diesen freiwillig gestorbenen symbolischen Tod qualifizieren sich die Mysten dafür, am Tage ihres wirklichen Todes von Isis ins Leben zurückgebracht zu werden. Noch in der *Zauberflöte* spielt ja dieser Todesaspekt der Einweihung eine große Rolle. „Wenn er des Todes Schrecken überwinden kann, schwingt er sich aus der Erde himmelan. Gereinigt wird er dann im Stande sein, sich den Mysterien der Isis ganz zu weihn."

Als der Tag der Einweihung endlich kommt, wird Lucius zunächst gebadet (getauft), wozu der Priester „die Verzeihung der Götter ausspricht". Das Bad hat also den sakramentalen Sinn einer Sündenvergebung. Am Abend dieses Tages folgt die Einweihung, von der Apuleius nur Andeutungen gibt.

Accessi confinium mortis	Ich habe das Gebiet des Todes betreten,
et calcato Proserpinae limine	meinen Fuß auf die Schwelle der Proserpina gesetzt
per omnia vectus elementa remeavi	und bin, nachdem ich durch alle Elemente gefahren bin, wieder zurückgekehrt.
nocte media vidi solem	Mitten in der Nacht habe ich die Sonne
candido coruscantem lumine	in weißem Licht strahlen sehen.
deos inferos et deos superos accessi	Den unteren und den oberen Göttern
coram	bin ich von Angesicht zu Angesicht gegenübergetreten
et adoravi de proxumo	und habe sie aus der Nähe angebetet.

Lucius wird in die Geheimnisse der Unterwelt eingeweiht. Er vollzieht den *descensus* des Sonnengottes, steigt in die Unterwelt hinab und schaut die Sonne um Mitternacht. Bei diesen Sätzen kann man nicht umhin, an die Unterweltsbücher zu denken, die an den Wänden der ramessidischen Königsgräber angebracht sind, aber auch im Osireion zu Abydos.[13] Man möchte sich vorstellen, daß der Myste in ähnlich dekorierte Räume – vielleicht die Krypta – eines Tempels geführt wird. Auf jeden Fall scheint es hier um eine symbolische Unterweltsfahrt zu gehen, wobei diese Unterwelt ganz im ägyptischen Sinne als das unterirdische Reich der Mitternachtssonne dargestellt wird.

Solche Krypten hat es auch in Tempeln der pharaonischen Zeit gegeben. Am Heiligen See von Karnak steht ein Gebäude, das König Taharqa errichtet hat, ein äthiopischer König der XXV. Dynastie (Ende 8. Jahrhundert v. Chr.). Von diesem Gebäude haben sich nur die Substruktionen erhalten, die reich dekoriert sind mit Darstellungen solarer und anderer Riten. Auch das Osireion am Osiristempel Sethos' I. in Abydos ist eine solche Krypta, die zwar nicht unter, aber neben dem Tempel angelegt ist. Sie ist vollständig mit Unterweltsbüchern dekoriert. Mir erscheint es sehr naheliegend, solche mit Unterweltsbüchern dekorierte Krypten auch für Heliopolis anzunehmen. Das Geheimnis des Todes und das Geheimnis des Kultes und des Heiligen scheinen mir in Ägypten sehr nahe beieinander zu liegen wenn nicht geradezu ineinander überzugehen (vgl. S. 179–185).

Die Unterweltsbücher sind aber nicht nur Vorlagen für die königliche Grabdekoration. Sie sind auch eine Art Wissensliteratur, die Kenntnisse über die Unterwelt kodifizieren und vermitteln will. Diese Kenntnisse werden dem toten König mit ins Grab gegeben. Aber es spricht nichts dagegen und vieles dafür, daß sie auch der Unterrichtung bzw. Einweihung Lebender dienen sollten. Hierin würde man sogar ihren eigentlichen Zweck erblicken wollen und

[13] Vgl. hierzu besonders E. Hornung, *Isismysterien*.

ihre Verwendung als Grabdekoration eher für eine sekundäre Verwendung halten. Solche Wissensliteratur über das Jenseits findet sich auch in der nichtköniglichen Totenliteratur. Das älteste Werk dieser Art ist das Zweiwegebuch, das ebenfalls eine Landkarte mit integrierten Texten darstellt und im Mittleren Reich – und zwar ausschließlich in el-Berscheh – auf die Böden von Innensärgen gemalt wurde. Im Totenbuch des Neuen Reichs gehören hierher alle Sprüche, die den Verstorbenen mit topographischem Jenseits-Wissen ausrüsten wollen, über die zwölf Grüfte (168), die sieben Torgebäude (144, 147), die 21 Portale (145–146), den Zugang nach Rosetau (117–119), die 14 Hügel (149) und das „Binsengefilde" (110). Ist es ganz abwegig, sich vorzustellen, daß einzelne dieses Jenseits-Wissen schon zu Lebzeiten erwarben, im Sinne einer Vorbereitung auf den Tod und seine Überwindung?

Für diese Frage scheint mir ein Harfnerlied besonders aufschlußreich zu sein, das im Grab des Gottesvaters Neferhotep, Theben Grab 50, aus dem frühen 3. Jahrhundert v. Chr. steht.[14]

Anfang der Lieder zur Erinnerung des Herzens
an jenen Tag des Landens,
damit er (der Todestag) gegeben wird in das Herz des Bestatteten (?)
denn es gibt niemand, der ihm entgeht,
Starke und Schwache auf eine Weise,
ob man stromauf oder stromab fährt im Leben,
man landet unweigerlich nach diesem.

O Gottesvater, wie groß ist dein Glück!
Du gehst ein zu den Herren der Ewigkeit.
Wie dauert dein Name für immer,
indem du verklärt bist im Totenreich.
Allen Göttern, denen du auf Erden gefolgt bist,
trittst du von Angesicht zu Angesicht gegenüber.
Sie sind bereit, deinen Ba zu empfangen, deine Mumie zu schützen,
sie verdoppeln das Werk deiner Hände,
sie werden deine Schönheit versammeln,
sie werden (deiner) Mumie Opfergaben festsetzen,
ein jeder Gott trägt seine Speisen bei.
Sie sagen zu dir „Willkommen in Frieden,
du Diener, der ‚ach'-wirksam ist für unseren Ka!"

Du Gottesvater, ich habe dein Lob gehört bei den Herren der Ewigkeit!
Man sagt über dich „Er hat Sokar gezogen,
er[15] hat die Henu-Barke auf ihr Gestell gesetzt
und umzog die Mauern in ihrem Gefolge.
Das Perlengehänge an seiner Brust,

---

[14] R. Hari, Neferhotep, Tf. IV, 3. Lied; Zur Parallele in Grab TT 32, vgl. L. Kákosy und Z. Fábián, *Harper's Song*. Da dieser Text in vielem abweicht, ist er nicht aus TT 50 kopiert, sondern beruht auf unabhängiger Tradition. Die Parallele zu Neferhotep beginnt in Zeile 17.

[15] So mit TT 32. TT 50 fällt hier in die zweite Person zurück, wohl irrtümlich.

er hat den Djed-Pfeiler aufgerichtet in Busiris,
ein Sem-Priester in seiner Funktion,
der die Hacke ergreift zum Termin des Erdhackens;
er hat die Festrolle rezitiert in Busiris!"
Vollkommen war dein Umgang mit den Göttern;
so wird auch deiner gedacht werden wegen deiner Vollkommenheit,
so wie du einer bist, der eintreten darf in Heliopolis und die Geheimnisse kennt, die darin sind!

Von dem Vorlesepriester, der das Herz des Amun besänftigt,
Neferhotep, gerechtfertigt.

Du Gottesvater, möge dein Ba vorankommen und dein Begräbnis vorübergehen,
möge Anubis seine Arme auf dich legen,
mögen sich die beiden Schwestern mit dir vereinigen;
möge man dir aufs neue die Balsamierung machen,
indem du kontrolliert wirst in der Arbeit der Dauerhaftigkeit:
Edelstein des Gottes, in seiner echten Form,
Salböl in den Händen des Keltergottes,
Gewänder von der Arbeit der Webgöttin;
die Horuskinder als dein Schutz,
die beiden Klagevögel sitzen für dich draußen[16]
und stimmen Klagen an auf deinen Namen
denn du bist es, der „ach"-wirksam war, als du auf Erden weiltest,
für deinen Herrn Amun,
Gottesvater des Amun Neferhotep!

Du Gottesvater, möge deiner gedacht werden in Heliopolis,
mögest du geschützt werden in Theben,
mögest du in Ewigkeit nicht vermißt werden,
nicht soll dein Name ausgewischt werden,
denn du bist ein Gerechter im Memphis,
der von Angesicht zu Angesicht eintreten darf ins Allerheiligste,
der vollendet ist in der Kenntnis seiner großen Bilder,
der die Grenzen der Zeitfülle kennt und ihre *m3w.t.*[17]
Erhebe dich, indem du schöner bist als du warst,
o Gelobter Neferhotep, gerechtfertigt!
Dein Sohn ist ein Gerechtfertigter,
seine Feinde sind für immer gefallen.

Die Teilnahme an den Festriten bzw. die Einweihung in die „Mysterien" der heiligen Orte – Abydos, Busiris, Saqqara, Heliopolis, Memphis und Theben – eröffnet Chancen, sich schon zu Lebzeiten um die Götter in einer Weise verdient zu machen, die für das Jenseitsschicksal des Betreffenden entscheidend ist. Denn diese Götter werden für ihn auch nach dem Tode sorgen. Die Teilnahme an den großen Festen, und zwar in bestimmten, liturgische Kompetenz erfordernden Funktionen, die keineswegs jedermann zugänglich sind, schafft

[16] Vor der Tür der Balsamierungsstätte.
[17] Unbekanntes Wort.

die Grundlagen einer heilsrelevanten, „vollkommenen" Lebensführung. Wer den Göttern zu Lebzeiten gedient hat, wird sie im Jenseits „von Angesicht zu Angesicht" schauen.

Bestimmte Motive dieser Konzeption sind alt und gehen bis auf die Sargtexte zurück. Die „Sprüche vom Kennen der Seelen der heiligen Orte"[18] zeigen, daß es im Jenseits von höchster Wichtigkeit ist, in die Geheimnisse oder „Mysterien" der heiligen Orte eingeweiht zu sein, eine Einweihung, die man sich doch wohl zu Lebzeiten vorzustellen hat. Besonders einschlägig für unseren Text ist aber Spruch 314 der Sargtexte = *Totenbuch*, Kapitel 1, aus dem auch einige Formulierungen wörtlich übernommen wurden. Hier geht es nämlich genau wie im Harfnerlied um die Ausführung bestimmter, liturgische Kompetenz erfordernder Festriten:

Ich bin ein Web-Priester in Busiris
der Den-in-der-Anhöhe erhöht (?).
Ich bin ein Priester von Abydos,
am Tage, da die Erde hoch wird.
Ich bin es, der die Geheimnisse in Ra-setau sieht,
ich bin es, der die Festrolle rezitiert für den Ba von Mendes,
ich bin der Sem-Priester in seiner Funktion,
ich bin der Hohepriester von Memphis
am Tage, da die Sokarbarke auf ihren Schlitten gesetzt wird.
Ich bin es, der die Hacke ergreift
am Tag des Erdhackens in Herakleopolis.

Vorher erklärt der Tote, der in der Rolle des Thot, also als göttlicher Vorlesepriester, auftritt, dem angeredeten Gott Osiris, zusammen mit Horus an den heiligen Riten in Rasetau, Letopolis und Heliopolis teilgenommen zu haben. In Rasetau bestehen diese Mysterien in der Einbalsamierung des Osiris:

Ich war zusammen mit Horus
am Tage des Verhüllens des Zerstückelten,[19]
wenn die Höhle geöffnet und der Herzensmatte gewaschen wird,
wenn der Eingang der ‚Geheimen' geöffnet wird in Rasetau.

In Letopolis geht es um die linke Schulter des Osiris:

Ich war zusammen mit Horus
als Schützer jener linken Schulter des Osiris in Letopolis,
ich gehe ein und komme heraus unter den Dortigen
am Tage, an dem die Rebellen vertrieben werden in Letopolis.

In Heliopolis wird in Form der Mondmonatsfeste der Totenkult des balsamierten und bestatteten Osiris durchgeführt:

---

[18] Totenbuch Kapitel 108, 109, 112–116, vgl. dazu K. Sethe, *Kennen der Seelen*.
[19] Wb V, 330.9 vom Zerstückeln des Osiris am Sokarfest, mit Verweis auf A. Mariette, *Dendera* IV 37/88–89.

Ich war zusammen mit Horus
am Tage der Feste des Osiris, wenn Opfer veranstaltet werden,
am Fest des sechsten und siebten Mondtags in Heliopolis.

Was immer der ursprüngliche Sinn dieses Textes im Mittleren Reich gewesen sein mag, das Harfnerlied zeigt jedenfalls, wie aktuell diese Sätze in der Vor- und Nachamarnazeit waren, und erklärt die außerordentliche, ja geradezu kanonische Beliebtheit, die das erste Kapitel des Totenbuchs in dieser Zeit gewonnen hat.[20] Nach dem Titel und nach der Vignette zu schließen, die dieses Kapitel begleiten, wurde es am Tage der Beisetzung rezitiert.

Das Harfnerlied des Gottesvaters Neferhotep gliedert sich durch die Wiederholung der Anrede vollkommen klar in vier ungefähr gleich lange Strophen. Die erste behandelt das Thema allgemein, die drei anderen behandeln es in speziellem Bezug auf die heiligen Orte Heliopolis, Theben und Memphis.[21] Das Thema ist die Aufnahme des Toten bei den Göttern, die ihn kennen, weil er ihnen auf Erden gedient hat. Dieser Dienst wird als *šms* „folgen“ ausgedrückt, genau wie der „Königsdienst“.[22] Sie begrüßen den Toten als ihren „Diener“ *(ḥm)*, der „ach-wirksam war für unseren Ka“. Mit dem Stichwort „ach“ bezieht man sich auf eine Wirksamkeit, die die Grenze zwischen Diesseits und Jenseits überschreitet. Diesen Dienst belohnen die Götter durch Schutz und Versorgung.

Die nächsten drei Strophen schließen alle refrainartig mit einem Satz, der mit *mj ntk pw* „wie du einer bist, der ...“, „denn du bist ja einer, der ...“ beginnt und die spezifische Qualifikation hervorhebt, durch die der Tote sich die Wohltaten der Götter verdient hat. Diese Qualifikation bezeichnet den Toten als Eingeweihten in Heliopolis, Theben und Memphis:

a) so wie du einer bist, der eintreten darf in Heliopolis und die Geheimnisse kennt, die darin sind!
b) denn du bist es, der ‚ach‘-wirksam war, als du auf Erden weiltest,
für deinen Herrn Amun (in Theben).
c) denn du bist ein Gerechter im Memphis,
der von Angesicht zu Angesicht eintreten darf ins Allerheiligste.

Entscheidend ist der Gedanke, daß irdisch-biographisches Priestertum einen Weg zur Unsterblichkeit eröffnet, indem es schon zu Lebzeiten durch Gottes-Dienst eine Gottesnähe stiftet, die dann über den Tod hinaus andauert, ja im Jenseits überhaupt erst richtig zum Tragen kommt, weil der Tote mit den Göttern „von Angesicht zu Angesicht“ umgehen darf, während er zu Lebzeiten ja nur mit den Götterbildern in Verbindung stand. Die Einweihung in die Ge-

---

[20] Vgl. dazu B. LÜSCHER, Totenbuch Spruch 1.
[21] Vgl. im Harfnerlied des Nefersecheru:
du bist belobigt in Theben und Memphis
und in Heliopolis, der Stadt des Atum
S. J. OSING, Nefersecheru, 66, 70 f. (z).
[22] Vgl. H. GUKSCH, *Königsdienst*, 58–65, 185–198.

heimnisse der großen Tempel und Kulte Ägyptens antizipiert und präfiguriert die schließliche Einweihung in die Geheimnisse des Totenreichs. Diese Einweihung kommt nicht nur den Priestern zugute.

Von der Initiation (ägyptisch *bz* „Einführung") der Priester sind wir vor allem durch die Priester-Annalen von Karnak unterrichtet, deren Fragmente Jean-Marie Kruchten gesammelt hat.[23] In diesen Texten wird die Einweihung zuweilen als ein Himmelsaufstieg dargestellt:

> Ich bin aufgestiegen auf seinen (des Sonnengottes?) geheimen Wegen im Himmel vor dich, auf daß er (der Sonnengott?) eure Bitten erhöre.[24]
>
> Ich sehe Schu (die Sonne) in ihm (dem Himmel), während du triumphierst,
> so wie ich seine großen Statuen gesehen habe in allen Königsstädten Unterägyptens[25]

Bei der Priesterweihe geht es um die Einführung in das Allerheiligste, das durchweg als „Himmel" oder „Horizont" verstanden wird, um den im Kultbild gegenwärtigen Gott zu schauen. Manche Texte auf Tempelstatuen sind hier noch etwas expliziter:

> Amun hat mich zum Öffner der Himmelstüren ernannt,
> damit ich seine Gestalt im Horizont erblicke;
> er hat mich eingeführt in den Palast in seiner Heiligkeit,
> damit ich Horus erblicke in seiner Geburt.[26]
>
> Ich erhielt Zutritt zum Gott als trefflicher Jüngling.
> Ich wurde eingeführt zum Horizont des Himmels,
> damit ich das Geheimnis dessen, der in Theben ist, heilige
> und ihn zufrieden stelle mit seinen Opferspeisen.
> Nachdem ich aus dem Urwasser (dem heiligen See) gekommen war und das Unreine an mir beseitigt hatte,
> nachdem ich das Schlechte mit der Reinheit vertauscht
> und Kleider und Salbe abgelöst hatte
> entsprechend der Reinigung der beiden Herren,
> trat ich vor an den heiligen Ort,
> wobei ich mich sehr fürchtete wegen seiner Erhabenheit.[27]
>
> Ich erhielt Zutritt zum Gott,
> damit ich jene heilige geheime Gestalt des Schöpfers der Götter sehe.
> Zum ‚Horizont des Himmels' stieg ich empor,
> damit ich den Arm beuge vor dem Sonnenschiff,
> damit ich Gott preise und seine Macht verehre
> und ihn mit seinen Opferspeisen zufriedenstelle.[28]

---

[23] J. M. Kruchten, Annales des prêtres.
[24] Kruchten Fragment 23, S. 115 ff.
[25] Kruchten Fragment 7, S. 62.
[26] Cairo CG 42225; Kruchten, S. 182.
[27] Cairo CG 42230, Kruchten, 183; hier nach K. Jansen-Winkeln, Biographien, Bd. 1, 172.
[28] Cairo 42231, Kruchten, 184 f.; Jansen-Winkeln, 195.

Ich sah Amun in seinem Horizont in der Säulenhalle der Statuen[29]
Wenn er aus dem Ostgebirge hervorkam.
Ich erkannte, daß die Götter seine Kinder („Hypostasen“) sind,
als ich sie neben ihm erblickte zu beiden Seiten.
Ich war angetan mit (dem Zeichen) der Ma'at,[30]
da ich Stadtvorsteher (Wesir) war,
wie Thot im Hofstaat des Re.[31]

Den ausführlichsten, wenn auch leider ziemlich zerstörten Bericht einer solchen Einführung verdanken wir König Thutmosis III. Sie wurde ihm zuteil, als er „noch nicht zum Priester eingeführt worden war.“

Ich stand in der nördlichen Säulenhalle
(als Amun heraustrat) aus der Heiligkeit seines Horizonts
Er machte Himmel und Erde festlich mit seiner Schönheit,
und begann große Wunderzeichen, indem seine Strahlen in den Augen der Würdenträger waren wie wenn die Sonne aufgeht.
Die Untertanen spendeten ihm (Lobpreis)
[...]
(Er tat) mir (auf) die Pforten des Himmels,
er öffnete mir die Tore seines Horizonts.
Ich flog auf zum Himmel als göttlicher Falke,
und schaute sein geheimes Bild im Himmel.
Ich betete seine Majestät an [...]
Ich sah die Gestalten des Horizontischen
Auf seinen geheimen Wegen im Himmel.
Re selbst setzte mich ein,
ich wurde geschmückt mit seinen Kronen (usw.: es folgt ein langer Bericht der Krönung des jungen Prinzen durch den Gott).[32]

Solche und andere Texte berichten von Einweihungen im Tempel in ähnlichen Wendungen wie der Lucius des Apuleius. Die Einführung in die geheimen Bereiche des Tempels wird beschrieben und erfahren als ein Himmelsaufstieg, ein Übergang in jenseitige Bereiche der Welt. Diese Form der Einweihung war den Priestern, sehr hohen Beamten und den Königen vorbehalten. Die großen Feste ermöglichten es jedoch auch den „Laien“, durch Übernahme bestimmter Rollen den Göttern zu dienen und schon zu Lebzeiten eine Verbindung mit ihnen einzugehen, auf die sie dann sich im Jenseits berufen konnten. So erklärt sich die große Rolle, die die Feste und das Motiv der Festteilnahme im Totenglauben des Neuen Reichs spielen.

---

29 Diese Ortsangabe bezieht sich auf das Ach-Menu, den Festtempel Thutmosis' III., der, wie Kruchten gezeigt hat, als Schauplatz der Priestereinweihungen in Karnak diente. Für eine Rekonstruktion dieser Räumlichkeiten und des Einweihungsweges s. D. Laboury, *Relation spatiale*, 94 f.

30 Der Wesir trägt eine Figur der Ma'at (Wahrheit-Gerechtigkeit) als Amtsabzeichen um den Hals, s. B. Grdseloff, *L'insigne*.

31 Cairo 42232, Kruchten, 191; Jansen-Winkeln, 212.

32 Urk IV, 158–160 (mit Auslassungen).

Dieser ganz andere Einweihungsweg führt nicht über das Erlernen der Schriftsysteme und das Studium der Bücher, sondern über die Einführung ins Priesteramt, die Teilnahme an Festen und den Vollzug von Riten, die besonderer Qualifikation bedürfen und besondere Gottesnähe vermitteln. Sein Ziel ist der Erwerb weniger von Macht als von Unsterblichkeit. Wer schon zu Lebzeiten, im Diesseits, in die Kult- und Festgemeinschaft einer Gottheit aufgenommen wird, darf hoffen, auch im Jenseits zu denen zu gehören, die, vom Tode erlöst, der Gottheit nahe sein dürfen. Daß solche Vorstellungen die Griechen an die Verheißungen vor allem der bakchischen Mysterien erinnerten, deren Angehörigen goldene Totenpässe mitgegeben wurden, die sie im Jenseits als Eingeweihte ausweisen und vor dem gewöhnlichen Totenschicksal befreien sollten[33], dürfte einleuchten.

Die hellenistische und kaiserzeitliche Isis-Religion hat mit dem altägyptischen Kult von Isis und Osiris nicht mehr allzuviel gemeinsam. Die Parallelen zu den sonstigen Mysterienkulten der Antike – den eleusinischen, orphischen, bakchischen, samothrakischen, kabirischen – sind zahlreicher als die zur klassisch-ägyptischen Religion. Es könnte aber sein, daß es ältere Verbindungen gibt zwischen der ägyptischen Religion, insbesondere dem Totenglauben, und der griechischen Mysterienreligiosität. Die ältere griechische Religion unterscheidet wie die altisraelitische und die mesopotamische Religion, was die menschliche Existenz angeht, zwischen Lebenswelt und Todeswelt, oder Oberwelt und Unterwelt. Daneben gibt es noch eine Götterwelt, aber die hatte mit der menschlichen Existenz nichts zu tun und stand den Toten fern. Die Lebens- oder Oberwelt ist die Welt, in der die Lebenden leben, und die Unter- oder Todeswelt ist die Welt, in der die Toten tot sind. Aus der Todeswelt gibt es normalerweise keine Errettung, weder zurück in die Lebenswelt, wie es Orpheus für Eurydike versucht hatte, noch in die Götterwelt, was allenfalls einmal als eine so große und seltene Ausnahme geschieht, daß sie durch ihre Exzeptionalität die Regel bestätigt. Die Menschen existieren als Sterbliche in zwei Welten, der Lebenswelt und der Todeswelt.

Nur in Ägypten gibt es ein Drittes, eine elysische Welt, die mit vielen Begriffen wie „Haus des Osiris", „Barke der Millionen", „Binsengefilde", Opfergefilde usw. umschrieben wird und zu der der Tote aus der Todeswelt erlöst zu werden hofft. In der dreiteiligen Unterscheidung von Lebenswelt, Todeswelt und Elysium, das heißt in der Konzeption eines Raumes jenseits der Todeswelt besteht der Sonderweg der ägyptischen Totenreligion. Der Unterschied zwischen einer Todeswelt und einer elysischen Welt liegt darin, daß die Todeswelt ein Ort ist, an dem man tot ist und als Toter sein Schattendasein führt, während das Elysium ein Ort ist, an dem man vom Tode errettet ist und ein neues, ewiges Leben genießt. In Griechenland zeichnen sich die Umrisse einer elysi-

---

[33] S. dazu R. MERKELBACH, *Totenpässe*; C. RIEDWEG, *Initiation*; W. BURKERT, Griechen, 79–106.

schen Welt vor allem in der Orphik ab und werden von den Griechen auch immer mit Ägypten in Verbindung gebracht. In Ägypten aber ist diese Idee fest im Weltbild verankert, und sie gehört nicht wie in Griechenland zur exklusiven Semantik spezieller Sonderkulte, sondern zum normalen Totenkult. Daher spricht manches dafür, daß der Grundgedanke des ägyptischen Totenglaubens, die Möglichkeit einer Erlösung aus der Todeswelt, nicht nur ins Christentum, sondern vorher bereits in die Mysterienkulte der griechischen Welt ausgestrahlt hat. In dieser Idee einer Erlösung aus der Todeswelt liegt der gemeinsame Nenner der griechischen Mysterienkulte und der ägyptischen Totenriten. Auch hier zeigt sich also, daß die griechischen Vorstellungen über die ägyptischen Mysterien nicht auf reiner Projektion beruhen, sondern an genuin ägyptische Ideen und Traditionen anknüpfen konnten.

Literatur

M. EL ALFI, *Sun Hymn*
M. EL ALFI, *A Sun Hymn in the Fitzwilliam Museum*, in: Varia Aegyptiaca 8.1 (1992), 3–5.

M. ALLIOT, Edfou
M. ALLIOT, Le culte d'horus à Edfou au temps des Ptolemees, BE 20, 1, Kairo 1949.

H. ALTENMÜLLER, Texte zum Begräbnisritual
H. ALTENMÜLLER, Die Texte zum Begräbnisritual in den Pyramiden des Alten Reichs, ÄA 24, Wiesbaden 1972.

H. ALTENMÜLLER, *apotropäische Götter*
H. ALTENMÜLLER, *Götter, apotropäische*, in: LÄ II, 635–640.

H. ALTENMÜLLER, *Dramatischer Ramesseumpapyrus*
H. ALTENMÜLLER, *Zur Lesung und Deutung des Dramatischen Ramesseumpapyrus*, in: JEOL 19 (1967), 421–442.

H. ALTENMÜLLER, *Ramesseumspapyrus*
H. ALTENMÜLLER, *Dramatischer Ramesseumspapyrus*, in: LÄ I, 1132–1140.

H. ALTENMÜLLER, *Opfertext*
H. ALTENMÜLLER, *Ein Opfertext der 5. Dynastie*, in: MDAIK 22 (1967), 9–18.

H. ALTENMÜLLER, *Apotropaikon*
H. ALTENMÜLLER, *Apotropaikon*, in: LÄ I, 355–358.

R. ANTHES, *maa-khrw*
R. ANTHES, *The original meanirg of maa-khrw*, in: JNES 13 (1954), 21–51.

A. ASSMANN, *Gesetz und Schleier*
A. ASSMANN, *Gesetz und Schleier*, Vorlage zur II. Tagung „Geheimnis und Offenbarung", Bad Homburg 8.–11. 12. 1992, vgl. A. u. J. ASSMANN, *Geheimnis und Offenbarung*, in: dies. (Hrsg.), Schleier und Schwelle II. Geheimnis und Offenbarung, München 1998, 7–14.

A. ASSMANN, Legitimität der Fiktion
A. ASSMANN, Die Legitimität der Fiktion. Ein Beitrag zur literarischen Kommunikation, Theorie und Geschichte der Literatur und der schönen Künste 55, München 1980.

A. u. J. ASSMANN, *Mythos*
A. u. J. ASSMANN, *Mythos*, in: Handwörterbuch religionswissenschaftlicher Grundbegriffe IV, hg. H. CANCIK et al., Stuttgart 1998, 179–200.

J. ASSMANN, *Gott*
J. ASSMANN, *Gott*, in: LÄ II, 756–786.

J. ASSMANN, *Furcht*
J. ASSMANN, *Furcht*, in: LÄ II, 359–367.

J. ASSMANN, *Textanalyse Papyrus d'Orbiney*
J. ASSMANN, *Textanalyse auf verschiedenen Ebenen: zum Problem der Einheit des Papyrus d'Orbiney,* in: ZDMG Suppl. III.1 (1977), 1–16.

J. ASSMANN, *Zweibrüdermärchen*
J. ASSMANN, *Das ägyptische Zweibrüdermärchen (Pap. d'Orbiney),* in: ZÄS 104 (1977), 1–25.

J. ASSMANN, *Muttergattin,*.
J. ASSMANN, *Muttergattin,* in: LÄ IV, 264–266.

J. ASSMANN, *Kultkommentare*
J. ASSMANN, *Altägyptische Kultkommentare,* in: J. A., B. Gladigow (Hg.), Text und Kommentar, München 1995, 93–110.

J. ASSMANN, *Sonnenhymnen*
J. ASSMANN, *Zwei Sonnenhymnen der späten XVIII. Dynastie in thebanischen Gräbern der Saitenzeit,* in: MDAIK 27 (1971), 1–35.

J. ASSMANN, *Bild des Vaters*
J. ASSMANN, *Das Bild des Vaters im Alten Ägypten,* in: H. TELLENBACH (Hg.), Das Vaterbild in Mythos und Geschichte, Stuttgart 1976, 25 f., wiederabgedr. in: Stein und Zeit. Mensch und Gesellschaft im Alten Ägypten, München 1991, 96–137.

J. ASSMANN, ÄHG
J. ASSMANN, Ägyptische Hymnen und Gebete, Zürich/München 1975.

J. ASSMANN, Theologie und Frömmigkeit
J. ASSMANN, Ägypten: Theologie und Frömmigkeit einer frühen Hochkultur, Stuttgart 1984.

J. ASSMANN, *Altorientalische Fluchinschriften*
J. ASSMANN, *Altorientalische Fluchinschriften und das Problem performativer Schriftlichkeit. Vertrag und Monument als Allegorien des Lesens,* in: H. U. Gumbrecht/K. L. Pfeiffer (Hg.), Schrift, München 1993, 233–256.

J. ASSMANN, *Sonnenheiligtümer*
J. ASSMANN, *Das Dekorationsprogramm der königlichen Sonnenheiligtümer des Neuen Reichs nach einer Fassung der Spätzeit,* in: ZÄS 110 (1983) 91–98.

J. ASSMANN, *Doppelgesicht der Zeit*
J. ASSMANN, *Das Doppelgesicht der Zeit im altägyptischen Denken,* in: A. Mohler/A. Peisl (Hg.), Die Zeit. Schriften der C. F. v. Siemens-Stiftung 6 (1983), 189–223; wiederabgedr. in: Stein und Zeit. Mensch und Gesellschaft im Alten Ägypten, München 1991, 32–58.

J. ASSMANN, *Geheimnis der Wahrheit*
J. ASSMANN, *Das Geheimnis der Wahrheit. Das Konzept der ‚doppelten Religion' und die Erfindung der Religionsgeschichte,* ARG 3 (2001), 108–134.

J. ASSMANN, *Gott*
J. ASSMANN, *Gott,* in: LÄ IV, 756–786.

J. ASSMANN, Grab des Basa
J. ASSMANN, Das Grab des Basa, AV 6, Berlin/Mainz 1973.

J. ASSMANN, Grab der Mutirdis
J. ASSMANN, Das Grab der Mutirdis, AV 13, Berlin/Mainz 1977.

J. ASSMANN, *Historisierung der Religion*
J. ASSMANN, *Die Historisierung der Religion: Maimonides, Spencer, Schiller, Freud,* in: Glenn

W. Most (Hg.), Historicization – Historisierung = Aporemata. Kritische Studien zur Philologiegeschichte, 5, Göttingen 2001, 25–43.

J. Assmann, *Ikonologie der Identität*
J. Assmann, *Ikonologie der Identität. Vier Stilkategorien der ägyptischen Bildniskunst*, in: M. Kraatz, J. Meyer zur Capellen, D. Seckel (Hrsg.), *Das Bildnis in der Kunst des Orients*, Stuttgart 1990, 17–43, wiederabgedr. in: Stein und Zeit. Mensch und Gesellschaft im Alten Ägypten, München 1991, 138–168.

J. Assmann, König als Sonnenpriester
J. Assmann, Der König als Sonnenpriester, Glückstadt 1970.

J. Assmann, *Königsdogma und Heilserwartung*
J. Assmann, *Königsdogma und Heilserwartung. Politische und kultische Chaosbeschreibungen in ägyptischen Texten*, in: D. Hellholm (Hg.), Apocalypticism in the Mediterranean World and in the Near East. Tübingen 1983, 345–377; wiederabgedr. in: Stein und Zeit. Mensch und Gesellschaft im Alten Ägypten, München 1991, 259–287.

J. Assmann/T. Hölscher, Kultur und Gedächtnis
J. Assmann/T. Hölscher (Hg.), Kultur und Gedächtnis, Frankfurt 1988.

J. Assmann, Kulturelles Gedächtnis
J. Assmann, Das kulturelle Gedächtnis. Schrift, Erinnerung und politische Identität in frühen Hochkulturen, München 1992.

J. Assmann, *Literarischer Text*
J. Assmann, *Der literarische Text im Alten Ägypten*, in: OLZ 69 (1974), 123–126.

J. Assmann, Liturgische Lieder
J. Assmann, Liturgische Lieder an den Sonnengott. Untersuchungen zur altägyptischen Hymnik I, MÄS 19, Berlin 1969.

J. Assmann, *Monotheismus und Kosmotheismus*
J. Assmann, *Monotheismus und Kosmotheismus. Altägyptische Formen eines Denkens des Einen und ihre europäische Rezeptionsgeschichte*, SHAW (1993).

J. Assmann, Moses
J. Assmann, Moses der Ägypter. Entzifferung einer Gedächtnisspur, München 1998.

J. Assmann, *Persönlichkeitsbegriff*
J. Assmann, *Persönlichkeitsbegriff und -bewußtsein*, in: LÄ IV, 963–978.

J. Assmann, Re und Amun
J. Assmann, Re und Amun. Die Krise des polytheistischen Weltbilds im Ägypten der 18. bis 20. Dynastie, OBO 51, Fribourg 1983.

J. Assmann, *Schrift, Tod und Identität*
J. Assmann, *Schrift, Tod und Identität. Das Grab als Vorschule der Literatur im Alten Ägypten*, in: A. u. J. Assmann/C. Hardmeier (Hg.), Schrift und Gedächtnis, München 1983, 64–93 = Stein und Zeit, 169–199.

J. Assmann, Sinngeschichte
J. Assmann, Ägypten. Eine Sinngeschichte, München 1996.

J. Assmann, *Sepulkrale Selbstthematisierung*
J. Assmann, *Sepulkrale Selbstthematisierung im Alten Ägypten*, in: A. Hahn/V. Kapp (Hg.), Selbstthematisierung und Selbstzeugnis: Bekenntnis und Geständnis, Frankfurt 1987, 208–232.

J. Assmann, STG
J. Assmann, Sonnenhymnen in thebanischen Gräbern, Theben I, Mainz 1983.

J. Assmann, *Stein und Zeit*
J. Assmann, *Stein und Zeit. Das monumentale Gedächtnis der altägyptischen Kultur*, in: J. Assmann/T. Hölscher (Hg.), Kultur und Gedächtnis, Frankfurt 1988.

J. Assmann/B. Gladigow, Text und Kommentar
J. Assmann/B. Gladigow (Hg.), Text und Kommentar, München 1995.

J. Assmann, Tod und Jenseits
J. Assmann, Tod und Jenseits im Alten Ägypten, München 2001.

J. Assmann, *Verklärung*
J. Assmann, *Verklärung*, in: LÄ VI, 998–1006.

J. Assmann, *Verkünden und Verklären*
J. Assmann, *Verkünden und verklären – Grundformen hymnischer Rede im Alten Ägypten*, in: W. Burkert/F. Stolz (Hg.), Hymnen der Alten Welt im Kulturvergleich, OBO 131, Fribourg/Göttingen 1994, wiederabgedr. in A. Loprieno (Hg.), Ancient Egyptian Literature. History and Forms, Leiden 1996, 313–334.

J. Assmann, Bild zu Sais
J. Assmann, Das verschleierte Bild zu Sais. Schillers Ballade und ihre griechischen und ägyptischen Hintergründe, Lectio Teubneriana VIII, Stuttgart/Leipzig 1999.

J. Assmann, Weisheit und Mysterium
J. Assmann, Weisheit und Mysterium. Das Bild der Griechen von Ägypten, München 2000.

J. Assmann, *Zeit und Ewigkeit*
J. Assmann, *Zeit und Ewigkeit im Alten Ägypten*, AHAW 1975/1, 50–52.

J. L. Austin, How to do things with words
J. L. Austin, How to do things with words, Oxford 1962.

J. Baines, *Myth and Literature*
J. Baines, *Myth and Literature*, in: A. Loprieno (Hg.), Ancient Egyptian Literature. History and Forms, Leiden 1996, 361–377.

J. Baines., *Prehistories of Literature*
J. Baines., *Prehistories of Literature: Performance, Fiction, Myth*, in: G. Moers (Hg.), Definitely: Egyptian Literature, Lingua Aegyptia: Studia Monographica 2, Göttingen 1999, 17–41.

P. Barguet, *Livre des deux chemins*
P. Barguet, *Essai d'interprétation du livre des deux chemins*, in: RdE. 21 (1969), 7–17.

P. Barguet, Sarcophages
P. Barguet, Textes des sarcophages égyptiens du Moyen Empire, Paris 1986.

W. Barta, *Opferformel*
W. Barta, *Aufbau und Bedeutung der altägyptischen Opferformel*, ÄF 24, Glückstadt/Hamburg/New York 1968.

W. Barta, Neunheit
W. Barta, Untersuchungen zum Götterkreis der Neunheit, MÄS 28, München/Berlin 1973.

W. Barta, Göttlichkeit
W. Barta, Untersuchungen zur Göttlichkeit des regierenden Königs, MÄS 32, München/Berlin 1975.

A. Baruqc/F. Daumas, Hymnes et prières
A. Barucq, F. Daumas, Hymnes et prières de l'Égypte ancienne, Paris 1980.

H. BEINLICH, Buch vom Fayum
H. BEINLICH, Das Buch vom Fayum. Zum religiösen Eigenverständnis einer ägyptischen Landschaft, Wiesbaden 1991.

H. BEINLICH, Osirisreliquien
H. BEINLICH, Die Osirisreliquien, Zum Motiv der Körperzergliederung in der altägyptischen Religion, Wiesbaden 1984.

L. BELL, *Luxor Temple*
L. BELL, *Luxor Temple and the Cult of the Royal Ka*, in: Journal of Near Eastern Studies 44 (1985), 251–294.

J. BERGMAN, Ich bin Isis
J. BERGMAN, Ich bin Isis, Studien zum memphitischen Hintergrund der griechischen Isisaretalogien, Uppsala 1968.

J. BERGMAN, *Interpretatio Graeca*
J. BERGMAN, *Beitrag zur Interpretatio Graeca. Ägyptische Götter in griechischer Übersetzung*, in: Scripti Instituti Donneriani Aboensis III (1969), 207–227.

J. BERGMAN, *Per omnia vectus elementa remeavi*
J. BERGMAN, *Per omnia vectus elementa remeavi. Reflexions sur Farriere-plan egyptien du voyage de salut d'un myste isiaque*, in: U. Bianchi/M. J. Vermaseren, La soteriologia dei culti orientali nell' impero Romano (1982), 671–708.

O. D. BERLEV, *The eleventh Dynasty*
O.D. BERLEV, *The eleventh Dynasty in the Dynastic History of Egypt*, in: Studies presented to H. J. Polotsky, East Gloucester, Mass. 1981, 362–377.

K.-H. BERNHARDT, *Königsideologie*
K.-H. BERNHARDT, *Das Problem der altorientalischen Königsideologie im Alten Testament*, in: VT Suppl. 8 (1961).

E. BERNAND, Inscriptions métriques
E. BERNAND, Inscriptions métriques de l'Égypte gréco-romaine, Paris 1969.

M. C. BETRÒ, Testi solari
M. C. BETRÒ, I Testi solari del Portale di Pascerientaisu, Università degli Studi di Pisa, Missioni Archeologiche in Egitto, Saqqara III, Pisa 1990.

H. D. BETZ, *Secrecy*
H. D. BETZ, *Secrecy in the Greek Magical Papyri*, in: H. G. Kippenberg, G. Stroumsa (Hg.), Secrecy and Concealment, Leiden/Köln 1995, 153–175.

S. BICKEL, La cosmogonie égyptienne
S. BICKEL, La cosmogonie égyptienne avant le Nouvel Empire, OBO 134, Fribourg/Göttingen 1994.

J. BIDEZ/F. CUMONT, Mages hellénisés II
J. BIDEZ/F. CUMONT, Les mages hellénisés II, Zoroastre, Ostanès et Hystaspe d'après la tradition greque, Paris 1938.

D. BIDOLI, Sprüche vom Fangnetz
D. BIDOLI, Die Sprüche vom Fangnetz in den altäg. Sargtexten, ADAIK IX, Glückstadt/Hamburg/New York 1976.

L. BIELER, ΘΕΙΟΣ ΑΝΗΡ
L. BIELER, ΘΕΙΟΣ ΑΝΗΡ. Das Bild des „göttlichen Menschen" in Spätantike und Frühchristentum, Darmstadt 1976.

M. Bilolo, L'Un, devient-il multiple?
M. Bilolo, L'Un, devient-il multiple? Approche pragmatique des formules relatives à l'Un «comme multiple» ou à l'„auto-differenciation" de l'Un dans les hymnes thébains du Nouvel Empire, Unveröffentlichte Habilitationsschrift Zürich 1992.

A. M. Bisi, *Bastoni Magici*
A. M. Bisi, *Bastoni Magici inediti del Museo Egizio di Firenze*, in: Rivista degli Studi Orientali 40 (1965), 177–195.

A. M. Blackman/H. W. Fairman, *Myth of Horus*
A. M. Blackman/H. W.Fairman, *The Myth of Horus at Edfu II*, in: JEA 29 (1943), 2–36.

C. J. Bleeker, Geburt
C. J. Bleeker, Die Geburt eines Gottes, Leiden 1956.

C. J. Bleeker, Egyptian Festivals
C. J. Bleeker, Egyptian Festivals, Leiden 1967.

C. J. Bleeker, *Initiation*
C. J. Bleeker, *Initiation in Ancient Egypt*, in: Initiation, Numen Suppl. X (1965), 41–58.

H. Blumenberg, Arbeit am Mythos
H. Blumenberg, Arbeit am Mythos, Frankfurt 1979.

H. Blumenberg, Die Lesbarkeit der Welt
H. Blumenberg, Die Lesbarkeit der Welt, Frankfurt 1981.

E. Blumenthal, Königtum
E. Blumenthal, Untersuchungen zum Königtum des Mittleren Reichs I. Die Phraseologie, ASAW 61.1 (1970).

P. Bogatyrev/R. Jakobson, *Folklore*
P. Bogatyrev/R. Jakobson, *Die Folklore als eine besondere Art des Schaffens*, in: Donum Natalicium Schrijnen (1929), 900–913.

H. Bonnet, Reallexikon
H. Bonnet, Reallexikon der ägyptischen Religionsgeschichte, Berlin 1952.

P. Boylan, Thoth
P. Boylan, Thoth, the Hermes of Egypt, A study of some aspects of theological thought in ancient Egypt, Oxford 1922.

S. G. F. Brandon, *Osirian Judgment*
S. G. F. Brandon, *A Problem of the Osirian Judgment of the Dead*, in: Numen 5 (1958), 110–127.

S. E. Brovarski, *Serdab*
S. E. Brovarski, *Serdab*, in: LÄ V, 874–879.

W. Brückner, Bildnis und Brauch
W. Brückner, Bildnis und Brauch. Studien zur Bildfunktion der Effigies, Berlin 1966.

W. Brückner, *Magietheorie*
W. Brückner, *Überlegungen zur Magietheorie. Vom Zauber mit Bildern*, in: L. Petzold, Magie und Religion. Beiträge zu einer Theorie der Magie. Darmstadt 1978, 404–419.

H. Brunner, *Änigmatische Schrift*
H. Brunner, *Änigmatische Schrift (Kryptographie)*, in: B. Spuler (Hrsg.), Handbuch der

Orientalistik I.1, erster Abschnitt, Ägyptische Schrift und Sprache, Leiden 1959, 52–58.

H. Brunner, *Osiris in Byblos,*
H. Brunner, in: RdE 27 (1975), 37–40.

H. Brunner, *Alltagswelt*
H. Brunner, *Alltagswelt und Heilige Welt,* in: LÄ I, 138–144.

H. Brunner, Erziehung
H. Brunner, Altägyptische Erziehung, Wiesbaden 1957.

H. Brunner, Die Geburt
H. Brunner, Die Geburt des Gottkönigs, ÄA 10, Wiesbaden, 1964.

H. Brunner, *Gottesferne*
H. Brunner, *Gottesferne,* in: LÄ I, 828–833.

H. Brunner, Grundzüge Religion
H. Brunner, Grundzüge der altägyptischen Religion, Darmstadt 1983.

H. Brunner, *Ägyptische Texte*
H. Brunner, *Ägyptische Texte,* in: W. Beyerlin (Hg.), Religionsgeschichtliches Textbuch zum Alten Testament, Göttingen 1975.

H. Brunner, *Seth und Apophis*
H. Brunner, *Seth und Apophis – Gegengötter im ägyptischen Pantheon?*, Saeculum, München 34 (1983), 226–234.

H. Brunner, *Unterweltsbücher*
H. Brunner, *Die Unterweltsbücher in den ägyptischen Königsgräbern,* in: G. Stephenson (Hg.), Leben und Tod in den Religionen. Symbol und Wirklichkeit, Darmstadt 1980, 215–228.

E. Brunner-Traut, *Pharao und Jesus*
E. Brunner-Traut, *Pharao und Jesus als Söhne Gottes,* in: Antaios 2 (1961) 266–284.

E. Brunner-Traut, Märchen
E. Brunner-Traut, Altägyptische Märchen, München 1976.

E. Brunner-Traut, *Muttermilchkrüglein*
E. Brunner-Traut, *Das Muttermilchkrüglein,* in: Die Welt des Orients V (1970), 145–164.

E. Brunner-Traut, *Mythos*
E. Brunner-Traut, *Mythos im Alltag,* in: Antaios XII, 1970, 332–347.

A. de Buck, *Dramatic Texts*
A. de Buck, *The Dramatic Texts,* in: Henri Frankfort, The Cenotaph of Seti I at Abydos I, EEF 39, Oxford 1933, 82 ff.

A. de Buck, Coffin Texts
A. de Buck, The Egyptian Coffin Texts, 7 Bde., Chicago 1935–1961.

A. de Buck, Plaats en betekenis van Sjoe
A. de Buck, Plaats en betekenis van Sjoe in de egyptische theologie, Mededeelingen der koninklijke nederlandsche Akademie van Wetenschappen, afd. letterkunde, N.R. 10.9 (1947).

P. Burke, Vico
P. Burke, Vico, Philosoph, Historiker, Denker einer neuen Wissenschaft, Frankfurt 1990 (engl. 1985)

W. BURKERT, Demaratos
W. BURKERT, Demaratos, Astrabakos und Herakles. Königsmythos und Politik zur Zeit der Perserkriege, Mus. Helv. 22 (1955), 166–177.

W. BURKERT, *Mythisches Denken*
W. BURKERT, *Mythisches Denken*, in: H. Poser (Hg.), Mythos und Philosophie, Berlin 1979, 16–39.

W. BURKERT, Greek Mythology
W. BURKERT, Structure and History in Greek Mythology and Ritual, Berlin 1979.

W. BURKERT, Griechen
W. BURKERT, Die Griechen und der Orient, München 2003.

R. A. CAMINOS, Literary Fragments
R. A. CAMINOS, Literary Fragments in the Hieratic Script, Oxford 1956.

J. ČERNÝ/A. H. GARDINER, Hieratic Ostraca I
M. C9ERNÝ/A.H. GARDINER, Hieratic Ostraca I, Oxford 1957.

E. CASSIRER, Philosophie
E. CASSIRER, Philosophie der symbolischen Formen II, Das mythische Denken, Darmstadt 1958.

E. CHASSINAT, Mammisis d'Edfou
E. CHASSINAT, Les mammisis d'Edfou, MIFAO XVI, Kairo 1939.

E. CHASSINAT, Temple de Denderah
E. CHASSINAT, Le Temple de Denderah, FIFAO 6–8, Kairo 1934–1935.

S. CAUVILLE, Theologie d'Osiris
S. CAUVILLE, La theologie d'Osiris à Edfou, BE 90, Paris 1983.

S. CAUVILLE, Chapelles osiriennes
S. CAUVILLE, Dendara. Les chapelles osiriennes 2, commentaire, BE 118, Kairo 1997.

C. COLPE, *Heilige Schriften*
C. COLPE, *Heilige Schriften*, in: Reallexikon für Antike und Christentum, Lieferung 106, 1987, 184–223.

V. CONDON, Seven Royal Hymns
V. CONDON, Seven Royal Hymns, MÄS 37, Berlin/München 1978.

F. LE CORSU, *Stèles-portes égyptiennes*
F. LE CORSU, *Stèles-portes égyptiennes à éléments emboités d'époque gréco-romaine*, in: RdE 20 (1968), 109–125.

J. C. DARNELL, Enigmatic Netherworld Books
J. C. DARNELL, The Enigmatic Netherworld Books of the Solar-Osirian Unity: Cryptographic Compositions in the Tombs of Tutankhamun, Ramesses VI and Ramesses IX. Diss. Yale 1995.

F. DAUMAS, Mammisis de Dendara
F. DAUMAS, Les mammisis de Dendara, FIFAO 6–8, 1934–1935, Kairo 1959.

F. DAUMAS, Mammisis
F. DAUMAS, Les mammisis des temples egyptiens, Paris 1958.

F. DAUMAS, *Geburtshaus*
F. DAUMAS, *Geburtshaus*, in: LÄ II, 462–475.

A. R. DAVID, Manchester Mummy Project
A. R. DAVID (Hg.), Manchester Mummy Project. Multidisciplinary research an Ancient Egyptian mummified remains, Manchester 1979.

N. DE GARIS DAVIES, Tomb of Nefer-hotep
N. DE GARIS DAVIES, The Tomb of Nefer-hotep at Thebes, New York 1933.

W. M. DAVIS, *Canonical representation*
W. M. DAVIS, *Canonical representation in Egyptian Art*, in: Res 4, Anthropology and Aesthetics (1982), 20–42.

W. M. DAVIS, *The Canonical Theory*
W. M. DAVIS, *The Canonical Theory of Composition in Egyptian Art*, in: GM 56 (1982), 9–26.

W. M. DAVIS, *Positivism and Idealism*
W. M. DAVIS, *Positivism and Idealism in the Study of Egyptian Art*, Vortrag auf dem Intern. Äg. Kongr. München 1985.

W. M. DAVIS, *The Ascension Myth*
W. M. DAVIS, *The Ascension Myth in the Pyramid Texts*, in: JNES 36 (1977), 161–179.

W. M. DAVIS, Plato on Egyptian Art
W. M. DAVIS, Plato on Egyptian Art, in: JEA 65, 1979, 121–127.

PH. DERCHAIN, *Couronne de la jusitification*
PH. DERCHAIN, *La Couronne de la jusitification. Essai d'analyse d'un rite ptolémaique*, in: CdE 30 (1955), 225–287.

PH. DERCHAIN, *Monothéisme*
PH. DERCHAIN, *Encore le monothéisme*, in: CdE 63 (1988), 77–85.

PH. DERCHAIN, Papyrus Salt 825
PH. DERCHAIN, Le Papyrus Salt 825. Rituel pour la conservation de la vie en Égypte, Brüssel 1965.

M. TH. DERCHAIN-URTEL, Synkretismus
M. TH. DERCHAIN-URTEL, Synkretismus in ägyptischer Ikonographie, GOF IV.8 (1979).

M. DIBELIUS, Jungfrauensohn und Krippenkind
M. DIBELIUS, Jungfrauensohn und Krippenkind, SHAW (1931/32).

H. DIELS/W. KRANZ, Vorsokratiker
H. DIELS/W. KRANZ (Hg.), Die Fragmente der Vorsokratiker I, Zürich-Berlin 1964.

E. DRIOTON, *Cryptographie*
E. DRIOTON, *La cryptographie par pertubation*, in: ASAE 44 (1944), 17–36.

E. DRIOTON, *Scarabées*
E. DRIOTON, *Scarabées à maximes*, in: Annales of the Faculty of Arts, Ibrahim Pasha University 1 (1947), 55–71.

F. DUNAND, *Syncrétisme isiaque*
F. DUNAND, *Le syncrétisme isiaque à la fin de l'époque hellénistique*, in: F. Dunand/P. Levêque (Hg.), Les syncrétismes dans les religions grecque et romaine, Colloque de Strasbourg, Bibliothèque des Centres d'Études supérieures spécialisés, Paris 1973, 79–93.

U. ECO, Die Suche
U. ECO, Die Suche nach der vollkommenen Sprache, München 1994.

K. EHLICH, *Text und sprachliches Handeln*
K. EHLICH, *Text und sprachliches Handeln, Die Entstehung von Texten aus dem Bedürfnis nach Oberlieferung*, in: A. u. J. Assmann/Chr. Hardmeier (Hg.), Schrift und Gedächtnis. München 1983, 24–44.

W. B. Emery, Archaic Egypt
W. B. Emery, Archaic Egypt, Harmondsworth 1961.

M. Eliade, *Kosmogonische Mythen*
M. Eliade, *Kosmogonische Mythen und magische Heilungen*, in: Paideuma 6 (1954/58), 194–204.

M. Eliade, Schamanismus
M. Eliade, Schamanismus und archaische Ekstasetechnik, Frankfurt a. M. 1975.

A. Erman, Literatur
A. Erman, Die Literatur der Ägypter, Leipzig 1923.

A. Erman, Papyrus Westcar
A. Erman, Die Märchen des Papyrus Westcar, Berlin 1890.

P. Eschweiler, Bildzauber
P. Eschweiler, Bildzauber im alten Ägypten. Die Verwendung von Bildern und Gegenständen in magischen Handlungen nach den Texten des Mittleren und Neuen Reichs, Fribourg, Göttingen 1994.

H. W. Fairman, *Kingship Rituals*
H. W. Fairman, *The Kingship Rituals of Egypt*, in: S. H. Hooke (Hg.), Myth, Ritual and Kingship (1958), 74–104.

H. W. Fairman, Triumph of Horus
H. W. Fairman, The Triumph of Horus. An ancient egyptian sacred drama, London 1974.

R. O. Faulkner, Pyramid Texts
R. O. Faulkner, The Ancient Egyptian Pyramid Texts, Oxford 1969.

R. O. Faulkner, Coffin Texts
R. O. Faulkner, The Egyptian Coffin Texts (3 Bde.), Warminster 1973–1978.

R. O. Faulkner, *Isis and Nephthys*
R. O. Faulkner, *The Lamentations of Isis and Nephthys*, Mélanges Maspero, I. Orient Ancien, MIFAO 66, Fascicule 1, Kairo 1935–1938.

R. O. Faulkner, The Bremner-Rhind Papyrus
R. O. Faulkner, The Papyrus Bremner-Rhind (British Museum no. 10188). – Bruxelles : Fondation Égyptologique Reine Élisabeth, 1933, übers., *The Bremner-Rhind Papyrus : I–IV*, In: JEA 22 (1936) 121–140; 23 (1937) 10–16, 166–185; 24 (1938) 41–53.

G. Fecht, *Schicksalsgöttin*
G. Fecht, *Schicksalsgöttin und König in der „Lehre eines Mannes für seinen Sohn"*, in: ZÄS 105 (1978), 14–42.

A. J. Festugière/A. D. Nock, Corpus Hermeticum
A. J. Festugière/A. D. Nock, Corpus Hermeticum, 4 Bde., Paris 1960

E. Feucht, *Kind*
E. Feucht, *Kind*, in: LÄ III, 424–437.

E. Feucht-Putz, Pektorale
E. Feucht-Putz, Die königlichen Pektorale. Motive, Sinngehalt und Zweck, Dissertation München 1967.

G. Fowden, Egyptian Hermes
G. Fowden, The Egyptian Hermes. An historical Approach to the Late Pagan mind, Cambridge 1986.

H. Frankfort, Religion
H. Frankfort, Ancient Egyptian Religion, New York 1949.

H. Frankfort, Kingship
H. Frankfort, Kingship and the Gods. A Study of Ancient Near Eastern Religion as the Integration of Society and Nature, Chicago 1948.

H./H. A. Frankfort/J. A. Wilson/Th. Jacobsen, The Intellectual Adventure
H./H. A. Frankfort/J. A. Wilson/Th. Jacobsen, The Intellectual Adventure of Ancient Man, Chicago 1946, dt. Stuttgart 1954.

A. H. Gardiner, *Baptism*
A. H. Gardiner, *Baptism of Pharao*, in: JEA 36 (1950), 3–12.

A. H. Gardiner, *In Praise of Death*
A. H. Gardiner, *In Praise of Death*, in: Proc. Soc. Bibl. Archaeol. 35 (1913), 165–170.

A. H. Gardiner, Chester Beatty Papyri
A. H. Gardiner, The Chester Beatty Papyri, No I , London 1931.

A. H. Gardiner, The Admonitions
A. H. Gardiner, The Admonitions of an Egyptian Sage, Leipzig 1909.

A. H. Gardiner, Hieratic Papyri BM
A. H. Gardiner, Hieratic Papyri in the British Museum, 3rd ser., London 1935.

A. H. Gardiner, *The House of Life*
A. H. Gardiner, *The House of Life*, in: JEA 24 (1938), 157–179.

A. H. Gardiner, Theory of Speech
A. H. Gardiner, The Theory of Speech and Language, Oxford 1932.

H. Gauthier, Fêtes du dieu Min
H. Gauthier, Les fêtes du dieu Min, Recherches 2, Kairo 1931.

A. Gayet, Temple de Louxor
A. Gayet, Le temple de Louxor, MMAF XV, Paris 1894.

R. Germer, Mumien
R. Germer, Mumien, Zeugen des Pharaonenreiches, Zürich/München 1991.

H. Gese, *natus ex virgine*
H. Gese, *natus ex virgine*, in: Probleme biblischer Theologie, Fs Gerhard von Rad, München 1971, 73–89.

R. Givéon, Les Bédouins Shosou
R. Givéon, Les Bédouins Shosou des documents égyptiens, Leiden 1971.

B. Gladigow, *Unsterblichkeit und Moral*
B. Gladigow, *Unsterblichkeit und Moral. Riten der Regeneration als Modelle einer Heilsthematik*, in: B. Gladigow (Hg.), Religion und Moral, Düsseldorf 1976, 99–117.

E. Goffman, Rahmen-Analyse
E. Goffman, Rahmen-Analyse. Ein Versuch über die Organisation von Alltagserfahrungen. Frankfurt 1977.

I. Goldziher, Der Mythos bei den Hebräern
I. Goldziher, Der Mythos bei den Hebräern und seine geschichtliche Entwicklung, Leipzig 1876

J. Goody, The Logic of Writing
J. Goody, The Logic of Writing and the Organization of Society, Cambridge 1986.

M. Görg, Gott-König-Reden
M. Görg, Gott-König-Reden in Israel und Ägypten, BWANT 105, Stuttgart 1975.

G. Goyon, *Geb*
G. Goyon, *Les travaux des chou et les tribulations de Geb d'après le Naos 2248 de l'Ismalia,* in: KEMI VI (1936), 1–43.

J. C. Goyon, Confirmation du pouvoir
J. C. Goyon, Confirmation du pouvoir royal au Nouvel Ancienne, BdÉ 52 (1972).

J. C. Goyon, *Decoration*
J. C. Goyon, *The Decoration of the Edifice,* in: R. A. Parker et al., The Edifice of Taharqa by the Sacred Lake of Karnak, Providence 1979, 11–79.

J. C. Goyon, Rituels funéraires
J. C. Goyon, Rituels funéraires de l'ancienne Égypte, Paris 1972.

J. C. Goyon, *Llittérature funéraire*
J. C. Goyon, *La littérature funéraire tardive*, in: Textes et langages de l'Égypte pharaonique III. Kairo 1974, 73–81.

H. Grapow, Medizin
H. Grapow, Grundriß der Medizin der alten Ägypter V: Hermann Grapow, Die medizinischen Texte in hieroglyphischer Umschreibung, Berlin 1958.

H. Grapow, Die bildlichen Ausdrücke
H. Grapow, Die bildlichen Ausdrücke des Ägyptischen. Vom Dichten und Denken einer altorientalischen Sprache, Leipzig 1924.

B. Grdseloff, *L'insigne*
B. Grdseloff, *L'insigne du grand-juge égyptien*, in: ASAE 40, 185–207.

A. J. Greimas, *Grammaire narrative*
A. J. Greimas, *Éléments d'une grammaire narrative*, in: Du sens, essais semiotiques, Paris 1970.

A. J. Greimas, Sémantique structurale
A. J. Greimas, Sémantique structurale, Paris 1966.

A. J. Greimas, *L'interprétation du récit mythique*
A. J. Greimas, *Éléments pour une théorie de l'interprétation du récit mythique*, in: Communications 8 (1966), 28–59.

R. Grieshammer, Das Jenseitsgericht
R. Grieshammer, Das Jenseitsgericht in den Sargtexten, ÄA 20, Wiesbaden 1970.

R. Grieshammer, *Sündenbekenntnis*
R. Grieshammer, *Zum Sitz im Leben des negativen Sündenbekenntnisses*, in: ZDMG, Suppl. II (1974), 19–25.

F. Ll. Griffith, Hieratic Papyri
F. Ll. Griffith, Hieratic Papyri from Kahun and Gurob, London 1898.

J. Gw. Griffiths, *Mysterien*
J. Gw. Griffiths, *Mysterien,* in: LÄ IV, 276 f.

J. Gw. Griffiths, *Apocalyptic*
J. Gw. Griffiths, *Apocalyptic in the Hellenistic Era*, in: D. Hellholm (Hg.), Apocalypticism in the Mediterranean World and in the Near East, Tübingen 1983, 273–293.

J. Gw. Griffiths, Apuleius of Madauros
J. Gw. Griffiths, Apuleius of Madauros, The Isis-Book (Metamorphoses, Book XI), EPRO 39 (1975), 296–308.

J. Gw. Griffiths, Conflict of Horus and Seth
J. Gw. Griffiths,The Conflict of Horus and Seth, Liverpool 1960.

J. Gw. Griffiths, The Divine Verdict
J. Gw. Griffiths, The Divine Verdict. A Study of Divine Judgement in the Ancient Religions, Leiden 1991.

J. Gw. Griffiths, Origin of Osiris
J. Gw. Griffiths, The Origin of Osiris and his Cult, Leiden 1980.

J. Gw. Griffiths, Plutarch
J. Gw. Griffiths, Plutarch. De Iside et Osiride, Oxford 1970.

H. A. Groenewegen-Frankfort, Arrest and Movement
H. A. Groenewegen-Frankfort, Arrest and Movement, New York 1972.

H. Guksch, Königsdienst
H. Guksch, Königsdienst. Zur Selbstdarstellung der Beamten in der 18. Dynastie, SAGA 11, Heidelberg 1994.

E. Gülich/W. Raible, Linguistische Textmodelle
E. Gülich/W. Raible, Linguistische Textmodelle, Grundlagen und Möglichkeiten, München 1977.

A. Gutbub, Textes Kom Ombo
A. Gutbub, Textes fondamentaux de la théologie de Kom Ombo, 2 Bde., BdE 43, Kairo 1973.

J. Hani, Religion
J. Hani, La religion égyptienne dans la pensée de Plutarque, Paris 1976.

R. Hari, Neferhotep
R. Hari, La Tombe Thébaine du Père Divin Neferhotep (TT 50), Genf 1985.

S. Hassan, Hymnes religieux
S. Hassan, Hymnes religieux du Moyen Empire, Kairo 1930.

S. M. Heerma van Voss, *Nechbet*
S. M. Heerma van Voss, *Nechbet*, in: LÄ IV, 366 f.

W. Helck, *Dramatischer Ramesseumspapyrus*
W. Helck, *Bemerkungen zum Ritual des Dramatischen Ramesseumspapyrus,* in: Or 23 (1954), 383–411.

W. Helck, Historisch-Biographische Texte
W. Helck, Historisch-Biographische Texte der zweiten Zwischenzeit und neue Texte der 18. Dynastie, Wiesbaden 1975.

W. Helck, Neferti
W. Helck, Die Prophezeiung des Neferti, KÄT, Wiesbaden 1992.

D. Hellholm, Apocalypticism
D. Hellholm, (Hg.), Apocalypticism in the Mediterranean World and in the Near East. Tübingen 1983.

M. Hengel, Sohn Gottes
M. Hengel, Der Sohn Gottes. Die Entstehung der Christologie und die jüdisch-hellenistische Religionsgeschichte, Tübingen 1975.

A. Hermann, *Kind und seine Hüterin*
A. Hermann, *Das Kind und seine Hüterin*, in: MDAIK 8 (1938), 171–176.

A. Hermann, *Zergliedern und Zusammenfügen*

A. Hermann, *Zergliedern und Zusammenfügen. Religionsgeschichtliches zur Mumifizierung*, in: Numen 3 (1956), 81–96.

E. Hermsen, Zweiwegebuch

E. Hermsen, Die zwei Wege ins Jenseits: Das ägyptische Zweiwegebuch, OBO 112, Fribourg/Göttingen 1991.

S. T. Hollis, Tale of the Brothers

S. T. Hollis, The Ancient Egyptian Tale of the Brothers, Norman/London 1990.

U. Hölscher/H. H. Nelson, Medinet Habu VI

U. Hölscher/H. H. Nelson, Medinet Habu VI, Chicago 1963.

L. Holtorf, Logen der Freimaurer

L. Holtorf, Die Logen der Freimaurer. Geschichte – Bedeutung – Einfluß, Heyne Sachbuch Nr. 143.

L. Honko, *Defining Myth*

L. Honko, *The Problem of Defining Myth*, in: H. Bierzais (Hg.), The Myth of the State, Stockholm 1972, 7–19.

Th. Hopfner, Fontes historiae

Th. Hopfner, Fontes historiae, I. 2, Bonn 1922.

Th. Hopfner, Griechisch-ägyptischer Offenbarungszauber

Th. Hopfner, Griechisch-ägyptischer Offenbarungszauber, Leipzig 1924/Amsterdam 1974.

Th. Hopfner, Jamblichus

Th. Hopfner, Jamblichus, Ueber die Geheimlehren. Die Mysterien der Aegypter, Chaldäer und Assyrer, Schwarzenburg 1978.

E. Hornung, Himmelskuh

E. Hornung, Der ägyptische Mythos von der Himmelskuh. Eine Ätiologie des Unvollkommenen, OBO 46, Fribourg 1982.

E. Hornung, Altägyptische Höllenvorstellungen

E. Hornung, Altägyptische Höllenvorstellungen, ASAW 59.3, Berlin 1968.

E. Hornung, Unterweltsbücher

E. Hornung, Altägyptische Unterweltsbücher, Zürich/München 1972.

E. Hornung, Amduat

E. Hornung, Das Amduat. Die Schrift des Verborgenen Raumes, 3 Bde., Wiesbaden, 1963–1967.

E. Hornung, Jenseitsführer

E. Hornung, Altägyptische Jenseitsführer. Ein einführender Überblick, Darmstadt 1997.

E. Hornung, *Hieroglyphen*

E. Hornung, *Hieroglyphen: die Welt im Spiegel der Zeichen*, Eranos Jb. 55 (1987), 403–438.

E. Hornung, *Anfänge von Monotheismus*

E. Hornung, *Die Anfänge von Monotheismus und Trinität in Ägypten*, in: K. Rahner (Hg.), Der eine Gott und der dreieine Gott. Das Gottesverständnis bei Christen, Juden und Muslimen, Katholische Akademie Freiburg 1983, 48–66.

E. Hornung, Nachtfahrt der Sonne

E. Hornung Die Nachtfahrt der Sonne. Eine altägyptische Beschreibung des Jenseits, Zürich 1991.

E. HORNUNG, *Auf den Spuren der Sonne*
E. HORNUNG, *Auf den Spuren der Sonne. Gang durch ein ägyptisches Königsgrab*, in: Eranos Jahrbuch 79, 1981, 431 ff.

E. HORNUNG, Bedeutung und Wirklichkeit
E. HORNUNG, Bedeutung und Wirklichkeit des Bildes im alten Ägypten, in: Akademische Vorträge, Kunst und Realität 8, Basel 1973, 35 ff.

E. HORNUNG, Echnaton
E. HORNUNG, Echnaton. Die Religion des Lichts, Zürich 1995.

E. HORNUNG, Der Eine und die Vielen
E. HORNUNG, Der Eine und die Vielen, Darmstadt 1971.

E. HORNUNG, Das esoterische Ägypten
E. HORNUNG, Das esoterische Ägypten. Das geheime Wissen der Ägypter und sein Einfluß auf das Abendland, München 1999.

E. HORNUNG, *Lehren*
E. HORNUNG, *Lehren über das Jenseits?*, in: E. Hornung/O. Keel (Hg.), Studien zu altägyptischen Lebenslehren, OBO 28, Fribourg/Göttingen 1979, 217 ff.

E. HORNUNG, *„Bild Gottes"*
E. HORNUNG, *Der Mensch als „Bild Gottes" in Ägypten*, in: O. Loretz, Die Gottebenbildlichkeit des Menschen, München 1967, 123–156.

E. HORNUNG, *Monotheismus II*
E. HORNUNG, *Monotheismus im pharaonischen Ägypten*, in: O. Keel (Hg.), Monotheismus im Alten Israel und seiner Umwelt, Biblische Beiträge 14 (1980), 83–97.

E. HORNUNG, Tal der Könige
E. HORNUNG, Tal der Könige. Die Ruhestätte der Pharaonen, Zürich 1982.

E. HORNUNG, Totenbuch
E. HORNUNG, Das Totenbuch der Ägypter, Zürich 1979.

E. HORNUNG, *Bildaussagen*
E. HORNUNG, *Die Tragweite der Bilder: Altägyptische Bildaussagen*, in: Eranos Jahrbuch 79 (1981), 183–237.

E. HORNUNG, *Isismysterien*
E. HORNUNG, Altägyptische Wurzeln der Isismysterien, in: Hommages à Jean Leclant IV, Kairo 1994, 287–293.

E. HORNUNG, *Chaotische Bereiche*
E. HORNUNG, *Chaotische Bereiche in der geordneten Welt*, ZÄS 81 (1956), 28–32.

E. HORNUNG, *Verfall und Regeneration*
E. HORNUNG, *Verfall und Regeneration der Schöpfung*, Eranos-Jahrbuch, Frankfurt am Main 46 (1977), [1981], 411–449.

E. IVERSEN, The Myth of Egypt
E. IVERSEN, The Myth of Egypt and its Hieroglyphs, Kopenhagen 1961.

H. JACOBSOHN, *Mythos*
H. JACOBSOHN, *Der altägyptische, der christliche und der moderne Mythos, Tradition und Gegenwart*, in: Eranos Jahrbuch 68 (1970), 411–448.

H. JACOBSOHN, Stellung des Königs
H. JACOBSOHN, Die dogmatische Stellung des Königs in der Theologie der alten Ägypter, ÄF 8, Glückstadt/Hamburg/New York 1939.

F. JANOT, Instruments d'embaumement
F. JANOT, Les instruments d'embaumement de l'Egypte antique, Kairo 2000.

K. JANSEN-WINKELN, Biographien
K. JANSEN-WINKELN, Ägyptische Biographien der 22. und 23. Dynastie, Wiesbaden 1985.

J. J. JANSSEN, Autobiografie
J. J. JANSSEN, De traditioneele egyptische autobiografie voor het Nieuwe Rijk II, Leiden 1946.

F. JUNGE, *Fehldatierung*
F. JUNGE, *Zur Fehldatierung des sogenannten Denkmals memphitischer Theologie oder Beitrag der ägyptischen Theologie zur Geistesgeschichte der Spätzeit,* in: MDAIK 29.2, 1973, 195–204.

F. JUNGE, *Sprachstufen und Sprachgeschichte*
F. JUNGE, *Sprachstufen und Sprachgeschichte*, in: ZDMG Suppl. VI, XXII. Deutscher Orientalistentag Stuttgart 1985, 17–34.

F. JUNGE, *Mythos und Literarizität*
F. JUNGE, *Mythos und Literarizität: Die Geschichte vom Streit der Götter Horus und Seth*, in H. BEHLMER (Hg.), Querentes Scientiam, Fs. W. Westendorf Göttingen 1994, 96–101.

H. JUNKER, Abaton
H. JUNKER, Das Götterdekret über das Abaton, Denkschr. kaiserl. Akad. d. Wiss., Wien 1913.

H. JUNKER/E. WINTER, Geburtshaus
H. JUNKER/E. WINTER, Das Geburtshaus des Tempels der Isis in Phila, Wien 1965.

H. JUNKER, Giza I
H. JUNKER, Giza I. Bericht über die Grabungen auf dem Friedhof des Alten Reichs, Wien 1929.

H. JUNKER, Giza XII
H. JUNKER, Giza XII, Wien 1955.

H. JUNKER, Philae I
H. JUNKER, Philae I., Wien 1965.

H. JUNKER, Pyramidenzeit
H. JUNKER, Pyramidenzeit – das Wesen der altägyptischen Religion, Einsiedeln/Köln 1949.

L. KAKOSY, Magia
L. KAKOSY, La magia nell'Egitto ai tempi dei Faraoni, Ausstellungskatalog Mailand 1985.

E. KAUTZSCH, Heilige Schrift
E. KAUTZSCH, Die Heilige Schrift des Alten Testaments 1, Mohr 1909–1910.

O. KEEL, Böcklein
O. KEEL, Das Böcklein in der Milch seiner Mutter und Verwandtes, OBO 33, Fribourg/Göttingen 1980.

H. KEES, Totenglauben und Jenseitsvorstellungen
H. KEES, Totenglauben und Jenseitsvorstellungen der Alten Ägypter, Leipzig 1926.

T. KENDALL, Netherworld
T. KENDALL, Passing Through the Netherworld, Belmont, Mass. 1978.

G. S. KIRK, Myth

G. S. KIRK, Myth. Its Meaning and Functions in Ancient and other Cultures, Cambridge 1970.

KRI II

K. A. KITCHEN, Ramesside Inscriptions II fasc. 5, Oxford 1971.

J. KRISTEVA, *Textstrukturation*

J. KRISTEVA, *Probleme der Textstrukturation*, in: J. Ihwe (Hg.), Literaturwissenschaft und Linguistik II/2, Frankfurt 1971, 484–506.

J.-M. KRUCHTEN, Annales des prêtres

J.-M. KRUCHTEN, Les annales des prêtres de Karnak (XXI–XXIIImes dynasties) et autres textes contemporains relatifs à l'initiation des prêtres d'Amon, OLA 32, 1989.

J. KÜGLER, Pharao und Christus

J. KÜGLER, Pharao und Christus? Religionsgeschichtliche Untersuchung zur Frage einer Verbindung zwischen altägyptischer Königstheologie und neutestamentlicher Christologie im Lukasevangelium, Bonner Biblische Beiträge 113 (1997).

D. LABOURY, *Relation spatiale*

D. LABOURY, *De la relation spatiale entre les personnages des groupes statuaires royaux dans l'art pharaonique*, in: RdE 51, 2000, 81–95.

E. LEACH, *Mother's Brother*

E. LEACH, *The Mother's Brother in Ancient Egypt*, in: RAIN 15, August (1976), 19–21.

G. VAN DER LEEUW, *Zauberformeln*

G. VAN DER LEEUW, *Die sog. epische Einleitung der Zauberformeln*, in: Zeitschrift für Religionspsychologie 6 (1933), 161–180.

J. LECLANT, *Rôle du lait*

J. LECLANT, *Le rôle du lait et de l'allaitement après les textes des pyramides*, in: JNES 10 (1951), 123–127.

J. LECLANT, *Taharqa*

J. LECLANT, *Sur un contrepoids de menat au nom de Taharqa. Allaitement et „apparition" royale*, Mel. Mar. (1961) 251–284.

C. LEITZ, Tagewählerei

C. LEITZ, Tagewählerei. Das Buch h3t nhh ph.wy dt und verwandte Texte, ÄA 55, Wiesbaden 1994.

L. H. LESKO, Book of Two Ways

L. H. LESKO, The Ancient Egyptian Book of Two Ways, Near Eastern Stud. 17, Los Angeles 1972.

L. H. LESKO, *Field of Hetep*

L. H. LESKO, *The field of Hetep in Egyptian Coffin Texts*, in: JARCE 9 (1971–72) 89–101.

C. LEVI-STRAUSS, Mythos und Bedeutung

C. LEVI-STRAUSS, Mythos und Bedeutung. 5 Radio-Vorträge, Frankfurt a. M. 1980.

A. B. LORD, Singer of Tales

A. B. LORD, The Singer of Tales, Cambridge, Mass., 1970.

H. P. L'ORANGE, *Geburtsritual*

H. P. L'ORANGE, *Das Geburtsritual der Pharaonen am römischen Kaiserhof*, SymbOsl 21 (1941) 105–116.

E. LÜDDECKENS, *Totenklagen*
E. LÜDDECKENS, *Untersuchungen über religiösen Gehalt, Sprache und Form der ägyptischen Totenklagen*, in: MDAIK 11 (1943), 55 ff.

U. LUFT, Historisierung der Götterwelt
U. LUFT, Beiträge zur Historisierung der Götterwelt und zur Mythenschreibung, Stud. Aeg. IV, 1978.

U. LUFT, *Seit der Zeit Gottes*
U. LUFT, *Seit der Zeit Gottes*, in: Studia Aegyptiaca II (1976), 47–78.

N. LUHMANN, *Sinn*
N. LUHMANN, *Sinn als Grundbegriff der Soziologie*, in: J. Habermas/N. Luhmann, Theorie der Gesellschaft oder Sozialtechnologie – Was leistet die Systemforschung?, Frankfurt 1971, 25–100.

N. LUHMANN Vertrauen
N. LUHMANN Vertrauen. Ein Mechanismus der Reduktion sozialer Komplexität, Stuttgart 1973.

B. LÜSCHER, Totenbuch Spruch 1
B. LÜSCHER, Totenbuch Spruch 1, nach Quellen des Neuen Reichs, Wiesbaden 1986.

T. MACHO, Todesmetaphern
T. MACHO, Todesmetaphern, Frankfurt 1987.

P. MARANDA, Mythology
P. MARANDA (Hg.), Mythology, Harmondsworth 1972.

O. MARQUARD, *Lob des Polytheismus*
O. MARQUARD, *Lob des Polytheismus,* in: H. Poser (Hg.), Mythos und Philosophie, Berlin 1979, 40 ff.

D. MEEKS, *Genies, Anges et demons*
D. MEEKS, *Genies, Anges et demons en Egypte*, in: Sources Orientales 8 (1971), 19–84.

A. MENNE, Logik
A. MENNE, Einführung in die Logik, München 1973.

R. MERKELBACH/M. TOTTI, Abrasax
R. MERKELBACH/M. TOTTI, Abrasax. Ausgewählte Papyri religiösen und magischen Inhalts Bd.1: Gebete, Abhandlungen der rheinisch-westfälischen Akademie der Wissenschaften, Sonderreihe Papyrologica Colonensia vol. XVII.1, Opladen 1990.

R. MERKELBACH, Abrasax 3
R. MERKELBACH, Abrasax 3: Zwei griechisch-ägyptische Weihezeremonien, Opladen 1992.

R. MERKELBACH, *Priestereid*
R. MERKELBACH, *Ein ägyptischer Priestereid*, in: ZPE 2 (1968) 7–30.

R. MERKELBACH: *Priestereid und Totenbuch*
R. MERKELBACH: *Ein griechisch-ägyptischer Priestereid und das Totenbuch*, in: Religions en Égypte hellénistique et romaine, Travaux du centre d'études supérieures spécialisé d'histoire des religions de Strasbourg (1969), 69–73.

R. MERKELBACH, Quellen des Alexanderromans
R. MERKELBACH, Die Quellen des griechischen Alexanderromans, Zetemata 9 (^{2}1977).

R. Merkelbach, Unschuldserklärungen
R. Merkelbach, Die Unschuldserklärungen und Beichten im ägyptischen Totenbuch, in der römischen Elegie und im antiken Roman, Universitätsbibliothek Gießen, Kurzberichte aus den Papyrussammlungen 43 (1987).

R. Merkelbach, *Totenpässe*
R. Merkelbach, Die goldenen Totenpässe: Ägyptisch, Orphisch, Bakchisch, in: ZPE 128, 1999, 1–14.

G. Möller, Spähieratischer Papyrus
G. Möller, Über die in einem spähieratischen Papyrus des Berliner Museums enthaltenen Pyramidentexte, Berlin 1900.

L. Morenz, Schriftlichkeitskultur
L. Morenz, Beiträge zur ägyptischen Schriftlichkeitskultur des Mittleren Reichs und der Zweiten Zwischenzeit (Diss. Leipzig 1994), ÄAT 29 Wiesbaden 1996.

S. Morenz, Geburt des Gottkönigs
S. Morenz, Die Geburt des ägyptischen Gottkönigs, FuF 40, Berlin 1966, 366–371.

S. Morenz, *Gott und König*
S. Morenz, *Die Erwählung zwischen Gott und König*, in: Sino-Japonica, Festschrift Wedemeyer, Leipzig 1956, 118–137.

S. Morenz, Religion
S. Morenz, Ägyptische Religion, Stuttgart 1960.

S. Morenz, Gott und Mensch
S. Morenz, Gott und Mensch im alten Ägypten, Leipzig 1964.

S. Morenz, Heraufkunft
S. Morenz, Die Heraufkunft des transzendenten Gottes in Ägypten, SSAW 109.2, Berlin, 1964.

S. Morenz, *Traditionen*
S. Morenz, *Traditionen um Cheops*, in: ZÄS 97 (1971), 111–118.

S. Morenz, Zauberflöte
S. Morenz, Die Zauberflöte. Studien zum Lebenszusammenhang Ägypten – Antike – Abendland, Münster 1952.

A. Moret, Caractère religieux
A. Moret, Du caractère religieux de la royauté pharaonique, Paris 1902.

A. Moret, *La légende d'Osiris*
A. Moret, *La légende d'Osiris à l'époque thébaine d'après l'hymne à Osiris du Louvre*, in : BIFAO 30, 1930, 725–750.

H. W. Müller, Isis
H. W. Müller, *Isis mit dem Horuskinde*, in: MJbK 14 (1963), 7–38.

S. Mueller, *Egyptian Guide to the Hereafter*
S. Mueller, *An Early Egyptian Guide to the Hereafter*, in: JEA 58 (1972) 99–125.

M. Münster, Isis
M. Münster, Untersuchungen zur Göttin Isis, MÄS 11, München 1968.

E. Naville, Deir el Bahari III
E. Naville, The Temple of Deir el Bahari III, EEF 16, London 1898

E. Naville, Deir el Bahari V
E. Naville, The Temple of Deir el Bahari V, EEF 27, London 1906.

P. Nilsson, Griechische Religion
P. Nilsson, Geschichte der griechischen Religion, 2. Bd., München 1988.

E. Norden, Geburt des Kindes
E. Norden, Die Geburt des Kindes. Geschichte einer religiösen Idee (1924/1969).

B. Ockinga, Die Gottebenbildlichkeit
B. Ockinga, Die Gottebenbildlichkeit im Alten Ägypten und im Alten Testament, Wiesbaden 1984 = Ägypten und Altes Testament. Studien zu Geschichte, Kultur und Religion Ägyptens und des Alten Testaments, 7.

J. Osing, *Patenschaft der Götter*
J. Osing, *Die Patenschaft der Götter für die Königin Hatschepsut,* in: J. Assmann/E. Feucht/R. Grieshammer, Fragen an die altägyptische Literatur, Gedenkschrift E. Otto Wiesbaden 1977, 361–384.

J. Osing, *Science sacerdotale*
J. Osing, *La science sacerdotale*, in: Le décret de Memphis, Colloque de la Fondation Singer-Polignac, sous la direction de D. Valbelle et J. Leclant, Paris 2000, 127–140.

J. Osing, Nefersecheru
J. Osing, Das Grab des Nefersecheru in Zawiyet Sultan, Mainz 1992.

E. Otto, *Sinuhe und Schiffbrüchiger*
E. Otto, *Die Geschichten des Sinuhe und des Schiffbrüchigen als „lehrhafte Stücke",* in: ZÄS 93 (1966), 100–111.

E. Otto, MÖR
E. Otto, Das ägyptische Mundöffnungsritual, ÄA 3, Wiesbaden 1960.

E. Otto, *Polytheismus*
E. Otto, *Altägyptischer Polytheismus. Eine Beschreibung*, in: Saeculum 14, (1963), 249–285.

E. Otto, Inschriften
E. Otto, Die biographischen Inschriften der ägyptischen Spätzeit, Leiden 1954.

E. Otto, *„Osiris-Mysterien"*
E. Otto, *Eine Darstellung der „Osiris-Mysterien" in Theben*, in: Fs Schott, 1967, 99–105.

E. Otto, *Monotheistische Tendenzen*
E. Otto, *Monotheistische Tendenzen in der ägyptischen Religion*, in: Die Welt des Orients 2, Göttingen 1955, 99–110.

E. Otto, *Rite und Mythos*
E. Otto, *Das Verhältnis von Rite und Mythos im Ägyptischen*, in: SHAW, Heidelberg 1958.

F. Overbeck, Christentum und Kultur
F. Overbeck, Christentum und Kultur. Gedanken und Anmerkungen zur modernen Theologie, Darmstadt 1963.

J. M. Paysas, *Medios de ascension celeste*
J. M. Paysas, *Los medios de ascension celeste en los textos de las Piramides (1),* in: Aegyptus Antiquus 3 (1979), 37–67.

E. Peterson, *Heîs Theós*
E. Peterson, *Heîs Theós. Epigraphische, formgeschichtliche und religionsgeschichtliche Untersuchungen,* in: Forschungen zur Religion und Literatur des Alten und Neuen Testaments NF 24 (1926).

A. Piankoff/H. Jacquet-Gordon, Wandering of the Soul
A. Piankoff/H. Jacquet-Gordon, The Wandering of the Soul, Princeton 1974.

K. Piehl, Inscriptions hieroglyphiques
K. Piehl, Inscriptions hieroglyphiques III, Stockholm/Leipzig 1909.

P. Pierret, Inscriptions inédites du Louvre
P. Pierret, Recueil d'inscriptions inédites du Musée égyptien du Louvre, Etudes Egyptiennes I, Paris 1874.

W. Pleyte/F. Rossi, Papyrus de Turin
W. Pleyte/F. Rossi, Papyrus de Turin, Wiesbaden 1981.

Plutarch, De Iside et Osiride
Plutarch, De Iside et Osiride hg. v. H. Görgemanns, Drei religionsphilosophische Schriften, Düsseldorf/Zürich 2003, 136–273.

PM II
B. Porter/R. Moss, Topographical Bibliography of Ancient Egyptian Texts II, Clarendon Pr. 1972.

G. Posener, *Attribution d'un nom*
G. Posener, *Sur l'attribution d'un nom à un enfant,* in: RdE 22 (1970), 204 f.

G. Posener, Littérature et politique
G. Posener, Littérature et politique dans l'Egypte de la XII.e dynastie, Paris 1956.

G. Posener, Princes et pays
G. Posener, Princes et pays d'Asie et de la Nubie, Brüssel 1940.

G. Posener, S*tatuette*
G. Posener, *Une nouvelle statuette d'envoûtement,* in: Studien zu Religion und Sprache Ägyptens, Festschrift W. Westendorf, 1984, 613–619.

H. Poser, Mythos und Philosophie
H. Poser (Hg.), Mythos und Philosophie. Ein Kolloquium, Berlin 1979.

E. B. Pusch, Senet-Brettspiel
E. B. Pusch, Das Senet-Brettspiel im alten Ägypten, MÄS 39, München/Berlin 1979.

J. F. Quack, *Buch vom Tempel*
J. F. Quack, *Das Buch vom Tempel und verwandte Texte. Ein Vorbericht*, in: ARG 2.1 (2000), 1–20.

J. Quaegebeur, Shai
J. Quaegebeur, Le dieu Egyptien Shai dans la religion et l'onomastique, Leuven 1975.

J. Quaegebeur, *Hartummim*
J. Quaegebeur, *On the Egyptian Equivalent of Biblical Hartummim*, in: S. Israelit-Groll, Pharaonic Egypt, the Bible and Christianity, Jerusalem 1985, 162–172.

J. Quaegebeur, *Designation (P3)Hry-tp*
J. Quaegebeur, *La designation (P3)Hry-tp: PHRITOB*, in: J. Osing/G. Dreyer (Hg.), Form und Maß, Festschrift Fecht, Wiesbaden 1987, 368–394.

O. Rank, Mythos
O. Rank, Der Mythos von der Geburt des Helden, Mendeln/Liechtenstein 1970.

M. J. Raven, *Corn-Mummies*
M. J. Raven, *Corn-Mummies*, in: OMRO 63 (1982), 7–38.

M. J. Raven, *Wax*
M. J. Raven, *Wax in Egyptian Magie and Symbolism*, in: OMRO 64 (1983), 7–47.

D. B. Redford, King-Lists
D. B. Redford, Pharaonic King-Lists, Annals and Day-Books. A Contribution to the Study of the Egyptian Sense of History, Mississauga 1986.

K. L. Reinhold, Hebräische Mysterien
K. L. Reinhold, Die hebräischen Mysterien oder die älteste religiöse Freimaurerei, Leipzig 1788; Nachdruck hg. v. J. Assmann, Neckargemünd 2001.

R. Reitzenstein, Poimandres
R. Reitzenstein, Poimandres: Studien zur griechisch-ägyptischen und frühchristlichen Literatur, Leipzig 1904.

P. Ricœur, Symbolik des Bösen
P. Ricœur, Symbolik des Bösen, Phänomenologie der Schuld II, Freiburg-München 1971.

Chr. Riedweg, *Initiation*
Chr. Riedweg, *Initiation – Tod – Unterwelt. Beobachtungen zur Kommunikationssituation und narrativen Technik der orphisch-bakchischen Goldplättchen*, in: Ansichten griechischer Rituale, Stuttgart, Leipzig 1998, 359–398.

G. Roeder, Urkunden
G. Roeder, Urkunden zur Religion des Alten Ägypten, Jena 1923

U. Rössler-Köhler, *Text oder Kommentar*
U. Rössler-Köhler, *Text oder Kommentar*, in: J. Assmann, B. Gladigow (Hrsg.), Text und Kommentar, München 1995, 111–139.

U. Rössler-Köhler, Kapitel 17
U. Rössler-Köhler, Kapitel 17 des ägyptischen Totenbuchs, GOF IV Bd. 10, Wiesbaden 1979.

P. Rossi, *La religione dei geroglifi*
P. Rossi, *La religione dei geroglifi e le origini della scrittura*, in: Ders., Le terminate antichitè. Studi vichiani. Pisa 1969 (Saggi di varia umanità 9), 81–131.

A. Rusch, *Nut*
A. Rusch, *Die Entwicklung der Himmelsgöttin Nut zu einer Totengottheit*, MVAeG 27 (1922).

M. Sandman, Texts
M. Sandman, Texts from the time of Akhenaten, BAe 8, Brüssel 1938.

C. E. Sander-Hansen, Anchnesneferibre
C. E. Sander-Hansen, Die religiösen Texte auf dem Sarg der Anchnesneferibre, Kopenhagen 1937.

S. Sauneron, *Possédés*
S. Sauneron, *Les possédés*, BIFAO 60, (1960), 111–117.

S. Sauneron, Esna V
S. Sauneron, Les fetes d'Esna aux derniers siècles du paganisme (Esna V), Kairo 1962.

S. Sauneron, L'écriture figurative
S. Sauneron, L'écriture figurative dans les textes d'Esna. Esna VIII. Kairo 1982.

S. Sauneron, Papyrus magique
S. Sauneron, Le papyrus magique illustré de Brooklyn [Brooklyn Museum 47.218.156], New York 1970.

R. EL-SAYED, *Sept vaches célestes*
R. EL-SAYED, *Les sept vaches célestes, leur taureau et les quatre gouvernails,* in: MDAIK 36 (1980), 357–390.

P. SCHÄFER, Gott
P. SCHÄFER, Der verborgene und der offenbare Gott, Tübingen 1991.

S. SCHAUMJAN, Strukturale Linguistik
S. SCHAUMJAN, Strukturale Linguistik, München 1971.

F. W. J. v. SCHELLING, Philosophie der Mythologie
F. W. J. v. SCHELLING, Philosophie der Mythologie I (1856), Nachdr. Darmstadt 1957.

W. SCHENKEL, Kultmythos
W. SCHENKEL, Kultmythos und Märtyrerlegende, GOF IV.5 (1977).

F. VON SCHILLER, *Moses*
F. VON SCHILLER, *Die Sendung Moses*, in: H. Koopmann (Hg.), Sämtliche Werke, München 1968, 737–757.

B. SCHLIEBEN-LANGE, Traditionen des Sprechens
B. SCHLIEBEN-LANGE, Traditionen des Sprechens, Stuttgart 1983.

H. A. SCHLÖGL, Echnaton – Tutenchamun
H. A. SCHLÖGL, Echnaton – Tutenchamun, Fakten und Texte, Wiesbaden 1985.

H. A. SCHLÖGL, Tatenen
H. A. SCHLÖGL, Der Gott Tatenen, nach Texten und Bildern des Neuen Reichs, OBO 29 Fribourg/Göttingen 1980.

H. A. SCHLÖGL Sonnengott auf der Blüte
H. A. SCHLÖGL, Der Sonnengott auf der Blüte. Eine ägyptische Kosmogonie des Neuen Reichs, AH 5, Basel/Genf 1977.

A. SCHLOTT, Schrift und Schreiber
A. SCHLOTT, Schrift und Schreiber im Alten Ägypten, München 1989.

S. J. SCHMIDT, *Fiktionalität*
S. J. SCHMIDT, *Ist ‚Fiktionalität' eine linguistische oder eine texttheoretische Kategorie?* in: E. GÜLICH/W. RAIBLE (Hg.), Textsorten, Differenzierungskriterien aus linguistischer Sicht, Frankfurt 1972, 59–80.

T. SCHNEIDER, *Mythos und Zeitgeschichte*
T. SCHNEIDER, *Mythos und Zeitgeschichte in der 30. Dynastie. Eine politische Lektüre des Mythos von den Götterkönigen*, in: Glasperlenspiel, Festschrift für E. Hornung, Berlin 1998, 207–242.

E. SCHOTT, *Friedhofsbräuche Giza*
E. SCHOTT, *Friedhofsbräuche in Giza*, in: Studien zu Sprache und Religion Ägyptens (Festschrift Westendorf, Wiesbaden 1984, 1121–1130).

S. SCHOTT, *Thot*
S. SCHOTT, *Thot als Verfasser heiliger Schriften,* in: ZÄS 99 (1972), 20–25.

S. SCHOTT, *Nut*
S. SCHOTT, *Nut spricht als Mutter und Sarg,* in: RdE 17 (1965), 81–87.

S. SCHOTT, Deutung der Geheimnisse
S. SCHOTT, Die Deutung der Geheimnisse des Rituals für die Abwehr des Bösen, AWL Mainz 1954.

S. SCHOTT, *Göttermythen*
S. SCHOTT, *Die älteren Göttermythen,* in: Handbuch der Orientalistik I. 1 Ägyptologie, 2 Literatur, Leiden/Köln 1952, 67–75.

S. SCHOTT, Mythe
S. SCHOTT, Mythe und Mythenbildung im alten Ägypten, UGAÄ XV (1945).

S. SCHOTT, *Ritual*
S. SCHOTT, *Ritual und Mythe im altägyptischen Kult,* Studium Generale 8, 285–293.

J. R. SEARLE, Speech Acts
J. R. SEARLE, Speech Acts. An Essay in the philosophy of language, Cambridge 1969.

CH. SEEBER, Totengericht
CH. SEEBER, Untersuchungen zur Darstellung des Totengerichts im alten Ägypten, MÄS 35 München 1976.

K. SETHE, Pyramidentexte
K. SETHE, Die altägyptischen Pyramidentexte, 4 Bde., Leipzig 1908–1922.

K. SETHE, Amun
K. SETHE, Amun und die acht Urgötter von Hermopolis, APAW, Berlin 1929.

K. SETHE, Dramatische Texte
K. SETHE, Dramatische Texte zu altägyptischen Mysterienspielen, UGAÄ 10, Leipzig/Berlin 1928.

K. SETHE, *Kennen der Seelen*
K. SETHE, *Die Sprüche für das Kennen der Seelen der heiligen Orte,* in: ZÄS 57 (1922), 1–50.

K. SETHE, Urgeschichte
K. SETHE, Urgeschichte und älteste Religion der Ägypter, Leipzig 1930.

K. SETHE, Einbalsamierung
K. SETHE, Zur Geschichte der Einbalsamierung bei den Ägyptern und einiger damit verbundener Bräuche, SPAW, Berlin 1934, 211–239.

J. SETTGAST, Bestattungsdarstellungen
J. SETTGAST, Untersuchungen zu altägyptischen Bestattungsdarstellungen, ADAIK 3, Glückstadt/Hamburg/New York 1963.

I. SHIRUN-GRUMACH, *Ma'at*
I. SHIRUN-GRUMACH, *Remarks on the Goddess Ma'at,* in: S. I. Groll (Hg.), Egypt, the Bible and Christianity, Jerusalem 1985, 173–201.

G. SOURY, Démonologie de Plutarque
G. SOURY, La démonologie de Plutarque, Paris 1942.

W. SPEYER, *Tierstimmen*
W. SPEYER, *Die Nachahmung von Tierstimmen durch Besessene,* in: W. Speyer, Frühes Christentum im antiken Strahlungsfeld, WUNT 50 (1989), 193–198.

J. SPIEGEL, Erzählung
J. SPIEGEL, Die Erzählung vom Streite des Horus und Seth, LÄS 9, Glückstadt/Hamburg/New York 1937.

H. STERNBERG, Mythische Motive und Mythenbildung
H. STERNBERG, Mythische Motive und Mythenbildung in den ägyptischen Tempeln und Papyri der griechisch-römischen Zeit, GOF IV.14 (1985).

B. H. STRICKER, De brief van Aristeas
B. H. STRICKER, De brief van Aristeas, De hellenistische codificaties der praehelleense godsdiensten, Amsterdam 1956.

B. H. Stricker, Overstroming van de Nijl
B. H. Stricker, De overstroming van de Nijl. Mededelingen en verhandelingen van het voor-aziatisch-egyptische genootschap „Ex Oriente Lux", No. 11, Leiden 1956.

S. J. Tambiah, Ritual
S. J. Tambiah, A Performative Approach to Ritual, London 1981.

F. Teichmann, Mysterien
F. Teichmann, Die ägyptischen Mysterien, Urachhaus 1999.

J. Terrasson Sethos
Abbé J. Terrasson, Sethos, Histoire ou Vie, tirée des monuments, Anecdotes de l'ancienne Egypte, Paris 1731.

M. Totti, Isis-Serapis-Religion
M. Totti, Ausgewählte Texte der Isis-Serapis-Religion, Subsidia Epigrapha XII, Hildesheim 1985.

V. Tran Tam Tinh, Le culte des divinités
V. Tran Tam Tinh, Le culte des divinités orientaux en Campanie, Leiden 1972.

Urk IV
K. Sethe, Urkunden des ägyptischen Altertums IV, Urkunden der 18. Dynastie, Neudruck Graz 1961

Urk VI
S. Schott, Urkunden mythologischen Inhalts, Urkunden des Ägyptischen Altertums, VI. Abteilung, Heft 2, Bücher und Sprüche gegen den Gott Seth, Leipzig 1939.

C. Vandersleyen, *Amenophis III*
C. Vandersleyen, *Amenophis III incarnant le dieu Neferhotep* in: Miscellanea Vergote, 535–542.

C. Vandersleyen, *Ersatzkopf*
C. Vandersleyen, *Ersatzkopf*, in: LÄ II, 11–14.

V. F. Vanderlip, *Greek Hymns of Isidorus*
V. F. Vanderlip, *The Four Greek Hymns of Isidorus and the Cult of Isis*, in: American Studies in Papyrology XII (1972).

J. Vandier, Manuel d'archeologie
J. Vandier, Manuel d'archeologie Egyptienne 1.2, Les epoques de formation, Paris

J. Vandier, *Papyrus Jumilhac*
J. Vandier, *Le Papyrus Jumilhac*, Paris 1960

H. te Velde, *Dämonen*
H. te Velde, *Dämonen*, in: LÄ l, 980–984.

H. te Velde, Seth
H. te Velde, Seth, God of Confusion, A study of his role in egyptian mythology and religion, Leiden 1967.

H. te Velde, *Separation of Heaven and Earth*
H. te Velde, *The theme of the separation of Heaven and Earth in Egyptian Mythology*, in: Studia Aegyptiaca 3, 1977, 161–70.

H. te Velde, *Some Remarks*
H. te Velde, *Some Remarks on the Mysterious Language of the Baboons*, in: J. H. Kamstra (Hrsg.), Funerary Symbols and Religion. Essays dedicated to Prof. Heerma van Voss, Kampen 1988, 129–136.

U. Verhoeven, *Vergewaltigung*
U. Verhoeven, *Eine Vergewaltigung? Zum Umgang mit einer Textstelle des Naos von El Arish*, in: U. Verhoeven/E. Graefe (Hg.), Religion und Philosophie im Alten Ägypten, Fs. Ph. Derchain, OLA 39 (1991), 319–330.

U. Verhoeven *Tefnut*
U. Verhoeven, *Tefnut*, in: LÄ VI, 1985, 296–304.

J. P. Vernant, P*resentification de l'invisible*
J. P. Vernant, *De la presentification de l'invisible a l'imitation de l'apparence*, in: Image et Signification, Rencontres de l'Ecole du Louvre, Paris 1983, 25–37, 293–295.

L. Vidman, Sylloge
L. Vidman, Sylloge inscriptionum religionis Isiacae et Sarapidae, Berlin 1969.

W. Waitkus, Krypten
W. Waitkus Die Texte in den unteren Krypten des Hathortempels von Dendera, Münchner Ägyptologische Studien 47, Mainz 1997.

W. Waitkus, *Apotropäische Götter*
W. Waitkus, *Zur Deutung einiger apotropäischer Götter in den Gräbern im Tal der Könige und im Grab Ramses' III.*, in: GM 99, 1987, 51–82.

W. Warburton, Divine Legation of Moses
W. Warburton, The Divine Legation of Moses demonstrated on the principle of a religious deism, from the omission of a doctrine of a future state of reward and punishment in the Jewish dispensation, London 1738–1742.

M. Weber, Schrift- und Buchwesen
M. Weber, Beiträge zur Kenntnis des Schrift- und Buchwesens der alten Ägypter, Diss. Köln 1969.

M. Weber, *Lebenshaus*
M. Weber, *Lebenshaus*, in: LÄ III, 954–957.

O. Weinreich, Der Trug des Nektanebos.
O. Weinreich, Der Trug des Nektanebos, Wandlungen eines Novellenstoffs. Leipzig 1911.

K. Weitzmann, Ancient Book Illumination
K. Weitzmann, Ancient Book Illumination (Martin Classical Lectures XVI), Cambridge, Mass. 1959.

E. F. Wente, *Mysticism*
E. F. Wente, *Mysticism in Ancient Egypt?*, in: JNES 41 (1982), 161–179.

W. Westendorf, *‚Kammer der Wiedergeburt'*
W. Westendorf, *Bemerkungen zur ‚Kammer der Wiedergeburt' im Tutanchamungrab*, in: ZÄS 94 (1967), 139–150.

D. Wildung, Rolle ägyptischer Könige
D. Wildung, Die Rolle ägyptischer Könige im Bewußtsein ihrer Nachwelt, MÄS 17, Berlin 1969.

E. Winter, *Hieroglyphen*
E. Winter, *Hieroglyphen*, in: Reallexikon für Antike und Christentum, Stuttgart 1989, 83–103.

W. Wolf, Kunst
W. Wolf, Die Kunst Ägyptens, Stuttgart 1956.

G. R. H. WRIGHT, *Sparagmos*
G. R. H. WRIGHT, *The Egyptian Sparagmos*, in: MDAIK 35 (1979), 345–358.

Fr. A. YATES, The Art of Memory
Fr. A. YATES, The Art of Memory, London 1966, repr. London 1994.

FR. A. YATES, Giordano Bruno
FR. YATES, Giordano Bruno and the Hermetic Tradition, London 1964.

L. V. ZABKAR, *Theocracy of Amarna*
L. V. ZABKAR, *The Theocracy of Amarna and the Doctrine of the Ba,* in: JNES 13 (1954) 87–102.

J. ZANDEE, *Hymnical Sayings addressed to the Sun-god*
J. ZANDEE, *Hymnical Sayings addressed to the Sun-god by the High-priest of Amun Nebwenenef from his tomb in Thebes,* in: JEOL 18 (1964), 253–265.

J. ZANDEE, Amunshymnus
J. ZANDEE, Der Amunshymnus des Papyrus Leiden I 344, Verso, Leiden 1992.

J. ZANDEE, Death as an Enemy
J. ZANDEE, Death as an Enemy, Leiden 1960.

J. ZANDEE, *Hymnen aan Amon*
J. ZANDEE, *De Hymnen aan Amon van Pap. Leiden I 350*, in: OMRO 28 (1947), 98–101.

J. ZEIDLER, *Spätentstehung*
Zur Frage der Spätentstehung des Mythos in Ägypten, in: GM 132, 1993, 85–109.

G. ZUNTZ, *Kleanthes-Hymnus*
G. ZUNTZ, *Zum Kleanthes-Hymnus*, in: Harvard Studies 63 (1958), 289–308.

Namenregister